当代中国
考古学（第二版）

Contemporary
Chinese Archaeology

陈　虹　编著

ZHEJIANG UNIVERSITY PRESS
浙江大学出版社
·杭州·

图书在版编目（CIP）数据

当代中国考古学 / 陈虹编著. —2版. —杭州：
浙江大学出版社，2024.4
ISBN 978-7-308-24764-1

Ⅰ.①当… Ⅱ.①陈… Ⅲ.①考古学—研究—中国
Ⅳ.①K870.4

中国国家版本馆 CIP 数据核字（2024）第 063124 号

当代中国考古学（第二版）

DANGDAI ZHONGGUO KAOGUXUE (DI-ER BAN)

陈　虹　编著

策划编辑	陈佩钰
责任编辑	金　璐
责任校对	葛　超
封面设计	周　灵
出版发行	浙江大学出版社
	（杭州市天目山路 148 号　邮政编码 310007）
	（网址：http://www.zjupress.com）
排　　版	杭州青翊图文设计有限公司
印　　刷	浙江省邮电印刷股份有限公司
开　　本	787mm×1092mm　1/16
印　　张	21.25
字　　数	452 千
版 印 次	2024 年 4 月第 2 版　2024 年 4 月第 1 次印刷
书　　号	ISBN 978-7-308-24764-1
定　　价	78.00 元

目　录

第一章
关于考古学

　　早期的考古行为，大部分和寻找古董、寻宝探险以及发现传说中失落的古代民族和文明等行为联系紧密，也存在因满足个人兴趣和好奇心而发掘的情况。比如，埃及早期考古发掘就是为了搜寻值钱的文物，为欧洲贵族和博物馆提供藏品；英国早期考古发掘是为了满足上层贵族的闲情逸致。在古代中国，也不乏类似的例子。东汉陈琳在《为袁绍檄豫州》一文中说"操又特置发丘中郎将、摸金校尉，所遇隳突"，可知曹操为了筹集军费，曾经组建了专门的盗墓机构。

　　近代考古学自19世纪诞生至今，迅速发展成一门严谨正规的学科，但其研究目标、研究方法和研究问题仍是雾里看花。特别是在中国，很长一段时间里有人认为"考古"就是穿个马甲、戴着草帽、拿着手铲和毛刷在野外挖挖宝贝或者死人骨头，有人将考古工作看作浪漫而神奇的解密之旅，还有人将考古等同于文物鉴定。显然，这仅仅是对考古学或考古研究的部分理解。张光直曾指出，考古工作是很复杂的社会人文科学。① 当代考古学已经超出了以发掘为基本操作的技术范畴，还包括了从采集的标本中提炼各种信息，了解遗址中的人类活动，以及对证据所反映的各种现象的解释。学科交叉，使得考古学研究能力大大提高。随着各种测年方法、分析手段的

①　张光直：《要是有个青年考古工作者来问道》，《考古人类学随笔》，生活·读书·新知三联书店1999年版。

引入，考古遗址已经成为自然科学与人文科学了解地球晚近历史和人类历史变迁的最重要的信息库之一。

第一节　考古学的内涵

一、定义

"考古学"一词，对应英语的 archaeology，词根 arche 源自古希腊文，意思是"开始、来源、起源"。初期泛指一切古代科学，18 世纪时指对含有美术价值的古物和古迹的研究，19 世纪以后专指近代考古学。

中文"考古学"一词，一方面带有传统国学考证的意味，另一方面明显受到外国学者的影响。将汉字"考"与"古"二字联系在一起，最早见于北宋学者吕大临 1092 年写成的《考古图》，指对一些传世青铜器和石刻的搜集与整理，与近代意义上的考古学区别很大。19 世纪末，日本在引进考古学时，受《考古图》书名之启发，将 archaeology 对译为"考古学"。中国学者在 20 世纪初将考古学引入中国时，也采纳了这一译法。

图 1-1　《考古图》

《考古图》　宋代金石学著作，中国现存年代最早且较有系统的古器物图录（见图 1-1）。北宋吕大临撰，书成于元祐七年（1092）。书中著录当时宫廷及私人收藏的古代铜器和玉器。全书目列 224 器，实收 234 器，按器形分类编排，共 10 卷，另有释文 1 卷。每件器物均摹绘图形、款识，记录尺寸、重量及容量，并进行一定的考证，对藏处及有出土地点者也加以说明。该书为古代青铜器、玉器的著录体例、分类与考证开创了先例。

中西方学者从各自的知识背景和认识角度，对"考古学"做了不同的定位与描述。斯波尔丁（A. C. Spaulding）认为考古学是"研究古代遗存的形式、时间及空间分布规律的科学"。[1]克拉克（D. Clarke）对考古学的经典定义是："它的理论和实践是要从残缺不全的材料

---

[1]　Spaulding, A. C. The dimensions of archaeology. In: Dole, G. E. & Carneiro, R. L. (eds). *Essays in the Science of Culture*. New York: Thomas Y. Crowell Company, 1960.

中,用间接的方法去发现无法观察到的人类行为。"① 皮戈特(S. Piggot)戏称考古学是"一门研究垃圾的科学"。② 迪克森(D. B. Dickson)认为考古学是"一套用于系统发现、描述和研究过去人类活动的方法……用史前及历史时期人类活动物质遗存的具体形式来检验有关过去的理论与模式"。③ 伦福儒(C. Renfrew)和巴恩(P. Bahn)在《考古学:理论、方法与实践》中指出,"考古学部分是搜寻古代的珍宝,部分是科学工作者缜密的探究,部分是从事创造性的想象"。④ 张光直定义考古学是"通过古代遗存来研究古代文化及其文化史的学科"。⑤ 阿什莫尔(W. Ashmore)和沙雷尔(R. Sharer)在《考古学导论》中将考古学定义为"一门通过物质遗迹来研究人类过去的学科"。⑥ 张之恒在《中国考古通论》中明确指出"考古学是用实物资料来研究人类古代历史的一门科学"。⑦

《中国大百科全书:考古学》如是定义:"考古学是根据古代人类通过各种活动遗留下来的实物以研究人类古代社会历史的一门学科。它包含三种含义:一是考古研究所获得的历史知识,有时还可以引申为记述这种知识的书籍;二是借以获得这种知识的方法和技术,包括搜集和保存资料、审定和考证资料、编排和整理资料的方法与技术;三是理论性的研究和阐释,用以阐明包含在各种考古资料中的因果关系,论证存在于古代社会历史发展过程中的规律。"⑧

二、研究对象

考古学的研究对象可以从两个方面加以理解:一是研究的内容,也就是实物资料——文化遗存;二是研究的时间跨度——年代。

文化遗存,包括人工制品、遗迹/建筑和生境遗存三个类别。人工制品,指由人制造或改造的、可移动的物品,包括生产工具、武器、生活用具、礼器、艺术品等。遗迹/建筑,指不可移动的固定设施或迹象。其中单纯的结构被称为遗迹,如柱洞、居住面、灶坑等;复杂的结构或联合体被称为建筑,如墓穴、房址、水井、城址等。生境遗存,指非人工的但与文化相关的有机物与环境遗存,如动植物化石、土壤与沉积物。人工制品、遗

---

① Clarke,D. Archaeology:The loss of innocence. *Antiquity*,1973(47):17.
② Fagan,B. M. *Archaeology:A Brief Introduction*. Boston:Scott,Foresman and Company,1988.
③ Dickson,D. B. *Ancient Preludes*. New York:West Publishing Company,1993.
④ Renfrew,C. ,et al. *Archaeology:Theories,Methods and Practice*. London:Thames & Hudson,2000.
⑤ 张光直:《考古学——关于其若干基本概念和理论的再思考》,曹兵武译,辽宁教育出版社 2002 年版。
⑥ 温迪·阿什莫尔等:《考古学导论》,沈梦蝶译,上海社会科学院出版社 2011 年版。
⑦ 张之恒:《中国考古通论》,南京大学出版社 2009 年版。
⑧ 考古学编辑委员会:《中国大百科全书:考古学》,中国大百科全书出版社 1986 年版。

迹/建筑、生境遗存共存的场所,即可识别出人类活动重要迹象的地方,则被称为遗址。

考古学研究的年代范围是古代,不包括近代史和现代史研究。根据时代,考古学一般分为史前考古学和历史考古学两大部分。

史前考古学 研究人类历史出现之前的历史。如果以人类直立行走为起点,史前史约有 400 万年以上,占据了人类整个历史 99％ 以上的时间。在中国大致涵盖旧石器时代、新石器时代和部分青铜时代。由于历史发展的不平衡,史前史在世界各地的下限颇不一致,一般是以各地文字记载的出现为标准。例如,美索不达米亚的楔形文字出现于公元前 3100 年前后,埃及象形文字大约出现于公元前 3000 年,中国甲骨文大约出现于公元前 1400 年,玛雅象形文字大约出现于公元前 250 年。西欧史前史结束于公元前 100 年晚期被罗马帝国征服的时候,美洲史前史的结束以 1492 年哥伦布发现新大陆为标志,比较偏僻的北美一直到 19 世纪才结束史前史。[①] 有些学者提出"原史时代",用以界定史前时代向历史时代的过渡阶段。[②] 由于没有文字资料供参考,史前考古学家需独立发明各种理论方法从古代人类遗留的物质遗存中提炼和解读文化行为与社会信息。

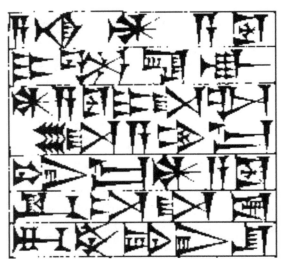

图 1-2 楔形文字

楔形文字 古代西亚文字,多刻写在泥板或泥砖上,笔画成楔状,颇像钉头或箭头(见图 1-2)。在公元前 3000 年左右,苏美尔人通过图画的形式用泥板记录账目。这些符号逐渐演化为表意符号,几个表意字合在一起代表一个复杂的词或短语,后经巴比伦人、亚述人、阿拉米人的使用和改造,成为一种半音节文字,在字母发展史上有所贡献。楔形符号共有 500 种左右,其中有许多具有多重含义,只能根据上下文来确定其准确含义。

玛雅文字 美洲玛雅民族在公元前后创造的象形文字,盛行于 5 世纪中叶。玛雅文字非常奇妙,它既有象形,也有会意,也有形声,是象形文字和声音的联合体(见图 1-3)。玛雅人把石头、玉器、木头、树皮、鹿皮等作为载体,记载年代、政治、天文和王族历史。考古学家发现玛雅文明最早的纪年为公元 292 年。玛雅文字迄今尚未被全部破译。

---

① 陈淳:《考古学研究入门》,北京大学出版社 2009 年版。
② 刘文锁:《论史前、原史及历史时期的概念》,《华夏考古》1998 年第 3 期。

图 1-3 玛雅文字

历史考古学 指有文献记载的历史阶段的考古研究,特点是依靠文献线索来研究考古发现。中国历史考古学的研究年代从秦汉开始,到明朝结束为止。随着学科发展,历史考古学的研究深度与广度不断延伸,时间范围也不断扩展。在英国,工业考古学的研究年代下限延伸至 18—19 世纪的工业革命初期。在美洲,殖民时代考古学则将研究年代下限拓展到 18 世纪末或 19 世纪初。当代中国考古学的研究年代下限,在实践中也被推迟至清代甚至更晚。

三、研究目标

研究文化历史。 根据时空的分布来研究古代遗物、遗迹和建筑,建立起一定区域内人类文化的发展序列,进而研究人类文化在长时段内的演变。考古学家往往通过罗列并描述考古材料、研究器物类型的年代及演变来实现。

重建人类的生活方式。 每个阶段人类的生活方式和行为方式,可以反映出当时社会生产力发展水平,并能为了解古代社会意识、人类自身发展等方面提供丰富信息。因此,考古学家试图综合研究文化的时空变化、生态环境和人类的居址形态、生计策略等方面,以全面复原古代人类的生活方式。

阐明社会演变的规律。意在了解社会文化历史演变的动因,并对一些重大历史事件做出理论性阐释,被认为是"考古学的最终目标"。但是,由于研究对象是过去人类的物质遗存,无法直接提供有效的、普遍性的信息,而且受到保存情况的限制,这一目标充满挑战性。

上述三个方面可以说是层层递进的关系。

四、学科定位

由于学术传统不同,各国对于考古学的学科定位也有所不同,对考古学作用的认识也莫衷一是。

作为历史学的考古学

作为历史学的考古学,其作用表现在这样几个方面:(1)补史,补充文献记载中空白或缺失的部分,如夏王朝以前的传说时代以及史前史;(2)证史,考古学研究在一定程度上可以证实文献记载的真伪,并修正其中的错误,例如通过对二里头和安阳殷墟的发掘证实了《史记》中关于夏商存在的记载;(3)关注历史事件和编年学,便于了解文化演变的年代序列,如夏商周考古学与夏商周断代工程;(4)有些学者坚持认为考古学的主要任务是"重构国史"和"以古鉴今"。

加拿大考古学家特里格(B. G. Trigger)提倡以历史学为导向的考古学研究,认为考古学应该尽可能详细地了解古代社会各方面的细节,以便更深入地了解古代人类的行为。[①]

但是,如果将考古学依附于历史学,或仅仅将其看作历史学的分支,会产生严重的局限性:(1)作为历史学的考古学多是一种描述性研究,满足于对材料形态的描述和罗列;(2)通常只注意了解个案而非通则,结论不具备普遍意义;(3)偏重文字与文献学的考订,但是文字系统在许多地区从未得到发展,现有的文献历史也局限在人类发展晚近的时期,普遍性较差;(4)多关注文化发展的历史,却不了解或解释文化发展的原因。

---

① Trigger, B. G. Archaeology at the crossroads: What's new? *Annual Review of Anthropology*, 1984 (13): 274-300.

作为人类学的考古学

人类学,指对人的研究,研究人作为动物的体质特征,以及被称为"文化"的独一无二的非生物特性。主要研究领域包括体质人类学和文化人类学。美洲考古学的人类学特性尤为明显,在其发展过程中,与人类学和民族学的关系密切,更加关注古代人类的行为、社会结构及社会演变。

> **【术语 1.1】**
>
> **体质人类学**:人类学的一个分支,研究人类群体体质特征及其形成和发展规律的一门科学。涉及人类进化、人种分类、人类体质等领域的研究,探讨人类自身及其文化的起源与发展。
>
> **文化人类学**:人类学的一个分支,研究人类各民族创造的文化,以揭示人类文化的本质。广义上包含考古学、语言学和民族学三个分支。基本研究方法有实地参与观察法、全面考察法、比较法等。

20 世纪 60 年代,新考古学派的领导者宾福德(L. R. Binford)发表了一篇宣言性论文《作为人类学的考古学》,该文全盘否定历史学,提出了"人类学的考古学",认为考古学是"文化人类学的过去时态",主要任务是设法从人的角度来解释物质文化。[①] 这种以人类学为导向的研究,将物质文化视为人类适应其环境的独特手段与方式,以及古人在技术、社会结构和信仰特征等方面的具体表现。此外,以人类学为导向的研究把对人类行为法则的一般性总结视为考古学的崇高目标,力求为阐释人类社会的演变做出贡献。

作为科学的考古学

当代考古学是人文科学与自然科学交叉的学科。

首先,考古学的实践及过程更像是科学。科学的考古学需要收集证据(考古学材料)、做实验(实验考古)、构架假设(用以解释材料的推论)、用更多材料来验证假设,进而提出一个模式(对从材料中所得模式的最佳总结)。

其次,考古学的许多方法是从自然科学中借鉴而来的。例如,最基本的地层学便来源于地质学。20 世纪中叶以来,考古学更是不断从精密科学和应用科学中汲取方法和手

---

① 　Binford, L. R. Archaeology as anthropology. *American Antiquity*, 1968(28):217-225.

段。例如,科技考古中的放射性碳定年法、残留物分析、同位素分析、孢粉分析等方法。

【术语1.2】

　　放射性碳定年法:利用有机物体内放射性同位素^{14}C的衰变速率来确定年代的一种绝对年代测定方法。

　　残留物分析:借助自然科学的多种手段,对人工制品表面残留物进行提取和鉴定分析。

　　同位素分析:通过分析人骨中基本同位素的比例,解读由不同食物造成的存在于人体内的化学信号,是复原史前食谱的重要信息来源。此方法也可用于特征化研究。

　　孢粉分析:通过对植物花粉的分析,进行相对断代和重建古环境与气候变迁,以及了解农业经济的起源和发展。

　　再次,考古学研究同样需要科学的推论方法。英国考古学家伦福儒认为考古学研究分为三个方面:一是问题、观念和理论,二是研究方法与技术,三是田野考古发现。[①]三者犹如齿轮一样,彼此衔接,相互咬合。

　　最后,当今考古学的发展趋势使得考古学家不仅要不断增加和改善本学科技术与方法,还需要熟悉并掌握那些看起来与自己研究领域毫不相干的科技方法。与其他学科发展一样,考古学内部的专业化和分工化进程也在不断加快,因此需要从多学科研究成果的并列,转向跨学科研究一体化的协调与合作。

第二节　考古学的研究范式

　　美国哲学科学家库恩(T. S. Kuhn)曾经对科学范式的变更和科学革命做过精彩论述,他认为范式是指"科学共同体的信念,这种共同的信念建立在某种公认并成为传统的重大科学成就基础上,为共同体成员提供把握研究对象的概念框架、一套理论和方法论信条,一个可供仿效的结题模式,它规定了一定时期内这门科学的发展方向和研

---

① Renfrew,C.,et al. *Archaeology:Theories,Methods and Practice*. London:Thames & Hudson,2000.

究途径,同时也决定着共同体成员的某种形而上学的信念及价值观"。① 简言之,范式是一种公认的科学实践规则,包括定律、理论、方法和实践,它们为科学研究特定的连贯传统提供了模式。

考古学自诞生至今,经历了持续的改进和进步。在理论与研究范式方面,以下几次重大转折和变革②使得考古学日趋成熟。

一、进化考古学

达尔文进化论对当时的社会和科学思想产生了巨大影响,成为主宰 19 世纪学术思想的主流。在考古学和人类学领域,学者纷纷采用进化论来分析各种文化及社会现象,探讨人类社会的形成与发展。从简单到复杂、由低等到高等的直线发展模式被广泛用来解释人类社会及其文化发展,当时的考古学家甚至直言"历史就是进化"。

美国人类学家摩尔根(L. H. Morgan)和英国人类学家泰勒(E. B. Tylor)都明确采纳进化论思想,提出文化的进化观。例如,摩尔根认为所有社会都经历了蒙昧、野蛮和文明三个发展阶段。在旧石器考古领域,法国的拉代(E. Lartet)根据古生物学原理,将法国南部洞穴中的人类遗存分为四个时期,由早到晚分别是:洞熊期、猛犸与披毛犀期、驯鹿期、野牛期。法国的莫尔蒂耶(G. de Mortillet)在此基础上用特定器物作为"标准化石"来划分阶段,并且创立了用标准地点来命名考古学阶段的方法,以此建立起法国旧石器时代文化发展和进化序列:莫斯特期—梭鲁特期—奥瑞纳期—马格德林期。受 19 世纪下半叶民族学研究成果的影响,莫尔蒂耶还提出了"相似发展法则",认为人类具有本质上的共性,所有人群都经历过相似的发展阶段。

进化考古学的思维与研究体系,影响到学者对文化演变的解释。许多学者照搬法国旧石器时代文化序列和进程来研究世界其他地区的史前史,夸大了文化的相似性,而忽视了文化发展的多样性和不平衡性。一些考古学家甚至认为落后的民族在文化、智力以及生物学上都是劣等的,考古学证据一度被作为掠夺、种族灭绝和殖民统治的依据。

二、文化历史考古学

20 世纪上半叶,随着考古材料数量激增,考古学界逐渐认识到文化面貌的多样性和差异性,不是文化进化论可以解释的,于是考古学研究开始转向对民族和人类群体的研

---

①　Kuhn,T. S. *The Structure of Scientific Revolutions*. Chicago:University of Chicago Press,1996.

②　这部分内容参考陈淳:《考古学研究入门》,北京大学出版社 2009 年版。

究,也就是文化历史考古学。德国考古学家科辛纳(G. Kossinna)认为考古学是各种学科中最具有民族性的学科,提出"文化群即民族群,文化区即民族区",文化的差异反映了民族的差异。他采纳了"考古学文化"的概念,标志着文化历史考古学理论基础的出现。[1]

真正将考古学文化概念普及的是英国考古学家柴尔德,他将"考古学文化"定义为"一批总是反复共生的遗存类型——陶器、工具、装饰品、葬俗和房屋式样"。他强调,每一种文化必须从其器物的组成来独立地表达,并认为考古学文化不仅可以从年代和阶段加以划分,也可以从每种文化延续的时间、地理分布,结合地层、类型排列及共时性加以界定。[2]

图 1-4　柴尔德

柴尔德(Vere Gordon Childe,1892—1957)　英国著名考古学家(见图 1-4)。他提出"新石器革命"和"城市革命"概念,为日后农耕、家畜饲养和文明起源问题的研究奠定了理论基础。他发展并普及了"考古学文化"概念,把它定义为特定时间和地点范围内的一组人工制品,看上去是一个独特民族或种族集团存在的考古证明。被公认为 20 世纪前期最有成就的史前考古学家。受马克思主义唯物史观影响,柴尔德重视研究原始社会经济形态,首先把西亚和欧洲考古结合起来进行研究,预见到重视环境给予人类影响的系统考古学研究必将出现。

考古实践从"时期"和"阶段"转向"文化",标志着对史前物质遗存的研究从地质学方法转向从历史学和人类学角度进行研究的彻底变化。这个时期主要用传播论来阐释文化差异,将新的文化因素或无法解释的现象都归于外来文化的影响。

【术语 1.3】

传播论:19—20 世纪考古学界流行的一种阐释理论,重视文化的外部关系,用外来因素解释文化现象产生的原因。极端传播论认为,制陶、建筑、金属冶炼等所有文明因素都是从单一的世界中心传播开来的。

---

[1]　陈淳:《考古学的理论》,复旦大学出版社 2004 年版。

[2]　Childe, G. V. *The Danube in Prehistory*. Oxford: Oxford University Press, 1929.

> **中程理论：**由美国考古学家宾福德提出的一种理论体系，通过民族考古学和实验考古学等方法，试图在残缺不全的考古遗存与现代民族考古学观察和实验方法之间建立一座桥梁，以了解考古遗存所反映的人类活动和行为。

三、过程考古学

20 世纪 40 年代，各种新的考古学思维开始出现。美国民族学家和考古学家斯图尔特(J. Steward)提出了文化生态学的理论①，在考古学研究中引入了生态环境这一重要变量。哈佛大学的泰勒(W. W. Tylor)在其博士论文《考古学之研究》中，对文化历史考古学"只见器物不见人"的研究方法进行了尖锐批评，提出考古学家应当像民族学家一样全面了解文化性质和演变原因。

20 世纪 60 年代，以宾福德为首的一批欧美年轻考古学家掀起了"新考古学"革命。② 新考古学的主要观点有：(1)将文化视为人类对环境的超肌体适应手段，而非文化历史考古学所认为的一种社会规范，人类文化并不会因循传统、一成不变，而是会随着环境的变化而变化；(2)如果要了解人类文化的发展和差异，就必须了解这些文化所处的环境，将环境看作影响文化最重要的因素；(3)摒弃文化历史考古学将典型遗址视为典型考古学文化代表的做法，提倡聚落形态的研究；(4)强调文化的系统论观点，将文化视为不同个体以不同方式参与的产物，一个部分的发展会削弱或影响社会整体的运转，阐释社会演变必须从这些社会关键机构或因素的互动加以了解，而考古学最终需要揭示影响和制约社会文化发展的关键因素；(5)把文化动力学研究视为学科核心，认为考古学家的工作是寻求解释而非简单描述；(6)采纳新进化论的社会"四阶段"发展模式，努力阐释人类社会"游群—部落—酋邦—国家"的过程；(7)在研究方法上，新考古学强调更严谨的科学方法，提倡引入演绎法，对研究的问题提出各种合理假设，并进行仔细发掘和分析加以检验。③ 宾福德还提出了"中程理论"④作为考古学家将静态观察转变为有关动因阐释的认知手段之一。

①　Steward, J. *Theory of Culture Change：The Methodology of Multilinear Evolution*. Chicago：University of Illinois Press,1955.

②　Binford, L. R. Archaeology as anthropology. *American Antiquity*,1968(28):217-225.

③　Binford, S. R. ,et al. *New Perspectives in Archaeology*. Chicago：Aldine,1996.

④　Binford, L. R. *Working at Archaeology*. New York：Academic Press,1983.

图1-5　宾福德

宾福德(Lewis Binford,1930—2011)　　美国著名考古学家,新考古学的开创者(见图1-5)。他认为,考古学应该从文化史编年转向利用科学方法,以阐释文化以及遗址的形成过程为目标。宾福德开创了考古学的"中程理论",1969—1973年,他赴阿拉斯加研究当代狩猎采集群体,将其组织行为原理用于考察史前遗存,取得了非常丰硕的成果。20世纪90年代以后,他集中精力研究狩猎采集者,为史前考古研究提供了极其宝贵的参考框架。1999年底,《科学美国人》杂志称其为"当代最具影响力的考古学家"。

【术语1.4】

聚落考古:通过从个别遗址到整个区域的人类居址形态来研究古代人类活动的空间分布、人地关系、文化关系,以及社会结构的变迁。

游群:指小规模的狩猎采集社会,一般少于100人。他们常进行季节性迁徙以获取野生食物资源,血缘关系在其社会结构中起着重要的作用。

部落:一般指比游群或原始群稍大的社会群体,但是人口很少超千人。与游群不同,部落大多是定居的农人,同时也包括了游牧群体,有些部落倾向于通过联姻融合到更大的社会中去。

酋邦:比部落更为复杂的一种社会结构,虽然血缘关系仍然是维系社会的一种重要机制,但它已经是一种等级分化的社会。不同的家族或血缘世系根据其威望高低,以及与酋长关系的密切程度来规定等级。酋邦一般拥有永久性的祭祀或礼仪中心,以神权统治为特点,并有手工业专门化特点。

国家:专指有明确地域界线、行使司法化中央集权体制的社会政体。在文化进化论模式中,它是仅次于"帝国"的复杂社会发展阶段。

四、后过程考古学

20世纪70年代,越来越多的考古学家意识到史前文化的多样性不是一般进化论或简单的环境适应论可以解释的,他们对新考古学在解读和阐释人类的认知因素和世界观方面的无能提出批评。于是,英国剑桥大学的一批考古学家提出,人类的文化并非都是由环境造就的,人类的思想也会对文化的特点和发展产生影响。20世纪80年代以后,逐渐分离出不同的思潮,并形成一个松散的学术群体,代表了一批更为复杂的观点和立场,被称为"后过程考古学"。

象征考古学 20世纪80年代,以英国考古学家霍德(I. Hodder)为代表的考古学流派,指出物质文化除了适应意义,还具有特定的象征性。[1] 它的一个重要特点是关注社会和个人的意识形态对社会演变过程所发挥的作用,关注物质文化现象所蕴含的"思维"与"价值"。青铜器和玉器等显赫物品,完全是权力、等级和地位的象征,对这些器物的了解完全无法从环境适应的角度加以解释,而必须从社会内部的复杂化过程及其意识形态来分析。

结构主义方法 强调人类行为受信仰和符号概念的影响,认为存在于制作器物和创造出考古纪录的人类脑子里的思想结构/理念才是重要的研究对象。对于结构主义而言,文化类似于语言,有一套潜在法则主宰其表现形式。经典结构主义认为,任何系统的个别单位只有从它们之间的关系上理解才具有意义,最终寻找的目标是人类各种行为与观念之间可以对应的固定结构。因此,研究要揭示思想的结构,并研究它们对创造考古遗存的人类思维活动的影响。

新马克思主义思想 以马克思和恩格斯的理论为主要依据,以唯物论立场考察社会变迁。它认为社会历史的演变和进步是由社会内部矛盾与冲突引起的,生产力和生产关系的矛盾、经济基础和上层建筑的矛盾是引起社会变化的根本所在。同时,它还提倡以人为本的历史观,认为上层建筑与经济基础的地位相同,上层建筑有时也会起决定作用。它强调意识形态的能动作用,人类的主观能动性也可以改造世界。

认知考古学 认为意识形态是积极的社会力量,积极探求早期社会的认知和象征方面,探索文化演变中的符号作用以及转化的结构。一部分是了解5万年前原始人类智力的演化过程,另一部分是研究智人出现以后人类世界观的发展。

后实证主义 反对强调科学的系统方法,甚至认为现代科学是个体的敌人,是资本主义力量实施霸权、形成严密控制系统的工具。

解释派理论 强调每一社会、每一文化的独特性,强调在所有范围内充分研究其全部内容,而摒弃那些意在归纳的企图。其认为不可能有单一的正确的解释,每一个观察者或分析者都有权拥有各自对于历史的观念,观念会是千差万别的。

批评理论 由德国法兰克福学派提倡的一种理论方法,强调所有知识都是历史

---

[1] Hodder, I. Postprocessual archaeology. *Advances in Archaeological Method and Theory*, 1985(8):1-26.

的,在一定程度上是歪曲的信息,任何宣称"客观的"知识都是虚幻的。

女性主义 强调女性在创造考古遗存和解释考古材料两方面的重要作用,认为考古学研究应该审视性别的作用,反对学科发展中存在的性别歧视。另外,女性主义还意识到知识环境有助于其领域以及宏观上性别研究的发展。

能动性研究 20 世纪 70 年代,法国学者布迪厄(P. Bourdieu)提出个人在抵制社会不平等原则中发挥着主导作用。美国学者吉登斯(A. Giddens)也强调了个人的"抵制"作用,认为个人的实践是有目的性的,个人不应仅仅被视为社会规则和传统的被动实践者,而是起主导作用的创造者。"能动性"概念认为,许多文化现象既非适应的产物,也非社会意识和规范的产物,而是个人合力的产物。作为社会成员的个人往往有其自身独特的认知和想法,常常会抵制社会规范,表现出反对社会不平等和摆脱社会限制的倾向。这种个性表达有时在合适的环境里也会形成并改变社会风尚和习俗,甚至影响社会的进程。[1] 因此,我们在进行考古研究时也应该关注由个人能动性所造就的文化现象。

第三节　考古学的基本理论与方法

一、考古地层学

考古地层学,又称层位学,是从地质学引入的概念和原理,后经不断改造与完善,成为考古学的基本方法之一。地层学是通过判定遗址中诸堆积形成的先后过程或次序来研究遗存之间相对年代早晚关系的方法。它根据"土质土色"区分不同堆积,根据叠压、打破及平行关系确定不同堆积形成的先后次序。地层学的根本问题是划分层次,确定层位关系。

地层学在中国的应用,最早可以追溯到安特生 1921 年发掘河南渑池仰韶村遗址,他当时按照深度来划分地层,算是地层学的初步应用。1926 年,李济主持对山西夏县西阴村遗址的发掘,运用了"叠层法",这次发掘意义重大,是中国人第一次自己主持的田野考古。真正第一次将地层学应用到中国考古学研究的是梁思永,他在 1931 年主持发掘安阳后岗,严格按照土色划分地层并收集出土物,进而发现了著名

① Dornan, J. L. Agency and archaeology: Post, present, and future direction. *Journal of Archaeological Method and Theory*, 2002(4):303-329.

的"后岗三叠层",成为中国考古的一个里程碑。在长期工作中,中国学者逐步推动了考古地层学的发展,例如,张忠培用"层位学"深化表述,希望将考古单位的年代判定得更加精确,进一步探讨相互叠压的单位之间的年代差别以及各遗址之间的共存关系。

　　考古地层学的基本原理来自地质学,但同时有自身规律[①]:(1)不同时期形成的文化层和遗迹单位,是按时间早晚自下而上依次堆积而成的。不同层次的文化层和遗迹单位是人们在这个地点生存、活动的一种记录,下层早于上层,是地层学原理中最基本的一条定律。(2)同一文化层和遗迹单位的形成和遗留形式不是水平的。由于地表本身不平及人类对环境的不断改造,一个有多地层文化堆积的地点,早期地层和晚期地层不会是水平式叠压的。(3)次生堆积会形成早期、晚期颠倒的倒装地层。由雨水、河流或断崖等自然力量形成的次生堆积常会把原生堆积的层次颠倒过来。(4)形成不同文化层的原因,关键在于堆积内容的变更。文化层的堆积厚度,并不是估计形成时间的尺度。同一时期地层的深度和厚度不一定相同,同一深度堆积的时代也不一定相同。(5)遗迹本身同遗迹内的文化堆积,在形成时间上的距离是不等的。遗迹的建造、使用、修补和废弃通常存在时间差距,遗迹形成的时间早于遗迹内堆积的时间。(6)晚期堆积可以出早期遗物,早期堆积不可能出晚期遗物。如果出现了相反情况,基本可以认定是人为扰动的结果。

【术语1.5】

文化层:指人类在某个地点生存、活动时遗留下来的各种物品的堆积之总和。

原生堆积:指人们遗留下来而未经后代扰动的堆积层。

次生堆积:指经过后来翻动再形成的堆积层。

叠压关系:未经扰动的两个或两个以上地层,由上而下顺序相叠,关系比较简单。又可分为直接叠压和间接叠压两种情况。

打破关系:在一个经过较长时间居住的区域内,晚期遗迹往往会破坏早期文化层或遗迹,形成文化层和遗迹之间的打破关系。可能是地层之间的相互打破,也可能是遗迹单位之间的相互打破,被打破者必然早于打破者。

平行关系:也叫共时关系,指地层或遗迹之间在一定时间内具有同时并存的关系。

[①]　俞伟超:《关于"考古地层学"问题》,《考古学是什么》,中国社会科学出版社1996年版。

> **后岗三叠层**：1931 年，梁思永主持安阳后岗发掘，发现了仰韶文化、河南龙山文化和小屯文化的三叠层，证实了小屯的商代遗存晚于河南龙山文化，河南龙山文化又晚于仰韶文化。

二、考古类型学

考古类型学，也称"器物形态学""标型学"或"型式学"，是借用生物进化论和生物分类的原理，通过分类来研究遗迹和遗物的形态变化过程，找出其先后演变规律，从而结合地层学判断年代，确定遗存的文化性质，分析生产和生活状况以及社会关系、精神活动等。考古类型学大量应用于研究陶器、瓷器等使用周期短、变化较明显的器物。

大概在 19 世纪初期，北欧的一些古物学家已经热衷于古物的分类工作了。但是，系统总结类型学理论的代表人物是瑞典学者蒙特柳斯(O. Montelius)。他于 1903 年出版的《东方和欧洲的古代文化诸时期》的"方法论"一章中，专门论述了类型学原理以及若干实例。1935 年开始，蒙特柳斯的类型学被广泛介绍到中国。①

1930 年，梁思永在研究山西西阴村的仰韶陶器时，首先对若干陶片进行了形态分类。他对不同形态的口沿、器底、柄与把等分别给予一定的符号。② 这种对陶器局部形态的分类，在当时并不能综合成一种仰韶陶器的完整概念，却是中国学者运用类型学方法的开端。李济在整理安阳殷墟出土的陶器和铜器时，主张按照同一标准加以归纳，给以序数。③ 这种方法可以很好地区分器类，但是难以记录和表达同一器类内部形态的复杂差别。20 世纪 40 年代，苏秉琦在整理宝鸡斗鸡台出土器物时，将上述方法具体化、完整化。他先区分出不同器类，在每一器类中寻找出演化过程，按照顺序，依次编号。在《斗鸡台沟东区墓葬》的报告中，基本形成了分型定式的方法④，其中，型是分类，式是分期。后来，他在《瓦鬲的研究》中，又探索了各地出土陶鬲的发展谱系，探讨了几种重要的考古学文化的发展序列及其相互关系。20 世纪 60 年代，苏秉琦从分析仰韶文化开始，提出划分区域类型。⑤ 20 世纪 80 年代，他系统地提出要从"区系类型"的角度来探索考古学文化的发展谱系，即分区、分系、分类型。⑥

---

① 蒙特柳斯：《先史考古学方法论》，滕固译，商务印书馆 1937 年版。
② 梁思永：《山西西阴村史前遗址的新石器时代的陶器》，《梁思永考古学论文集》，科学出版社 1959 年版。
③ 李济：《记小屯出土之青铜器》，《考古学报》1948 年第 3 期。
④ 苏秉琦：《斗鸡台沟东区墓葬》，北京大学出版社 1948 年版。
⑤ 苏秉琦：《关于仰韶文化的若干问题》，《考古学报》1965 年第 1 期。
⑥ 苏秉琦等：《关于考古学文化的区系类型问题》，《文物》1981 年第 5 期。

　　类型学是建立在分类基础上的,是将同类遗存按其形态的差异程度排成序列,从中推断其中最早或最晚的一环。有这样几点需要注意[①]:(1)所研究的遗存必须属于同一类别。只有同类遗存才有规律可循,进而可以进行形态的比较。所谓同一类,是指质地、用途和外在形态相同或相似,相互之间可以进行比较的器物。(2)类型学研究应从层位关系入手,最终要经过层位关系的检验。(3)考古遗存的形态发展具有一定的逻辑序列。某类遗存的形态由一种形制转变为另一种形制,既有突变也有渐变,多数情况下表现为渐变。其渐变过程的中间环节就是所划分的"式",表现出一种内在的逻辑发展序列。不同的遗存或同类遗存的不同形态,存在不同的发展轨道,这些发展轨道就是所划分的"型"。(4)祖型和遗型。任何一类遗存都有发生、发展和消亡或转化为别类遗存的过程。祖型是指遗存产生时的最初形态,也称为"原型"或"母型"。器物的某些部件、花纹或器形本身,由于用途转变或技术等,渐渐失去了原有的效用,只是象征性地保留了原来的形状。这种退化体或失效体被称为"遗型"。

　　类型学方法对于考古学基础研究具有十分重要的意义,可以确定遗存的相对年代并进行遗址和文化的分期,可以探讨同一谱系考古学文化产生、发展、消亡的过程及其规律,可以研究不同谱系考古学诸文化之间的异同及其相互关系,可以研究生产技术或生产工艺的发展过程。但是,无论类型学方法多么重要,它归根结底是一种理论和方法,绝不是也不应该是考古学研究的目标与诉求。

三、考古年代学

　　考古学属于研究时间的科学。在整理考古材料时,最基本的一环就是研究考古学文化的年代,确定文化遗存的年代。

　　考古学上的年代可分为"相对年代"和"绝对年代"。前者指各种文化遗存在时间的先后关系,后者指文化遗存形成时的具体年代。

　　通过地层学和类型学可确定各文化层的先后次序,以断定其相对年代,然后根据各层包含的文化遗存来判断各层的绝对年代。利用遗物来判断地层年代时,要按遗物的性质做出具体分析,使用时间短、时代特征明显的器物比较适合用来确定相对年代。对于史前考古来说,可以根据动物群来判断年代,例如第四纪动物群和现代动物群是有区别的。放射性碳定年法、古地磁法、热释光法、树木年轮法、铀系法、钾氩法等自然科学手段,也是判断史前文化的相对年代和绝对年代的常用途径。历史考古学主要依靠文献记载和年历学,碑碣、墓志、简牍等器物的纪年铭文是确定绝对年代的可靠依据。

---

① 　此部分参考俞伟超:《考古类型学的理论与实践》,文物出版社1989年版。

【术语 1.6】

古地磁法：地球磁场的变化可以被一些材料的剩磁记录下来，通过测定经过火烧的各种遗物中的热剩磁性，即可判断其真实年代。确定元谋人的年代问题时就应用了这一方法。

热释光法：直接用一定的矿物，特别是用石英和长石颗粒测定年龄的技术，测年范围从 100 年到 100 万年，误差为 10%—15%。具体方法是通过测量样品中积累的辐射剂量效应来确定最后一次受热后或样品形成的年代。该方法在古陶瓷年代鉴定领域有广泛应用。

树木年轮法：气候每年的变化会导致树轮生长情况不同，因此可以通过年轮计数确定其年代。应用树木年轮法，首先要确立本地区的主年轮序列。该方法既可独立确定绝对年代，亦可校正碳-14 测年结果。许多国家建立起树木年轮学年表，应用于年代的对照。

铀系法：又称铀系不平衡测年法，是以铀同位素放射性衰变为基础的测年方法，测年范围为 0—100 万年。广泛应用于旧石器时代中晚期考古研究。

钾氩法：通过测定火山岩、变质岩和火成岩中含钾物质的放射性的测年方法，测年范围大于 250 万年，主要应用于旧石器时代早期考古研究。

裂变径迹法：通过统计样品中铀的裂变径迹数，推算样品的年龄或经过最后一次高温的年龄。

电子自旋共振法：原理是原子中电子自旋能级在外磁场中发生分裂后，在外加微波能量激发下，电子从低能级向高能级跃迁的能量共振现象。基于测量样品中不成对电子的数目来测定年代的测年方法，测年范围为几百年到几百万年，主要用于 100 万年以内。

四、考古学文化

考古学文化，指代表同一时代，分布于共同地区，并具有一群特征性文化遗物和遗迹的文化遗存。相似的文化遗存即使分布于邻近地区或不同地域，如不属于同一时代，也不能构成同一文化，即不属于同一种考古学文化。作为考古学文化，其必须具有一群特征性的文化遗存，单一的文化因素不能称为一种文化。同一文化共同体亦即同一考古学文化，是属于某一特定的社会集团。

同一种考古学文化，因分布地域不同，文化面貌存在一定的差异性，这种差异性用

"文化类型"来区别,即属于同一文化的不同"类型"。例如,黄河下游地区的龙山文化又可细分为三个类型:分布于鲁东山地与滨河平原的两城类型,分布于鲁中丘陵和鲁西平原以东地区的城子崖类型,分布于鲁西平原、豫东和苏北黄淮地区的青堌堆类型。

考古学文化的命名,通常有以下几种方式[①]:(1)以首次发现典型遗址的所在地名称来命名是最常见的做法,如丁村文化、良渚文化等;(2)以遗址名称来命名,如山顶洞文化、跨湖桥文化等;(3)以某一遗址的某一期典型文化遗存来命名,如庙底沟二期文化、夏家店下层文化等;(4)以具有特征性的遗物来命名,在20世纪60年代以前常被采用,如细石器文化、彩陶文化等;(5)以族名来命名,适用于时代较晚的文化,如吴越文化、巴蜀文化等。

第四节 考古研究的基本步骤

一、偶然发现

现代考古学家的重要任务就是确定并记录遗址和遗迹的位置,但事实上,许多重要考古发现并非考古学家的功劳。有人推算,在当今所知的考古遗址中,大约有四分之一是自然动力和人为活动的偶然结果。

图1-6 奥茨冰人复原模型

奥茨冰人 奥茨是一具5300多年的木乃伊,是目前世界上保存最好、最古老的人类遗骸。1991年9月,两名德国旅行家来到意大利境内的阿尔卑斯山探险。他们在冰河附近、海拔3200米的奥茨塔尔山上发现了这具面孔朝下、黄棕色的干尸。起初他们以为是发生意外的现代登山者尸体,随即向警方报案。后来又在干尸身旁,发现了不少史前物品。通过研究,科学家们认定这是一具非常古老的史前人类遗体。根据其身上的服装,科学家过去普遍认为,奥茨是一位极其普通的史前猎人,在一次暴风雪中被活活冻死。奥茨目前收藏于意大利考古博物馆,他身上还有许多值得研究的地方,被认为是反映当时人类生产生活的"时间舱"[②](见图1-6)。

---

① 张之恒:《中国考古通论》,南京大学出版社2009年版。

② 科林·伦福儒等:《考古学:理论、方法与实践》,中国社会科学院考古研究所译,文物出版社2004年版。

20世纪以来,在工农业活动中发现了许多考古遗址,如著名的河北满城汉墓、长沙马王堆汉墓等。在城市化建设中,推土机的推进迫使考古工作者不得不加快清理遗址的速度,但仍有些遗址惨遭破坏。秦始皇帝陵位于西安市临潼区,兵马俑坑是秦始皇帝陵的陪葬坑,距离陵园1500米左右。当时这个地区被用作坟场。1974年3月,当地村民在打井过程中无意间发现了规模宏大的兵马俑坑,这里成为举世瞩目的"世界第八大奇迹"。虽然发现过程简单,但兵马俑坑的发掘、研究和保护工作却持续至今,截至2023年,兵马俑坑已经历三次大规模发掘,考古工作者获得丰富的文物和信息。几十年来的工作,使得考古学家和文物保护人员在兵马俑彩绘保护、陶俑加固方面取得了突破性进展。2010年,以秦始皇兵马俑博物馆为基础的秦始皇帝陵遗址公园建成并开放,是中国考古界和文化遗产界在大遗址保护方面的重要举措之一。

二、田野调查

大部分考古遗址是通过仔细的田野调查和勘探发现的。无论是抢救性考古还是主动性考古,确定具体遗址的方法包括查阅文献记载和田野考古。

文献记载

文献材料,包括历史文献、宗教书籍、早期地图和地名记录等,往往能够为我们提供过去文化的一些线索和轮廓。中国学者过去非常相信史书,曾经认为考古学是历史学的分支,考古学的一个重要功能就是证史和补史。外国的圣经考古,也是以圣经为基本材料,寻找其中所描述的地点、人物或者事件。

寻找特洛伊　特洛伊,位于小亚细亚半岛,曾是古希腊一个非常繁华的城市。1998年,特洛伊遗址被列入"世界遗产名录"。这个遗址就是在文献记载指引下被发现的。古希腊诗人荷马在《伊利亚特》中曾经记述了公元前12世纪发生在这里的特洛伊战争。德国考古学家谢里曼(H. Schliemann)在荷马史诗和坚强意志的驱动下,开始在土耳其四处探访,寻找最有可能是特洛伊的遗址。后来,他发掘了西沙里克土丘,揭露出多层叠压的城市遗迹和宫殿基址,以及著名的"普里阿摩斯宝藏"。在此基础上,另一位考古学家继续发掘,成功定位了特洛伊的真正地层。这一发现轰动全球,不仅证实了特洛伊城的存在,也证实了荷马史诗的真实性。①

---

① 西拉姆:《神祇·坟墓·学者:欧洲考古人的故事》,刘迺元译,生活·读书·新知三联书店2001年版。

地面调查

除了文献资料,地面调查是田野考古最常见的一种方法,通过观察地表和地层露头来发现遗址或遗迹。在对一个区域进行调查之前,首先要对当地的地理条件和文化历史有初步了解。不仅要熟悉以前的考古工作,也要考虑地貌形成过程中遗迹的覆盖和改造。在调查中还要对当地居民进行采访和咨询,了解出土文物的情况。地面调查可分为非系统调查和系统调查两种。

非系统调查 也称为非概率性调查,程序比较简单,一般是踏勘调查区域的每一部分,沿途仔细观察地表情况,采集和观察人工制品,记录其位置和相关遗迹。分辨遗址一般可以从四个方面入手[1]:(1)明显的土墩、石砌废墟或其他地表遗迹,常常是最明显的标志。(2)覆盖的植被可以指示地层下面的状况,比如存在遗址的土壤往往经过扰动,富含腐殖质,所以地表植被或庄稼往往长得比周围植被茂盛。如果土壤下不深处有古代建筑地基,那么地表植物可能因水分和肥力不足,比周围植物矮小或稀疏。有时,一些特殊植物会和遗址共生。(3)古代遗址的文化层往往表现为富含有机质的黑色土壤,即所谓的"黑垆土",其中可能含有丰富的文化遗物。(4)地表发现的石器、陶片、动物骨骼等可以指示附近遗址的存在。

系统调查 又称概率性调查,将一个选定的采样区域内的遗址分布概率等同于整个区域的遗址分布。这种方法的优点是不仅能够了解一个调查区域内的遗址数量,而且能够计算出大遗址与小遗址比例,这对于聚落考古尤为重要。

米洛斯岛考古调查 1976—1977 年,研究小组对希腊的米洛斯岛进行了系统调查,调查目标是了解遗址的数量、范围以及分布的历史变化。研究小组确定调查岛屿 20% 的地区,采用系统随机抽样的方式形成众多区块,在选定区块内开展调查。调查结果显示,米洛斯岛的遗址数量由已知的 47 处增加为 130 处,所有遗址的密度最少是之前认为的 6 倍,人口在青铜时代晚期及罗马时代晚期分别达到高峰。[2]

地下探测

一旦遗址位置确定,就要了解地下的分布状况,为制定精确的研究方案做准备。具体方法有以下几种。

钻探 最传统的方法是使用地下探测工具进行钻探,标出哪些地方坚硬,哪些地

---

[1] 陈淳:《考古学研究入门》,北京大学出版社 2009 年版。

[2] 科林·伦福儒等:《考古学:理论、方法与实践》,中国社会科学院考古研究所译,文物出版社 2004 年版。

方空洞。在中国,最常用的地下探测工具是洛阳铲。洛阳铲是上部为"T"形把手、下部为半圆形铁管的铲子,可以插入地下取土。提出后从侧面观察土色、土质和其中的包含物,是初步了解遗址堆积厚度和范围最有效的方法之一。密集的取土探测,可以了解遗址在一定区域内的分布状况,为选择发掘地点提供依据。在国外,考古学家则使用探针或螺丝钻,深入地下探测遗址内部情况。

地球物理探测 一些无损伤的地球物理方法被用于地下探测。(1)地震与声学探测:使用沉重的撞击器敲打地面,通过记录相应的声音,确定地下遗迹。闷声表示地下未经扰动,共鸣则表示地下可能有壕沟或灰坑。现在,驻波技术和声呐技术改进了原始的声学探测,利用驻波设备将回声放大几倍,通过轻轻敲击就可以了解地下 70—100 米的情况。(2)电阻探测:由于沉积物中含有易溶的含水矿物盐类,岩石和土壤能够导电,但是不同沉积物所产生的电阻不同。将电流通过电极两端,仪器就能测出地下电阻率的变化幅度,淤塞的壕沟或灰坑中保存的湿气比石墙和道路多,因此,它们的电阻率比石头建筑低。(3)电磁探测:利用电磁脉冲,向地下发送短波,回波能够反映地下土壤和沉积物的各种变化,通过数据处理和分析,生成比较直观的三维图像,显示出考古遗存的分布与状况。

空中勘察

通过空中勘察来进行考古调查始于 20 世纪初。1906 年,英国皇家陆军用一只军用气球对巨石阵进行了倾斜和垂直拍照,成为空中勘察最早的范例。20 世纪 80 年代,航拍和遥感技术被引入中国的考古勘察。

航空摄影 航拍一般有两种类型,垂直照片表现的是近乎平面的景象,有助于测绘和制图,倾斜照片可以提供地表遗迹的立体轮廓和形象,可以显示在地表上几乎已经消失的河岸和壕沟。

高空遥感 一般是从卫星或航天飞船上拍摄或扫描地球,通过地表反射的光线和红外辐射,用电子技术将它们转换为图像。另一种遥感技术是侧向扫描雷达,用来显示变化比较明显的地形和大型遗址下的土层扰动,还用来对水下遗址和沉船进行探测。

三、考古测绘

考古勘探一旦发现遗址和遗迹,并确定位置,接下来就要做出充分的记录,包括文字和绘图。对于地表遗迹,如房址和道路,既需要地形图,也需要平面图。有些遗址图综合使用这两种方法,即立体表现地形,平面表现考古遗迹。

地理信息系统(geographic information system,简称 GIS),是 20 世纪 60 年代发展

起来的一种地理空间数据的数字处理技术,现在已经广泛应用于考古勘探、记录和分析。从系统实现的角度来看,GIS 是一个具有空间数据采集、存储、管理、分析、可视输出的应用软件系统。[①] 考古数据的空间特征,是 GIS 应用于考古学的基础。将 GIS 应用于考古学研究始于 1983—1985 年,主要集中在欧洲和北美。90 年代以后,GIS 作为解决考古学时空性问题的新手段而备受青睐。[②] GIS 在考古学中的应用主要表现在计算机制图、聚落研究等方面。在中国,考古学对 GIS 和聚落形态研究的关注大概始于20 世纪 80 年代。随着诸多地区的区域考古调查和聚落考古研究的开展,GIS 现已取得初步成就,与考古材料互相支持,与考古学结合紧密。但囿于理论建设不足和考古材料精细程度低,GIS 在中国考古学的应用仍存在很大的发展空间。[③]

四、考古发掘

至此,我们已经发现了遗址,并且尽可能地将这些地表和地下的遗址测绘出来。要全面了解这些材料,可以通过发掘来进一步获取材料,并加以解释。根据《中华人民共和国文物保护法》的规定,一切考古发掘工作必须由具备发掘资格的专业机构履行报批手续之后方可进行,任何单位或者个人都不得私自发掘。

由于遗址的大小和特点差异很大,考古学家面对的问题也不尽相同,而且受到经费、人力和时间等条件的制约,因此考古发掘要因地制宜,采用合适的方式。现代考古学是非常复杂的,要求在整个发掘项目中有不同学科背景的学者参与其间,包括考古学家、地质学家、植物学家、动物学家等。

许多史前遗址非常大,不可能完全发掘,因此选择性发掘较为常见。基本发掘有两种。

(1)垂直发掘,是通过局部探测遗址的方式,来了解遗址中人类活动的沉积厚度、年代、范围、次序或文化序列。局部发掘一般是通过探坑或阶梯式探沟,揭露遗址地层剖面,了解遗物的分布情况,为正式发掘提供有价值的观察和决策依据。

(2)水平发掘,是正式发掘的主要方式,一般是通过探方来全面揭露遗址,了解建筑或居址的平面布局和结构。探方多为 5 米×5 米,通过水平层和隔梁来控制垂直剖面的框架。地层学是遗址发掘的重要根据,科学的考古发掘过程往往是垂直发掘和水平发掘的完美结合。

考古发掘出土的化石、有人工痕迹的文化遗物要尽可能地全部采集,分单位存放。

① 齐乌云等:《地理信息系统在考古研究中的应用种类》,《华夏考古》2005 年第 2 期。
② 高立兵:《时空解释新手段——欧美考古 GIS 研究的历史、现状和未来》,《考古》1997 年第 7 期。
③ 刘岩:《地理信息系统在中国史前考古学中应用的回顾与反思》,《南方文物》2017 年第 4 期。

采集标本时应以出土先后编号,记录类别、名称、出土层位及坐标位置等。

发掘记录是田野工作的重要组成部分,包括文字、绘图、照相等多种记录。平面图可以显示一个遗址分布状况的整体特点,并为考古报告提供准确的图版说明。剖面图可以区分自然层与文化层,记录地层的变化和扰动,以及各种遗迹现象。一些重要的遗物和遗迹需要记录其在探方内的三维位置以了解它们之间的空间关系。绘图的同时,还需要拍照记录遗物和遗迹的各种特征、迹象及出土状况。个别照片可以局部记录发现时的原貌,录像则可以记录发掘的全过程。

五、室内整理与考古报告

室内整理是田野考古的后期工作,包括对所采集标本进行分类统计、鉴定、记录、分析和检测等工作,并据此将实物资料转化为记录资料,以供进一步的综合研究之用。室内整理结束后,考古标本应妥善保管,并根据需要予以保护处理。

考古调查和发掘的结果都应以报告的形式发表,一般分为报告和简报两种。

发掘报告一般分为以下部分:(1)绪论:包括遗址或墓葬位置和所处的地理环境、古今沿革、发掘历史和前人工作,发掘经过、发掘单位和参加发掘的人员,发掘方法,等等。(2)正文:包括文化堆积、遗迹或遗物的描述。(3)结论:包括文化遗存的时代和性质、年代和分期、发掘收获和尚需解决的问题。(4)附录:常见附录包括材料的鉴定报告、测年数据、动植物标本鉴定报告、土壤植物孢粉分析报告、人骨鉴定及研究报告等。

简报即精华版的报告,以便及早向大家公布考古调查或发掘材料。

推荐阅读书目

1.科林·伦福儒等:《考古学:理论、方法与实践》,陈淳译,上海古籍出版社 2015年版。

2.栾丰实等:《考古学理论、方法、技术》,文物出版社 2002 年版。

3.冯恩学:《田野考古学》,吉林大学出版社 2003 年版。

4.陈淳:《考古学的理论与研究》,学林出版社 2003 年版。

5.陈淳:《当代考古学》,上海社会科学院出版社 2004 年版。

6.陈淳:《考古学理论》,复旦大学出版社 2004 年版。

7.马修·约翰逊:《考古学理论导论》,魏峻译,岳麓书社 2005 年版。

8.陈淳:《考古学研究入门》,北京大学出版社 2009 年版。

9.《考古学概论》编写组:《考古学概论》,高等教育出版社 2015 年版。

10.陈胜前:《学习考古》,生活·读书·新知三联书店 2018 年版。

在考古学诞生的几百年里,该学科持续地改进并进步。新技术和新方法的采用,为考古学开辟了崭新的探索途径,使我们能够从宏观上和微观上更深入地了解人类历史发展的过程与具体细节。

第一节　考古学的产生背景

考古学是在近代科学技术发展的基础上产生的。从 15 世纪开始,欧洲新兴资产阶级处于上升阶段,他们在发展生产力的同时,相应地发展了科学、技术和文化。这样,考古学就随着各门科学的产生而出现了。

一、文艺复兴与古物学

中世纪末,随着文艺复兴的到来,人文主义在意大利再度出现,重新激活了人们对古罗马和古希腊文明的兴趣。这种气氛也扩散到了欧洲的其他地方。15 世纪末,罗马教皇首开古物收藏之风,红衣主教和社会显贵纷纷效仿,将自己的宅院和别墅装点成古典艺术宝库。

16 世纪,英国出现了区别于艺术爱好和艺术史研究的正规的历史古物学。1572年,英国成立了保护国家古物协会。1718 年,伦敦古物学家协会正式成立,并于 1770年发行第一期《考古学》杂志。

二、地质学与古生物学

地质学的发展迫使学者们正视人类历史的古老性,地层中经常出现的打制石器和灭绝动物化石,被理解为创世之前的人类遗存和生命记录。18 世纪上半叶,学者们发现了地球内部温度很高的事实。"洪水论"学者认为,地球的形成分为几个阶段,所有地质构造最初都是在海洋里沉淀的。"灾变论"学者认为,地球上曾经发生过多次灾难,例如大洪水,它们将各个时期隔开,每次老的生物都被毁灭,然后出现新的物种。"均变论"则认为,地球表面一直受到自然力的改造,没有开始的痕迹,也没有结束的痕迹。

19 世纪,比利时、英格兰、法国陆续发现洞熊、猛犸象和披毛犀等灭绝动物的化石,人类头骨等遗骸,并发现与之共生的石器工具。

1833 年,赖尔发表《地质学原理》,并在书中提出了生物衍变的思想,用进化思想来解释地质学证据,标志着"均变论"大获全胜,地质学成为当时的时髦学科。

  赖尔与《地质学原理》 赖尔(Charles Lyell,1797—1875),19 世纪英国著名的地质学家、英国皇家学会会员,地质学均变论和"将今论古"的现实主义方法奠基人。在《地质学原理》一书中,赖尔提出:地球的变化是古今一致的,地质作用的过程是缓慢的、渐进的;地球的过去,只能通过现今的地质作用来认识,现在是了解过去的钥匙。

三、达尔文与进化论

法国古生物学家拉马克是第一个解释生物演化过程的人,他于 1801 年出版了《动物哲学》一书,系统阐述了动物转变原理的理论,主张生物是通过用进废退和获得性遗传原则进化的。他的理论为达尔文进化论奠定了基础。

1859 年,达尔文发表了《物种起源》,全称是《论通过自然选择的物种起源》。他在书中论述了自然选择的作用,并首先提出人类起源于古猿的理论。1871 年,达尔文又发表了《人类起源及其性选择》，提出人类与动物一样，具有各种变异和遗传的能力，而且人类也受制于生存环境和自然选择法则。

达尔文与《物种起源》 达尔文（Charles Robert Darwin，1809—1882），英国生物学家，生物进化论的奠基人。他曾以博物学家的身份，参加了英国派遣的环球航行，做了5年科学考察，在动植物和地质方面进行了大量观察与采集，经过综合探讨，形成了生物进化的概念。1859年出版了震动当时学术界的《物种起源》。书中用大量资料证明了所有生物都不是上帝创造的，而是在遗传、变异、生存斗争中和自然选择中，由简单到复杂，由低等到高等，不断发展变化的，进而提出了生物进化论学说。

四、汤姆森与三期论

1819年，丹麦皇家博物馆馆长汤姆森，在管理馆藏文物时按年代学方法，依据石、青铜和铁的技术发展框架，确定了三个连续发展的阶段，将藏品按此序列分类，后逐步发展，将丹麦史前史整理出一套"石器时代""青铜时代"和"铁器时代"的年代序列。"三期论"的诞生，使混沌不清的欧洲史前史有了编年的基础，开启了史前考古学的类型研究，逐渐成为近代考古学研究的基本方法之一，因此被称为"史前学的基础"和"现代考古学的柱石"。

古代中国也出现过类似思路，东汉袁康在《越绝书》中就曾将古代工具发展分为石、玉、铜、铁四个相继阶段。

第二节　考古学的发展历程

根据美国学者斯蒂宾（W. H. Stiebing）的总结，欧美考古学的发展可以分为四个阶段。[①]

---

① Stiebing，W. H. *Uncovering the Past*. Oxford：Oxford University Press，1993.

一、早期探索（1450—1860）

文艺复兴期间，学者们开始收集古典时期的古物，并开始研究欧洲北部地区的历史遗存。这一时期主要是对地上石质建筑进行调查，例如，18 世纪 20 年代，英国人斯塔克里对英国巨石阵、石柱群等进行了全面的调查。同时，越来越多富有冒险精神的学者开始发掘一些引人注目的遗址。

例如 18 世纪时，由于古物学家的好奇而偶然发现了庞贝城，出土了大量的古罗马艺术品和建筑。研究方法也有所改进，例如 18 世纪下半叶，德国人温克尔曼（J. Winckelmann）首先采用类型学分析，创造出一种确定出土雕像相对年代的方法，并建立起古典艺术史发展序列的年代学。温克尔曼因此被誉为"考古学之父"。

庞贝　位于意大利南部那不勒斯附近的一座历史古城，始建于公元前 6 世纪，公元 79 年毁于维苏威火山大爆发。庞贝古城的考古发掘自 1748 年起持续至今，为了解古罗马社会生活和文化艺术提供了重要资料。考古学家在发掘庞贝古城时，发现了许多被火山熔岩包裹的遇难者遗体，身体已经腐烂，在凝固的熔岩中留下了人体空腔。考古学家把石膏液灌进空腔中，等石膏液凝固后，再剥去外面的熔岩，还原了遇难者们临终前的形象（见图 2-1）。

图 2-1　石膏复原遇难者形象

二、诞生初期(1860—1925)

19世纪末,以地层学为基础的发掘方法和立足于器物类型学的断代方法发展起来。1866年,第一次"人类学和史前考古会议"于瑞士召开,标志着考古学正式发展成一门学科,在国际学术界得到了普遍认可。这一时期,世界各地的田野考古调查与发掘陆续展开,出现了一大批重大考古发现。例如,克罗马农人的发现、特洛伊古城的发掘、迈锡尼文明的发掘、埃及考古等。同时,发掘方法与研究方法也得到改进与完善,例如谢里曼在发掘特洛伊古城时,特别注意划分地层,并分层采集全部遗物,强调及时照相、绘图以及文字记录,创造了一套较为科学的田野作业方法。

图 2-2　阿伽门农黄金面具

迈锡尼文明　希腊本土青铜时代晚期文明,主要分布在希腊南部和爱琴海区域。年代约在公元前1600—前1100年,因当时希腊最强的王国及其首都迈锡尼而得名。19世纪末由谢里曼发现并发掘。迈锡尼、梯林斯和皮洛斯是迈锡尼城邦的行政中心,曾发掘出精美的宫殿和丰富的珍宝。迈锡尼文明系由中期古希腊文化发展而来,是当时地中海区域主要文明之一,以城堡、圆顶墓建筑及精美的金银工艺品(见图2-2)著称于世。

三、系统化阶段(1925—1960)

广泛采纳地层学规范发掘方法,使得考古学家能够更好地确定出土文物的年代,并且更好地进行解释。考古学文化概念流行,使得学者们能够将区域中的出土资料加以整合,定义特定的考古学文化,并追溯其发展。考古学变得日益系统化,少数考古学家开始尝试表达有关人类社会演变的总结,例如英国考古学家柴尔德。田野调查方法日趋多样,航拍、地阻仪、金属探测仪等科学仪器被广泛应用于勘探。这一时期最重要的一项进展就是碳-14测年技术,它是科学断代技术的革命,也成为考古学研究方法变革的前提。

四、科学化发展(1960年至今)

20世纪60年代,受文化人类学影响,美国一些考古学家开始认识到文化生态背景的重要性,提倡引入自然科学的演绎法,采纳系统论方法,对材料进行数理分析,进而对主导社会文化演变的原因进行阐释。科技考古在这一时期蓬勃发展。自然科学技术在考古实践中广泛运用,极大提升了考古研究的广度和深度,拓展人们以往的认知,其意义不可估量,比如对于尖底瓶的用途的分析[①]、碳-14测年技术新进展[②]等。考古实践的范围不再局限于陆地,水下考古飞速发展,丰富了考古资料和工作经验。而航空考古、全球定位系统和地理信息系统等现代技术手段在拓宽考古探测范围的同时,也提高了考古工作精度。

第三节　中国考古学简史

一、考古学在中国的诞生

科学考古学在中国兴起的重要条件是金石学的发展。

金石学,是以古代青铜器和石刻碑碣为主要研究对象的一门学科,偏重于著录和考证文字资料,以达到证经补史的目的,形成于北宋时期,曾巩在《金石录》最早提出"金石"一词。至清代,王鸣盛、王昶等人才正式提出"金石之学"的名称。现存年代最早且有系统记录的古器图录是北宋吕大临撰写的《考古图》,后来还有《宣和博古图》《钟鼎款识》《集古录》等。清代是金石学的鼎盛期,特别是乾隆以后。乾隆之后约200年间,金石学著作达906种之多。清代末年出现了集大成的著名金石学家,尤以罗振玉和王国维为代表。

19世纪末,欧洲考古学日渐兴盛,这引起了中国一些学者的注意,并对中国考古学的兴起和发展产生影响。20世纪初,欧洲考古学开始通过各种途径传入中国,部分中国学者在著作中对欧洲考古学的研究成果加以运用和介绍,如梁启超在《中国史叙论》中将欧洲考古学对史前期的"三期论"比附于中国的古史传说时代。此外,日、俄、英、德、法等国派遣探险队、考察队,先后在中国进行大规模文物掠夺,激发了中国学者对文物的保护意识和对古物研究、发掘的兴趣。

---

① 刘莉等:《陕西蓝田新街遗址仰韶文化晚期陶器残留物分析:酿造谷芽酒的新证据》,《农业考古》2018年第1期。

② 刘睿良等:《碳十四测年技术前沿:新一代校正曲线 IntCal20 发布》,《江汉考古》2020年第5期。

斯坦因(Marc Aurel Stein,1862—1943)　英国著名考古学家、艺术史家、语言学家、地理学家和探险家,国际敦煌学开山鼻祖之一(见图 2-3)。著有《古代和田》《西域考古记》《亚洲腹地考古图记》等敦煌吐鲁番学研究的案边必备之书。曾经于 1900—1901 年、1906—1908 年、1913—1916 年、1930—1931 年分别进行了四次中亚考察,以中国新疆和甘肃为重点,他发现的敦煌吐鲁番文物及其他中亚文物成为今天国际敦煌学研究的重要资料。

赫定(Sven Anders Hedin,1865—1952)　瑞典著名探险家和地理学家,16 岁开始从事职业探险生涯(见图 2-4)。他曾在中国进行过多次考察,其中两项成绩使赫定名满天下,一个是发现楼兰古城,一个是填补地图上西藏的大片空白。赫定精确的描述,推动欧洲人第一次将之纳入西方知识体系。

图 2-3　斯坦因　　　　　　　　　　图 2-4　赫定

从 20 世纪 20 年代起,中国北洋政府开始聘请外国专家进行考古工作。1918 年,瑞典地质和考古学家安特生与中国地质调查所共同进行古脊椎动物化石的采集工作。1921 年,安特生和奥地利古生物学家师丹斯基发现北京人遗址,发掘出第一颗北京人牙齿,引起国内外学术界的关注。同年,安特生在河南渑池县发现新石器时代遗址,并进行首次发掘,命名为"仰韶文化"(曾命名为"彩陶文化")。1922—1923 年,法国学者桑志华和德日进在河套地区进行大量工作,发现"河套人"化石、水洞沟旧石器时代遗址,并在萨拉乌苏发现细小石器等。1923—1924 年,安特生在甘肃、青海等地进行广泛的史前遗址调查与发掘。

图 2-5　安特生

安特生（Johan Gunnar Andersson，1874—1960）瑞典地质学家、考古学家（见图 2-5）。1902 年毕业于乌普萨拉大学，获得博士学位，早年曾两次参加南极考察活动。1914—1924 年，安特生任中国北洋政府农商部矿政顾问，后来兴趣逐渐转移到考古学方面。安特生对中国考古工作的发展有所贡献。他最早在周口店展开调查，促成了北京人遗址的发现。1921 年，他在河南渑池发现仰韶文化，揭开了中国田野考古工作的序幕，还曾主张中国文化西来说，强调中国在人种和文化上的连续性，著有《中华远古之文化》《中国史前史研究》等。

二、考古学的中国化历程

在西方考古学的影响下，中国开始建立考古学的学术团体，并主持田野发掘工作。1922 年，北京大学研究所国学门成立考古学研究室。1923 年 5 月 24 日，北京大学研究所国学门于考古学研究室下设立古迹古物调查会，1924 年改名为考古学会。1926 年，李济主持发掘山西夏县西阴村遗址，这是首次由中国学者主持的田野考古工作。1927 年，中瑞西北科学考察团成立，并赴新疆进行考古工作。1928 年，中央研究院历史语言研究所（简称史语所）成立，内设考古组。1928 年 10 月，史语所在河南安阳小屯村遗址进行调查和发掘，这是中国学术机构独立进行科学发掘的开端。1929 年，中国地质调查所新生代研究室和北平研究院史学研究会考古组分别成立。

图 2-6　李济

李济（1896—1979）　人类学家、中国现代考古学家、中国考古学之父（见图 2-6）。1926 年，在美国学习人类学的李济回国后主持发掘了山西夏县西阴村新石器时代遗址，这是中国学者最早独立进行的考古发掘。1929 年以后，他领导并参加了安阳殷墟、章丘城子崖等田野考古发掘，使得发掘工作走上科学轨道，造就了中国第一批水平较高的考古学者。他曾与吴金鼎一起调查过城子崖遗址，并做了第一次小面积的发掘，是山东地区考古工作的开拓者之一，同时也是《城子崖》一书的总编辑。他主要致力于殷墟陶器、青铜器的研究，著有《西阴村史前的遗存》《殷墟器物甲编·陶器》等。

　　1929 年起,我国著名的人类学家和考古学家裴文中主持发掘北京周口店遗址,并在周口店首次发现 1 颗猿人头骨化石,从而震动了世界。1933 年,裴文中参加山顶洞遗址的发掘,发现 3 个完整的晚期智人头骨化石,并首次在中国发现旧石器时代墓葬。1933—1936 年,贾兰坡主持周口店的发掘工作,又发现 3 颗完整的北京猿人头骨化石,以及大量石器。

　　裴文中(1904—1982)　中国现代考古学家、古生物学家(见图 2-7)。1927 年毕业于北京大学地质系,1937 年获法国巴黎大学博士学位,回国后任中国科学院古脊椎动物与古人类研究所研究员。1929 年起,裴文中主持并参与周口店的发掘和研究,是北京猿人第一个头盖骨的发现者;1933—1934 年,他主持山顶洞人遗址发掘,获得大量极有价值的山顶洞人化石及其文化遗物;1949 年后,他积极开展中石器和新石器时代的综合研究,为中国旧石器时代考古学的发展做出重大贡献。

　　贾兰坡(1908—2001)　中国现代考古学家、第四纪地质学家(见图 2-8),1935 年开始主持周口店北京人遗址的发掘,先后发现 3 颗比较完整的“北京人”头骨化石。1949 年以后,他继续领导并主持周口店遗址的发掘,对北京人文化的性质、时代及其生活环境等问题进行了深入探讨;1950 年以后,他主持和指导了丁村、匼河、西侯度、峙峪、许家窑等多处重要遗址的发掘与研究,带动了中国旧石器时代考古学的全面发展。他发表了 400 多篇学术著作和论文,广泛涉猎人类起源、旧石器时代文化序列、史前文化传统的源流、更新世环境与气候的变迁、第四纪地质学等领域。

图 2-7　裴文中　　　　　　　　　　　图 2-8　贾兰坡

1927年,李济撰写《西阴村史前的遗存》;1932年,梁思永撰写《山西西阴村史前遗址的新石器时代的陶器》。1928年,吴金鼎在山东历城县的城子崖遗址发现了以磨光黑陶为特征的新石器时代遗存,后命名为"龙山文化"(曾命名为"黑陶文化")。1930—1931年,由李济、梁思永相继主持发掘城子崖遗址,1934年李济等编成《城子崖》,是中国第一部大型田野考古报告。1931年,梁思永等人在河南安阳后岗进行发掘,第一次从地层上判定仰韶、龙山、殷商自上而下堆积的"后岗三叠层",第一次明确了中原地区两种新石器时代文化及其与历史时期遗存的相对年代。20世纪30年代,考古学家先后在长江流域、华南和西北等地区发现了一些新石器时代遗址,1936年发现的良渚文化是首次在中国南方发现的新石器时代文化。

图2-9　梁思永

梁思永(1904—1954)　中国现代考古学家(见图2-9)。1930年,梁思永于美国哈佛大学毕业,回国参加史语所工作。次年,他先后参加了河南安阳小屯和后岗的发掘以及山东历城龙山镇城子崖的第二次发掘。他第一次从地层学证据上明确仰韶文化和龙山文化的先后顺序及两者与商代文化之间的关系,这是中国近代考古史上一次划时代的重大发现。在国内,类型学就是由他阐释并实践的。《梁思永考古论文集》收录了其七篇论述。

1928—1937年,史语所在河南安阳小屯村遗址进行过15次发掘,同时还发掘了河南浚县辛村卫国墓地、汲县山彪镇墓地和辉县琉璃阁魏国墓葬。1933—1935年,北平研究院史学研究会考古组在宝鸡斗鸡台附近进行发掘,发现了仰韶文化遗址、周秦和汉代墓葬。

1937—1949年,中国的田野考古基本处于停顿状态,除在西南地区发现几处遗址,考古学者的主要工作是整理材料,撰写报告、论文和专著等。许多重要的考古报告和研究都是在这一时期出版的。

1949年以后,中国考古学进入一个新的发展阶段。1952年起,国家连续四年开展考古工作人员训练班,为新中国文物考古事业培养有生力量;1979年,中国考古学会成立;1983年,北京大学考古系独立建系。考古队伍迅速扩大,田野考古学成为中国考古学的主流,调查发掘工作遍及全国各地,发掘水平和对文物的技术处理水平都有了显著提高。史前考古学和历史考古学都建立了比较完整的体系,取得了丰富的研究成果,发表了大批有价值的发掘报告和研究论著。边疆民族地区和中外关系方面的考古工作,也取得了很多成果。各种自然科学和技术科学方法及技术逐渐得到应用,考古学和其他学科之间的协作也不断加强,考古研究成果被用来研究古代社会历史的各个方面。

2020 年,中共中央政治局就我国考古最新发现及其意义举行了第二十三次集体学习,习近平总书记在主持学习时强调"我国考古工作取得了重大成就,延伸了历史轴线,增强了历史信度,丰富了历史内涵,活化了历史场景"[①],对中国考古学以往所做的工作和取得的主要成绩,给予了充分肯定和高度评价。同时,习近平站在新的历史文化视角和社会政治意义的高度,进一步指出:"考古工作是一项重要的文化事业,也是一项具有重大社会政治意义的工作。考古工作是展示和构建中华民族历史、中华文明瑰宝的重要工作。"[②]

推荐阅读书目

1. 中国社会科学院考古研究所:《新中国的考古发现与研究》,文物出版社 1984 年版。

2. 格林·丹尼尔:《考古学一百五十年》,黄其煦译,文物出版社 2009 年版。

3. 孙英民等:《中国考古学通论》,河南大学出版社 1990 年版。

4. 陈星灿:《中国史前考古学史(1895—1945)》,生活·读书·新知三联书店 1997 年版。

5. 张之恒:《中国考古通论》,南京大学出版社 2009 年版。

6. 马利清:《考古学概论》,中国人民大学出版社 2010 年版。

7. 陈洪波:《中国科学考古学的兴起——1928—1949 年历史语言研究所考古史》,广西师范大学出版社 2011 年版。

8. 诺埃尔·博阿兹等:《龙骨山:冰河时代的直立人传奇》,陈淳、陈虹、沈辛成译,上海辞书出版社 2011 年版。

---

① 习近平:《建设中国特色中国风格中国气派的考古学,更好认识源远流长博大精深的中华文明》,《人民日报》2020 年 9 月 30 日。

② 赵宾福等:《中国考古纲要:百年发现与研究(1921—2021)》,吉林大学出版社 2021 年版。

第一节　概　说

一、对人类起源的探索

在新石器时代以后的人类历史中,我们把文明以及与文明相关的各个方面自然而然地和人类联系在一起。那么,具有巨大创造力的人类从哪里来?其经历了怎样的演进,最终成为今天主宰世界、创造文明的物种呢?人类对自身的了解是一个由浅入深、不断发展的过程。

神话与传说　在中国,关于人类由来的传说中,比较著名的是盘古开天辟地和女娲抟土造人。在古埃及,也有鹿面人身的神哈奴姆在制陶作坊里以泥塑人形并赋予生命的传说。古希腊神话里,普罗米修斯同样用泥土捏出了动物和人,并教会人类生存的技能,包括用火。在学习过新石器时代考古之后,不难发现,国内外将人类起源与泥土紧密关联的传说受到了制陶术的影响。

宗教创世说　　在西方，犹太教《旧约全书》和基督教《圣经》中的创世纪部分，都认为人是由上帝创造的，现代人都是亚当和夏娃的后代。直到 300 多年前，大部分西方人仍深信不疑。一位爱尔兰大主教，曾根据《圣经》故事，推导出上帝创世的时间约为公元前 4004 年，距今 6000 年左右。

博物学家的探索　　随着文艺复兴的发展，一些博物学家开始了对人类起源的探索。17 世纪，法国一位博物学家佩莱尔，在法国采集到一些奇形怪状的石头，他推测这些石头可能是生活在亚当之前的原始人制作的，但是他的著作在 1655 年被公开焚烧了。之后，奇怪的石头不断被发现，其中还包括人们从未见过的动物化石。1790 年，英格兰附近发现了一些石器和灭绝的动物骨骼。

地质学与古生物学　　早期的一些地质学家在探讨地球形成的过程中，提出了两种学说：均变论和灾变论。均变论认为，地球表面一直受到自然力的改造，没有开始的痕迹，也没有结束的痕迹。灾变论则认为，地球上曾经发生过多次灾难，每次老的生物都被毁灭，然后出现新的物种，所以有灭绝动物化石的出现。

拉马克是第一个解释生物演化过程的人，他于 1809 年发表的《动物哲学》系统阐述了动物转变原理的理论，主张生物是通过用进废退和获得性遗传的原则进化的。他的理论为达尔文进化论奠定了基础。

达尔文学说　　1859 年，达尔文发表了《物种起源》。他在书中论述了自然选择的作用，并首先提出人类起源于古猿的理论。1871 年，达尔文又发表了《人类的由来及性选择》，提出人类与动物一样，具有各种变异和遗传的能力，而且人类也受制于生存环境和自然选择法则。

二、石器时代的确认

1823 年，在英国南威尔士海岸的帕维兰洞窟里发现了一具人类化石，同时发现猛犸象、披毛犀、洞熊等动物化石，以及打制石器。1830 年，法国阿布维尔发现有明显人工痕迹的火石标本。1859 年，法国肯特洞穴证实了燧石制品和灭绝动物共存。1848 年，在直布罗陀发现一具远古人类头骨，就是后来熟知的"尼安德特人"。这些重要发现使学术界终于确认这些看似稀奇古怪的石头是远古人类制造并使用的工具，人类历史上曾存在过一个"石器时代"。

1865 年，英国学者卢伯克（J. Lubbock）在"三期说"的基础上，将石器时代划分为旧石器时代和新石器时代。二者基本的区别在于：旧石器时代以打制石器为主要工具，人们以采集和渔猎为生计，表现为"攫取性经济"或"掠夺性经济"，人群的迁移性很强，被称为游群。新石器时代则以磨制石器为典型工具，人们以农牧业等生产活动为生计，表现为"生产性经济"，人们逐渐采纳半定居或定居的居住形态。

1892 年，英国学者布朗在旧石器时代和新石器时代之间又划分出一个过渡时期，称为"中石器时代"。但是这个术语及其内涵一直备受争议，特别是在中国。

【术语 3.1】

中石器时代：约 1 万年前起始的史前文化阶段，是旧石器时代向以农业经济出现为标志的新石器时代过渡的阶段。中石器时代在世界各地延续长短不一，且不是所有地区都普遍存在的考古时代。中石器时代的特征是：以打制石器为主，个别石器有局部磨光，其功能比旧石器时代晚期更加细化，地域色彩浓厚。细石器占绝对比重，弓箭等复合工具普遍使用。一些地方推测出现驯养狗。在欧洲、中东、日本等地发现陶片、贝丘、石镰等，农业出现萌芽。

三、旧石器时代的特征

旧石器时代是人类历史的第一篇章，起始于人类诞生之日，终止于距今 1 万年左右，占人类历史 99% 以上，在地质时代上涵盖上新世晚期和整个更新世（见表 3-1）。

在整个旧石器时代，全球地质与地貌环境在不断改变，生态与气候条件也处于寒冷与温暖的冰期—间冰期交替变化之中。在过去的 73 万年里，世界上曾出现过 8 次完整的冰川巡回，即 8 次冰期（或寒冷期）和 8 次间冰期（或温暖期）。生态环境的变化对人类的起源、扩散、进化和文化的发展有着重大的影响。

旧石器时代的文化标志为打制石器，即利用天然砾石打制加工而成的具有一定形状和功能的工具，以此来捕获与肢解猎物、采集和帮助食取植物果实和根茎、加工制作其他材料的工具和用具等，以满足生产和生活的需要。

古人类在这一阶段也制造并使用骨、角、竹、木等材质的工具，但由于这些材料易腐坏，很少在考古遗址中保留下来，所以石器成为最有代表性的时代特征。

1877 年，美国人类学家摩尔根将整个旧石器时代划分为早、中、晚三期，对人类历史第一阶段的分期排序大致定型，并被推广到有旧石器时代文化遗存的许多地区。

表 3-1　地质年表

宙	代	纪	世	代号	距今年代（百万年）	主要生物进化 动物		植物	
显生宙	新生代	第四纪	全新世	Q	0.01	人类出现		现代植物时代	
			更新世		2.5				
		新近纪（新第三纪）	上新世	N	5	哺乳动物时代	古猿出现	被子植物时代	草原面积扩大
			中新世		24				
		古近纪（早第三纪）	渐新世	E	37		灵长类出现		被子植物繁殖
			始新世		58				
			古新世		65				
	中生代	白垩纪		K	137	爬行动物时代	鸟类出现	裸子植物时代	被子植物出现
		侏罗纪		J	203				
		三叠纪		T	251		恐龙		
	古生代	二叠纪		P	295	两栖动物时代	爬行类出现	孢子植物时代	裸子植物
		石炭纪		C	355				大规模森林
		泥盆纪		D	435	鱼类时代	两栖类出现		小型森林
		志留纪		S	495				陆生维管植物
		奥陶纪		O	540	海生无脊椎动物时代	带壳动物		
		寒武纪			1000				
元古宙	新元古	震旦纪		Z	2500	海生无脊椎动物时代	软体动物	孢子植物时代	陆生维管植物
	中元古			Pt	2800	低等无脊椎动物出现		高级藻类出现	
					3200				
	古元古				3600			海生藻类出现	
太古宙	新太古			Ar	4600	原核生物出现			
	中太古								
	古太古					（原始生命蛋白质出现）			
	始太古								
冥古宙（前太古代）						时间从地球形成到太古宙之初。目前缺乏相关资料考证，人类对其研究极少。一般认为此时生命物质尚未形成			

第二节　第四纪环境及其研究

第四纪是新生代最新的一个纪,包括更新世和全新世。从第四纪开始,全球气候出现了明显的冰期和间冰期交替模式。第四纪生物界的面貌已很接近于现代。哺乳动物的进化在此阶段最为明显,而人类的出现与进化更是第四纪最重要的事件之一。因此,研究第四纪的地质和动物演化,有助于进一步了解旧石器时代考古学的相对年代、人类起源以及古环境变迁等。

一、地层堆积

第四纪地层堆积可分为土状堆积、河湖堆积和洞穴堆积。由河流湖泊搬运沉积、交互形成的沉积物,统称为河湖堆积。这类堆积在我国北方分布相当广泛,如西侯度、匼河、丁村等地。在不同成因或类型的洞穴及裂隙之内,由地下水、风力及化学沉积作用形成的堆积,就是洞穴堆积。已知的史前人类文化遗存,大约一半出自洞穴之中。在中国,土状堆积包括北方黄土、南方红土和东北的灰黑色土。

黄土是更新世最主要的土状堆积,主要分布在黄河流域。黄土的岩性成分主要是黄色黏土、粉砂土和细砂土等,其间夹杂钙质结核等,组织结构松散,易粉碎,易崩解。一般认为,黄土是在干旱的气候条件下,由强大风力将西北荒漠地区的黄土物质悬运而来的。黄土生成之后,受到水流的作用,在一些局部低点产生再次堆积,称为"次生黄土"。

中国的黄土沉积从更新世开始,经历了整个第四纪。根据黄土中所包含的动物化石和地层岩性,分为三种类型:午城黄土、离石黄土、马兰黄土,其地层性状见表 3-2。[①]

午城黄土(距今约 248 万—73 万年)　标准地点位于山西省隰县午城镇。岩性特征为土色较红,黏土较多,土质较硬,堆积较薄,未见清楚的层理,常夹有数层红棕色的埋藏土,所含砾石及砂极少。午城黄土包含的动物化石有长鼻三趾马、三门马、中国貉等,时代为早更新世。

---

① 夏正楷:《第四纪环境》,北京大学出版社 1997 年版。

表 3-2　主要的黄土地层性状

时代	名称	颜色	古土壤条带	典型化石	年龄/10⁶a.BP
晚更新世	马兰黄土	灰黄	1—2 条 （灰黑）	方氏鼢鼠	0.1—0.01
中更新世	上离石黄土 下离石黄土	棕黄 棕红黄	5—6 条（褐红） 多于 10 条（红褐）	丁氏鼢鼠 丁氏鼢鼠	0.19—0.1 0.73—0.19
早更新世	午城黄土	棕红	4 条（红褐）	丁氏鼢鼠	2.48—0.73

离石黄土（距今约 73 万—10 万年）　标准地点在山西省离石县。直接覆盖在午城黄土或基岩上，是构成黄土高原的主要基础。一般可分为上、下两部分：下部土色接近午城黄土，包含的动物化石有肿骨鹿、丁氏鼢鼠等，时代为中更新世前段；上部为棕黄色，土质亦较硬，有 5—6 层较厚的埋藏土，间距较大，包含的动物化石有肿骨鹿、丁氏鼢鼠等，时代为中更新世。

马兰黄土（距今约 10 万—1 万年）　标准地点在北京市西山斋堂马兰村。土色一般呈淡灰黄色，含有较多粉砂或细砂，土质较为松软，遇水易崩解。无明显层理变化，包含有黑褐色的埋藏土。马兰黄土包含的动物化石的石化程度一般不高，常见的是赤鹿、斑鹿、安氏驼鸟等，时代为晚更新世。

二、动植物群

伴随第四纪剧烈的冰川活动和气候变化，地球上的动植物发生了巨大变化。通过对更新世各阶段动物绝种比例的统计，以及绝灭种属与现生种属的对比研究，可以判断其生存年代，为考古学划分地层和确定人类文化的相对年代提供参考。

根据孢粉分析，更新世早期到晚期至少经历 5 个冷期和 4 个暖期。冷期的年平均气温比现在低 4—7℃ 或者更多，生长以云杉、冷杉或松林为主的暗针叶林，在极干冷阶段则代之以草原性植被。暖期的年平均气温高于现在，以针叶阔叶混交林或阔叶林为主。

更新世时，我国南北方气候开始有了显著差异，因此，中国第四纪哺乳动物可分为北方和南方两种类型。华北地区第四纪哺乳动物群分别是：（1）更新世早期的"泥河湾动物群"，既有第三纪的古老种属三趾马、剑齿虎等，也有更新世早期的代表性动物，如三门马、板齿犀、步氏大角鹿、桑氏鬣狗、中国貘等，还有一定数量的现生种。（2）中期的"公王岭动物群"和"周口店动物群"，"公王岭动物群"包含巨剑齿虎、奈王爪兽等一些第三纪种属，较多为更新世种属，如大熊猫、东方剑齿象、巨貘等；"周口店动物群"包含近 100 种哺乳动物，其中少数为第三纪古老种属或更新世早期代表性种属，如剑齿虎、三门马等,出现更新世中期代表种属,如肿骨鹿、中国鬣狗等,还有相当数量的现生种。(3)晚期的"萨拉乌苏动物群",包含更新世的广布种,如披毛犀、纳玛象等,不见第三纪和更新世早期的种属。

华南地区第四纪哺乳动物化石常被称为"洞穴动物群"或"大熊猫—剑齿象动物群"。特点是:(1)古老种属延续时间较长,如桑氏鬣狗延续到更新世中期,中国鬣狗延续到更新世晚期。(2)现生种出现较早,果子狸、猪等在更新世早期就已出现。(3)动物群变化不如华北明显。

三、第四纪冰期

冰期是指地球表面覆盖有大规模冰川的地质时期,又称为冰川时期,两次冰期之间相对温暖的时期称为间冰期。冰期盛行时的气候表现为干冷,冰盖出现及海陆形势变化,气候带也相应移动,大气环流和洋流都发生变化,这些均直接影响动植物生长、演化和分布。地球历史上曾发生过多次冰期,最近一次是第四纪冰期。

中国西部高山地区的冰期划分已为人们所公认,以研究较好的喜马拉雅山珠穆朗玛峰区北坡为例,第四纪冰期依次为早更新世的希夏邦马冰期、中更新世的聂聂雄拉冰期、晚更新世的珠穆朗玛冰期。珠穆朗玛冰期又可分为晚更新世早期的基隆寺阶段和晚更新世晚期的绒布寺阶段,也有学者将这两个阶段划为两个独立的冰期。

关于中国东部第四纪冰期的序列,目前仍在争论中。1920年前后,地质学家李四光在太行山、大同等地考察,发现并确定了中国第四纪冰川的存在。后来,许多学者通过研究先后确定了龙川、鄱阳、大姑、庐山、大理5次冰期和4次间冰期。[1] 20世纪80年代初,施雅风等人提出了对庐山冰期的质疑。他们认为,除太白山、长白山主峰区及台湾中央山脉等海拔3500米以上的高山存在第四纪冰川遗迹,中国东部地区不具备发育成山岳冰川的水、热和地形条件,只是气候比较寒冷;李四光所确认的东部古冰川遗迹实非冰川成因,可能是把泥石流堆积误认为冰碛物等。[2] 近年,有关庐山、崂山和蒙山等地的第四纪冰川研究再起波澜,有学者判断出庐山第四纪并未发育过冰川,而山东境内的中低山地及更低海拔的沿海丘陵也不可能是第四纪期间的"例外冰川"发育地。[3]

---

① 孙殿卿等:《中国第四纪冰期》,《地质学报》1977年第2期。
② 施雅风等:《中国东部第四纪冰川与环境问题》,科学出版社1989年版。
③ 赵井东等:《中国东部(105°E以东)第四纪冰川研究回顾、进展及展望》,《冰川冻土》2019年第1期。

第三节　旧石器时代的分期

一、旧石器时代早期

旧石器时代早期,指自人类诞生之日起至距今 20 万年左右。根据人类体质形态的发展,这一时期又被划分为前、后两个阶段,距今 100 万年前为前段,相当于地质时代的早更新世;距今 100 万—20 万年为后段,相当于地质年代的中更新世大部分时间。

非洲是目前公认的人类诞生地和文化发展的摇篮。该地区最早的石器文化被称为奥杜威文化,其特点是将砾石简单加工成砍砸器或有锋利刃缘的工具,加工粗糙、形制简单、功能分化不明显。大约在 170 万—150 万年前,非洲出现阿舍利文化,工具演变为两面加工的手斧、手镐和薄刃斧等类型,形制逐渐规则、精致。

奥杜威峡谷　著名的人类化石产地,位于坦桑尼亚北部维多利亚湖东部,为东非大裂谷中的一个东西向峡谷。自 1931 年起,英国人类学家利基(L. Leakey)坚持在这里进行考察。1959 年利基发现东非人化石(后更名为南方古猿包氏种),1960 年他发现能人化石及利基猿人化石(又名舍利人)。峡谷中的沉积物被分为四层,根据钾氩法测量结果,第一层底部的沉积物距今约 200 万年,第四层最上部的地层距今约 40 多万年。

阿布维利文化　欧洲旧石器时代早期文化,最初叫舍利文化,地质时代为中更新世,主要分布于法国和英国。许多学者认为它起源于奥杜威文化,又名早期阿舍利文化。阿布维利文化属于手斧文化系统,其代表性石器为手斧,是用火石结核从两面打制而成,特点是器身厚,石片疤深,刃缘曲折,不定形,底部常保留火石结核的外皮。

阿舍利文化　大约在 170 万—150 万年前在非洲出现,地质时代为早更新世。已知最早的阿舍利文化遗存年代距今约 176 万年,一般认为该文化的石制品是由直立人制造的。阿舍利文化的代表性石器为手斧,比阿布维利文化的手斧更先进,普遍用软锤(骨棒或木棒)技术打制而成。这种手斧的特点是器身薄,制作时留下的石片疤痕较浅,刃缘规整,左右对称,器形有扁桃形、卵圆形、心形等。在西班牙,曾发现属于该文化的洞穴和岩棚遗址。

另一处旧石器时代早期初始阶段的文化中心是东亚地区。近些年在中国安徽繁昌和重庆巫山等遗址发现人类化石和打制石器，年代被认为超过 200 万年。在这些地点发现的石制品加工粗糙、类型简单，引起中外学术界的广泛关注，被认为是对人类来自非洲的单一起源说提出了挑战。此外，在中国云南元谋、陕西蓝田、河北泥河湾、湖北建始以及印尼爪哇等有更确切测年的遗址出土的人类化石和旧石器表明，古人类至少在 170 万—100 万年前即已分布在东亚的一些地区了。

石器的制造与使用并非人类在此阶段的唯一成就。坦桑尼亚奈特朗湖湃倪尼遗址发掘出土的距今 150 万年的石质手斧上粘有金合欢树木屑，被认为可能是人类制作木器的最早证据。德国舍宁根遗址出土的 3 件木质标枪表明，人类的木器制造技术至迟在距今 40 万年时已达到相当水平。

另一项重要的技术发明是用火。南非斯瓦特克朗洞穴和肯尼亚契索旺加遗址出土过 150 万—100 万年前的人类用火遗迹，在以色列发现距今约 100 万—80 万年的用火遗迹，在法国拉斯科洞穴出土了距今 70 万年的用火遗迹。北京周口店洞穴有厚厚的灰烬层，被认为是距今 70 万—50 万年人类控制用火的遗迹。虽然其中一些遗址人工用火的证据存在疑问，但学术界普遍认可人类在很早的时期就已懂得用火，并以此驱赶猛兽、温暖住处、辅助狩猎和加工食物。

人类在旧石器时代早期的分布范围相对有限，主要在非洲、西南欧和西亚、东亚等少数地区。关于旧石器时代早期文化的创造者，非洲奥杜威文化的创造者被推断为能人。除此之外应主要是直立人，包括发现于周口店的北京人，而后期可能已有早期智人参与其间。

二、旧石器时代中期

在距今 20 万—4 万年之间，人类史前文明进入旧石器时代中期，相当于地质时代的中更新世晚期到晚更新世早期。

北非和西亚、西欧在这一阶段的代表性文化为莫斯特文化。在这些文化中广泛使用勒瓦娄哇技术来生产形制规则的石片，并用石片加工各种刮削器、凹缺器和尖状器等。这些石器较之早期者加工更精致，形态更规范，功能分化更具体、明显。

东亚地区，旧石器时代中期的石器文化面貌基本继承了早期的技术与传统，以用砾石、石核和石片加工的刮削器、砍砸器和尖状器为主。中国主要的旧石器中期文化包括大荔文化、丁村文化、周口店第 15 地点文化、许家窑文化等。

旧石器时代中期开始出现艺术品。例如，在比利时斯卡林遗址出土的刻槽熊牙，在法国的拉魁纳遗址和费拉西遗址、保加利亚的白绰卡若洞穴、乌克兰的牟娄都瓦遗址出土的刻纹兽骨,在匈牙利塔塔地区出土的被磨成卵圆形并涂上赭石色的猛犸象臼齿齿板,等等。

这一阶段的人类,如尼安德特人已开始挖穴埋葬死者。此类墓葬在比利时、法国西南部、意大利、乌兹别克斯坦、以色列、伊拉克等地均有发现。

旧石器时代中期的人类被称作早期智人,包括分布在西欧和西亚的尼安德特人,以及中国的大荔人、丁村人、许家窑人和马坝人等。这些人类已占据并开发了除西伯利亚东北部、美洲、澳洲和极地地区以外的广大地区。

莫斯特文化　欧洲、西亚、中亚和东北非的旧石器时代中期文化,约始于 15 万年前,盛行于 8 万—3.5 万年前。典型特征是使用预制石核技术(勒瓦娄哇技术和盘状石核技术),典型器物是用石片精心制作的边刮器和三角形尖状器,此外还有凹缺器、锯齿状器、石球和小型手斧等。莫斯特文化时期的遗址数量较前增多,许多是洞穴遗址。遗址中常常出土大量兽骨,证明了狩猎的成功。当时出现粗制的骨针,并开始使用赤铁矿和氧化锰染色,偶尔有穿孔的牙齿、骨头及刻画过的骨头等原始装饰物和艺术品。还发现埋葬死者的习俗。

勒瓦娄哇工艺　图 3-1 展示了勒瓦娄哇工艺的基本流程:第一步,沿虚线部分从四周用石锤剥去周边石片,形成龟背状石核;第二步,用软锤按照箭头方向,

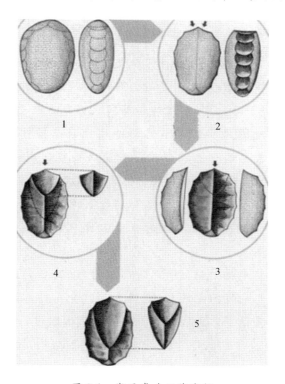

图 3-1　勒瓦娄哇工艺流程

纵向剥掉两个长石片,形成一条背脊;第三步,沿石核背脊箭头所指方向,剥掉一个小石片;第四步,以同样的方式再剥掉一片较大的石片;第五步,生成最终产品,即尖石片。勒瓦娄哇技术,是一种预制石核的技术,仅仅是为了获得形状规则的石片。有人把尖石片称为勒瓦娄哇尖状器,可用作矛头或是飞镖,也可以加工成各种刮削器、凹缺器等。

三、旧石器时代晚期

距今约 4 万—1 万年前为旧石器时代晚期,地质年代相当于晚更新世的晚期。生产技术、艺术创作、意识形态和社会生活等方面均出现革命性的变化。石器制作技术发生飞跃,能用直接打击法、间接打击法和压制法生产长石片和细石叶并以此为毛坯制造石器。广泛生产并使用包括弓箭在内的各种复合工具。石器类型变得丰富多样,形制更规则,形态更美观,制作更精细,分工更具体,地区分化更明显,技术与文化传统的更替演变更迅速。

旧石器时代晚期石器技术的发展与演变在西欧表现得最为清楚,发展出奥瑞纳、格拉韦特、梭鲁特和马格德林等色彩纷呈又前后相继的石器文化传统。其他地区的文化序列往往与其进行对照。

梭鲁特文化 欧洲的旧石器时代晚期文化,年代约距今 2.1 万—1.8 万年。以高超的压制石器技术著称,达到了旧石器时代石器制作技术的顶峰。主要分布在法国北部,也发现于西班牙、比利时和英国。梭鲁特文化的石器有雕刻器、刮削器和石锥等。其中独具风格的典型器物是桂叶形或柳叶形尖状器,它们制作精致,器身很薄,有的甚至达到透明程度。骨器比较贫乏,但出现带孔小骨针,说明人们已学会缝制皮衣。这一时期的装饰品和艺术品很多,如手镯、串珠项圈、垂饰和骨饰针等,还有浅浮雕及绘在石饰板和洞壁上的图画。

马格德林文化 欧洲的旧石器时代晚期文化,主要分布在法国、比利时、瑞士、德国、西班牙和波兰等地,年代为距今 1.7 万—1.15 万年。马格德林文化的石器包括嵌入骨柄或鹿角柄中使用的几何形石器,以及雕刻器、刮削器和石钻等,还有带肩的和钝边叶形的投掷尖状器(见图 3-2)。骨角器有矛头、鱼叉、带孔的针和饰物等。艺术品数量很多,有精致的雕刻片和立体雕像,尤以晚期洞穴雕刻和彩色壁画最为突出。

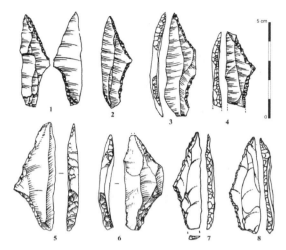

图 3-2　马格德林文化代表性石器

在东亚地区,从早中期延续下来的石核—石片石器传统继续存在。在较晚阶段出现丰富精细的细石器文化,如下川文化、虎头梁文化、薛关文化等。许多旧石器时代晚期遗址出土了用动物骨骼和鹿角磨制加工的骨锥、骨针、鱼叉等骨角器和木器,包括中国的北京山顶洞和辽宁海城仙人洞等。

海城仙人洞遗址　位于辽宁省海城市孤山镇孤山村,为旧石器时代中期的遗址,距今 4 万—2 万年。在海城仙人洞遗址出土的器物中(见图 3-3),石制品有近 2 万件,包括大量的石核、石片与废片。石器主要是石英加工的各类刮削器、尖状器、钻具及雕刻器等。装饰品有穿孔兽牙与贝壳等。下文化层发现晚期智人的牙齿化石和哺乳动物、鱼类、鸟类及蚌类化石等。地层内的灰烬及大量烧土与烧骨是早期人类长期居住的结果。

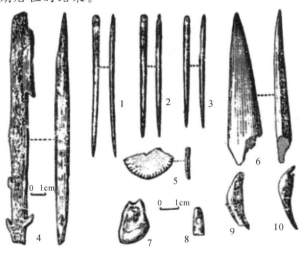

图 3-3　海城仙人洞遗址出土器物

非生产性的工艺装饰品、彩色岩画、壁画和石刻图案在世界各地广泛出现。墓葬和宗教活动遗迹的出现范围更广。多人墓葬更普遍,并出现可能的公共墓地。明确属于个人的各类随葬品在许多墓葬中出现。在澳大利亚还出现了对人类遗体火化处理的现象。

旧石器时代晚期首次出现了确定的人类构筑的居住遗迹。这些建筑遗迹包括柱洞、排列有序的石块、猛犸象和其他大型哺乳动物的骨骼、工具和用具以及火塘等。

旧石器时代晚期的人类被称为晚期智人。晚期智人一般生活在距今 10 万—1 万年前的更新世晚期,主要解剖学特征与现代人类极为接近。这一时期,人类分布范围明显扩大,除传统的欧亚非大陆,他们征服并开发了澳洲和美洲等前人未能涉足的地区。

第四节　研究内容及方法

旧石器时代考古学,是以埋藏于地下的实物资料(包括人类制作和使用的工具、生产与生活的遗迹、伴生的动物化石等)为对象,研究旧石器时代人类的演化过程、社会组织结构、文化与技术能力以及适应生存特点的一门科学。简言之,旧石器时代考古学的主要方面包括旧石器、古人类和古生物。它与第四纪地质学、体质人类学、古植物学、古动物学、民族学、语言学等学科有着密切联系。

一、基本概念

旧石器时代的工具主要是打制石器,是以具有适当硬度和韧性的岩石为原料而制作的工具,是旧石器时代考古学最主要的研究对象。

石核　用来产生石片或石叶的母体石料,称为"石核"(见图 3-4)。一般来说,在剥离尽可能多、尽可能合适的石片之后,石核就失去了效用。个别石核被进一步加工成工具,称为"石核石器"。

石片　从石核上剥离下来的片状物,是制作石器的坯材。从石核上劈裂下来的一面称为"腹面",石核上剥落石片的一面称为"石片疤",石片上同腹面相对的一面称为"背面"(见图 3-5)。人工石片的基本特征包括台面、打击点、半锥体、锥疤、波纹、放射线等,但是上述所有特征并不一定会同时全部出现。用石片制作的石器称为"石片石器"。

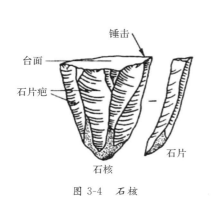

图 3-4　石核

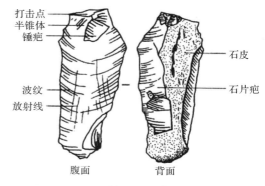

图 3-5　石片

石叶　指两侧边中上部平行或近平行,背面有平直的脊,长度一般为宽度的两倍或以上,宽度超过 12 毫米的石片。生产石叶的石核一般经过预制,可见平直的脊。用石叶制作的工具称为"石叶工具"。[①]　石叶不仅出现于旧石器时代晚期,剥坯方法也不局限于间接打制。

石器　一般来说,只有经过"二次加工"或"进一步修整"的石制品才能被称为"石器"或"工具"。在某些特殊情况下,个别未经加工的标本也可以归入工具类。例如,勒瓦娄哇尖状器实际上仅仅是尖形石片,它的尖部和两侧边并未经过任何二次加工;格拉韦特尖状器,是仅一侧边经过加工的尖状器;薄刃斧的使用刃缘不经过加工,与之相对的一端或一侧经过修理以便手握。

石器类型　按照形态特征对石制品类型进行划分,主要可分为两大类,第一类是用来生产石片和石器的工具,包括石砧、石锤等;第二类是有意识加工的功能性工具,包括刮削器、尖状器、砍砸器、手斧、薄刃斧、雕刻器、石球、锥形器、钻形器、凹缺器等(见图 3-6)。

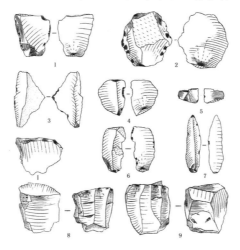

图 3-6　石器类型

①　李锋:《石叶概念探讨》,《人类学学报》2012 年第 1 期。

石器的制作技术 主要有直接打击法和间接打击法两种。直接打击法是通过直接敲击石核来产生石片的方法(见图3-7),根据敲击方式,又可分为锤击法、砸击法、碰砧法等。间接打击法是通过骨质或木质中介物来产生石片的方法。二次加工的技术与此类似,以直接和间接修整为主。

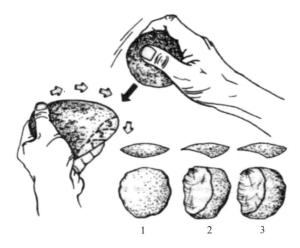

图 3-7 石器加工——直接打击法

【术语 3.2】

锤击法:用硬锤或软锤直接敲击石核产生石片的方法。硬锤主要指石头,软锤一般为骨、木质工具。

砸击法:把石核放在石砧上,用石锤砸击石核来产生石片的方法。

碰砧法:用石核直接碰击石砧产生石片的方法。

二、研究方法

类型学分析 由于石器材质本身的特点和性质,旧石器的类型学研究与其他器物略有区别,不仅仅是简单的分型定式,还要考虑多方面因素。目前石器研究中有多种分类法被应用,如形态类型学、技术类型学、功能类型学、动态类型学及其他类型学等。

> **【术语 3.3】**
>
> 　　**形态类型学**：以石制品外观和形态尺度为基准的分类法，以博尔德类型学为代表。
>
> 　　**功能类型学**：以石制品功能（根据形状所推测的功能）为基准的分类法。
>
> 　　**技术类型学**：以石制品工艺技术特征为基准的分类法，是对形态类型学的纠偏，重视器物的加工设计与风格，从而了解人类的技术与思维。
>
> 　　**动态类型学**：以石制品制造过程的工艺流程为基准的分类法，认为石制品一直处于形态的变化之中，将每件标本看作工艺流程中的一个片段。

　　"操作链"分析　操作链（*chaînes opératoires*）是20世纪60年代末由法国学者提出的概念，至80年代发展完善并流行起来。它将人类对石器制作—使用—废弃的全过程（包括原料的获取、运输、剥片、加工、使用、维修和废弃）纳入研究的范畴，研究在这一动态的生产过程中其产品的特点、演变、内在的联系、技术的运用方式、制作过程，以及使用者的认知、计划和决策的能力与过程。[1]

　　微痕研究　微痕分析最初由苏联的谢苗诺夫（S. A. Semenov）在20世纪50年代开创，并于20世纪70—80年代在欧美发展成熟。通过模拟实验来观察和了解不同微痕的特点和成因，建立石器功能与破（磨）损的对应数据（图像）信息系统。对考古标本在显微镜下呈现的微痕做成像记录并与实验数据（图像）进行比较和分析，从而解析史前工具的使用方式和作用的对象，提取古人类活动与行为方面的珍贵信息。[2]

　　实验考古　运用实验手段复制、重建考古发掘所获的古代遗物、遗址等，以便更直接详细地了解古代人类的生产生活方式及思维过程。实验考古学被主要应用于三个方面：(1)制作实验，即通过对预制石核、剥离石片和加工石器与骨器等过程的模拟复原，推理史前人类的技术水平、工艺特点、特定的工具的制作原理与方式和对原料开发与利用的能力与程度。(2)使用实验，即通过对工具和用具的模拟使用，了解其用途、使用的方式和部位、作用的对象，阐释其在生产和生活中所扮演的角色。(3)埋藏实验，即在制作工具时记录和观察各类副产品的自然分布情况及人、物、地的相关位置，观察人类活动现场被弃置后遗物和遗迹在自然状态下或人工模拟的各种自然营力作用下发生改变的情况和规律，以此了解史前遗址和某个文化单元形成的过程和机制，以便正

---

[1]　陈虹等：《石器研究中"操作链"的概念、内涵及应用》，《人类学学报》2009年第2期。

[2]　沈辰等：《微痕研究（低倍法）的探索与实践——兼谈小长梁遗址石制品的微痕观察》，《考古》2001年第7期；王小庆：《石器使用痕迹显微观察的研究》，文物出版社2008年版。

确解读考古遗址和遗物所提供的远古人类文化与行为信息。[1]

拼合研究　按石制品的岩性、颜色、纹理、质地等特征将相近的标本进行拼接，尽最大可能将石片、断块和废片等剥片和加工石器的副产品拼回到产生它们的石核或者毛坯上，直至能组合成完整或近于完整的信息单元。拼合研究对旧石器时代考古研究有以下意义：(1)破解与分辨剥片和制作器物的方式、过程和程序；(2)通过拼合找出或推断遗址中缺失的标本；(3)揭示古人类的活动范围、遗迹与遗物的分布特点。[2]

文化适应研究　指将人类物质文化看作一种功能互动的适应系统，是各要素及其之间互动的复杂体。通过流程图或建模的方式，将某个文化适应系统作为一个开放系统，从变异、选择、环境、人口、适应策略等多个亚系统或要素入手，建立相关性与动态过程。旧石器时代晚期文化适应系统包括三个重要的亚系统：石器技术、生计方式和居址形态。各种因素，如生态环境、石料可获性、资源压力、人口增长、工艺技巧及认知能力，都有可能影响整个文化适应系统。[3]

古 DNA 研究　DNA 作为生物遗传信息的分子载体，能准确地从分子水平反映生物表观性状的异同，进而反映生物类群之间的谱系演化关系。在已死亡或灭绝的生物中，有些个体或群体由于保存环境条件较理想，其组织中有少量遗传信息会以高度片段化、微量的古 DNA 形式保存下来，从而为死亡或灭绝生物的遗传组成提供实时分子数据。古 DNA 研究在生物的分子系统演化、分子演化速率、人类的起源和演化、动植物的家养驯化过程等方面发挥着重要作用，对演化生物学、古生物学、地质学、考古学和人类学等学科产生了越来越显著的影响。

第五节　中国旧石器时代文化

一、最早的发现

1920 年，法国古生物学家桑志华(E. Licent)在甘肃庆阳县的黄土层中发现了一件

---

[1]　高星：《旧石器时代考古学》，《化石》2002 年第 4 期。
[2]　王幼平：《石器研究：旧石器时代考古方法初探》，北京大学出版社 2006 年版。
[3]　陈虹：《华北细石叶工艺的文化适应研究——晋冀地区部分旧石器时代晚期遗址的考古学分析》，浙江大学出版社 2011 年版。

人工打制石核和两件石片,这是中国首次有地层记录的旧石器时代石制品。[①] 1922 年,桑志华在萨拉乌苏流域发现有动物与人类化石的地点。1923 年,桑志华与另一位法国古生物学家德日进(P. Teilhard de Charlin)在宁夏水洞沟和萨拉乌苏进行发掘,发现大量的旧石器和动物化石。[②] 在随后的研究中,加拿大解剖学家步达生(D. Black)确认了"河套人牙齿"[③],后被作为"河套人"的代表。

二、直立人与早期文化

北京人及其文化

北京直立人遗址,位于北京市西南 48 千米处房山周口店镇的龙骨山,是一个很大的洞穴遗址。1921 年,由安特生、美国古生物学家格兰阶(W. Granger)和奥地利古生物学家师丹斯基(O. Zdansky)在龙骨山发现石英碎块和动物化石。1927 年,步达生对发掘所获的一颗人牙化石进行详细研究,确认这是一颗成年人的左下第一臼齿,将之命名为 sinanthropus pekinensis,翻译为"中国猿人北京种"或"北京中国猿人",后更名为"北京直立人",简称"北京人"。同年,考古学家正式对周口店第一地点进行发掘。[④]

周口店的发掘持续到 1937 年抗日战争全面开始而被迫暂停。这期间陆续发现了 5 颗较为完整的头骨,以及大量的文化遗物,引起全球轰动。1949 年之后,发掘工作恢复,经过几次大型发掘,丰富的人类化石、石制品和用火遗迹使得周口店北京人遗址成为世界文化遗产。北京人的发现,是 20 世纪中国旧石器时代考古最重要的事件之一。随着研究不断深入,近年来又有新的发现。[⑤]

北京人遗址共发现属于 40 多个个体的直立人化石 200 余件。(1)头骨化石表现出许多原始性状:第一,脑量小。头骨高度远比现代人低矮,前额低平,头骨上窄下宽。第二,头骨壁较厚,平均厚度大约是现代人的两倍。第三,眉脊粗壮,左右互相连接;有发达的矢状脊和枕骨圆枕;枕骨大孔的位置基本上在现代人的范围以内,但比现代人的平均位置偏后一些。第四,下颌骨特别发达,吻部前突,鼻骨扁宽。第五,对北京人脑壳

① Teilhard de Chardin,P. ,et al. On the discovery of a Paleolithic industry in northern China. *Bulletin of the Geological Society of China* ,1924(3):45-50.
② Boule,M. ,et al. Le Paléolithique de la Chine. In:Burkitt,M. C. *Archives de l'Institut de Paléontologie Humaine.* Paris:Masson,1928.
③ 林圣龙:《中国古人类学的历史回顾》,《中国远古人类》,科学出版社 1989 年版。
④ 贾兰坡等:《周口店发掘记》,天津科学技术出版社 1984 年版。
⑤ 陈淳:《中国猿人》,上海科技教育出版社 1999 年版。

内型的研究表明,脑髓小而平,脑膜动脉分支与大猩猩类似,与现代人不同。(2)北京人的牙齿比现代人的大,门齿呈铲形。(3)肢骨的大小、形状、肌肉附着点等都与现代人的相似。但是,股骨和肱骨的内部结构保留一些原始性状,髓腔极小且管壁极厚,海绵骨质致密。(4)整体来看,北京人骨骼的各部分发展是不平衡的。肢骨与现代人差别很小,但头骨带有较多的原始性状。对于这种不平衡现象,法国人类学学者布勒(M. Boule)等曾提出,在周口店同时存在两种人类,一种是以肢骨为代表的进步人类,一种是以头骨为代表的原始人类,进步人吃了原始人的肉,留下了头骨。这种假设是不合理的。吴汝康等则认为,上肢骨由于劳动而发展较快,脑与头骨的发展相对较慢,因此保留较多的原始性。这种头骨原始而肢骨进步的现象,在爪哇和坦桑尼亚的材料上也有所发现,被称为"镶嵌进化现象"。[1]

北京人的文化遗存主要有石制品、骨角器和用火遗迹。其中,共发现石制品10万件以上,工具1.7万多件。原料以脉石英为主,有少量的水晶、砂岩和燧石等。打制石片的方法有三种:砸击法、锤击法和碰砧法。砸击法以及产生的砸击石片和砸击石核,是北京人文化的一个特色。工具以刮削器数量最多,尖状器制作精致,砍砸器也比较多。由于堆积比较厚,不同文化层的石器表现出时代差异,无论是原料还是技法,都表现出不断进步的趋势。[2] 堆积中还发现许多经过人工打击的破碎兽骨。有学者认为,其中一部分是被制作并使用过的骨角器;也有学者持否定意见,认为这些有劈裂痕迹的兽骨,可能只是为了敲骨吸髓而砸碎的。木炭、烧骨和灰烬层的发现,被认为是人类控制用火的证据。对此,也有学者持否定意见。

关于北京人的生存年代,曾用铀系法、裂变径迹法、古地磁法等多种方法进行断代,数值略有差异。黄慰文综合各种测年结果做出解释:年代都在中更新世范围内,与地层学结论相吻合。结合共存的94种哺乳动物化石来看,其中少数是上新世残存和更新世初期的物种,如剑齿虎、三门马等;一部分是中更新世物种,如肿骨鹿、中国鬣狗;还有一部分是现生种。目前比较一致的看法是,北京人的生存年代为距今75万—25万年左右。[3]

蓝田人及其文化

1963年,陕西省蓝田县的陈家窝村发现了下颌骨化石;1964年,陕西省蓝田县的公王岭村发现了直立人头盖骨化石。二者合称为"蓝田人",是目前华北与西北地区时代最早的古人类化石。随着学科发展和工作的深入,特别是测年数据的更新,最近重新测定的结

[1] 吴汝康等:《周口店新发现的中国猿人化石》,《古生物学报》1954年第3期。
[2] 裴文中等:《中国猿人石器研究》,科学出版社1985年版。
[3] 黄慰文:《周口店北京直立人遗址》,文物出版社2007年版。

果表明,这两个个体时代不同,陈家窝为距今 65 万年,公王岭为距今 115 万—110 万年。

此外,在蓝田共发现石器 200 多件,大部分是用石英岩和脉石英打制的,类型有三棱大尖状器、刮削器、砍砸器和石球等。原料利用率很低,以单面加工为主,修整技术简单,有一器多用的现象,比北京人的石器原始。①

元谋人及其文化

1965 年夏天,在云南省元谋县的上那蚌村附近发现两颗早期人类的上门齿。化石的石化程度很深,属于成年个体,呈现出明显的原始特征。铲形上门齿,与中国境内其他地点的古人类及现代蒙古人种具有一致的特征。出土 3 件石器,均为石英岩质刮削器。采集 3 件石器,包括 1 件石核、1 件石片和 1 件尖状器。还发现大量炭屑,常与哺乳动物化石伴生,有的骨化石上有人工痕迹。②

关于元谋人的时代,目前有两种意见。一种意见认为时代为早更新世,绝对年代为距今 170 万年左右。③ 另一种意见认为,出土人化石的地层属于中更新世,时代不早于距今 73 万年。④

西侯度文化

1960 年,在山西省芮城县西侯度村附近发现西侯度遗址,并于 1961—1962 年进行两次初步发掘。获得石制品 32 件,原料大多为石英岩,采用锤击法、砸击法和碰砧法打制。其中,半数左右的石制品受水流磨蚀较为严重,近三分之一磨蚀中等,近四分之一磨蚀非常严重。石制品类型包括石片、石核、刮削器、砍砸器等,采集到一件三棱大尖状器。共生哺乳动物化石有 22 种,属于早更新世动物群。⑤ 此外,还发现带有人工切割痕迹的鹿角、烧骨等。2005 年,经正式发掘,出土石制品和哺乳动物化石标本共计1500 余件。⑥ 根据古地磁断代数据,西侯度遗址的年代约为距今 180 万年。

郧县人及其遗址

1975 年,在湖北省郧县梅铺乡的龙骨洞内,发现 4 枚人牙化石、20 多种动物化石及1 件石核。推测人类化石的时代早于北京人,地质时代属于中更新世早期,距今约 60万年。1989—1990 年,在郧县青曲镇曲远河口发现两只基本完整的人头骨,形态比较

---

① 陕西省博物馆等:《蓝田猿人》,陕西人民出版社 1973 年版。
② 文本亨:《云南元谋盆地发现的旧石器》,《古人类论文集》,科学出版社 1978 年版。
③ 钱方:《关于元谋人的地质时代问题——与刘东生等同志商榷》,《人类学学报》1985 年第 4 期。
④ 刘东生等:《关于元谋人化石地质时代的讨论》,《人类学学报》1983 年第 1 期。
⑤ 贾兰坡等:《西侯度——山西更新世早期古文化遗址》,文物出版社 1978 年版。
⑥ 卫奇:《西侯度石制品研究感悟》,《文物世界》2008 年第 5 期。

复杂,具有明显的双重性,既有直立人特征,又有一些智人的特征。有学者认为,其主要特征是直立人类型的,应当归属于直立人;还有学者认为,目前还很难肯定该头骨属于直立人,有属于智人的可能。①

巫山人及其文化

1985—1986 年,在重庆市巫山县龙骨坡洞穴里发现人下颌骨和人牙化石,以及两件石器和大批早更新世初期的哺乳动物化石。② 研究者认为这是一种直立人的新亚种,将之定名为"直立人巫山亚种",简称"巫山人"。地质年代属早更新世,古地磁测年数据为距今约 204 万—201 万年,被认为是中国境内迄今发现最早的人类化石,填补了中国早期人类化石的空白。由于化石材料的不足,学术界对龙骨坡人类化石一直存在争议,有学者认为下颌骨化石属于古猿,而牙齿可能属于晚期智人。③

1997—1999 年间,经调查发现 20 余件大型石器。2003—2006 年间,中法考古学家开展了三次联合考察,新发现数百件石器,并发现了石器与食草动物化石共生于同一层位的情况。

南京汤山人

1993 年,在江苏省南京市东郊的汤山镇发现人类颅骨化石,包括Ⅰ号和Ⅱ号颅,以及一枚人牙化石。整体来看,该化石的体质特征基本上和北京人相似,表现出一定的区别,可能是进步性,也可能是地区变异或个体变异。经研究,这三件化石均属于直立人,相当于晚期北京人,而早于和县人。经铀系法与电子自旋共振法测定的南京汤山人的年代结果为距今 35 万年左右。④

三、早期智人与中期文化

丁村人及其文化

丁村遗址位于山西省襄汾县,发现于 1953 年。1954 年进行发掘,发现 14 处化石地点。1954 年在 54∶100 地点发现 3 枚人牙化石⑤,1976 年又发现一个幼儿右顶骨化石。体质特征显示,丁村人比北京人进步,属于早期智人,是介于北京人与现代黄种人

① 张之恒:《中国考古通论》,南京大学出版社 2009 年版。
② 黄万波等:《巫山猿人遗址》,海洋出版社 1991 年版。
③ 吴新智:《20 世纪的中国人类古生物学研究与展望》,《人类学学报》1999 年第 3 期。
④ 南京市博物馆等:《南京人化石地点(1993—1994)》,文物出版社 1996 年版。
⑤ 裴文中等:《山西襄汾县丁村旧石器时代遗址发掘报告》,科学出版社 1958 年版。

之间的一个过渡类型。同时,该遗址出土了 28 种哺乳动物化石,包括华北黄土期属种和中更新世北京人时代的属种,推测其地质年代为晚更新世早期。

图 3-8　丁村三棱大尖状器

1976—1980 年,王建等在丁村附近调查,新发现 12 个地点,获得石制品 4087 件。随着发现地点增至 26 处,研究者建议改称为"丁村旧石器时代遗址群",简称"丁村遗址"。① 多次发掘共获得石制品 6000 多件,原料以角页岩为主。石制品以石片和石核数量最多,由碰砧法、摔击法和锤击法形成。石器类型有砍砸器、三棱大尖状器、小尖状器、刮削器、石球等,其中三棱大尖状器(见图 3-8)最富特色,又名"丁村尖状器"。②

长阳人

1956 年,在湖北省长阳县一个"龙洞"里发现一件附有两颗牙齿的上颌骨和一枚臼齿,体质特征明显比北京人进步,属于早期智人。过去一般将"大熊猫—剑齿象动物群"的地质时代限定在中更新世,由于长阳人化石与之共存,说明该动物群的时代可能延续到晚更新世。③

马坝人

1958 年,在广东省曲江县马坝乡的溶洞中发现几块残破的头骨,石化程度较深,复原后推测可能是一个中年男子。铀系法测定该头骨的年代为距今 12 万年左右。马坝人的体质特征代表了直立人转变为早期智人的中间环节,属于早期智人较晚类型。④

大荔人及其文化

1978 年,在陕西省大荔甜水沟发现一具基本完整的人头骨化石,体质特征介于晚期直立人和早期智人之间或早期智人较早阶段。铀系法年代测定的数据为距今 20 万

① 王建等:《丁村旧石器时代遗址群调查发掘简报》,《文物季刊》1994 年第 3 期。
② 贾兰坡:《山西襄汾县丁村人类化石及旧石器发掘简报》,《中国人类化石的发现与研究》,科学出版社 1955 年版。
③ 贾兰坡:《长阳人化石及共生的哺乳动物群》,《古脊椎动物学报》1957 年第 3 期。
④ 吴汝康等:《广东韶关马坝发现的早期古人类型人类化石》,《古脊椎动物与古人类》1959 年第 4 期。

年左右。[1] 两次发掘共获得石制品 500 多件,大多数是石片和石核,原料以石英岩为主,燧石次之。石制品都较小,器形以刮削器为主,其次是尖状器,有少量的雕刻器和锥形器。[2] 据研究,大荔典型的小石器组合以及共生的哺乳动物化石,反映了干草原或森林—草原的环境。

许家窑人及其文化

许家窑遗址位于山西省阳高县许家窑村和河北省阳原县侯家窑村之间。1973—1975 年,发现人类化石 20 余件头骨碎片,分属 11 个不同个体。体质形态有的方面接近北京猿人,有的方面接近尼安德特人,属于直立人向早期智人过渡的类型。[3] 地质时代为晚更新世早期,铀系法年代为距今 12.5 万—10 万年。[4]

文化遗物有石器和骨、角器。石制品共1.4万余件,原料以石英、燧石、石英岩居多。石器约占 20％,以刮削器和石球等为多,器形较小,加工精细,是北京人文化和峙峪文化的中间环节。上千件石球是许家窑文化的特色(见图 3-9)。[5]

图 3-9　许家窑出土的石球

① 王幼平:《旧石器时代考古》,文物出版社 2000 年版。
② 陕西省考古研究所等:《大荔—蒲城旧石器》,文物出版社 1996 年版。
③ 吴新智:《中国远古人类的进化》,《人类学学报》1990 年第 1 期。
④ 陈铁梅等:《铀子系法测定骨化石年龄的可靠性研究及华北地区主要旧石器地点的铀子系年代序列》,《人类学学报》1984 年第 3 期。
⑤ 贾兰坡:《阳高许家窑旧石器时代文化遗址》,《考古学报》1976 年第 2 期。

四、晚期智人与晚期文化

山顶洞人及其文化

1930 年,在北京周口店第一地点顶部发现山顶洞遗址。1933—1934 年,经过发掘发现 3 个完整的人头骨、一些头骨碎片、下颌骨、牙齿以及部分躯干骨。全部材料代表了 8 个个体,其中 2 个成年男性、3 个成年女性、1 个少年和 2 个幼儿,体质特征属于典型的晚期智人。德国体质人类学家魏敦瑞(F. Weidenreich)曾认为他们分属于 3 个不同的种族,而中国人类学家研究后提出,山顶洞人都属于形成中的蒙古人种。

在山顶洞遗址出土的石器数量较少,原料主要为石英,类型有刮削器、砍砸器和两端刃器(两级石片)等。发现一件骨针,说明山顶洞人已经知道缝纫。发现多件装饰品,反映出当时山顶洞人已掌握钻孔、磨制和切割等技术。山顶洞遗址的下室发现公共墓地,尸骨周围有赤铁矿粉和各类装饰品。[1]

柳江人

1958 年,在广西壮族自治区柳江县的通天岩洞穴中发现一个较完整头骨,以及椎骨、骶骨、髋骨、股骨等,属于一个 40 岁左右的中年男性。整体特征比山顶洞人原始,属于晚期智人中较早的类型,是迄今在中国发现的最早的晚期智人化石,是处于形成阶段的蒙古人种的一个早期类型。[2]

另外,柳江人化石表现出中国南方人类型的特点,如没有矢状脊,头骨为阔上面型和特阔鼻型。从时代和地理位置看,可能与日本冲绳的港川人、加里曼丹岛的尼阿洞人等有着密切关系。[3]

峙峪文化

1963 年,峙峪遗址发现于山西省朔县峙峪村附近,文化层中含有大量石器、灰烬、烧过的砾石和动物化石,以及一块晚期智人的枕骨化石。动物化石中有披毛犀、河套大角鹿、王氏水牛、斑鬣狗四种灭绝种,其余为现生种,与萨拉乌苏动物群的性质相近,时代早于山顶洞而晚于丁村遗址。地质时代属晚更新世晚期,碳-14 测年数据为距今

---

① 贾兰坡:《山顶洞人》,天津人民出版社 1976 年版。
② 王幼平:《旧石器时代考古》,文物出版社 2000 年版。
③ 吴新智:《中国晚旧石器时代人类与其南邻(尼阿人及塔邦人)的关系》,《人类学学报》1987 年第 3 期。

2.9 万年左右,属于旧石器时代晚期的较早阶段,但稍晚于萨拉乌苏。①

文化遗物有石器、骨器和装饰品。石制品有 15000 多件,以小石器为主,砍砸器罕见,类型主要有尖状器、刮削器、扇形石核石器、斧形小石刀、石镞等。已开始用间接打制法制作细石器,器形有雕刻器、圆头刮削器等,是华北亚区、东北亚区等地典型细石器工艺的先驱。②

下川文化

下川遗址位于山西省沁水县下川盆地,共发现 16 个石器地点。随后经过多次发掘,获得丰富的文化遗物。碳-14 数据显示,遗址的文化层的绝对年代为距今 2.4 万—1.6 万年,下文化层的年代为距今 3 万年左右。③

石制品包括细石器和粗大石器两类,以细石器为主。细石器以燧石为主要原料,用压制法修整。细石核有锥状、半锥状、柱状、楔状等。细石器类型有刮削器、尖状器、雕刻器、琢背小刀、石核式刮削器等,琢背小刀是其中的典型石器。同时,也有一定数量的粗大石器,还有磨盘、砺石等。下川文化上承峙峪文化和小南海文化,开启新石器时代早期的细石器工艺,在华北地区细石器工艺的发展上具有重要的意义。④

五、新发现与新研究

泥河湾遗址群

泥河湾位于桑干河上游的阳原盆地。1921 年,法国神父文森特、桑志华最早在泥河湾盆地发现第四纪哺乳动物化石,揭开了泥河湾旧石器与古人类研究的序幕。1924 年,地质学家巴尔博对泥河湾进行科学考察,将泥河湾盆地内埋藏古动物化石的河湖相沉积称为"泥河湾层",首次赋予泥河湾科学含义。

经过 100 余年的发掘与研究,考古学家和古人类学家在泥河湾遗址群发现旧石器时代遗址 300 余处,并构建起距今 170 万年至 1 万年间旧石器文化的发展脉络。该遗址群是东亚地区古人类文化遗存分布最密集、文化脉络最完整的地区,被誉为"东方人类故乡"。⑤

---

① 王幼平:《旧石器时代考古》,文物出版社 2000 年版。
② 贾兰坡等:《山西峙峪旧石器时代遗址发掘报告》,《考古学报》1972 年第 1 期。
③ 中国社会科学院考古研究所:《中国考古学碳-14 年代数据集 1965—1981》,文物出版社 1983 年版。
④ 王建等:《下川文化——山西下川遗址调查报告》,《考古学报》1978 年第 3 期。
⑤ 郭晓明等:《泥河湾百年科学探索述略》,《文物春秋》2021 年第 4 期。

马圈沟遗址

马圈沟遗址位于河北省阳原县岑家湾村西南,该遗址为迄今发现的泥河湾盆地年代最早的旧石器遗址,遗址第六文化层的测年结果为距今 175 万年左右。该遗址出土石制品类型呈现单调、粗糙、原始的特点。出土的石核多数形状不规整,利用率较低;石片也多为自然台面,形状也多不规整,打击点、半锥体不明显;经过二次修理的工具数量极少。[①]

东谷坨遗址

东谷坨遗址位于河北省阳原东谷坨村西北侧,遗址文化层测年结果为距今 110 万年。该遗址石制品原料多为燧石[②],此外还有少量白云岩。东谷坨遗址出土的石制品以小型石器为主。遗址出土石核多为锤击和砸击剥坯,剥坯方向既有单向也有多向,一些石核还见有预制台面的现象。出土石片也均为小型,多不保留自然面。工具类型多样,可见刮削器、尖状器、凹缺器、锯齿刃器等,部分工具的修理连续且方向一致,存在精致加工现象。

下马碑遗址

下马碑遗址位于河北省蔚县中部三关村附近,遗址下文化层测年结果为距今 4 万年。该遗址出土石制品以各类小型石片为主,部分小石片工具还发现有装柄痕迹或装柄残留物。下马碑遗址下文化层还发现有两处遗迹。一处为火塘,发现于灰烬区,是华北地区时代较早、迹象明确的用火遗迹;另一处为研磨赤铁矿的遗迹。该遗址发现的小石片装柄现象与颜料加工行为和现代人行为密切相关,证实在距今 4 万年前后,早期现代人便已经在泥河湾盆地出现。[③]

水洞沟遗址第一地点

水洞沟遗址位于宁夏回族自治区灵武市临河镇水洞沟村,遗址群包含距今 4 万—1 万年诸多类型的旧石器时代遗址。其中水洞沟遗址第一地点石制品组合较为特殊,表现出石叶技术与勒瓦娄哇技术的混合。该遗址"处于发达的莫斯特文化与正在成长的

① 谢飞等:《泥河湾盆地马圈沟遗址研究之现状》,《文物春秋》2008 年第 6 期。
② 裴树文等:《东谷坨遗址石制品原料利用浅析》,《人类学学报》2001 年第 4 期。
③ Wang, F. G., et al. Innovative ochre processing and tool use in China 40,000 years ago. *Nature*,2022 (603):284-289.

奥瑞纳文化之间,或是这两个文化的混合体"。[1]

第一地点下文化层的测年数据为距今 4.3 万—3.3 万年,石制品原料以白云岩为主,石制品组合可见勒瓦娄哇石核、勒瓦娄哇石叶石核、棱柱状石叶石核、石叶、边刮器等类型。经过多年对遗址区的系统调查和多个地点的发掘研究,考古学家对水洞沟遗址群的旧石器时代文化及相关问题提出一系列新的认识。[2]

金斯太遗址

金斯太遗址位于内蒙古自治区东乌珠穆沁旗东海尔汗山附近,该遗址的下文化层和中文化层中均发现有一定数量的勒瓦娄哇技术产品。该遗址中文化层的碳-14 测年结果为距今 4 万年,石制品组合可见勒瓦娄哇石片石核、勒瓦娄哇尖状器等物品[3],但不见有石叶遗存,这与水洞沟第一地点的石制品组合有所区别。

通天洞遗址

通天洞遗址位于新疆维吾尔自治区阿勒泰地区吉木乃县托斯特乡阔依塔斯村的东北的一处花岗岩洞穴。该遗址可划分为上下两个文化层,其中下文化层属旧石器时代,骨化石的碳-14 测年结果显示,通天洞下文化层年代为距今 4.6 万—4.4 万年。下文化层中出土的石制品展示出典型的勒瓦娄哇—莫斯特文化特征。具体石制品类型包括勒瓦娄哇石核、盘状石核、勒瓦娄哇尖状器、各类刮削器和莫斯特尖状器等。[4]

硝洞遗址

硝洞遗址位于云南省临沧市沧源佤族自治县勐省乡境内贺猛河东岸,遗址年代为距今4.3 万—2.4 万年。该遗址可见大量的单面加工砍砸器、手镐以及石核刮削器、锯齿刃刮削器等重型工具,这些重型工具与和平文化石制品组合一致。该遗址是目前亚洲所知最早的和平文化遗存,也是中国境内第一次发现的明确的和平文化遗址,它使得和平文化的分布范围进一步向北扩展。

---

[1] Boule, M., et al. Le Paléolithique de la Chine. In: Burkitt, M. C. *Archives de l'Institut de Paléontologie Humaine*. Paris: Masson, 1928.

[2] 高星等:《水洞沟旧石器考古研究的新进展与新认识》,《人类学学报》2013 年第 2 期。

[3] 王晓琨等:《内蒙古金斯太洞穴遗址发掘简报》,《人类学学报》2010 年第 1 期。

[4] 于建军等:《新疆吉木乃县通天洞遗址》,《考古》2018 年第 7 期。

尼阿底遗址

尼阿底遗址位于西藏自治区申扎县，遗址年代为距今4万—3万年。该遗址石制品以石叶技术为特色。石制品以黑色板岩为原料，石制品组合可见棱柱状石叶石核、窄长形的石叶、刮削器、雕刻器、凹缺器、石锥等类型。该遗址海拔达4600米，是目前已知海拔最高的更新世时期遗址。该遗址为研究早期现代人挑战青藏高原极端环境的适应方式，以及早期现代人向青藏高原地区迁徙扩散过程提供了基础性材料。①

白石崖溶洞遗址

白石崖溶洞遗址位于甘肃省夏河县达里加山的石崖上，为洞穴遗址。1980年在洞内采集到一块古人类下颌骨化石，该化石被命名为夏河人，其铀系测年结果为距今16万年左右。该标本经体质人类学和古DNA研究确认存在丹尼索瓦人基因片段。研究者在遗址内多处晚更新世地层中也发现有丹尼索瓦人线粒体DNA，这与夏河人化石的分析结论一致，并证明丹尼索瓦人在青藏高原有着悠久的历史。该遗址是阿尔泰山区以外首次发现丹尼索瓦人化石的遗址，对于探索丹尼索瓦人的扩散与演化问题意义重大。②

丹尼索瓦人　丹尼索瓦人（简称丹人）因发现地西伯利亚南部阿尔泰山脉的丹尼索瓦洞而得名。1977年苏联古生物学家对丹尼索瓦洞穴进行调查时发现了旧石器遗存，自1982年起开始大规模发掘。迄今在洞中发现并经DNA鉴定确认的共有一块指骨化石和三块白齿化石，它们分别代表不同的个体。1984年，丹尼索瓦人第一块白齿化石出土；另外两块白齿化石分别出土于2000年和2010年；2008年，出土了一块小拇指指骨化石，在发现该指骨的地层还发现了一些饰品和珠宝。③

这支古人类引发了第四纪年代学、考古学、古人类学、遗传学等多领域学者的广泛关注，相关研究取得显著进展：时空分布方面，化石记录显示丹人在丹尼索瓦洞的生活时间为距今约19万—5万年，至少于距今16万年时已出现在青藏高原东北部的白石崖溶洞，已知的分布区域从阿尔泰山扩展至东亚地区；石器

① Zhang, X. L., et al. The earliest human occupation of the high-altitude Tibetan Plateau 40 thousand to 30 thousand year ago. *Science*, 2018(6418): 1049-1051.
② 付巧妹团队：《寻踪丹尼索瓦人——白石崖溶洞遗址沉积物古DNA分析获突破》，《化石》2020年第4期。
③ 郭光艳等：《丹尼索瓦人研究进展》，《河北师范大学学报（自然科学版）》2022年第2期。

制作技术方面,丹尼索瓦洞的丹人可能使用了勒瓦娄哇和石叶技术;体质形态方面,丹尼索瓦洞出土的丹人化石碎片提供了指骨、牙齿等有限形态信息,夏河人右侧下颌骨化石则提供了丹人较为全面的下颌骨形态特征;遗传特征方面,丹人明显区别于同期主要分布于欧亚大陆西部的尼安德特人,且内部存在深度分化,并对大洋洲、东亚和南亚现生人群及美洲土著人群有着基因贡献。尽管新发现与新成果不断揭示丹人的特征信息,但对于这一群体还需持续深入研究。①

皮洛遗址

皮洛遗址位于四川省甘孜藏族自治州稻城县金珠镇皮洛村,平均海拔超过 3750 米。遗址总面积约 100 万平方米。据初步的光释光测年结果,遗址第三层的年代不晚于距今 13 万年,而第三层下各层堆积的测年结果暂不明确。在第三层、第五层和第六层发现的遗迹遗物显示人类曾在遗址从事过用火、打制石器等活动。遗址发现大量石制品,其中含有不少打击痕迹明显的人工制品,包括石核、石片、工具等,以及砾石工具 47 件。工具主要以大石片为毛坯,少部分是直接用砾石生产的砍砸器和手镐(见图 3-10);边刮器是最主要的器形,其次为凹缺器和锯齿刃器;部分地层中还有少量的尖状器、锥钻、鸟喙状器等有尖工具。该遗址完整保留并系统展示了"简单石核石片组合—阿舍利技术体系—小石片石器与小型两面器组合"的旧石器时代文化发展过程,首次建立了四川和中国西南地区连贯发展、具有标志性的旧石器时代特定时段的文化序列,为该区域其他遗址和相关材料建立了对比研究的参照标尺。

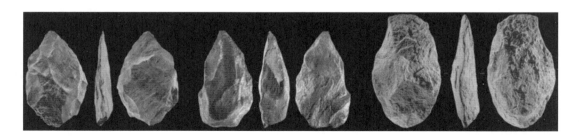

图 3-10　皮洛遗址出土的手斧、手镐及薄刃斧

① 夏欢等:《丹尼索瓦人及其研究进展》,《科学通报》2020 年第 25 期。

第六节　人类起源及其研究

关于人类起源,学术界讨论一般集中在两个问题上,一是最早人类的出现,二是现代智人的起源。

从生物进化的角度来看,人被分类为真核域—动物界—后生动物亚界—后口动物总门—脊索动物门—脊索动物亚门—羊膜总纲—哺乳纲—兽亚纲—真兽次亚纲—灵长目—真灵长半目—直鼻猴亚目—人猿次目—狭鼻下目—真狭鼻小目—人猿超科—人科—人亚科—人族—人属—人亚属—智人种。

在以进化论为基础的现代科学体系中,大家已经普遍认同了人是由古猿逐渐进化而来的观点。20世纪60年代以前,古人类学界一般以能否制造工具作为划分人与古猿的界限。科学家后来发现,制造工具并不是人类独有的能力,有些动物也会制造甚至使用工具,例如,水獭会用石头敲碎海蚌壳以取出里面的肉,白兀鹫会用石头敲碎鸵鸟蛋壳,黑猩猩会使用石头配合着砸开坚果,等等。于是,古人类学不再以制造工具的能力或文化行为作为区分古猿与人的标志,改而采用生物特征作为划分人与猿的界限,即人是两腿直立行走的哺乳动物。

【术语 3.4】

人猿超科:包括原康修尔猿科、长臂猿科和人科。

人科:包括肯尼亚猿亚科、森林古猿亚科、山猿亚科、猩猩亚科和人亚科,另有未定科的黑猩猩和希腊古猿等。

人亚科:分为大猩猩族及人族。

人族:包含人类及黑猩猩。

人属:包括能人、直立人、智人,前两种人已灭绝。

一、古猿与最早的人族

大量化石的发现,是研究人类起源于古猿的直接证据。人类学家运用比较解剖学的方法,研究各种古猿化石和人类化石,测定它们的相对年代和绝对年代。遗传学家运用生物化学和分子生物学的方法,研究现代人类与各种猿类、其他灵长类动物之间的基因联系与变异速度,从而计算出各自的起源和分化年代。

近几十年来,在一些地区发现了不少古猿化石,其中一些被认为是人类和现代类人猿的共同祖先。目前已知最早的古猿化石是发现于埃及法尤姆渐新世地层的"原上猿"和"埃及猿"化石,距今约 3500 万—3000 万年。在亚洲、欧洲和非洲的中新世和上新世地层中,发现了生存于 2000 万—500 万年前的"森林古猿"化石。

原上猿 早期古猿之一,是一属已灭绝的猿。1908 年在埃及法尤姆发现一件右下颌骨化石,时代为早渐新世。1910 年被命名为原上猿海克尔种。这类化石此后又在肯尼亚及欧洲等地发现。很多学者主张将原上猿归入上猿科。以往人们一般都认为它是长臂猿的祖先;目前认为它可能是猴类和猿类的共同祖先。

埃及猿 早期古猿之一,主要发现于埃及,生存于渐新世早期。体型较小,但比原上猿粗壮,四足行走,为林栖动物。埃及猿的大脑稍小于现代猿猴类,但是比同时期的其他哺乳动物大。有 32 颗牙齿,齿列与类人猿及人的相似,可能是现代类人猿和人类的共同祖先。化石资料陆续有所发现,包括一些比较完整的化石,所以埃及猿是目前人们了解最多的早期高等灵长类。

森林古猿 最早与树叶化石一起被发现而命名,也称"树猿",是一组种类庞杂的类人猿。发现于亚洲、欧洲、非洲广大地区的中新世和上新世地层中,约生活于 2000 万—500 万年前。化石遗骸有头骨、上下颌骨、四肢骨和牙齿等,体质特征介于猿类与人类之间,肢骨尚未特化,既可向现代猿类发展,也可向现代人类发展,可能是现代大猿(黑猩猩与大猩猩)和人类的共同祖先。

过去,我们认为人类的进化是直线累进过程。但是,古人类化石的不断出土,特别是分子人类学的发展完全改变了我们对自身起源的认识。人类演化并不是沿着单线直进或阶梯状递进,而是像错综复杂的树丛那样,同时可能存在许多种。20 世纪 70 年代,分子人类学家在比较了人、猿、猴的血清白蛋白之后提出,人猿超科和旧大陆猴在 3000 万—2000 万年前分离,而人和猿大约在 500 万年前分化。

始祖地猿 1992 年在埃塞俄比亚首先发现化石,属于地猿始祖种,生活在距今 440 万年前(见图 3-11)。2001 年在埃塞俄比亚又发现一些化石,距今约 580 万—520 万年前,分析属于地猿始祖种一个比较古老的亚种,命名为"家族祖先亚种",而将距今 440 万年前的化石重新命名为地猿始祖种"始祖亚种"。科学家经过多年分析后提出,在经历了最后的共同祖先阶段之后,人和黑猩猩在各自的进化道路上都出现了与共同祖先差异很大的特征。

图 3-11　始祖地猿化石及复原模型

图根原人　又名千禧猿,因 2000 年发现于肯尼亚图根山区而得名,是已知与人类有关的最古老的人族祖先,是原人属的唯一种。根据测年数据推测,化石所在地层属于距今 610 万—580 万年前的中新世。发现的化石最早来自 5 个个体,大腿骨显示其已能直立行走,牙齿显示其食性与今人相似。图根原人生存的年代被认为是人族与非洲类人猿分裂的时期,但对其是人类的直接祖先尚存争议。

肯尼亚平脸人　2001 年,人类学家米芙·利基(M. Leakey)宣布在肯尼亚图尔卡纳湖区发现一堆骨头碎片,并把碎片拼成一个相当完整的头骨,测年约为距今 350 万—320 万年。它的某些特征与南方古猿相似,但脸部平板,脑部较小,白齿也很小。目前尚不能确定"肯尼亚平脸人"在进化史上的准确位置。

腊玛古猿　是分布范围较广的古猿,最早于 1932 年在印巴交界西瓦利克山区的晚中新世到早上新世地层中发现,后来在中国、印度、巴基斯坦等地发现大量类似化石,生存的时代为距今约 1500 万—700 万年前。腊玛古猿的形态比同时代其他古猿纤细,具有较多似人的特征。20 世纪 60 年代以前,古人类学家认为腊玛古猿是已知最早的人科成员或最早的人类祖先。70 年代以来,分子生物学研究表明,在现生类人猿中,黑猩猩和人类的分化时间最短,估计仅有 600 万—400 万年左右[1],这与腊玛古猿化石的时代有很大出入。80 年代以来,随着中国古猿化石材料的发现,古人类学家认为云南开远的古猿化石和旁遮普种化石存在一些差异,非洲的腊玛古猿表现出比开远标本更为原始的性状,故

---

[1]　吴汝康:《古人类学》,文物出版社 1989 年版。

"很可能腊玛古猿从猿科分化出来之后,在后来的演化中,分别向着不同的方向进化"。[①]
古人类学家吴汝康对禄丰古猿和西瓦古猿进行对比研究后提出,禄丰古猿和西瓦古猿是
同一种古猿的雌雄个体,"禄丰标本的有些特征不同于同时代的其他古猿而相似于南方古
猿和非洲猿类,因此它们可能是向南方古猿和非洲猿类方向进化的一个代表类型"。[②]

南方古猿　或称南猿,是从原始古猿过渡到人的类型。化石最早于 1924 年在南非
的汤恩地区发现,后来在南非和东非等地的上新世到更新世早期地层中广有发现。已
经发现的南方古猿化石属于 1000 多个个体,至少可分为粗壮型和纤细型两种,粗壮型
被认为是南方古猿发展中已经灭绝的旁支。纤细型南方古猿最早出现于距今 400 万年
前,包括年代较早的"阿法种"(距今约 370 万年或 340 万年)和年代稍晚的"非洲种"(距
今约 300 万—250 万年)。它们的体型较小,脑子较发达,已能直立行走。虽然南方古
猿在名称上仍叫作"古猿",实际上已经属于人科的最早成员。

露西　著名的古人类化石。1974 年,露西由美国考古小组在埃塞俄比亚发现,其
是一具完整性达 40% 的骨架,属于南方古猿阿法种。经鉴定,露西的脑容量只有 400 毫
升,生前是一位生过孩子的 20 多岁的女性,距今约 320 万年,曾经被认为是人类的最早
祖先之一。

二、古人类的演化

古人类学一般将能人视为人属的第一个早期成员。能人的形态特征比南方古猿
进步,但比直立人原始,是目前所知最早能制造工具的人类祖先。1960 年,古人类学家
在东非的奥杜威峡谷发现了与南方古猿特征相近的古人类化石,距今约 200 万—175
万年。他们颅骨壁薄,平均脑容量增大至 680 毫升左右,颊齿较小,比南方古猿进步。
在同一层位发现不少砾石打制的工具,主要是砍砸器,说明他们已经能够制造工具,因
此定名为能人,意为"手巧的人"。

鲁道夫人　1973 年,在肯尼亚鲁道夫湖(后改名为图尔卡纳湖)东岸发现编号
ER1813 号头骨,作为一个人属新种,命名为鲁道夫人。其枕骨大孔位置靠前、眉
脊突出,脑量约 700 毫升。测年结果显示,鲁道夫人的年代为距今 195 万—178 万
年,可能与直立人并存。2012 年,在当地又发现两块下颌骨和一块脸骨化石,特征
与 ER1813 号头骨相似,因而确认鲁道夫人是一个独立的古人种。

[①] 张兴永等:《从开远腊玛古猿的形态特征再论滇中高原与人类起源》,《云南社会科学》1983 年第
1 期。
[②] 吴汝康:《禄丰的古猿》,《中国远古人类》,科学出版社 1989 年版。

直立人,旧称猿人,生活在距今 200 万—20 万年前,地质时代属于中更新世,相当于考古学的旧石器时代初期。最初在印度尼西亚爪哇发现头骨与大腿骨,发现者推测其能够直立行走,定名为"直立猿人"或"原人直立种",但未得到认可。1929 年,北京周口店遗址发现相似的猿人化石,被确认为"从猿到人"进化序列的中间环节。国际人类学界一致同意把各地发现的猿人化石定名为 homo erectus,即"人属直立种",简称"直立人"。从目前的化石证据来看,非洲、欧洲和亚洲都有发现。中国典型的直立人化石有北京人、元谋人、蓝田人、郧县人、和县人、南京汤山人等。非洲著名的直立人化石有肯尼亚的匠人、坦桑尼亚的利基人、阿尔及利亚的阿特拉猿人、南非的远人等。欧洲的直立人化石包括前尼人、海德堡人、先驱人等。

直立人已经具备了人的特征,可以直立行走,并能制造工具。直立人的头部保留了较多的原始形状,头骨扁平,骨壁厚,大部分厚度达到 10 毫米(现代人平均为 5 毫米)。眶上脊粗壮,形成眶上圆枕。鼻骨宽阔,腭骨宽阔稍突出。和能人相比,直立人脑容量明显增大,早期成员的脑量达到 800 毫升,晚期成员则上升至 1200 毫升左右。脑子的结构变得相对复杂,并且重新改组,大脑左右两半球出现了不对称性,可能已经有了较复杂的文化行为,如有声语言的能力。牙齿比智人的大一些,但是比南方古猿要小。面部比较扁平,身材明显增大,下肢结构与智人差别不大,平均身高达到 160 厘米,体重达到 60 公斤左右。[①] 直立人以打制的砾石石器为主要工具,以狩猎、采集为主要的生存方式。他们长期生活在洞穴中,是最早会使用火的人类。

爪哇人　1890—1892 年,荷兰解剖学家在印度尼西亚爪哇岛发现一批人类化石,包括头盖骨、下肢骨和白齿,最初定名为直立猿人(pithecanthropus erectus)。所处地质时代为中更新世,测年大约为距今 70 万—50 万年,是最早发现的直立人化石。但由于未发现共生的文化遗物,其进化地位直到北京人化石发现后才得到学界公认。爪哇人头盖骨石化程度很高,骨壁厚,前额低平,眶上圆枕发育并在颅内形成一对额窦,脑量约 900 毫升。爪哇人的肢骨长直,形态和现代人的极为相似(见图 3-12)。

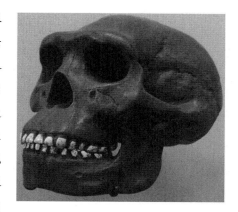

图 3-12　爪哇人头骨

智人,意为"智慧的人",截至 2012 年底,全球约 70 亿人都属于智人。智人分为早

---

① 　吴汝康:《古人类学》,文物出版社 1989 年版。

期智人和晚期智人。早期智人,又称"古人",是介于直立人与现代智人之间的人类,生活在距今20万—4万年前,相当于旧石器时代中期。最早受重视的早期智人化石是尼安德特人,欧洲常用尼安德特人作为早期智人的通称。目前世界上发现的早期智人化石地点有70多处,遍布亚、欧、非地区,典型代表包括中国的广东马坝人、湖北长阳人、陕西大荔人、山西丁村人、山西许家窑人,法国的圣沙拜尔人,赞比亚的罗德西亚人,巴基斯坦的斯虎尔人,等等。此外还有一些形态比较复杂的人类化石,被认为是晚期直立人向早期智人演化的"过渡类型",如金牛山人。

早期智人体质形态比直立人进步,脑容量较大,平均为1400毫升,但前脑部分较小,后脑发达,沟回比现代人简单。早期智人仍保留了一些较原始的形状,眉脊发达,前额倾斜,枕部不出,鼻部宽阔,颌部前突。

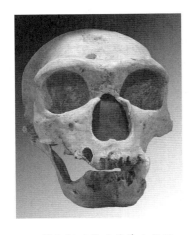

图3-13　尼安德特人化石

尼安德特人　简称尼人,最早于1848年在直布罗陀被发现,因1856年发现于德国尼安德特河谷的人类化石而得名(见图3-13)。尼人是距今大约20万—3万年生活在欧洲、近东和中亚地区的古人类,常作为人类进化史中间阶段的代表性居群。尼人身高为1.5—1.6米左右,脑容量为1200—1750毫升。前额扁平,眉弓到发际线的距离比现代人短得多,下颌角圆滑。肱骨与尺桡骨的比例以及股骨与胫骨、腓骨的比例比现代人大,表现出典型的耐寒性。尼人已经能够制造、使用复合工具,具有狩猎能力及丧葬等习俗。在对尼人的分类方面,有学者将其归入一个人属内与智人并列的尼安德特种,也有学者将尼人归入古老型智人。2009年,尼安德特人基因组图发布,认为尼人在大约10万—5万年前在中东地区与走出非洲的早期现代人发生过交配,之后现代人散居欧洲和亚洲各地。最新考古研究表明,尼人和现代人属于不同种。

晚期智人,即现代智人,又称"新人",大约形成于距今5万年前,相当于旧石器时代晚期。晚期智人化石最早发现于法国克罗马农山洞,后在亚洲、欧洲、非洲大量发现,在大洋洲和美洲也有所发现。和早期智人相比,其体质形态更接近今人。眉脊减弱,颅骨增大,前部牙齿和面部减小。身高较高,脑容量大,已经分化并形成不同人种,出现明显的人种差异和地区性差异。主要的晚期智人有法国的克罗马农人,非洲的博斯科普人,中国的柳江人、山顶洞人,等等。

克罗马农人　欧洲典型的晚期智人化石,生活在距今3万—2万年前。最早发现于1868年在法国多尔多涅区的克罗马农山洞中,骨骼包括两具男性、两具女性、一具小孩。克罗马农人头骨大且粗壮,从顶面看呈长卵圆形,额部较狭。

头顶隆起,头骨较现代人厚,脑量很大,男性约为 1600 毫升,女性为 1402 毫升。额部宽而高,眉弓粗壮,面骨宽而低,上颌齿槽向前突出。与古人类化石一起发现的还有大量的石器和海生贝壳,其上有穿孔,文化属晚期旧石器文化的奥瑞纳文化中期。

三、现代智人起源的理论探索

多数学者同意现代智人起源的时间大约为 20 万年前,但关于起源地点的看法并不一致。目前主要的观点有"单中心起源说"和"多地区起源说"两种。

单中心起源说

单中心起源说认为古人类大约在 200 万年前走出非洲,人种分异始于智人阶段。在人类的发展过程中,并非世界各地所有的直立人都能进化为智人,或者并非所有的早期智人都能进化为晚期智人,仅是世界某一特定地区的古人类首先演化为具有现代体质类型的智人,然后由这单一的中心向亚洲、非洲、欧洲等地区迁徙和扩散,最终分别替代了各地原有的古人类,并适应当地的环境形成了具有不同体质形态的人种。因此,这种观点也被称为"迁徙论"或"取代论"。

夏娃理论 1987 年,美国加州大学伯克利分校的分子生物学家坎恩、威尔森等组成的研究组,选择了现代非洲、欧洲、亚洲、澳大利亚等地 147 位妇女的胎盘细胞内线粒体中的脱氧核糖核酸(mtDNA)进行分析比较,提出了生活在地球上的现代人类共同起源于非洲的观点,即"夏娃理论"。随后该研究组采用改进的方法进行了进一步的研究,并为这一结果提供了新的证据支持。主要观点包括以下几个方面:(1)所有现代人群所具有的 mtDNA 类型都起源于单一的祖先。(2)这一祖先大概生活在非洲。(3)现代人类 mtDNA 的祖先大约出现于距今 20 万年前。(4)起源于非洲的现代人祖先向旧大陆扩散并取代了当地的原住居民。争论的焦点是:是否可以通过对人类 mtDNA 的研究准确地得出现代人类 mtDNA 的祖先起源于非洲及起源的时间为 20 万年。[①]

多地区起源说

多地区起源说认为人种分异早在直立人阶段就已开始,现代各人种分别是在不同地区的多个演化中心、由不同类型的直立人经早期智人系统发展而来的。以德国人类

---

① 吴新智:《现代人的起源问题的新争论》,《人类学学报》1989 年第 2 期。

学家魏敦瑞为代表的学者于 20 世纪 40 年代提出,欧洲、非洲、东亚和东南亚四大地区的人类各有一条连续进化线。库恩于 1969 年提出"系统发生说",认为澳大利亚人(棕种人)与爪哇猿人、蒙古人种(黄种人)与北京直立人、高加索人种(白种人)与欧洲直立人、刚果人种(黑种人)与毛里坦直立人之间有着进化发展关系。[①] 多地区起源说是通过直接的化石材料得出的结论,但也存在一个致命的缺陷。这些地区的古人类之间的差异比现生各人种之间的差异大,如经过几十万年分头进化,其间的差异理应变大,但事实上反而变小。

四、现代中国人的演化及特征

根据可遗传的体质特征,晚期智人可分为蒙古人种、高加索人种、尼格罗人种和澳洲土著人种。中国晚期智人具有明显的蒙古人种特征。

30 多年来,不断有外国学者提出东亚直立人(以北京猿人为代表)是人类进化的灭绝旁支,不在现代人祖先之列。中国古人类学家的研究显示,中国境内的古人类由直立人到智人是连续发展的,一系列性状呈渐进性变化,总的趋势与其他地区人类进化方向一致,但细节有所不同。[②]

(1)上颌骨颧突:中国古人类的上颌骨普遍前突,白种人不突,其他人种不太明显。

(2)矢状脊:矢状脊是颅骨顶部正中由前向后延伸的一根骨脊。中国直立人具有明显程度不同的矢状脊,形态和位置大体相同。

(3)印加骨:印加骨是顶骨与枕骨之间的三角形小骨,多见于南美印加人种,在中国古人类中的出现率也较高。

(4)下颌圆枕明显:下颌圆枕是下颌骨内侧犬齿与臼齿之间的隆起。

(5)铲形门齿显著:中国古人类化石中的上门齿几乎均为铲形门齿。在现代中国人中,铲形门齿的出现率也很高,而在其他人种的出现率仅为 0%—5%。

与此同时,在个别头骨上还发现了与中国其他头骨不同的特征,如圆形眼眶仅见于马坝人头骨。这是在欧洲尼安德特人中常见的特征。

据此,中国古人类学家吴新智提出了关于中国人类演化的新假说——"连续进化附带杂交"。一方面,中国人类化石具有许多共同特征,直立人和智人之间有形态镶嵌,表明中国古人类的连续进化。另一方面,少量头骨表现出东西方基因交流的可能。据此推测,本土与外界存在基因交流,但并未形成替代关系。

近年来,根据对石器材料的研究分析,对许家窑—侯家窑、北窑、大地湾等遗址的

[①] 周国兴:《人是怎样认识自己的起源的(下)》,中国青年出版社 1980 年版。
[②] 吴新智:《中国远古人类的进化》,《人类学学报》1990 年第 4 期。

地层和测年数据的解读,说明中国旧石器时代文化一脉相承,古人群生生不息、连续演化,说明来自西方的文化因素曾在不同时段、不同地区间或出现,但从来没有成为文化的主流,表明中国大地不存在距今10万—4万年间的材料空白,人类演化的链条在此期间没有中断过,古气候和古生物信息也对末次冰期导致本土人群灭绝的论断提出否定。这些都从考古学的角度对中国乃至东亚古人群连续演化及现代人类"连续进化附带杂交"的理论提供了强有力的论证和支持。[①] 付巧妹团队通过对中国南北方人群的古基因组研究,表明中国南北方古人群早在9500年前已经分化,并在至少8300年前出现融合与交流,且一直以来是基本延续的,研究还提示南岛语系人群可能起源于中国南方的福建及其毗邻地区。这项研究为中华民族的形成演化及中华文明的探根溯源提供了重要佐证。[②]

推荐阅读书目

1. 张森水:《中国旧石器文化》,天津科学技术出版社1987年版。

2. 陈淳:《中国猿人》,上海科技教育出版社1999年版。

3. 王幼平:《旧石器时代考古》,文物出版社2000年版。

4. 张之恒:《中国旧石器时代考古》,南京大学出版社2003年版。

5. 张宏彦:《中国史前考古学导论》,高等教育出版社2004年版。

6. 王幼平:《中国远古人类文化的源流》,科学出版社2005年版。

7. 乔治·奥德尔:《破译史前人类的技术与行为》,关莹、陈虹译,生活·读书·新知三联书店2015年版。

8. 李英华:《旧石器技术:理论与实践》,社会科学文献出版社2017年版。

9. 方启:《旧石器时代考古》,高等教育出版社2022年版。

[①] 高星:《更新世东亚人群连续演化的考古证据及相关问题论述》,《人类学学报》2014年第3期。

[②] Yang, M. A., et al. Ancient DNA indicates human population shifts and admixture in northern and southern China. *Science*, 2020(369):282-288.

末次盛冰期之后,全新世开始的 1 万年里,全球气候普遍回暖,中间出现过几次小的波动:10000—8000 年前,处在冰后期,气候比较寒冷;8000—5500 年前,气候逐渐温暖,到距今 6000 年时,气温达到顶峰;5500—3500 年前,气温又逐渐下降,到距今 2500 年前后,气候转为寒冷。气候剧变导致动植物区系发生变化,影响人类居址的分布和范围。新石器时代的环境比旧石器时代所处的更新世末期优越,充足的食物资源和舒适的自然环境,促成了半定居或定居的生活方式,使得生产工具制造趋于简单、一致。对于新资源的开发和利用,引起了技术革新,带动了生产工具的改变。这些因素如同有机体的某个要素,不同程度上都导致了经济形态的变革。

冰期 地球表面覆盖有大规模冰川的地质时期,又称为冰川时期。冰期有广义和狭义之分,广义的冰期又称大冰期,狭义的冰期是指比大冰期低一层次的冰期。大冰期是指地球上气候寒冷,极地冰盖增厚、广布,中、低纬度地区有时也有强烈冰川作用的地质时期。大冰期中气候较寒冷的时期称冰期,较温暖的时期称间冰期。有人根据统计资料认为,大冰期的出现周期大约为 1.5 亿年。末次盛冰期是距我们最近的极寒冷时期,当时全球陆地约有 24% 被冰覆盖,海平面可能比现代低 130 米。

第一节　新石器时代的文化因素

过去的研究认为,新石器时代的标志有四个:磨制石器、陶器、农业、畜牧业。20 世纪中叶以前,一般把陶器的出现作为新石器时代的开端。但是,近几十年来,随着考古工作的进一步开展,这种观点受到挑战。大量考古发现表明,磨制石器的产生早于陶器,有些时代较早的新石器时代遗址中并没有陶器出现,新石器时代应该划分为"前陶新石器时代"(或"无陶新石器时代")和"有陶新石器时代"两个阶段。

判断一个石器时代遗址是否进入新石器时代,情况是复杂的,不能以单一的要素为依据。相关讨论并未终结,当前学术界的基本共识是,出现磨制石器、农业、畜牧业中任意一个要素,都标志着新石器时代的开始。

一、磨制石器

汉代以来,历朝史志中常有"雷公石斧"的记载,现在看来,应该就是雨水冲刷出来的磨制石斧。目前所知时代最早的局部磨制石器发现于广东阳春独石仔[①]和陕西宜川龙王辿[②]等遗址。

磨制石器的制作工艺比打制石器复杂,包括几个步骤,依次是选料、选形、截断、打击、琢、磨、钻孔等。早期的磨制石器只是局部磨光,中期开始发展为通体磨光,至晚期穿孔石器普遍出现。考古发现和民族学材料显示,穿孔的方法有钻孔法、管钻法、琢孔法、划孔法等。

磨制石器,形体规整,器表光滑,用途明确,是新石器时代最主要的工具。结合形态学和可能的用途,常见器形有几类:用于加工木头的斧、锛、凿,用于加工谷物或碾磨颜料的磨盘、磨棒,用于农作物耕种的刀、铲、耜、锄、镰、犁,以及钺、矛、镞等武器或狩猎工具。

二、陶器

陶器是人类继用火之后的一大发明,标志着人类不仅可以改变物质的形状,而且

---

① 邱立诚等:《广东阳春独石仔新石器时代洞穴遗址发掘》,《考古》1982 年第 5 期。
② 尹申平等:《陕西宜川县龙王辿旧石器时代遗址》,《考古》2007 年第 7 期。

可以改变质地。考古资料表明,中国最早的陶器大约出现在 1 万多年前的一些遗址中,例如河北徐水南庄头、江西万年仙人洞和吊桶环、湖南道县玉蟾岩、广西桂林庙岩等。

陶器是用陶土加水和其他羼和料,经成形、晾干,在 800—1000℃ 高温下烧制而成的制品。气孔率较高、有不同程度渗水性,机械强度低、断面粗糙无光泽,但有耐火、抗氧化、不易腐蚀等优点。

制作陶器之前,先要筛选或淘洗陶土,即把黏土浸入水中,经搅动、沉淀,去掉杂质。为了改善陶土的性能,工匠在陶土中加入石英砂、谷壳、草等羼和料,以增强陶器的耐温耐水性。夹砂陶的耐热性明显高于泥质陶,多用作炊器。

关于陶器最早的制作方法,过去一直争论不止。秦安大地湾一期文化中的部分陶器,经过工艺分析,证明是用葫芦等器物作为胎模,在外面涂泥,泥干后脱去胎模成为陶坯,然后烧制而成的。[①] 手制法是早期制作陶器的主要方法,沿用时间也较长,包括捏塑法、泥片贴塑法、泥条盘筑法、拼接法。其中捏塑法多用于制作小件器物;后几种做法多用于制作大型陶器。轮制法,大约出现于新石器时代中期,是将泥料放在转动的轮盘上,用手提拉形成需要的陶坯形状,分为慢轮和快轮。轮制陶器的器形规整、浑圆,胎壁薄,造型美观。随着时间的推移,轮制法经历了慢轮修整口沿、慢轮制坯、快轮制坯的发展历程。

【术语 4.1】

羼和料:陶器胎土中掺入的其他颗粒物质,如干草、砂石等,可以增强陶胎的强度和力度,防止在烘烧过程中出现陶胎爆裂或干缩引起的变形。

泥条盘筑法:陶瓷成形技法之一。一种较原始的制法。方法有两种:一种将泥料制成长条形,以螺旋式由下向上盘筑成器形,同时用陶拍拍打,用手沾水将器内外接缝处抹平;一种将泥条圈起,一层层向上堆筑作成器形。用这两种方法制成的陶器,内壁往往留有泥条盘筑痕迹。

制成的陶坯表面还需要经过修整或装饰,修饰方法包括:(1)表面磨光,既可达到整形、合缝的效果,还可使器壁坚实致密,表面光滑亮泽。常见于仰韶文化、大溪文化和屈家岭文化。(2)涂施色衣,把很细的泥浆涂在陶坯表面,焙烧后形成各种颜色的陶衣,常见红、棕、白等颜色。多见于黄河流域的仰韶文化中。(3)刻画纹饰,包括拍压、戳刺、刻划、贴附等方法。常见的拍压纹有绳纹、篮纹、方格纹、席纹等,戳刺纹有锥刺纹、

---

① 李文杰等:《甘肃秦安大地湾一期制陶工艺研究》,《考古与文物》1996 年第 2 期。

箅点纹、指甲纹等,刻划纹有弦纹、网状纹、几何纹、动植物纹等,贴附纹主要包括附加堆纹、乳钉纹和动物堆塑等。(4)镂孔,用刻刀或坚硬工具在器表镂刻,形成孔洞式纹样。常见的镂孔纹样有圆形、方形、三角形等,主要出现在豆、杯等圈足器的柄部。(5)彩绘,因颜料不同而呈现出不同色彩,常见的有黑彩、白彩、红彩、褐彩等。彩绘始见于老官台文化(此时彩绘应为烧前彩),盛行于仰韶文化和马家窑文化等,图案线条流畅、形象生动,形成独特的彩陶文化。

烧制是制陶的最后一道工序。新石器时代的陶器呈现出不同颜色,这与烧成气氛有关,红陶是在氧化气氛中烧成的,灰陶则是在还原气氛中烧成的。新石器时代陶器的烧成温度一般为600—900℃,最高不超过1000℃,南方硬陶比较特别,可达到1200℃左右。黑陶的烧造工艺相对复杂,可能通过烟熏渗碳或是加入碳化羼和料等方法来实现。

三、墓葬

土葬是史前时期最主要的形式。新石器时代墓葬的典型特征是氏族公共墓地,一般位于居址附近,埋葬集中,排列有序,墓葬同向。葬制以单人葬最为常见,墓坑一般小而浅,仅能容纳尸体,晚期有些地区出现木棺。合葬墓早期为多人集体合葬,往往采取"二次葬"的形式,中期出现同性合葬,晚期出现夫妻合葬。葬式有仰身直肢葬、侧身屈肢葬、俯身葬。成人与幼儿分葬,幼儿流行"瓮棺葬"。随葬品以陶器最为普遍,其次为石器、骨器,装饰品偶有发现,有时还有谷物或家畜。晚期开始出现随葬品多寡现象,可能是贫富分化的证据。

【术语4.2】

　　二次葬:史前时期的一种埋葬形式,是对尸体或遗骨进行两次或两次以上处理的埋葬方式,将骨骼大体按人体相应部位摆放,或把骨骼摆放成一堆,把头骨放在最上面。依埋葬人数可分为单人二次葬、多人二次葬、集体二次葬等。

　　瓮棺葬:古代墓葬形式之一,以瓮、盆为葬具,大多将小孩的尸体殓入其中进行埋葬,偶尔也有用来埋葬成人的。这种葬俗流行于新石器时代至汉代。

　　土墩墓:南方地区一种特殊的埋葬方式,主要分布在长江下游地区。这种墓多建在丘陵山岗或平原的高地上,一墩一墓或一墩多墓。随葬器物主要有几何印纹硬陶和原始瓷器。年代上限可至西周,下限可延续到战国,以春秋时期数量最多。

新石器时代墓葬表现出鲜明的地域特点。华南地区岩洞众多,岩洞墓成为延续时间较长的习俗。长江中下游一带流行的堆土墓,是把尸体直接放置在地面上,然后用土掩埋,不见墓圹①,这在马家浜文化、崧泽文化、河姆渡文化中均有发现。土墩墓,即先在地面堆筑高大的土堆,然后在其上挖造墓穴,主要流行于长江下游和太湖周边地区的良渚文化中。堆土墓和土墩墓之间可能存在承袭、演变的关系。

东北地区自史前时期至南北朝时期,流行一种用天然风裂石块或石板在地面或竖穴土坑中砌筑成墓室,再堆积石块封护的墓葬,即积石墓。贝丘墓是利用食余贝壳堆积掩埋尸体的墓葬,一般没有明显的墓圹,多见于东南沿海地区。竖穴土坑墓则是中国古代最流行、数量最多、分布最广、延续最久的墓形之一。在西北地区的马家窑文化和齐家文化中,还流行一种洞室墓,即在土坑墓的底部挖出横向土洞墓室,是历史时期土洞墓的祖型。

第二节　中国新石器时代考古的分期与分区

一、分期

根据文化遗存的发展变化以及当时经济生活的变革,中国的新石器时代文化一般被分为早、中、晚三个发展阶段。

新石器时代早期

距今约 12000—7000 年,又可分为两个时段,即以是否出现陶器作为分段的标志。新石器时代早期前段为"前陶新石器时段",石器以打制为主,经过简单磨制加工的石器和制作原始、烧成温度较低的陶器开始出现,渔猎和采集生产活动仍发挥着较为重要的作用。以河北徐水南庄头、江西万年仙人洞和吊桶环、湖南道县玉蟾岩等遗址为代表。新石器时代早期后段为"有陶新石器时段",磨制石器的种类和数量较前段都大量增加,陶器已成为日常生活的必需品,种类较多,以红陶为主,陶质疏松,吸水性强。器形为圜底器和平底器,不见三足器和圈足器。原始北方地区的粟作农业和南方地区的稻作农业逐渐发展起来,家畜饲养以牛、羊等食草动物为主。以内蒙古赤峰兴隆洼、

①　吴苏:《圩墩新石器时代遗址发掘简报》,《考古》1978 年第 4 期。

河北武安磁山、河南新郑裴李岗、浙江余姚河姆渡、湖南澧县彭头山等遗址为代表。

河北徐水南庄头遗址 属新石器时代早期前段文化,1986 年发现于河北徐水县南庄头村,距今约 10500—9700 年。所出陶器多为夹砂陶或夹砂红褐陶,陶胎厚重,陶质疏松,火候较低,以平底罐为主要器形。石器有磨盘和磨棒等。出土大量兽骨、螺壳和植物种子等。南庄头遗址是迄今在华北地区发现的年代最早的新石器时代早期遗址。①

兴隆洼文化 属新石器时代早期后段文化,1983 年发现于内蒙古赤峰市敖汉旗兴隆洼,距今约 8200—7400 年。出土大量农具,有打制的双肩石铲和锄形器,磨制的斧、锛、磨盘、磨棒等。陶器多夹砂褐陶,火候较低,陶色不纯,采用泥条盘筑法手制,胎厚重,多饰"之"字形压印纹,器口常附有泥条。还发现大型环壕聚落遗址,聚落内部发现 30 多座居室葬,是北方地区较为典型的农耕文化定居村落。②

新石器时代中期

距今约 7000—5000 年,分为前、后两段。石器以磨制石器为主,种类丰富,制作精美,打制石器比例很小。新石器时代中期前段的陶器制作仍以手制为主,器壁厚薄不均,器形不规整,泥质陶数量很少。器形以圜底器和平底器为主,有少量三足器和圈足器。新石器时代中期后段的陶器制作出现慢轮修整技术,形制比较规整,夹砂陶比例下降,泥质陶比例增加。出土大量日用陶器,仰韶文化的彩陶和大汶口文化的磨光黑陶是其中的精品。遗址增多,开始出现一些较大规模的聚落,有大规模的公共墓地。黄河流域普遍发现粟作遗存,长江流域普遍发现稻作遗存,猪成为主要家畜。

富河文化 属新石器时代中期文化,1962 年发现于内蒙古巴林左旗富河沟门,距今约 5400—4700 年。石器有磨制、打制和细石器三类。陶器以夹砂褐陶为主,多筒形深腹罐,陶质疏松,纹饰多见"之"字形压印纹、附加堆纹、划纹等。骨制品较多,有锥、针、镞、鱼镖、鱼钩等。房屋为圆形或方形半地穴式,村落往往由数十座房屋建筑组成。③

---

① 河北省文物研究所等:《1997 年河北徐水南庄头遗址发掘报告》,《考古》2010 年第 3 期。
② 中国社会科学院考古研究所内蒙古工作队等:《内蒙古敖汉旗兴隆洼遗址发掘简报》,《考古》1985 年第 10 期。
③ 中国社会科学院考古研究所内蒙古工作队等:《内蒙古巴林左旗富河沟门遗址发掘简报》,《考古》1964 年第 1 期。

新石器时代晚期

距今约 5000—4000 年,分为前、后两段。磨制石器精致,器形变小,穿孔石刀、石镰等收割工具普遍使用。其中,有段石锛是东南沿海地区最富特征的一种石器。太湖流域和粤北的大型墓葬中普遍随葬玉礼器。开始出现红铜、青铜小型工具。陶器的制作方面,新石器时代晚期前段开始出现轮制,新石器时代晚期后段普遍使用轮制。陶器的烧成温度提高,陶质较硬,多数文化以灰、黑陶为主,个别文化以红陶为主,彩陶衰落,龙山文化的蛋壳黑陶是新石器时代晚期的陶器精品。形制方面的最大特点是出现鬶、鬲、鬶、甗等袋足炊器。我国大部分地区在这一时期进入发达的锄耕农业。人口急剧增加,社会复杂程度不断提高,出现大规模的中心聚落和城邦,发现数十座城址和大型建筑,防卫设施进一步加强。出现贫富分化的现象。

陶寺文化　属新石器时代晚期文化,20 世纪 50 年代发现于山西省襄汾县陶寺村,距今约 4600—4000 年,陶寺早期相当于庙底沟二期文化或稍晚,陶寺晚期相当于三里桥二期。陶寺早期陶器以灰陶为主,有少量泥质磨光黑陶和褐陶,手制为主,纹饰以绳纹为主,篮纹、方格纹很少。器形以平底和小平底器为主。石器多为磨制,石铲数量最多,其中曲尺形有柄石刀颇具特征性。陶寺晚期出现有肩石铲和蚌器。发现一件铃形红铜器,说明中原地区在当时已经可以熔炼出纯铜液,而且已初步掌握了复合范铸造工艺。有玉质瑗、璧、琮、钺等。泥质磨光黑陶增多,器形较规整,纹饰主要有篮纹和绳纹,少量方格纹。器形以大袋足鬲、盆形罐、高足浅盘豆、扁壶、双腹盆、高颈折腹罐等最为典型。[①] 陶寺遗址分为居住区、城址和墓葬。房基有半地穴式、地面建筑、窑洞三类。共发现 700 多座墓葬,是新石器时代埋葬人数最多、埋葬最密集的一个遗址。1999—2001 年发现大型城址,城内面积约 200 万平方米,分为早期小城和中期大城。[②] 1980 年陶寺早期王墓出土的蟠龙纹陶盘,据考古学家判断,应是高级身份地位的象征,其特征已经非常接近夏商周及后代龙的形象。1984 年出土扁壶残片,其上附有朱色陶文,对于探索中国文字的起源意义重大。

1999—2021 年,陶寺遗址经过第二大阶段的考古与研究,都城特征大致被勾勒出来。早期遗址总面积约 160 万平方米,距今 4300—4100 年。以 13 万平方米

---

① 中国社会科学院考古研究所山西工作队等:《山西襄汾县陶寺遗址发掘简报》,《考古》1980 年第 1 期。
② 中国社会科学院考古研究所山西工作队等:《1978—1980 年山西襄汾陶寺墓地发掘简报》,《考古》1983 年第 1 期。

宫城及南外侧下层贵族居住区小城（近 10 万平方米）构成核心区。宫城有结构复杂的曲尺形角门。下层贵族居住区小城内发现双开间半地穴式住宅。宫城东西两侧为普通居民区，宫城东侧有大型仓储区。宫城东南为早期王族墓地，已发掘王墓 6 座，随葬品在百件以上，出土有龙盘、彩绘木器、玉石钺、大厨刀、彩绘陶礼器、日用陶器等。大贵族墓数 10 座，随葬品数 10 件，包括磬、鼓等礼乐器组合，彩绘陶器和日用陶器。其余近千座小墓几乎没有任何随葬品。表明当时阶级对立状况凸显，金字塔式社会结构清晰。

陶寺中期距今 4100—4000 年，宫城内增建了若干宫殿建筑。据估算，宫城面积大约 286 平方米。下层贵族居住区小城废弃，但增建了外郭城。陶寺中期王族墓地与观象祭祀台被设置在约 10 万平方米的东南小城内。尽管中期王墓遭晚期政治报复被破坏，但仍残留近百件随葬品，包括玉器、彩绘陶器、漆器、骨器、20 片半扇整猪等。其中列钺不仅象征王权和军权，并与公猪下颌骨共同组成表达修兵不战的上政治国理念。漆圭尺及其主表测量工具套，则表明圭表测量制定历法对于王权的贡献。

观象祭祀台是陶寺都城郊天祭日的宗教礼制建筑，是陶寺王权重要的科学与宗教支撑，同时也是迄今考古发现世界最早的观象台。[1] 这一阶段，随着发掘屡有突破，相关研究成果空前丰硕。关于陶寺文化谱系与族属性质探讨，甚至有日本学者也参与进来，国内多数学者倾向于认为陶寺文化与尧或舜有关。[2]

二、分区

区系类型，是中国新石器时代考古学研究的特色方法之一。20 世纪 40 年代，苏秉琦在整理宝鸡斗鸡台发掘品的过程中，依据蒙特柳斯的方法，提出"分型定式"，后又探索了各地出土陶鬲的发展谱系，探讨了几种重要的考古学文化的发展序列及其相互关系。20 世纪 60 年代，苏秉琦从分析仰韶文化开始，提出划分区域类型。20 世纪 80 年代，他系统地提出要从"区系类型"的角度来探索考古学文化的发展谱系，即分区、分系、分类型：文化区指考古学文化分布的地理空间范围，文化区有文化中心和边缘地区之分；文化系统即文化发展系统，指考古学文化的纵向发展过程；文化类型指在一个考古学文化分布区域内，由于微环境差异和邻近文化的影响，同一时期不同地域的文化遗存，在主体因素基本一致的同时，又表现出某种地域性差异。

[1] 何努：《试论传说时代历史重建的方法论——以陶寺遗址考古实践为例》，《华夏考古》2021 年第 4 期。
[2] 何努等：《薪火相传探尧都——陶寺遗址发掘与研究四十年历史述略》，《南方文物》2018 年第 4 期。

不同的生态环境,不同内容的生产活动和生活习俗,不同的文化传统,是形成不同文化系统的根本原因,每个文化系统自身发展所形成的文化特征决定了每个文化的性质。不同的学者提出了不同的分区体系:

(1)三区说:根据经济形态,分为旱地农业经济文化区(黄河中下游、辽河和海河流域)、水田农业经济文化区(长江中下游、岭南地区)、狩猎采集区(长城以北的东北大部、内蒙古及新疆和青藏高原地区)。[1]

(2)四区说:黄河流域、长江流域、华南地区、北方地区。[2]

(3)六区说:陕豫晋邻近地区、山东及邻省一部分地区、湖北和邻近地区、长江下游地区、以鄱阳湖—珠江三角洲一线为中轴的南方地区、以长城地带为中心的北方地区。[3]

(4)七区说:根据新石器时代文化面貌和特征,分为马家窑文化系统中心、半坡文化系统中心、庙底沟文化系统中心、大汶口文化系统中心、河姆渡文化系统中心、马家浜文化系统中心、屈家岭文化系统中心。[4]

第三节　典型考古学文化

一、黄河流域的新石器时代文化

黄土地带,半干旱的气候环境,自然植被以耐干旱的蒿属等草本植物为主。黄土含有矿物肥料物质,土质疏松,易于垦殖。约从距今8000年起,已形成较发达的粟作农业文化。

黄河中游地区

根据已公布的考古资料,黄河中游地区的新石器时代中晚期文化大致可以分为三个文化系统:(1)渭河流域、豫西和晋南地区,老官台文化—仰韶文化系统;(2)豫中为中

---

① 严文明:《中国史前文化的统一性与多样性》,《文物》1987年第3期。
② 张之恒:《中国考古通论》,南京大学出版社2009年版。
③ 苏秉琦等:《关于考古学文化的区系类型问题》,《文物》1981年第5期。
④ 佟柱臣:《中国新石器时代文化的多中心发展论和发展不平衡论——论中国新石器时代文化发展的规律和中国文明的起源》,《文物》1986年第2期。

心的裴李岗文化—大河村文化系统;(3)冀南、冀中和豫北地区的磁山文化—后岗类型
文化系统(见表4-1)。

表 4-1　黄河中游地区新石器时代中晚期文化一览

渭河流域	豫西、晋南	豫中	豫北、冀南	距今年代
客省庄二期文化	三里桥二期文化	王湾三期	后岗二期	4000
庙底沟二期文化	大河村五期			
仰韶文化	西王村类型	秦王寨类型 大河村类型 中山寨类型		4500
	庙底沟类型		大司空一期 后岗一期	5000
	史家类型			6000
	半坡类型			6500
老官台文化	北首岭一期	裴李岗文化、磁山文化		7000
	大地湾一期			

裴李岗文化　属新石器时代早期后段文化,1977年发现于河南省新郑市裴李岗村,距今约7400—6900年。陶器以泥质红陶数量最多,夹砂红陶次之,泥质灰陶数量最少。均为手制,大多为泥条盘筑。器表绝大多数素面,少量纹饰为指甲纹、篦纹、划纹、乳钉纹等。器形以双耳壶数量最多,三足钵次之,碗和深腹罐再次。磨制石器精致,有铲、斧、镰(见图4-1)等。其中石磨盘和石磨棒数量多且成套出土,最富特征性。房基均为半地穴式,圆形为主,方形较少。墓葬集中分布,随葬品有性别区分,随葬铲、斧、镰的墓葬,皆不随葬磨盘和磨棒;反之亦然,表明当时男女分工明确。[1]

磁山文化　属新石器时代早期后段文化,位于河北省武安市磁山村,距今约8000—7000年。出土物以陶支座和石磨盘最具特色(见图4-2)。陶器以夹砂红褐陶为主,器类有鼎、盂、罐、钵、盘、器座等,手制或泥条盘筑,纹饰有绳纹、附加堆纹、指甲纹、编织纹、划纹等。石器有磨制、打制两类,石磨盘形制多一端圆一端尖。骨器有锥、针、镞、鱼镖、鱼钩等。房屋多为圆形半地穴式,附近发现大量储藏粮食的窖穴,出土炭化粟及大量家畜骨骼。[2]

---

① 开封地区文管会等:《河南新郑裴李岗新石器时代遗址》,《考古》1978年第2期;中国社会科学院考古研究所河南一队:《1979年裴李岗遗址发掘报告》,《考古学报》1984年第1期。
② 邯郸市文物保管所等:《河北磁山新石器遗址试掘》,《考古》1997年第6期。

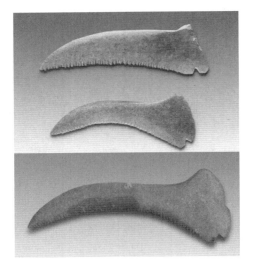

图 4-1　裴李岗文化出土石镰　　　　　图 4-2　磁山文化陶器及石磨盘

【仰韶文化】

1921 年，安特生在河南渑池县仰韶村发现彩陶遗存，命名为彩陶文化。这是黄河中游分布范围甚广、延续时间久长的一种新石器时代遗存。据已测定的放射性碳素断代数据，年代约为公元前 4500—前 2500 年。仰韶文化的发展序列是：半坡类型—史家类型—庙底沟类型—西王村类型（半坡晚期类型）。

图 4-3　半坡类型彩陶盆

半坡类型　石器以磨制为主，加工部位主要在刃部，通体磨光者很少。骨、角、蚌器多磨制，有的穿孔。陶器主要有泥质红陶和夹砂红陶两种，有一定数量的彩陶，彩绘多用黑色，很少用红色。器形多圜底器、平底器、尖底器，不见三足器和圈足器。典型器物有尖底瓶、细颈壶、红顶碗、红顶钵、彩陶盆（见图 4-3）等。

聚落布局一般包括居住区、制陶区、墓葬区。房屋多为半地穴式，大型房屋是方形的，小型房屋为圆形，多数为一个门道，房屋内部有一个灶坑。墓葬可分为土坑墓和瓮棺葬两种。土坑墓的葬式以单人仰身直肢葬为主，盛行多人二次合葬和同性合葬。

姜寨遗址 位于陕西省临潼区城北,是一处新石器时代中期以仰韶文化遗存为主的聚落遗址,聚落布局保存得尤为完好(见图4-4)。整个聚落包括5个较大的建筑群和3片公共墓群。较大建筑群的外围有3条人工围沟和1条临河环绕。东部围沟之外是公共墓地。每组大建筑群以一座大型房屋为中心,数座中型房屋围绕四周,中型房屋周围又分布数座小型房屋。5个建筑群呈环形分布,中央是中心广场,房门均开向中心广场。墓地位于居住区东侧,共发现墓葬600余座,以单人葬为主,也有合葬墓,内有陶器等随葬品。

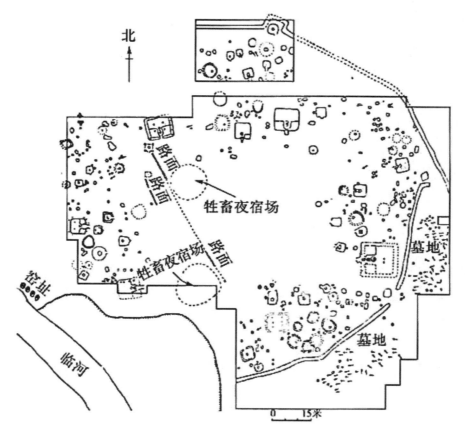

图 4-4 姜寨遗址平面布局

半坡类型的陶器上常发现刻划符号(见图4-5)。在大范围内使用相同的刻划符号,可能说明这些符号在不同部族中具有相同的含义。①

———————————

① 中国科学院考古研究所等:《西安半坡——原始氏族公社聚落遗址》,文物出版社1963年版。

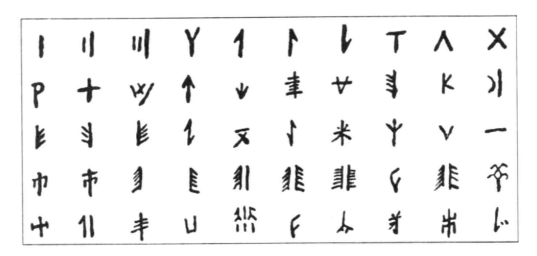

图 4-5　半坡类型陶器表面常见刻划符号

史家类型　通体磨光石器增多,出现少量穿孔石器。陶器主要有泥质红陶和夹砂红陶,出现少量泥质灰陶。出现慢轮修整口沿,器表多素面及磨光,彩陶数量较少。典型器物有敛口钵、卷沿盆、高领罐、带盖罐、葫芦瓶等。

墓葬多数为多人二次合葬,每个个体都是将头骨放置在中央,四肢骨及其他骨骼置于头骨两侧或其下。墓坑多数为土坑竖穴,人骨头部和下肢骨涂有黑色颜料。随葬品一般很少,为集体随葬。[①]

庙底沟类型　通体磨光石器增多,穿孔技术比较普遍。陶器以细泥红陶最多,夹砂红陶次之,少量泥质灰陶,彩陶数量较多。慢轮修整口沿已很普遍。以双唇尖底瓶、曲腹盆、曲腹碗、曲腹钵、釜形鼎、釜、灶为典型。彩绘多用黑色,多施于器物腹部和口沿,均施于陶器外壁,无内彩。

房屋除了半地穴式,有一定数量的地面建筑。出现分间,有的房屋内部有一排木柱。柱洞底部常做各种加工,用陶片或石片来克服支柱下沉。

墓葬发现不多,多为长方形土坑竖穴墓,有些有二层台。不见同性合葬和多人二次合葬,绝大多数没有随葬品。王湾一期遗址中,死者涂朱现象比较普遍。[②]

西王村类型　石器绝大多数为通体磨光,出现穿孔石刀、石镰等新器形,出现管钻技术。陶器以泥质红陶和夹砂红陶最多,其次是泥质灰陶和夹砂灰陶,泥质黑陶最少。纹饰以绳纹最多,附加堆纹和篮纹次之,彩陶很少。制法有手制和模制,口沿轮修盛行。典型器物有宽平沿盆、条带形堆纹筒状罐、敞口带流罐、喇叭口束腰尖底瓶等。

---

① 西安半坡博物馆等:《陕西渭南史家新石器时代遗址》,《考古》1978年第1期。
② 中国社会科学院考古研究所:《庙底沟与三里桥》,科学出版社1959年版。

地面木构建筑较多,面积较大,出现分间房屋。屋内灶坑较大,以瓢形最多。多硬泥圈柱洞,底部用鹅卵石或红烧土块做柱础。[1]

双槐树遗址　位于河南省巩义市河洛镇双槐树村南的高台地上。1984年河南省第四次文物普查时首次发现,当时命名为滩小关遗址,2004年更名为双槐树遗址。2013—2020年,在遗址及其周边区域进行考古调查、勘探与发掘。遗址现存东西长约1500米、南北宽约780米,面积约117万平方米。发现有仰韶文化中晚期三道环壕,四处经过规划的墓地共1700余座墓葬、院落式夯土基址、大型夯土建筑群基址、瓮城结构围墙、大型版筑遗迹等,另有数量众多的房址、灰坑、人祭坑及兽骨坑等,出土了丰富的新石器时代遗物。发现的大型建筑群,具有中国早期宫室建筑的特征,后世的二里头遗址宫殿建筑和偃师商城可能与之有关,为探索三代宫室制度及中国古代高台建筑的源头提供了重要资料。而墓葬区发现的夯土遗迹可能具有祭坛性质,是仰韶文化遗址的首次发现。这是目前郑州地区发现的仰韶文化晚期到河南龙山文化早期遗存最为丰富的遗址,也是迄今在黄河流域发现的仰韶文化中晚期规模最大的核心聚落。以双槐树遗址为代表的郑洛地区聚落遗址群的发现,为探讨此地中华文明的起源研究和文明起源的中原模式奠定了基础。[2]

黄河上游地区

黄河上游地区,包括青海东部、甘肃的洮河流域,渭河上游和河西走廊的东部,宁夏的南部。文化序列为:含有庙底沟类型因素期—含有半坡类型因素期—马家窑文化—齐家文化。其中,含有半坡类型因素期和庙底沟类型因素期,是受到渭河流域仰韶文化影响的结果。

【马家窑文化】

马家窑文化,1924年首次发现于甘肃省临洮县马家窑村,时代为距今5100—4000年。以发达的彩陶为鲜明特征,一般分为石岭下、马家窑、半山、马厂四个先后承袭的文化类型。[3]

石岭下类型　陶器以泥质红陶为主,夹砂红陶和泥质灰陶次之。泥条盘筑法为

[1]　中国科学院考古研究所山西工作队:《山西芮城东庄村和西王村遗址的发掘》,《考古学报》1973年第1期。
[2]　郑州市文物考古研究院:《河南巩义市双槐树新石器时代遗址》,《考古》2021年第7期。
[3]　谢瑞琚:《黄河上游的马家窑文化》,《新中国的考古发现与研究》,文物出版社1984年版。

主。部分陶器外表施白衣。器形无三足器,少尖底器;典型的彩陶器形有卷沿盆、敛口碗、彩陶壶、彩陶罐等(见图4-6)。彩绘有几何纹和动物纹两种,大都绘于陶器上腹,近底部留一段空隙不绘彩,少数遍体彩绘花纹,有少量内彩。石岭下类型是仰韶文化发展为马家窑文化的过渡形态。石岭下类型与庙底沟类型的不同之处在于,庙底沟的动物纹饰重于写实,石岭下的鸟纹重于写意,蛙纹经过变形。

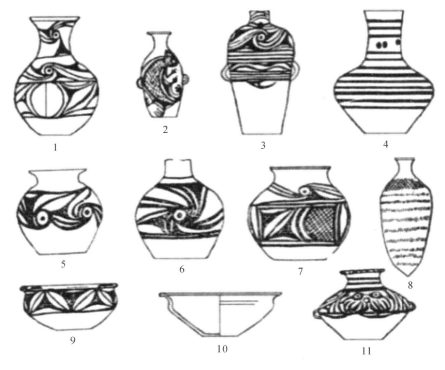

图 4-6　石岭下类型陶器

马家窑类型　石器以磨制石器为主,比较精致,管钻技术水平高。陶器以红陶为主,有少量的泥质灰陶。彩陶占陶器总数的五分之一以上,多以橙黄色为底,彩绘多用黑色,少量红,有一定数量的内彩。形体比较瘦长,长颈深腹者较多,长颈壶数量最多(见图4-7)。在甘肃林家遗址的马家窑中晚期文化层中,曾发现一把完整铜刀,以及几片碎块。

图 4-7　马家窑类型陶器

　　聚落遗址的面积多为 10 万平方米左右。房屋有圆形和方形两种,早期为半地穴式,中期建筑在夯土层中,晚期为地面建筑,出现挖基打墙技术;有的房屋出现隔间和连间。窖穴有袋状、长方形弧壁、大口直壁筒等。经常集中发现陶窑。墓葬多位于居址附近,葬式有二次葬、仰身直肢葬、瓮棺葬等。

　　半山类型　陶器以红陶数量最多,少量灰陶和白陶。彩陶胎色为橙黄色或砖红色,彩绘常用黑、红两色相间的线条勾画出各种花纹;彩绘图案一般是四面或六面成组,均匀对称分布。器形绝大多数为平底器,少量圈足器,不见三足器;典型器形有小口高颈双耳壶、单耳大口罐、短颈双腹耳瓮等(见图 4-8)。彩陶形体匀称,腹部浑圆,最大径在腹中部。

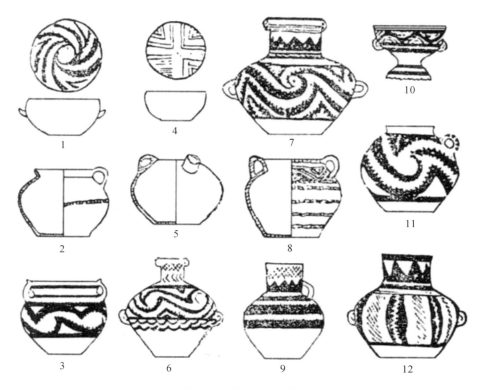

图 4-8　半山类型陶器

墓葬有土坑墓、石棺墓、木棺墓三种。早期多二次葬,晚期多一次葬。葬式早期多仰身葬,中、晚期多侧身屈肢葬。少数墓有较多随葬品,开始出现贫富分化现象。男性墓多随葬农业生产工具,女性墓多随葬纺织工具,表明性别分工。发现成年男女合葬墓,可能已出现核心家庭。出现个别身首分离的墓葬。

马厂类型　工具有磨制石器、细石器、骨器、铜器(蒋家坪遗址就曾发现一件残铜刀)等。陶器以红陶为主,灰陶次之。个别器物出现慢轮修整痕迹。彩陶数量较多,上半身普遍施一层红色或紫红色陶衣。彩绘早期黑彩、红彩并存,中、晚期红色消失。主体花纹是几何形图案,有少量的人像、人面纹或蛙纹。典型器形有单颈耳大口筒形罐、小口圆腹双腹耳壶等(见图 4-9)。部分彩陶上面绘有符号,个别有雕塑。青海柳湾遗址中发现了一件彩陶罐,器壁上有贴塑人像,过去被认为是女性像。但是,近来有学者提出,这个形象实际上是男女"复合体",很可能反映了在母权制向父权制过渡时期存在两性同体崇拜的现象。

墓葬以仰身直肢葬为主,也有二次葬、屈肢葬和俯身葬。木棺墓的葬具有木棺和垫板,有的还有墓道。有一定数量的成人男女合葬墓。随葬品多寡现象突出,少则一两件,多则近百件,有的随葬骨珠、贝等。出现殉葬墓。房屋出现双室和多元套间房屋。内部普遍设有袋状窖穴,中间有圆形灶坑。

图 4-9　马厂类型陶器

青海喇家遗址　位于青海省民和县喇家村,属新石器时代晚期齐家文化。1999—2000 年进行发掘,出土丰富的陶器、石器、骨器、玉器等。在遗址的东北角发现 4 座半地穴式房址,其中 3 座房址内出现集中死亡的场面。F4 是一座大约 14 平方米的方形建筑,房内发现 14 具人骨,其中 9 个是未成年人,有的匍匐在地,有的相互拥抱,姿态各异。F7 内发现一对母子,母亲双膝跪地,用身体保护着孩子(见图 4-10)。地层堆积显示,强烈的地震导致房屋坍塌,随后这个建筑物又遭受大洪水侵袭,这些导致了喇家村落的毁灭。[①]

———————————

①　叶茂林:《青海民和喇家史前遗址的发掘》,《考古》2002 年第 7 期。

图 4-10　喇家遗址骸骨

黄河下游地区

黄河下游地区包括鲁中、鲁南山地和鲁东丘陵地区,历史上称为海岱地区。新石器时代文化大致可分为前后承袭的四种文化,即后李文化—北辛文化—大汶口文化—龙山文化。

【大汶口文化】

属新石器时代中期文化,1959 年发现于山东省泰安市大汶口镇,距今约 4300—2200 年。大汶口文化可分为早期、中期、晚期。

(1)早期:石器均磨制,器形小而精致,穿孔技术较发达。大量的骨、角、牙器是大汶口文化特色之一,出现了透雕技术和镶嵌技术,獐牙勾形器比较特别。陶器以红陶为主,灰陶和黑陶的数量较少。器形以罐形鼎、釜形鼎、三足带把罐、大口尊、觚形杯等最具特征性。轮修技术已普遍使用,纹饰多样,彩陶数量增多。墓葬以单人葬为主,合葬以同性合葬和多人二次合葬为主。随葬品开始出现多寡不一,普遍使用獐牙、獐牙勾形器、龟甲随葬。人骨中普遍存在对成年男女拔除侧门齿和头骨人工变形的现象。

(2)中期:石器通体磨光,穿孔有琢穿和管穿,有段石锛和石镐是新器形。陶器以夹砂红陶数量最多,次为泥质灰陶和黑陶,泥质红陶和夹砂灰陶数量最少,还出现一些质地细密的灰白陶。开始出现轮制器形,以高圈足大镂孔豆、细颈圆腹实足鬶、圈足觚形杯、椭圆腹背壶最具特征性。陶器以素面为主,部分器表磨光,有少量彩陶。房屋地面、墙壁、房顶一般用火烤。墓葬以单人仰身直肢葬为主,合葬有同性合葬、一对成年男女合葬、大人与小孩合葬三种。部分大中型墓有二层台和葬具。

（3）晚期：制陶业有较大发展，轮制技术普遍使用。陶器以灰陶为最多，次为黑陶和白陶，并烧制出薄胎磨光黑陶，彩陶减少，但出现多色陶器。器形以磨光黑陶高柄杯、袋足鬶、盉、贯耳壶、双腹豆等为典型，新出现篮纹鼎、白陶小袋足鬶、大宽肩壶等（见图 4-11）。墓葬以单人葬为主，有少量合葬墓，同性合葬消失。出现小片家族墓地，家族墓地之间出现贫富分化现象，还出现无尸富墓和断头富墓。出现防御性城堡。出现 10 余种比较复杂的刻划符号。[①]

图 4-11　夹砂白陶鬶

焦家遗址　地处泰山山脉北侧的山前平原地带，跨山东省济南市的章丘、历城两区。结合墓葬与夯土城墙的打破关系，推测其年代应为距今 5000 年左右。种种迹象表明，这应是目前海岱地区发现的年代最早的城址。此外，焦家遗址处在一个古代文化底蕴极其深厚区域的核心地带。在地理位置上，焦家遗址距离著名的龙山文化和岳石文化城址——城子崖遗址只有五公里。

居住址的遗迹主要包括房址和灰坑两类。灰坑分布范围广泛，特别是房址附近的位置，灰坑打破关系复杂。共发掘 116 座房址，可分早晚两期，早期和晚期居住址都可分为早、中、晚三段。同一阶段的房址在空间分布上较有规律，成列或成群分布的特征明显。整体而言，这批房址面积不大，推测其代表的社会基层单位规模不大，大致相当于核心家庭或扩大型家庭。这是开展社会组织结构和社会关系研究的理想材料，填补了鲁中北地区大汶口文化中晚期阶段居住形态研究的很多空白。

高端随葬品——玉器、白陶和彩陶的发现，显示出大汶口文化中晚期阶段，焦家遗址是鲁北古济水流域具有政治、经济和文化意义的大型中心聚落。系统解读这些随葬品，对全面认识大汶口文化的文化内涵、区域联系和社会性质具有重要意义。[②]

【龙山文化】

1928 年，龙山文化因在山东省历城县龙山镇城子崖首先发现而得名，文化遗存以

---

① 山东省文物管理处等：《大汶口——新石器时代墓葬发掘报告》，文物出版社 1974 年版。
② 山东大学考古学与博物馆学系等：《济南市章丘区焦家遗址 2016～2017 年聚落调查与发掘简报》，《考古》2019 年第 12 期。

黑陶为主要特征。之后,在黄河中游和长江中下游等地区也发现时代相当、以灰陶和黑陶为主要特征的文化遗存,分别被命名为不同类型的龙山文化,如河南龙山文化、陕西龙山文化、湖北龙山文化、浙江龙山文化等。近年来,考古界认识到所谓的各种龙山文化,事实上属于不同的文化体系,将山东地区的龙山文化称为"典型龙山文化"。[①]

龙山文化中的生产工具以石器为主,绝大多数为磨制石器,打制石器罕见,有些遗址出土细石器。穿孔技术发达,一般为对钻,少数用管钻。有少量骨、角、蚌器。当时的

图 4-12 蛋壳黑陶高柄杯

制玉工艺已经达到较高水平,在三里河墓地出土了成组玉器。开始出现专门化的玉礼器,在日照两城镇出土了兽面纹玉斧。在三里河、胶东等地的遗址中,发现了少量铜器,反映出龙山文化晚期已经出现了冶铜技术。[②]

山东龙山文化覆盖区域较大,地域差别比较明显,主要有城子崖、两城、青堌堆三个类型。根据地层关系、碳-14测年和陶器的演变,龙山文化的陶器可分为三期。早期兼具大汶口文化和龙山文化两种风格,以夹砂黑陶和褐陶为主,有手制和轮制两种。器形以平底器为主,有三足器和圈足器,典型的"鬼脸式"足还很少见。中期泥质黑陶开始增多,以轮制为主。典型器形有"鬼脸式"足的曲腹盆形鼎、三足盘、高圈足豆、三角形足罐形鼎、蛋壳陶高柄杯、各种陶杯、双耳带盖甗等,其中蛋壳黑陶高柄杯的制作技艺达到史前制陶业的顶峰(见图 4-12)。甗是新出现的器形。晚期除黑陶,有少量橙色陶和黄白陶。普遍采用快轮制作,造型规整。晚期的蛋壳黑陶高柄杯杯身在杯柄里面,形成内外两层,外层刻有花纹和镂孔。出现刻文陶片。

居址有半地穴式、地面建筑、土台式建筑。大多采用挖槽筑基的方法,居住面及墙壁经过夯打。

墓葬均为长方形竖穴墓,一些墓内有葬具,开始出现棺椁墓。很少发现分布集中和排列有序的墓葬群。早期葬俗方面保留一些大汶口文化的遗风,如手持獐牙、随葬猪下颌骨、殉狗等。葬式以单人仰身直肢葬为主,有极少数的屈肢葬、俯身葬,无二次葬。

尹家城遗址 位于山东省泗水县尹家城村,是一处包括龙山文化、岳石文化及商、周、汉时期的古遗址,以龙山文化层最厚,遗物也最丰富。房基有地面式、半

① 傅斯年等:《城子崖》,中央研究院历史语言研究所 1934 年版。
② 吴汝祚:《山东胶县三里河遗址发掘简报》,《考古》1977 第 4 期。

地下式两种。灰坑有圆形、椭圆形、不规则形三种,而以圆形居多,里面堆灰烬、烧土及兽骨、蚌壳、残器等物。墓葬均为长方形竖穴墓。葬式为仰身直肢葬,头东脚西。出土器物有石器、蚌器、骨器、角器、玉器、铜器、陶器等,并发现有钻灼痕迹的牛卜骨。其中以陶器最多,且样式复杂,以黑色为主,素面居多,间施弦纹,通体磨光,具有黑、光、亮等特点,特别是蛋壳黑陶高柄杯是陶器的珍品。M15 为一座龙山中晚期墓葬(见图 4-13),墓室平面呈圆角长方形,墓内填五花土。墓坑壁和椁之间有熟土二层台。葬具为二椁一棺,棺室底部有散乱的人骨,头骨与肢骨等分开,属二次葬,随葬品丰富,有陶器、猪下颌骨、鳄鱼骨板。[①]

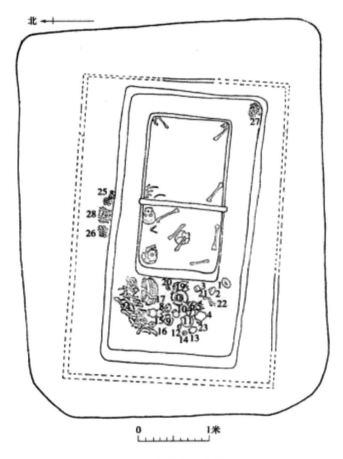

图 4-13 尹家城遗址墓葬 M15

龙山文化时代,随着私有财产增多,部落(或部落联盟)之间的掠夺性战争频繁,作为防御性设施的城堡逐渐增多。目前在山东省境内发现的龙山文化城址有:寿光县边

---

① 山东大学历史系考古专业教研室:《泗水尹家城》,文物出版社 1990 年版。

线王城址、章丘县城子崖城址、阳谷县景阳冈城址、邹平县丁公城址等。

总体来看,在龙山文化时期,农业和手工业都有了巨大进步,轮制陶器的普遍推广、蛋壳黑陶和磨光黑陶的大量生产,反映了龙山文化的制陶水平超过同时代其他文化。城堡和城墙等防御性建筑、玉礼器、文字符号的出现,在不同层面上都反映出龙山文化时期已经出现了文明的曙光。

二、长江流域的新石器时代文化

长江流域,地势相对平坦,湖泽较多。气候暖热,雨量充足。新石器时代还生存有亚洲象、犀牛、猕猴、孔雀等适于温暖环境或现今分布偏南的动物。孢粉分析表明,当时常绿阔叶和落叶阔叶的混交林茂密,又广泛生长着水生植物和湿生草本。总体属于中亚热带温热潮湿的气候,大致与今两广和云南地区的气候接近。这里已发现的新石器时代遗存都以稻作农业为主。在几个区域内,各自形成了不同序列的几支新石器文化。

长江中上游地区

长江中上游地区的新石器时代文化分为三期:早期文化有江西万年仙人洞和吊桶环、湖南道县玉蟾岩。中期前段文化有湘西北的彭头山文化和皂市下层文化,鄂西长江两岸的城背溪文化;中期后段文化有鄂西和湘北地区的大溪文化。晚期前段文化有两湖平原的屈家岭文化;晚期后段文化有鄂西北和豫西南的青龙泉三期文化,汉水中下游的石家河文化,鄂南和湘北的桂花树三期文化。

【大溪文化】

最早于1925年在四川省巫山县大溪采集到石器和陶片,经过几次发掘,在1959年正式命名为大溪文化。大溪文化分布地域较广,根据文化面貌的不同,分为大溪类型和三元宫类型,体现了长江中游以红陶为主、含有彩陶的地区性文化。

根据现有资料,可将大溪文化的陶器分为五期(见表4-2)。早期以红陶为主,晚期以黑陶为主,灰陶次之,盛行戳印纹。早期彩陶很少,中期增多,晚期衰退,多为红陶黑彩。器形以圈足器为主,平底器和圜底器次之,三足器最少,典型器物有圈足盘、圈足扁罐、簋、筒形瓶、曲腹杯、细颈壶等。白陶和薄胎彩陶,代表了较高的制陶工艺。在白陶圈足盘上,通体装饰类似浅浮雕的印纹,图案复杂精细。薄胎彩陶单耳杯和圈足碗,胎厚仅有1.0—1.5毫米,代表了较高的工艺水平。总体来看,早期是萌芽时期,一些基本特征刚开始出现,典型器形尚未出现;中期是繁荣时期,典型器形和典型纹饰均出现在这一阶段;晚期,大溪文化衰落,逐渐向另一种文化演变,典型器形和典型纹饰被一些新的器形和纹饰所代替。大溪文化和仰韶文化反映了同一时期南、北各自流行的器物形制与风格。

表 4-2　大溪文化陶器分期

分期	类型					
	碗（簋）	曲腹杯	盘	罐	细颈壶	瓶
五期	22	23			24	25
四期	16	17	18	19	20	21
三期	9	10	11	12		14　15
二期	5	6	7	8		
一期	1		3　2	4		

墓葬多为一次葬,二次葬罕见。以跪屈式和蹲屈式的仰身屈肢葬为特色,死者头向普遍朝南。大部分有随葬品,女性墓比男性墓随葬品丰富,死者身上佩戴装饰品。发现鱼和龟随葬,属于特色。也有殉狗现象。[①]

房屋有半地穴式和地面建筑,红烧土地面,开始出现撑檐柱洞、檐廊、原始散水等设施。

1996—1997 年,湖南省文物考古研究所对澧县车溪乡城头山城址进行发掘,通过对西南城墙的解剖,确认古城经过四次修筑。第一期城墙建于大溪文化时期,距今6000 多年,是目前中国发现的时代最早的古城址之一。第二期修筑于大溪文化二期偏晚,距今 5800—5600 年。第三期和第四期分别修筑于屈家岭文化早期和中期。整

---

① 四川长江流域文物保护委员会文物考古队:《四川巫山大溪新石器时代遗址发掘记略》,《文物》1961年第 11 期;四川省博物馆:《巫山大溪遗址第三次发掘》,《考古学报》1981 年第 4 期。

个城址废弃于石家河文化中期。在东城墙下,发掘了 100 多平方米的汤家岗文化水稻田,相当于大溪文化早中期。第一期稻田距今 6500 年,是世界上发现的最早水稻田之一。在稻田的一侧,发现 3 个人工挖成的水坑,有数条通向水坑的小水沟遗迹,可能是原始的灌溉设施。在房屋建筑的红烧土块中,经常发现稻草、稻壳的印痕,经过鉴定,稻壳属于粳稻。[①] 除了猪、狗,种种迹象表明,鸡、牛、羊可能也已经成为家禽家畜。

【屈家岭文化】

屈家岭文化因 1955—1957 年发现于湖北省京山市屈家岭而得名,是我国长江中游地区发现最早、最具代表性的新石器时代文化,距今 5300—4500 年。分为 7 个地区类型,分别为分布在汉东平原及汉西平原北部的屈家岭类型、洞庭湖平原及汉西平原南部的城头山类型、沅江中上游的高坎垄类型、峡江地区的杨家湾类型、鄂西北豫西南地区的青龙泉类型、鄂北及鄂东北地区的金鸡岭类型、鄂东南及淮河上游局部地区的放鹰台类型。依据 2015—2017 年的发掘成果(即第四次发掘成果)显示,屈家岭遗址的文化发展序列,由早及晚主要历经了油子岭文化、屈家岭文化、石家河文化和周代等四个基本阶段。[②]

屈家岭文化早期以泥质黑陶数量居多,泥质灰陶次之(泥质灰陶均为浅灰色),泥质红陶与橙黄陶很少,夹砂陶极为少见;到了中期,泥质灰陶逐渐替代黑陶,泥质红陶与橙黄陶较前稍有增多,并有少量夹砂陶器;屈家岭文化晚期,仍以泥质灰陶为主,而泥质与夹砂红陶较前增多,并出现了砖红色粗砂陶器。总体而言,陶器多为素面,少数饰以弦纹、刻划纹、镂孔等。有少数彩陶及彩绘陶,有黑、灰、褐等色彩,纹样以点、线状几何纹为主。器形方面,有高圈足杯、三足杯、圈足碗、长颈圈足壶、折盘豆、盂、扁凿形足鼎、甑、釜、缸等,其中蛋壳彩陶杯、碗最富代表性,风格独特、技术高超。

生产工具以磨制石器为主,常见有石铲、石锄、石斧、石锛、石镞等。早期有斧、锛、凿和穿孔石耜等器,磨制一般比较粗糙,晚期磨光石器增加。彩绘陶纺轮是屈家岭文化最富特色的器物之一,装饰品有陶环和陶制的鸡、鸟、狗、鱼以及玉器等。房屋一般平地起建,用大量红烧土或草拌泥筑出高于地面的房基,多双间或三间,也有单间的。墓葬则为土坑竖穴,直肢与屈肢并存,少数随葬猪下颌骨。

鸡叫城遗址 位于湖南省常德市澧县涔南镇鸡叫城村,发现于 1978 年。曾进行过两次试掘,并对整个鸡叫城遗址群展开调查和初步测绘,进而对遗址的文化内涵和建城年代有了初步认识,初步了解了遗址的数量、分布以及各遗址间的网

① 顾海滨:《湖南澧县城头山遗址出土的新石器时代水稻及其类型》,《考古》1996 年第 8 期。
② 湖北省文物考古研究所等:《湖北荆门市屈家岭遗址 2015～2017 年发掘简报》,《考古》2019 年第 3 期。

状水系。通过近 5 年的考古钻探和发掘,可知鸡叫城在彭头山文化时期即有人定居,油子岭文化时期为环壕聚落,屈家岭文化时期开始筑城,其后城池不断扩大,并逐步发展出多重环壕、密集沟渠与农田耕作区,形成澧阳平原史前最为壮观的稻作农业文化片区和城壕聚落集群。① 最新发掘的重要成果主要包括建筑台基、大型木构建筑和谷糠堆积等。

大型木构建筑基础位于鸡叫城遗址西区,其布局是规整的长方形,五开间七室,建筑面积达 420 平方米,加上廊道,总面积约 630 平方米。建造年代距今约 4700 年,比浙江河姆渡遗址出土的干栏式建筑晚 1000 多年,但体量较大、结构规整,是中国考古百年首次发现的保存较为完好的木结构建筑。该发现填补了中国史前建筑史实物例证的空白,丰富了中国土木建筑史的内涵,为理解长江流域史前建筑形式与技术提供了重要资料。

谷糠堆积体量巨大,目前仅发掘揭露出其中 80 平方米,平均厚度 15 厘米。与谷糠堆积相佐证,鸡叫城遗址外围还发现了石家河文化时期的水稻田,呈不规则圆形,已揭露部分面积至少 100 平方米,并有数层水田叠压,疑似有犁痕、足印。水稻田以平行水渠分隔空间并以水系连通,形成了完整的灌溉系统。海量稻谷糠壳和稻田、稻田片区的发现,足以说明 4000 多年前鸡叫城的稻作农业水平之高超,展现出史前稻作农业文明盛景。②

长江下游地区

长江下游指自鄱阳湖湖口至东海海滨的长江干流。这一地区的新石器时代文化由早到晚的序列见表 4-3。

表 4-3 长江下游地区新石器时代文化序列

宁镇地区	宁绍地区	太湖流域	江淮地区	距今年代
昝庙二期	良渚文化			4000
昝庙一期	河姆渡文化	崧泽文化	薛家岗文化 青墩文化	5000
北阴阳营期		马家浜文化		6000
	跨湖桥文化			7000

---

① 李政:《湖南鸡叫城遗址考古发现距今 4700 年保存最完整的大型木结构建筑基础》,《中国文物报》2021 年 10 月 26 日。

② 徐虹雨等:《湖南澧县鸡叫城遗址:澧阳平原上的史前文明遗珠》,《中国文化报》2022 年 6 月 16 日。

【河姆渡文化】

河姆渡文化因 1973 年首先发现于浙江省余姚县河姆渡遗址而得名,时代为距今7000—5300 年。文化堆积分四个文化层:第三、第四文化层代表了河姆渡文化的早期阶段,其中以第四文化层最能反映其文化特征;第一、第二文化层代表了河姆渡文化的晚期阶段。

早期阶段　骨器是主要生产工具,以骨耜最多、最为典型。骨耜是农业生产中用于翻土的工具,大多用动物的肩胛骨制成,刃部做成平铲状、少数为舌状或双叉状(见图 4-14)。骨耜的大量出现,说明在六七千年前,长江下游地区可能已经出现了锄耕农业。木器也是最多、最丰富的器物类型之一,开始出现木桨、涂漆等。

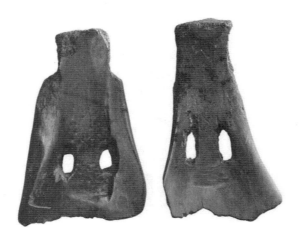

图 4-14　河姆渡骨耜

陶器有灰陶和黑陶,以夹砂黑陶最多、最为典型,彩陶器表为黑色,彩色有突出感;器形以釜、罐为最多,钵、盘次之,支架数量也较多。器形多平底器和圜底器,无三足器。

房屋为干栏式结构(见图 4-15),木构件中已普遍使用榫卯结构。墓葬皆无墓坑和

图 4-15　干栏式房屋复原图

葬具,均为单人屈肢葬,头向东,面向北,多数无随葬品。

普遍发现稻谷类堆积,经鉴定为籼稻,还发现薏仁米、豆科植物。家畜饲养发展,有猪、狗、水牛、羊,还发现亚洲象、犀等热带和亚热带典型动物。

晚期阶段　磨制石器发达,出现管钻技术。前段陶器手制为主,有夹砂灰红陶、泥质红陶、泥质黑陶等,出现陶衣、镂孔等新装饰手法,出现三足器和袋足器等新器形。后段出现轮制,新出现泥质灰陶,出现一些新的纹饰。前期建筑柱洞内垫木板,后期则填沙粒或陶片。出现木构水井。[①]

【良渚文化】

1936年,良渚文化发现于浙江省杭州市余杭区。良渚遗址实际上是良渚、瓶窑、安溪三镇之间许多遗址的总称,时代为距今5300—4100年。良渚文化以太湖流域为中心,但是受良渚文化影响的地域广泛,北达苏北、鲁南,西到宁镇、江淮、鄂西地区,南抵赣北、粤北地区。

根据所处地理环境,良渚文化可分为三类:
(1)土墩遗址,数量最多的一类,离地面2—6米,附近有湖泊或河流,有些附近有小山丘,如草鞋山遗址。(2)平地遗址,周围有纵横交错的河流,有些附近有小山,如钱山漾遗址。(3)海岸遗址,位于古代海岸的冈身之上,如马桥遗址。

良渚文化早期　陶器以泥质黑皮陶(见图4-16)和夹砂灰黑陶为主,有少量红陶,以轮制为主,部分器物表面磨光。圈足器和三足器多,少量平底器和圜底器。以鱼鳍足或丁字形足的鼎、贯耳壶最具特色。磨制石器制作较精致,穿孔技术发达,以有段石锛、耘田器、三角形石犁、有柄石刀为代表。

图4-16　泥质黑皮陶

早期墓葬中出现"玉敛葬"的葬俗,一些大型墓葬中的随葬品有玉斧、玉璧、玉琮等玉礼器。这时期的玉琮只有一种外表装饰原始兽面纹的短筒形镯式琮,尚未出现外方内圆的方柱体玉琮。随葬品多寡现象比崧泽文化时期突出,一些富有的墓葬随葬品多达四五十件,其中包括一些精美玉器。用玉器随葬是太湖流域良渚文化时期盛行的一种"葬俗"。其中的玉琮、玉璧和玉斧等,已失去装饰品意义,而具有"礼器"性质。《周礼》中有"苍璧礼天""黄琮礼地""璧琮以敛尸"之记载。璧、瑗之形制有一定的规定。《尔雅·释器》中记载,"肉倍好谓之璧,好倍肉谓之瑗,肉好若一谓之环"(见图4-17、

---

① 　浙江省文物考古研究所:《河姆渡》,文物出版社2003年版。

图 4-18、图 4-19)。所谓"肉",边也;"好",孔也。

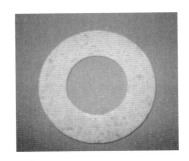

图 4-17　玉璧　　　　　图 4-18　玉瑗　　　　　图 4-19　玉环

良渚文化中期　陶器中泥质黑皮陶增多,泥质灰陶减少,轮制技术发达,器表一般都经过打磨。圈足器和三足器增多,平底器减少。新出现袋足鬶、带盖簋、贯耳罐、带盖宽把壶、宽把杯等。磨制石器制作技术提高,器类增加。"玉敛葬"墓葬较多,部分玉器有火烧的痕迹。良渚文化中期的玉琮有两种形制,一种为短筒状镯式琮,另一种为方柱体琮。

良渚文化晚期　陶器以泥质黑皮陶为主,少量泥质灰陶和夹砂灰陶,出现蛋壳黑陶。锥形足鼎和尊是新出现的器形,袋足鬶的足日趋肥大,实足鬶消失,贯耳壶和贯耳罐的数量增加。在草鞋山发现一个男性附葬两个女性的墓葬。[①]

良渚古城遗址　是长江下游地区首次发现的新石器时代城址。良渚古城的主体城市结构可分三重:最中心为莫角山宫殿区;其西侧的南北向长垄上,分布有反山、姜家山和桑树头等王陵与贵族墓地;其外分别为城墙和外郭所环绕,堆筑高度也由内而外逐次降低,显示出明显的等级差异,形成类似后世都城的宫城、皇城、外郭的三重结构体系。古城的外围,分布着扁担山—和尚地、里山—郑村—高村、卞家山及东杨家村、西杨家村等长条形高地,均为人工堆筑而成,遗址断续相接,构成多个围绕古城城墙分布的框形结构,基本形成外郭城形态。目前四面城墙共发现 8 个水城门,南城墙还发现 1 个陆城门。除了沿着城墙的城河,在城内共发现古河道 51 条。整个良渚古城犹如一座水城,水路交通为当时最主要的交通方式。古城的外围还分布着瑶山、汇观山等祭坛遗址和权贵墓地。[②]

水利系统　良渚古城外围存在一个庞大的水利系统,位于瓶窑镇内、良渚古城的北面和西面,主要由多座堆筑在山体之间沟谷地带的近 10 个大小不同的大坝组成,根据坝体位置和海拔的不同,构成高低两组水坝群,可分山前长堤、谷口高

① 施昕更:《良渚——杭县第二区黑陶文化遗址初步报告》,浙江省教育厅 1938 年版。
② 王宁远:《良渚古城及外围水利系统的遗址调查与发掘》,《遗产与保护研究》2016 年第 5 期。

坝和平原低坝三类。其中,山前长堤结构最为复杂。从整体结构和营建方式等角度观察,这些坝体应为良渚文化时期统一规划设计并建造,年代大体与反山、瑶山贵族墓葬相当。从某一角度而言,这个系统的建成与良渚遗址群的经济和社会发展、良渚古城的防洪保护以及物资运输具有直接关系,是相应的社会组织存在的一种证明,体现了国家文明形态的产生。[1]

莫角山聚落群　是附近良渚聚落群的中心。它是一座建立在自然土岗上的大型夯筑遗址,总面积达 30 余万平方米,夯筑层高达 7 米。上面有 3 个更高的土台。基址上发现大片夯筑层、夯窝、成排大型柱洞等遗迹。在土台的壕沟和地层中,发现出数米长的大方木,说明土台上可能曾经有大规模的土坯墙和大型梁柱的木构建筑。另外,在莫角山遗址的四角,各堆筑有一处墓地。钱山漾、水田畈等遗址发现农作物种子,种类有水稻、蚕豆、芝麻、花生、西瓜子、酸枣核、毛桃核、葫芦等,还发现竹编或草编的席、篓、篮、箩等,麻布、麻绳等麻织品,绢片、丝线、丝带等丝织品。[2]

西北角的反山墓地(见图 4-20),是总面积 2700 平方米的人工"高台土冢"。在反山墓地发现良渚文化中期早段墓葬 11 座,排列有序,大致分两行,墓穴都很大,在墓底有土椁台,周围有浅沟。均有木棺,少数有木椁,上面发现大片的"朱红色涂层"。随葬品丰富,包括数量众多的玉礼器。在 M12 出土一件方柱体大玉琮,重达 6.5 公斤,是良渚文化玉琮中形体最大的一件。这件玉琮有 8 个纹饰基本相同的兽面纹。在陶器上发现几十个刻画符号,其中一些明显属于原始文字。在 M20 和 M22 的北部,有一处方形土堆,推测为祭坛。[3]

瑶山祭坛,在反山墓地东北 7.5 公里处,平面呈方形,由里外三部分组成。最里面是一座红色生土台,四周是围沟,填灰色斑土,没有任何遗物。围沟的西面、北面、南面有土台,台面上有人工铺筑的砾石,砾石台的西、北缘各发现一道石坎。瑶山祭坛总面积 400 平方米左右,内有 12 座墓葬,分两列集中分布在祭坛南部。[4]

汇观山祭坛(见图 4-21),在反山墓地西边 2 公里处,利用自然山体建筑而成,总面积近 1600 平方米。在中部偏西部位,灰色土框将祭坛分成内外三重。在祭坛西南部有 4 座打破祭坛的良渚文化大墓,出土重要的玉礼器及陶、石器。4 号墓是良渚文化中墓坑规模最大、出土石钺最多的一座墓。[5]

---

[1]　刘斌等:《2006—2013 年良渚古城考古的主要收获》,《东南文化》2014 年第 2 期。
[2]　杨楠等:《余杭莫角山清理大型建筑基址》,《中国文物报》1993 年 10 月 10 日。
[3]　浙江省文物考古研究所:《反山》,文物出版社 2005 年版。
[4]　浙江省文物考古研究所:《瑶山》,文物出版社 2003 年版。
[5]　浙江省文物考古研究所等:《浙江余杭汇观山良渚文化祭坛与墓地发掘简报》,《文物》1997 年第 7 期。

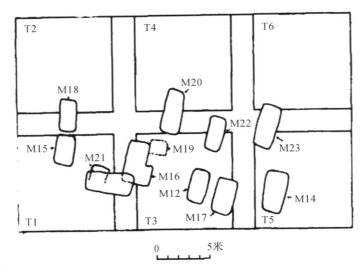

图 4-20　反山墓地

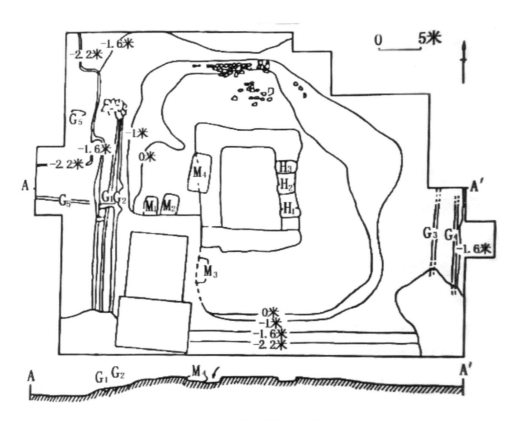

图 4-21　汇观山祭坛

福泉山聚落群　位于上海市青浦区,是一座略呈方形的土墩。良渚文化中晚期墓葬均埋葬在这座人工堆筑的"高台土家"上,墓坑规模都比较大,大部分有葬具,葬具上有朱红色彩绘。随葬品都很丰富,几乎每座墓葬都有上百件随葬品,其中包括玉琮、玉璧、玉钺、权杖等礼器及象征权力的器物。M139的墓主为一个25岁左右男性,全身覆盖有成组玉礼器,脚部葬具外有陶器。木棺的东北角,有一具女性殉人。墓葬北面有一个长方形燎祭遗迹。作阶梯形,共有三级。整个坛面和土块,都被大火烧红,每层都有介壳屑。根据研究推测,良渚文化大墓的燎祭仪式程序为,先堆置土块,然后用火烧,在祭祀时撒上介壳屑,祭祀后将草灰清扫置于祭坛附近专设的灰坑之中。[1]

令人疑惑的是,良渚文化在距今4000年左右时消失。目前,关于良渚文化消亡主要有两种流行的说法:一种是中原青铜文明冲击说,另一种是洪水说。关于中原青铜文明冲击说,其缺乏可靠证据。良渚文化的社会复杂层次明显高于河南龙山文化,中原发达的青铜文明要到距今3500年的商代才形成,不大可能对良渚构成威胁。而且从考古证据来看,良渚是相当和平的社会,出土的武器和战争迹象很少,也没有异族征服所常见的被进步文化因素取代的现象。关于洪水说,上海江海遗址良渚文化层上发现有几层淤土,反映了洪水泛滥的现象。但一个复杂程度较高的社会似乎不大可能被几次洪水摧毁。而且,若真遇到洪水,完全可以转移到别处,或重新建立。

有学者从良渚社会内部来分析其消亡的真正原因。良渚文化祭坛的数量与规模以及贵族墓葬大量的玉器令人叹为观止,这说明良渚社会要消耗大量的人力和资源来维持其神权的象征。人类生存一般采用"最省力"原则来安排活动。从经济学角度来说,良渚文化的神权体制与社会复杂化水平可能已经超出了自身可以提供的生产力水平,强化投入劳动力和浪费资源的做法,很快就会损害其经济基础。当整个社会为了维持这种体制而透支能量并耗竭资源时,物质基础就面临崩溃,社会将不可避免地出现解体。[2]

三、北方地区的新石器时代文化

从东北经内蒙古到新疆的北方地区,除山地丘陵、冲积平原,主要是浩瀚的沙漠草原。各地广泛分布着细石器,成为这个地区新石器时代遗存的突出共性,同时包含不同种类的陶片,表示它们属于不同的时期或文化系统。东北地区的辽东半岛及沿海岛屿大多为贝丘遗址,其文化遗存很少含细石器;燕山南北和长城地带,其文化往往带有一定的过渡性,既含有以细石器为特征的渔猎经济文化因素,又含有以磨制石器和发

① 周金金:《福泉山遗址考古新发现》,《上海文博论丛》2011年第2期。
② 郑建明:《环境、适应与社会复杂化:环太湖与宁绍地区史前文化演变》,上海人民出版社2008年版。

达陶器为特征的农业经济文化因素。

【红山文化】

1935 年,红山文化首次发现于内蒙古自治区赤峰市红山后遗址,属新石器时代中期后段文化。石器以细石器、打制石器、磨制石器共存。陶器以夹砂褐陶为多,泥质红陶次之,器形以大口深腹平底罐最多,有少量的敞口曲腹平底碗、敛口筒状瓮和斜口深腹罐。典型纹饰为纵横"之"字纹、席纹等;泥质红陶外表常有黑色彩绘(见图 4-22)。[①]

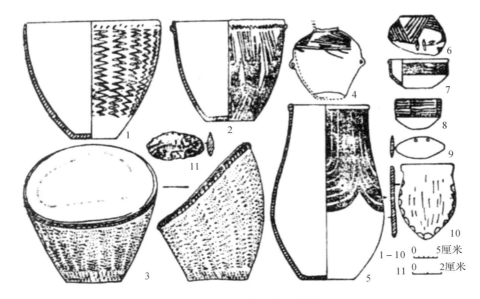

图 4-22　红山文化器形陶器

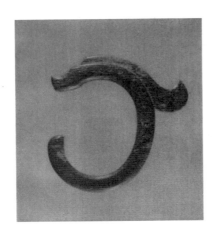

图 4-23　"C"形玉猪龙

玉器是红山文化的一大特色。红山玉器质地精良,可分为动物类、璧环类和其他类,动物形玉器包括鸮、龟、蚕、蝉等形象,其中玉猪龙较为独特,尤以翁牛特旗出土的"C"形玉猪龙最为著名(见图 4-23)。璧环类玉器数量最多,包括璧、环、瑗、玦、镯等,还有双联璧和三联璧等形式。其他类玉器包括璜、珠、管等,以及钺形器、勾云形器、匕形器、箍形器、棒形器、"Y"形器等特色玉器。

---

① 陈国庆:《红山文化研究》,《华夏考古》2008 年第 3 期。

东山嘴遗址　辽宁省喀左县东山嘴发现的一处原始社会晚期大型石砌祭祀遗址，时代为距今5598—5375年。中部是一个10米见方的方形基址，南部有一个圆台基，东西分别有一条基石带。整个建筑用石材加工堆砌。附近出土小型孕妇陶塑像、人物坐像、双龙首玉璜、形制特异的彩陶器等。整个建筑讲究对称，全部遗迹按照中轴线分布。①

牛河梁遗址　位于辽宁省凌源市与建平县交界处。"女神庙"有主室和侧室，陶塑残块中有体型较大的主神，也有小型的众神（见图4-24）。有一尊基本完整的女性头像，大小与真人接近。眼珠用碧绿的玉球镶嵌而成。牛河梁发现几十处积石冢，分布在近30个山坡上，与"女神庙"遥相呼应。每座积石冢内一般有数十人"列棺"而葬，墓主因身份不同被分别置于大小各异的石棺内。积石冢呈圆形，外围放置筒形彩陶器，这种筒形彩陶器无底。一座积石冢往往竖立上百个此类陶器。积石冢内随葬大量精美的玉器，器形有玉猪龙、玉璧、勾云形玉佩、玉环等，还有动物形的艺术品。有些墓葬还出土铜环。关于积石冢的性质，目前意见不一。比较确切的说法是，每个积石冢内埋葬的是同一氏族成员，中心大墓的墓主可能是部族首领或受尊敬的长者。牛河梁转山还发掘了大型"金字塔"式建筑遗址。结构为夯筑石砌圆形台阶式，规模宏伟，顶部堆积大量坩埚片，中央夯土内埋有人骨。其结构、性质等都有待进一步的发掘与研究。②

图4-24　牛河梁遗址

①　郭大顺等：《辽宁省喀左县东山嘴红山文化建筑群址发掘简报》，《文物》1984年第11期。

②　方殿春等：《辽宁牛河梁红山文化"女神庙"与积石冢群发掘简报》，《文物》1986年第8期。

四、华南地区的新石器时代文化

热带和亚热带地区，气温较高，绝大部分为山岭丘陵地，又多处于沿海一带，由于受到海洋季风的影响，雨量很多。全新世早期的自然条件较好。在陶器出现之前，华南地区已经出现了农业和家畜饲养业。这里的新石器时代遗存基本上可分为早、晚两个阶段，早期遗存呈现浓厚的地域色彩，晚期遗存则与长江、黄河流域表现出较大的一致性，但也具有自己的特点。

华南新石器时代文化以绳纹粗陶为代表，广泛分布于江西、广西、广东、福建和台湾等地区。遗址的种类包括洞穴、贝丘和台地三种，共同特征是大量的打制石器与磨制石器共存，普遍使用器形简单的绳纹粗陶，具有比较原始的文化性质。此外，几何印纹陶在这一地区逐渐发展，为其在商周时期的广泛流行奠定了基础，并为原始瓷器的发明开辟了道路。西南一带主要是云贵川藏，目前新石器时代的资料比较零散，大都是晚期的遗存，发展阶段还不甚清楚。

【术语 4.4】

贝丘遗址：以文化层中包含大量古代人类食余弃置的贝壳为显著特征的古代人类居住遗址。大多属于新石器时代，有的延续到青铜时代或稍晚。多分布于沿海、内陆滨湖和河流沿岸，世界各地均有广泛分布。在贝丘的文化层中夹杂着贝壳、各种食物的残渣以及石器、陶器等文化遗物，还往往发现房基、窖穴和墓葬等遗迹。

昙石山文化 属新石器时代晚期文化，分布于闽江下游地区，分为早、晚两期。早期生产工具主要是石器，磨制不精，器形不固定，其中以扁平梯形和长方形的有段石锛较典型。陶器以细砂灰陶、红陶和泥质磨光灰陶为特点，多为手制轮修。器表以素面为主。有极少量的几何印纹灰陶。房屋以地面建筑为多。近半数墓葬无随葬品，头向北偏西，以单人仰身直肢葬为主。晚期石器仍以锛为多，新出现钺、刀、镰等器形。蚌器大量出现，以铲和刀为多。陶器以灰陶为主，红陶较少，几何印纹硬陶增加。新出现彩陶杯、方柱形足鼎、小口高领方格纹罐、筒形杯等器形。墓葬中随葬品多寡不一，出现女性为男性殉葬的现象。农业获得一定发展,饲养的家畜有猪、狗等,海生贝类是经济性食物之一。[1]

井头山遗址　位于浙江省余姚市三七市村,属于新石器时代早期遗址,年代为距今8300—7800年,是中国沿海地区迄今发现的年代最早、埋藏最深、遗存最丰富的史前贝丘遗址。2019—2020年,在对井头山遗址进行发掘后,发现该遗址中的遗迹有灰坑、食物储藏坑、器物加工场所及食物处理场所等,遗物有陶器、石器、骨角器、贝器、木器、编织物,还有动物遗存、植物遗存和石块。出土遗物具有鲜明的自身文化特征。陶器主要以釜、罐等圜底器为主,有少量圈足器,不见三足器,与河姆渡文化陶器的器形和小耳状、鸡冠状鋬等装饰风格相似,但差异更加明显。陶器饰绳纹、方格纹普遍,有一定数量的红彩(衣)和黑衣;制作工艺为泥条叠筑加拍打成形,慢轮制作痕迹不明显。井头山遗址的生业方式以海产捕捞为主,兼有采集、狩猎以及早期稻作农业。井头山遗址的发现和发掘,突破了以往对我国沿海地区史前遗址时空框架及分布规律的认识,为全新世以来的环境变迁,海侵时间、过程,以及中国沿海地区新石器时代文化与自然环境的相互关系研究提供了重要的资料。[2]

第四节　农业起源与中国早期文明

一、农业起源的理论探索

环境决定说

不少学者倾向于从外部的自然环境变化来解释人类由食物采集者转化为食物生产者的原因。美国学者庞佩里(R. Pumpelly)曾提出"绿洲理论",认为冰后期气候干旱迫使狩猎采集群聚集到残存的水域周围,并采取驯养动植物的方式来维持生存,从而导致了农业的产生。这是有关农业起源的最早模型之一,但是,后来几乎没有具体证

---

[1]　福建省文物管理委员会等:《福建闽侯昙石山新石器时代遗址第二至四次发掘简报》,《考古》1961年第12期;福建省文物管理委员会等:《福建闽侯昙石山新石器时代遗址第五次发掘简报》,《考古》1964年第12期。

[2]　浙江省文物考古研究所等:《浙江余姚市井头山新石器时代遗址》,《考古》2021年第7期。

据能够证实这一理论。[①]

美国学者巴尔—约瑟夫（O. Bar-Yosef）等在讨论近东农业起源的时候认为，种植业是应对气候巨变的结果，特别是新仙女木事件（指末次冰消期持续升温过程中的一次突然降温的典型非轨道事件。在公元前 11000 年前后，温度在数百年内突然下降 6℃，使气候回到冰期环境。该事件以丹麦哥本哈根北部黏土层中发现的八瓣仙女木花粉命名）。[②] 新仙女木事件发生得非常突然，至今仍未有足够证据证明其发生的原因，比较流行的假说是彗星撞击地球导致温度下降。

文化累进说

美国学者布雷伍德（R. J. Braidwood）从文化进化的角度出发，认为农业的产生是人类几千年经验积累以及对植物栽培和动物驯化方法逐步掌握的自然结果。把人类采集经济的发展分为食物采集、食物收集、食物生产三个时期，其中，食物收集为食物生产的发生奠定了基础。[③]

人口压力说

广泛的民族学观察表明，现代狩猎采集群，只要人口保持在较低的水平，生活节奏远比农业生活悠闲自得。这使得考古学家们意识到，农业其实是比狩猎采集更加辛苦的一种生存方式。农业唯一的优点是能在相同面积的土地上获得更多的卡路里，可以比狩猎采集经济供养更多的人口。1965 年，美国考古学家波塞拉普（E. Boserupe）在《农业发展的条件》一书中指出，粮食生产的发展是在人口压力下强化劳力投入，以弥补野生资源匮乏所造成的生存威胁的一种应对。[④] 1977 年，美国考古学家科恩（M. N. Cohen）在《史前时期的粮食危机》一书中，对从旧石器时代向新石器时代过渡的经济形态和农业起源做了全面阐述，进一步论证了农业起源是对资源短缺和人口压力的应对。[⑤] 但是，要从考古证据来观察史前人口的增长，以及衡量一个地区资源短缺和人口压力是相当困难的。

[①] 张修龙等：《西方农业起源理论评述》，《中原文物》2010 年第 2 期。

[②] Bar-Yosef, O., et al. The origins of agriculture in the Near East. In: Price, T. D., Gebauer, A. B. (eds.). *Last Hunters, First Farmers*. New Mexico: School of American Research Press, 1995.

[③] Braidwood, R. J. The agricultural revolution. *Scientific American*, 1960(203):130-141.

[④] Boserupe, E. *The Conditions of Agricultural Growth*. London: Allen and Unwin, 1965.

[⑤] Cohen, M. N. *The Food Crisis in Prehistory: Overpopulation and the Origins of Agriculture*. Connecticut: Yale University Press, 1977.

竞争宴享说

加拿大考古学家海登(B. Hayden)提出,农业可能起源于野生资源丰富的地区,这些地区的社会结构可能因经济富裕而相对比较复杂,于是一些首领能够调遣劳力来驯养用于宴享的美食物种,从而形成农业的起源。[①] 考古学家张光直在论及中国东南沿海的农业起源时,认为这一地区的农业是在一种富裕采集文化基础上产生的。

上述几种理论,都有各自的道理,也都有不尽如人意的地方,这可能是不同地区农业起源的动力机制不同造成的。但无论是哪种原因,农业起源使得人口大规模聚居,进而促成了社会结构的复杂化和等级化。

二、农业起源的考古发现

稻作起源的发现

栽培稻一般分为亚洲稻和非洲稻两种,亚洲稻又被分为印度型亚种和日本型亚种,或称籼稻和粳稻。亚洲稻曾被认为起源于印度或东南亚,20 世纪 70 年代以来,长江流域发现数量众多、年代较早的稻谷遗存,使得学者基本同意亚洲稻起源于中国。近年来,在一些遗址发现了距今 1 万年前后的稻植遗存,将中国栽培稻的历史提前数千年。

仙人洞和吊桶环遗址　位于江西省万年县大源镇附近,是一处石灰岩洞穴。遗址的时代跨度比较大,下部堆积为距今约 2 万—1.4 万年的旧石器时代晚期遗存,上部堆积为距今约 1.4 万—0.9 万年的中石器时代和新石器时代初期遗存。发现从旧石器时代向新石器时代过渡的清晰地层关系,出土了目前已知年代最早的陶片。还发现 1.2 万年前的野生稻植硅体和 1 万年前的栽培稻植硅体,是目前所知年代最早的栽培稻遗存之一[②],为探索水稻起源提供重要线索。

玉蟾岩遗址　位于湖南省道县西北,是一处文化性质单纯、文化内涵丰富的新石器时代洞穴遗址,时代距今约 1 万年以前。出土植物果核 40 多种。发现稻属植硅石和极少的水稻谷壳,一种是具有人类初期干预痕迹的普通野稻,另一种是由野稻向栽培稻过渡的古栽培稻。古栽培稻是一种兼有野、籼、粳综合特征的稻属过渡类型,是目前

① Hayden,B. Nimrods,piscators,pluckers,and planters:The emergence of food production. *Journal of Anthropological Archaeology*,1990(9):31-69.
② 赵志军:《吊桶环遗址稻属植硅石研究》,《农业考古》2000 年第 3 期。

世界上发现最早的人工栽培稻标本。[1]

小黄山遗址　位于浙江省嵊州市甘霖镇上杜山村，遗址面积5万多平方米，是目前发现的长江中下游地区距今9000年前后规模最大的聚落遗址。遗址中发现大量储藏坑、石磨盘、饼状磨石、磨球和石锤，以及牛骨等动植物遗存，这表明采集、狩猎是小黄山先民获取食物的主要途径，生业形态适应动植物资源十分丰富的自然生态环境。地层中稻属植硅体的大量发现表明小黄山先民已经能够栽培或利用水稻。[2]

跨湖桥遗址　位于浙江省杭州市萧山区，距今8000—7000年。出土骨耜等农具，表明耜耕农业已经诞生。发现千余粒栽培稻谷米。还发现盛有煎煮过的草药的小陶釜，说明史前先民早已认识到自然物材的药用价值。跨湖桥遗址的文化面貌非常独特，是一种独立的文化类型，2004年被命名为"跨湖桥文化"。[3]

【术语4.5】

植物硅酸体：简称植硅体或植硅石，是指高等植物的根系在吸收地下水的同时，吸收了一定量的可溶性二氧化硅，这些二氧化硅经过植物的输导组织输送到茎、叶、花、果实等处，而后在植物细胞间和细胞内沉淀下来，形成的非晶质二氧化硅颗粒。植硅体具有耐腐蚀、抗高温的特性，可以在岩石和土壤中保存相当长的一段时间，即便在很难保存花粉和其他生物化石的底层及灰烬层中也能够得以保存。由于植硅体在不同植物中形态不同，因此可以反推它所寄存的植物物种。

八十垱遗址　位于湖南省澧县梦溪镇五福村，距今8500—7500年。遗址内发现了1.5万粒完整形态的稻谷、稻米，经鉴定是一种正在分化的原始古栽培稻，基本特征兼有籼、粳、野稻多种性状，但群体性状组合呈倾籼型的分化趋势。在古河道的浅滩处发现古稻田线索，出土有特色的木、骨农具，是目前世界上发现最早的稻作农业遗存之一。[4]

上山遗址　位于浙江省浦江县黄宅镇浦阳江上游的丘陵河谷地带，距今11400—8600年，是长江中下游地区迄今发现的最早新石器时代遗址，该遗址的发现将浙江的历史推到万年前。出土了丰富的石器、陶器。石器以打制为主，从中发现了镰形石器

---

[1]　龙军：《玉蟾岩遗址发现1.2万年前古栽培稻》，《光明日报》2005年3月2日。
[2]　张恒等：《浙江嵊州小黄山遗址发现新石器时代早期遗存》，《中国文物报》2005年9月30日。
[3]　浙江省文物考古研究所等：《跨湖桥》，文物出版社2004年版。
[4]　湖南省文物考古研究所：《彭头山与八十垱》，科学出版社2006年版。

和石刀等收获工具,同时还出土有大量的石磨盘和磨石。依据实验考古和植硅体分析的结果,这些石磨盘很可能用于籽粒加工去壳。在上山遗址出土的红烧土残块中发现了大量炭化稻壳,同时通过浮选发现了炭化稻米。① 此外,在上山文化早期陶片的断面上可以清晰地观察到陶土中羼和有稻壳。对上山文化水稻植硅体的多年研究显示,具有驯化特征的水稻植硅体以不同程度和密度出现在上山文化时期的钱塘江上游,水稻驯化贯穿于上山文化并渐显强化态势,水稻栽培等人类活动也得到相应体现。② 这一发现不仅证明长江下游是我国稻作和栽培稻的起源地之一,同时也意味着长江中下游地区是我国稻作的起源地。在这片广阔的地域内,存在着多个驯化中心,区域内的许多地方可能都有自身驯化野生稻为栽培水稻的历程。③

粟作起源的发现

粟,又称谷子或小米,是中国北方长期的主要农作物之一。黄河流域出土的粟,是目前已知世界最古老的栽培粟实物遗存。

磁山遗址　位于河北省武安市磁山村,距今约1万年。共发掘灰坑468个,发现其中88个长方形的窖穴底部堆积有粟灰,层厚为0.3—2米,有10个窖穴的粮食堆积厚近2米以上,相当于新鲜粮食10万余斤。这一发现,把我国黄河流域植粟的记录提前到新石器时代早期,填补了前仰韶文化的空白,也修正了目前世界农业史中对植粟年代的认识。在两座坑底部还发现有树籽堆积层,可辨认的有榛子、小叶朴和胡桃。胡桃与核桃没有本质区别,以往认为核桃是汉代张骞通西域时传入内地的,磁山遗址证实了7000多年前这一带就有种植胡桃。④

卡若遗址　位于西藏自治区昌都市,是一处新石器时代晚期遗址,距今5000—4000年。出土了大量的粟粒和谷灰,同西安半坡遗址窖穴中的粟粒和谷灰情形基本一致,说明早在4000多年前,西藏就有了原始种植业,同时人们已经知道选择种植适应性能良好、抗逆性很强的粟。⑤

兴隆沟遗址　位于内蒙古自治区赤峰市敖汉旗东部,距今约8000—7500年。通过对房址和灰坑内发掘土样的系统浮选,获得一批植物遗骸资料,10号和31号房址内发现有炭化的经过人工栽培的粟,是中国目前所发现年代最早的粟。20号房址西部堆积

① 赵志军:《从进化论视角重新评估上山文化在稻作农业起源中的地位》,《中国文物报》2021年12月3日。
② 邱振威:《上山文化水稻植硅体研究的几点思考》,《考古》2021年第9期。
③ 郑云飞等:《上山遗址出土的古稻遗存及其意义》,《考古》2007年第9期。
④ 邯郸市文物保管所等:《河北磁山新石器遗址试掘》,《考古》1977年第6期。
⑤ 西藏自治区文物管理委员会:《西藏昌都卡若遗址试掘简报》,《文物》1979年第9期。

层内集中出有 10 余枚炭化的山核桃，是兴隆沟先民从事采集经济的重要证据。①

三、最早的文明

史学界一般用"文明"一词来指一个社会由氏族制度解体而进入有国家组织的阶级社会的阶段，探索的主要对象是新石器时代末期或铜石并用时代的各种文明要素的起源与发展，如青铜冶铸、文字的发明和改进、城市和国家的起源等。②

对于构成文明时代的文化要素，不同学者赋予不同的内涵和标准。就中国考古学中的"文明要素"而言，尽管有多种说法，但大多涉及文字、青铜器、城市和礼仪性建筑等。

城址与大型建筑

中国史前城址大量出现在新石器时代晚期。国内迄今发现最早的城址是大溪文化城头山遗址，距今 6000 年左右。郑州西山城址是目前发现的唯一的仰韶文化晚期城址。③ 龙山时代晚期出现了几处大型城址，如平粮台、城子崖等。长江中游的石家河城址，面积约 120 万平方米。长江下游良渚文化的莫角山城址，面积达 290 多万平方米。黄河中游的陶寺早期城址面积约 56 万平方米，中期大城面积达到 280 万平方米。陕西神木石峁城址，面积达 400 万平方米，是目前已知的我国史前规模最大的城址。

这些大型城址一般有大型甚至特大型建筑基址，周边分布有数十甚至上百处多级社会组织的聚落群。例如，陶寺城址中有面积达 1 万平方米的宫殿建筑基址、集观象与祭祀等功能于一体的大型建筑基址，城周围分布有面积大小不等的各级聚落 75 个。

神木石峁城址　位于陕西省神木市，发现于 1976 年，近几年经过系统调查与发掘，首次确认神木石峁城址是由皇城台、内城、外城三座基本完整并相对独立的石构城址组成的遗址（见图 4-25）。石城面积 400 万平方米以上，大于陶寺和良渚。皇城台，位于内城偏西的中心部位，为一座四面砌护坡石墙的台城，大致呈方形。其中东北角城墙保存最好。内城，依山而建，形状呈椭圆形，石砌城墙。外城是基于内城东南部墙体而向东南方向扩筑的弧形石墙。出土玉器、壁

---

① 中国社会科学院内蒙古工作队等：《内蒙古敖汉旗兴隆沟新石器时代遗址调查》，《考古》2000 年第 9 期。

② 夏鼐：《中国文明的起源》，文物出版社 1985 年版。

③ 张玉石等：《新石器时代考古获重大发现：郑州西山仰韶时代晚期城址面世》，《中国文物报》1995 年 9 月 10 日。

画、陶器、石器、骨器等遗物。外城东门，门道东北向，由外瓮城、两座包石夯土墩台、内瓮城、门塾等部分组成，位于遗址内最高处。城址时代分早、晚两期，分别为龙山时期和夏代。构筑方式有堑山砌石、基槽垒砌、利用天险三种。在外瓮城城墙外侧和门道入口处发现两处集中埋置人头骨的遗迹，各有 24 个头骨。可能与奠基或祭祀有关。[1]

图 4-25　神木石峁城址

自 2016 年围绕皇城台的考古发掘工作启动以来，先后发掘了门址、东护墙北段上部及台顶大型夯土高台建筑基址（大台基）等重要遗迹。大台基出土了大量鬲、斝、盉、瓶、豆、瓮等龙山时代晚期典型陶器。结合已有测年结果，可知大台基的主体使用年代不晚于石峁文化中期。皇城台是目前东亚地区保存最好的早期宫城，其层层设防、众星拱月般的结构奠定了中国古代以宫城为核心的都城布局。大型夯土高台建筑基址、石砌护墙、城防设施、藏玉于石、杀戮祭祀等特殊迹象，以及石雕、陶鹰、卜骨、陶瓦、口簧、玉器等珍贵文物，暗示着作为石峁城址核心区域的皇城台已具备了早期"宫城"性质，或可称为"王的居所"，而且彰显了石峁城址在中国北方地区社会复杂化过程中具有的区域政治中心和宗教中心的双重角色。石峁城址处于游牧文明与农耕文明的交错地带，是探索中国乃至东亚早期文明的一座里程碑。[2]

金属

黄河上游的甘青地区是史前时期发现铜器数量最多的区域，以各种小型工具和装饰品为主，不见容器。最早的青铜器发现于马家窑文化。在甘肃东乡林家遗址发现一

---

[1]　李政：《令人震撼的中国史前时期规模最大的城址》，《中国文物报》2012 年 10 月 26 日。
[2]　孙周勇等：《石峁遗址皇城台地点 2016～2019 年度考古新发现》，《考古与文物》2020 年第 4 期。

把青铜刀,距今约 5000 年,是中国目前已知最早的铸造青铜刀。[1] 之后还发现马厂类型青铜刀和红铜锥等,距今约 4500 年。齐家文化发现的铜器种类较多,多属红铜,青铜较少,贵南尕马台发现的铜镜是目前已知年代最早的铜镜。[2]

黄河中下游的铜器主要发现于龙山文化晚期,多处遗址发现融化铅青铜的坩埚残块、铜渣等遗物。山东胶县三里河等遗址发现铜锥和铜残片,陶寺遗址出土红铜铃形器,登封王城岗遗址发现锡青铜残片。

文字

图 4-26　陶寺朱书扁壶

最早的刻画符号出现于新石器时代早期的老官台文化、裴李岗文化和北辛文化等。在大地湾遗址一期遗存中,发现 20 多片陶片上有红彩或白彩的符号,可能有记事或表达某种意义的功能。[3] 新石器时代中期发现较多的刻画符号。仰韶文化发现符号 270 种,其中半坡遗址发现 27 种,姜寨遗址发现 30 种。马家窑文化中发现 139 种彩绘符号,多画在彩陶壶或彩陶罐的下腹部。大汶口文化有两类符号,一类形似"日""月""山"等,一类形似某种工具或植物。大溪文化、双墩遗址等已出土类似的图形符号。在龙山文化、岳石文化、良渚文化、马桥文化的一些陶器或陶片上,也发现有连续的符号,被认为具备记录简单语句的功能,被称为"陶文"。在陶寺遗址的一件陶扁壶上发现朱书陶文(见图 4-26)[4],尽管对其释读尚不一致,但已确认与商代甲骨文和金文为同一系统文字。

礼制

礼制表现在多个方面。大地湾发现罕见的特大型房屋,由主室、后室和侧室相连构成,占地面积 290 多平方米,具有"前堂后室、东西厢房"的殿堂式结构,加上大型器物的出土,可能是部落或高级社会组织进行公共活动的场所。良渚文化莫角山遗址,形成了结构复杂、多层次的聚落。陶寺遗址和良渚遗址墓葬中都有贵族墓地,墓葬规格

① 孙淑芸等:《中国早期铜器的初步研究》,《考古学报》1981 年第 3 期。
② 高志伟:《青海地区青铜器的成份分析及来源》,《华夏考古》2007 年第 2 期。
③ 张敏:《从史前陶文谈中国文字的起源与发展》,《东南文化》1998 年第 1 期。
④ 李健民:《陶寺遗址出土的朱书"文"字扁壶》,《中国社会科学院古代文明研究中心通讯》2001 年第 1 期。

高,随葬品丰富,许多用于祭祀的玉器出现在贵族墓葬中。在大型聚落和贵族墓地中,都出现了成组的精美玉礼器,兽面纹、云纹等纹饰的出现,象征着礼制、权力的诞生(见图 4-27)。

图 4-27　反山墓地出土玉琮表面的神徽

推荐阅读书目

1. 张之恒:《中国新石器时代考古》,南京大学出版社 2004 年版。

2. 张宏彦:《中国史前考古学导论》,科学出版社 2011 年版。

3. 郑建明:《环境、适应与社会复杂化:环太湖与宁绍地区史前文化演变》,上海人民出版社 2008 年版。

4. Price, T. D., et al. *Last Hunters, First Farmers*. New Mexico:School of American Research Press,1995.

5. 中国社会科学院考古研究所:《中国考古学:新石器时代卷》,中国社会科学出版社 2010 年版。

第五章

夏商周考古

夏商周考古,是指夏、商、西周、春秋这段时期的考古学研究,绝对年代大约从公元前 21 世纪至公元前 5 世纪中叶。夏商周考古始于甲骨和殷墟的发现。1899 年,古文字学家王懿荣首先在所谓的"龙骨"上发现带字甲骨。其后,罗振玉等人通过调查,得知甲骨文出土于河南省安阳市小屯村,并在甲骨卜辞上发现了商王朝先公先王的名字,证明其为商代甲骨。

第一节　青铜时代

夏商周时期,上承新石器时代,下启铁器时代,是中国的青铜时代,也是中国的奴隶制时代。和史前考古相比,夏商周考古的研究内容与方法有所变化。第一,出现以甲骨文和金文为代表的文字体系,考古资料与文字材料结合起来可以更加全面地复原历史。第二,青铜、铁器等金属工具成为这一时期考古研究的重要内容之一。第三,城市及大型建筑的兴起,出现功能完备、布局复杂的城址和宫殿遗迹。第四,社会经历了原始公社制—奴隶制—封建制的巨大变革,考古学文化可以反映出当时政治、经济、文化等方面的发展与变化。

　　人类用铜的历史可追溯到史前时期,最早的铜器多为一些锻打或熔铸的小型红铜饰物等。红铜(即经过冷锻的天然铜)中加入锡或铅形成的合金称为青铜,铜锈呈青绿色。和红铜相比,青铜具有明显优势:(1)熔点低,红铜的熔点一般为 1083℃,青铜合金的熔点在 700—900℃之间,便于冶炼;(2)硬度大,一般红铜的硬度是布氏硬度[①] 35 度,酌量增减锡或铅的成分,会改变青铜合金的硬度,以便铸造不同用途的器物;(3)易铸造,青铜溶液在浇铸时气泡较少,容易铸造出锋利的刃和细密的花纹,器物本身也因气泡少而不易出现沙眼。

　　新石器时代晚期的铜器多用冷锻法直接锤打成形,到了夏商周时期,绝大部分青铜器为范铸而成,包括塑模、翻范、烘烤、浇铸等一套工序。浇铸方法可分为失蜡法、浑铸法、分铸法、铸接法等。

　　失蜡法　也叫熔模法,是一种青铜等金属器物的精密铸造方法,用蜂蜡做成铸件的模型,再用其他耐火材料填充泥芯和敷成外范。加热烘烤后,蜡模全部熔化流失,使整个铸件模型变成空壳。再往内浇灌溶液,便铸成器物。以失蜡法铸造的器物玲珑别透,有镂空效果。随县曾侯乙墓出土的青铜尊盘(见图 5-1),被认为是我国目前所知最早的失蜡铸件。[②]

图 5-1　曾侯乙墓出土的青铜尊盘

　　浑铸法　整体浇铸的方法,适用于工具、兵器等简单器,自夏商时期开始就是常用的制器方法。

　　分铸法　指将器物的主体和附件分别铸造的方法。有三种不同的操作方法:一是先铸附件,再和器体铸接;二是先铸器体,再接铸附件;三是先铸附件再嵌到泥范中和器件铸接到一起。此铸接主要是机械性的连接而非熔接。商代著名的四羊方尊即是分铸法的杰作。

　　青铜器表面往往通过范铸法、镶嵌法、错嵌法、填漆法、线刻法、鎏金银法、包金银法等工艺进行纹饰。主要纹饰题材可分为动物、植物、几何、人物及社会活动等纹样。其中,兽面纹、龙纹、鸟纹等比较多见。[③]

---

① 布氏硬度,表示材料硬度的一种标准,由瑞典人布纳瑞(J. A. Brinell)首先提出,故称布氏硬度。
② 华觉明:《中国古代三大铸造技术》,《中国古代科技成就》,中国青年出版社 1978 年版。
③ 马承源:《中国青铜器》,上海古籍出版社 1988 年版。

【术语 5.1】

范铸法：又称模铸法，以泥铸模，以模制范，通过陶范铸造纹样的工艺，是中国古代青铜器最主要的装饰工艺。

填漆法：在铜器装饰的沟槽内填以彩漆，打磨光滑，有类似错金银的装饰效果。该项工艺在商代晚期已经出现。

错嵌法：根据所用材料的不同，分为错红铜、错金、错银三种。在铜器表面阴线刻出花纹图案，或事先铸造出器物的花纹沟槽，然后将红铜、金或银丝打进其内，错平磨光，形成装饰。充分利用不同材质之间的色泽差异，显现出醒目、华贵的装饰效果，而器物表面因错磨而保持光滑平整。这种方法流行于春秋战国时期至汉代。

镶嵌法：用漆或桐油等黏合物将蚌片、宝石等物镶嵌在铸成的青铜器表面纹槽中。该技艺早在二里头文化中已出现。

线刻法：用刻刀在铜器表面刻出细如发丝的图案，一般刻于器壁较薄的容器上。战国时期较流行。

包金银法：在铜器表面包一层极薄的金片或银片。

鎏金银法：将金丝或金片熔于加热后的水银中，制成金泥，均匀地涂于铜器表面，加温烘烤，使水银蒸发，剩下金银牢固地附于器表。此法是在包金工艺基础上发展起来的，多用于小件器物的装饰，最早见于春秋末战国初。金层薄，且较为紧密，还具有一定的保护效果。

关于夏商周考古的分期，因划分标准而有不同的意见。

依据青铜文化的发展，有"四期说"和"五期说"。郭沫若提出"四期说"，依次为鼎盛期（商至西周）、颓败期（西周后期至春秋中叶）、中兴期（春秋中叶至战国末期）、衰落期（战国末年以后）。郭宝钧的"五期说"，分别是殷商时期（郑州二里岗文化）、殷商后期（安阳殷墟文化）、西周期、东周前期（春秋）、东周后期（战国）。

依照奴隶制社会的发展，邹衡提出"五期说"，分别是初期奴隶社会（夏，前21世纪—前16世纪）、中期奴隶社会前段（商代前期，前16世纪—前13世纪）、中期奴隶社会后段（商代后期与西周早期，前13世纪—前10世纪中叶）、晚期奴隶社会前段（西周中晚期至春秋初期，前10世纪中叶—前7世纪中叶）、晚期奴隶社会后段（春秋中晚期，前7世纪中叶—前5世纪中叶）。[①]

---

① 张之恒：《中国考古通论》，南京大学出版社2009年版。

第二节　二里头与夏文化

一、夏文化的探索

《史记·夏本纪》和《竹书纪年》中有关于夏的记载。自殷墟卜辞证实了《史记·殷本纪》中所记的商王世系后，学者大都认为《史记·夏本纪》是可信的。夏商周断代工程的出版成果《夏商周年表》将其纪年范围确定为公元前 2070—前 1600 年。① 对此，学界仍存在一定的质疑。有关夏文化的探索仍在继续，随着考古学的不断拓展，考古学可以为夏文化的探索与研究提供更多的材料和角度，解决更多有关夏文化的问题。

夏墟

古史学家依据文献资料和传说，提出夏人的活动范围可能有两个地区，分别是河南西部的颍水上游和伊河、洛河下游地区，以及山西南部的汾河下游和涑水流域。1959 年，中国科学院考古研究所在河南偃师二里头遗址展开对"夏墟"的调查②，标志着考古学界开始系统探索夏文化。

夏、夏文化与夏代文化

考古学上对这几个概念有不同的认识。"夏"是一个较为广义的术语，包含族、王朝、地域和文化等不同概念。"夏文化"是指夏族所创造的考古学文化，包括"夏"的发生、发展和变化的全过程。"夏代文化"指夏王朝时期的考古学文化，涵盖禹至桀时期约 400 余年的文化遗存，地域上主要指传说的夏王朝的活动范围。

对于夏文化内涵的界定，随着考古资料的不断积累，学者看法不一。过去的仰韶文化夏文化说、龙山文化夏文化说受到动摇。争论的焦点在于二里头文化整体还是部分属于夏文化。多数学者认为二里头文化一至四期都属于夏文化③，但是有人提出夏文化包含河南龙山文化晚期和二里头文化一至四期，有学者提出夏文化包含河南龙山

---

① 夏商周断代工程专家组：《夏商周断代工程 1996—2000 年阶段成果报告》，世界图书出版公司 2000 年版。
② 徐旭生：《1959 年夏豫西调查"夏墟"的初步报告》，《考古》1959 年第 11 期。
③ 邹衡：《关于探索夏文化的途径》，《中原文物》1978 年第 1 期。

文化晚期和二里头文化一至二期,还有人认为仅二里头文化一至二期属于夏文化①。

新砦遗址 1979 年发现于河南省新密市刘寨镇新砦村,测年数据为公元前 2050—前 1900 年,是介于河南龙山文化晚期和二里头文化一期之间的过渡形态。1999 年以来,在新砦遗址中发现城址、城墙、护城壕沟及大型建筑遗存。城址面积 70 万—100 万平方米左右,由大、小两城组成,夯土城垣,三重护城壕。大型建筑基址位于内城的中部偏北处,为浅穴式。出土青铜器、玉器和大型朱砂彩绘陶瓮等,南墙外地面发现一具完整的猪骨架,以及埋有兽骨的小坑,可能与祭祀有关。有学者认为新砦城址属于都邑性城址,与《水经注》所云"夏启之居"的地望吻合,认为夏文化应包括新砦文化和二里头文化。②

二、二里头遗址与二里头文化

二里头文化是在调查"夏墟"时发现的,以河南偃师二里头遗址的发现而命名。其实早在 1953 年就在河南省登封县玉村发现此类遗存③,1956 年在郑州洛达庙发现同类遗址,被命名为"洛达庙类型文化"④,1958 年在洛阳东干沟遗址亦发现此类文化遗存⑤。1959 年在河南偃师发现二里头遗址,1962 年改称为"二里头类型",1977 年正式命名为"二里头文化"。目前发现的二里头文化遗址有 300 多处,以豫西和晋南为中心,陕西关中地区和豫东地区也有分布。

二里头文化一般分为四期,碳-14 测年经树轮校正的年代数据大致为公元前 2010—前 1625 年。⑥ 从文化面貌来看,二里头文化至少可以分为两个类型:以豫西地区二里头遗址为代表的二里头类型和以晋南地区东下冯遗址为代表的东下冯类型。

二里头文化的陶器以夹砂灰陶和泥质灰陶为主,陶胎较厚,部分表面磨光或涂黑衣。炊器以夹砂罐为主,次为鼎和鬲,甗和斝很少。食器有盆、豆、簋、三足盘,储盛器有大口尊、瓮、缸、圜底盆及各种罐,酒器有壶、盉、觚、爵、角等。盛行鸡冠耳和花边器口装饰。第一、第二期陶器保留浓厚的河南龙山文化风格,第三、第四期则与早商文化接近。有些晚期遗址的陶器上发现刻划符号,大概有 24 种。

二里头文化时期青铜器的数量和种类不多,但是已采用复合范制作。类型有容

---

① 安金槐:《豫西夏代文化初探》,《中国历史博物馆馆刊》1979 年第 1 期。

② 赵春青等:《河南新密市新砦遗址浅穴式大型建筑基址的发掘》,《考古》2009 年第 2 期。

③ 中国社会科学院考古研究所河南新砦队等:《河南登封县玉村古文化遗址概况》,《文物参考资料》1954 年第 6 期。

④ 河南省文化局文物工作队第一队:《郑州洛达庙商代遗址试掘简报》,《文物参考资料》1957 年第 10 期。

⑤ 中国科学院考古研究所洛阳发掘队:《1958 年东干沟遗址发掘简报》,《考古》1959 年第 10 期。

⑥ 陈旭:《夏商考古》,文物出版社 2001 年版。

器、兵器、工具、铜饰件四类。二里头遗址出土有一件铜爵,成分与郑州二里岗青铜尊一致,制作规整,器壁厚薄匀。二里头青铜器中有 4 件精美的铜牌饰(见图 5-2),采用多块绿松石镶嵌成兽面形象,是中国"铜镶玉"工艺的代表,同类工艺亦可见于齐家文化。此外还出土不少铜渣、坩埚、陶范、炉壁残片,说明二里头的青铜器是本地铸造。

图 5-2　"铜镶玉"牌饰

　　二里头文化的一般居址有半地穴式、地面式、窑洞式三种,墙壁、地基经过夯打。居址附近多有灰坑,形制有圆形袋状、圆形锅底状、不规则状等。二里头和东下冯各发现两口水井。东下冯遗址发现两圈壕沟,平面近似"回"字形。在二里头遗址内钻探出数十处夯土基址,其上发现宫殿建筑。其中,一号宫殿基址与二号宫殿基址都是布局有序、主次分明的建筑群,始建并使用于二里头文化三至四期。

　　一号宫殿基址　位于二里头遗址中部,夯土台基略呈正方形。东西长约 108 米,南北宽约 100 米,总面积达 1 万平方米以上。基址中央偏北处有一长方形台基,其上有一周排列整齐的柱洞,东西各 9 个,南北各 4 个,每个柱洞前各有两个小柱洞。据此复原中央建筑为面阔 8 间、进深 3 间的"四阿重屋式"大型殿堂(见图 5-3)。殿堂前面为庭院,四周有围绕一面坡或两面坡式的廊庑建筑。南边中央为正门,3 条门道,当是一座面阔 8 间的牌坊式建筑。①

图 5-3　复原的中央殿堂

---

① 中国科学院考古研究所二里头工作队:《河南偃师二里头早商宫殿遗址发掘简报》,《考古》1974 年第 4 期。

二号宫殿基址 位于一号宫殿基址东北约 150 米处的大型夯土台基,规模略小于一号宫殿。平面上呈长方形,南北约 73 米,东西约 58 米,面积约 4200 平方米。台基上是一组建筑,前有庭院,殿堂位于庭院中央偏北处,根据柱洞可知,是面阔 3 间、外有回廊的"四阿重屋式"建筑。大门位于南墙中部偏东,门中央有门道,两侧有"东西塾"。陶质排水管的发现表明二号宫殿内原有较为完备的排水设施。中心殿堂和北墙之间发现一座大墓。①

三号宫殿基址 叠压于二号宫殿基址下,方向大致与二号基址相同,但破坏严重。主体部分至少由三重庭院组成,北院内发现大型坑状(池苑)遗迹。主殿夯土台基宽 6 米多,上面发现连间房屋遗址,有前廊无后廊。中院和南院发现墓葬和石砌水井。整体建筑技术较为原始,平地起建,不设基槽,夯土厚薄不均,无柱础石。但规模庞大,结构复杂,是迄今发现的二里头文化最早的大型夯土基址。②

二里头文化墓葬规模一般都不大,墓向以南北向为主,葬式一般为单人仰身直肢葬,还有少量的仰身屈肢葬、俯身葬、侧身葬和屈肢蹲葬。和新石器时代晚期墓葬相比,具有不同的特点:开始使用青铜器随葬,个别墓出土铜爵;陶器组合中酒器占有重要比例;无墓圹、葬式凌乱的墓葬数量增多。根据墓室面积和随葬品状况,一般墓葬可分四类:(1)大型墓,长 5 米左右,有生土二层台,随葬品丰富;(2)中型墓,长 2 米多,有二层台,随葬品数量适中;(3)小型墓,长不足 2 米,仅随葬陶器;(4)奴隶墓,无墓坑,无随葬品,葬式凌乱。

二里头文化还出土了石器、玉器、绿松石饰物、象牙器、漆器等。陶制品多为动物形象,还有陶埙和陶铃。出土的海贝、骨贝、石贝可能被作为货币使用。此外还出土有卜骨,以猪、羊骨为多,和商代卜骨相比,有灼无钻,其上有圆形灼痕。

二里头遗址考古发掘工作已经超过 60 年,取得了一系列重大成果。

第二期考古工作发掘出铸铜遗址(见图 5-4)、陶窑(见图 5-5)和与青铜冶铸相关的小型房址,另有发现祭祀坑和一些墓葬,墓葬多数与铸铜作坊相关;除铸铜作坊遗址,在二里头遗址多处地点发现与制骨手工业相关遗存。根据这些考古收获,对二里头遗址内涵与分期、范围与布局、性质与价值的认识得到提升。结合对二里头遗址考古资料再研究,学者就二里头遗址性质问题做了新讨论。一些研究者提出了以偃师商城始建作为夏商分界的界标之观点。

---

① 中国社会科学院考古研究所二里头工作队:《河南偃师二里头二号宫殿遗址》,《考古》1983 年第 3 期。
② 马利清:《考古学概论》,中国人民大学出版社 2010 年版。

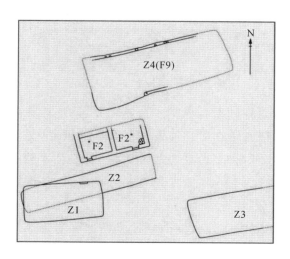

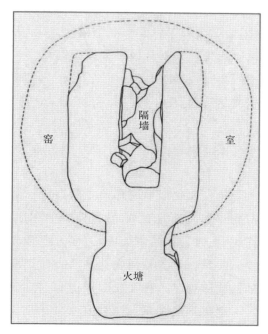

图 5-4　二里头遗址铸铜"工坊"平面分布　　　图 5-5　二里头遗址的陶窑

在第三期考古工作中,通过一系列考古调查、勘探、发掘,廓清了二里头遗址的现存范围,摸清了遗址中部的井字形城市干道,确认手工业作坊区具有"围垣"和绿松石加工遗址(可称为"工城"),发现了宫城围墙,新揭露出多座宫殿建筑基址,发掘了一批重要墓葬,并基本掌握了伊洛河流域的二里头文化遗址的群分布情况及其等级划分。[①]以上考古成果,对于了解二里头遗址的城市防御、空间布局、功能划分、重要遗存年代、聚落性质、都邑兴废等,具有重要价值。

总之,以二里头遗址为典型代表的二里头文化,以其高度辉煌的王朝气象、高度发达的控制网络和统治文明,成为中华文明总进程的核心与引领者。[②]

第三节　殷墟与商文化

大量考古资料证明,商代是中国灿烂的青铜文化逐步发展到高峰的时代,是中国奴隶制社会逐步上升的时代。《夏商周年表》推定商代的年代约为公元前 1600—前

---

① 杜金鹏:《二里头遗址第二期考古的主要成就》,《中原文物》2020 年第 4 期。

② 赵海涛等:《中华文明总进程的核心与引领者:二里头文化的历史位置》,《南方文物》2019 年第 2 期。

1046 年。① 根据现有的考古发现与研究成果,商代文化大致可分为早商文化和晚商文化,前者指武丁以前的二里岗期文化,后者指武丁至帝辛时期的小屯文化。

二里岗期文化经历了很长时段,可分为早、晚两期。早期以二里岗下期和南关外中层为代表,晚期以郑州二里岗上层、藁城早商遗址、济南大辛庄商代早期为代表。小屯文化一般分为早期、中期、晚期,分别对应于殷墟文化的二至四期。

一、商代陶器

早商文化以河南郑州二里岗遗址命名。这一时期陶器的主要特征是,陶质以砂质灰陶和泥质灰陶最多,另有极少的泥质黑陶和泥质红陶。其表面多素面或磨光,另有绳纹、弦纹、划纹、附加堆纹、云雷纹等多种纹饰。陶器制法以轮制为主,模制和手制很少。袋状三足器和圜底器是这一时期陶器的重要特点之一。② 有学者认为,这一时期的器物体现了多种文化因素接触、共存和融合的特点。③

根据地层关系,早商文化(二里岗文化)又可分为早、晚两期。早期以二里岗下层和南关外中层为代表。陶器器壁一般较薄,卷沿,饰细绳纹,常见器形有鬲、甗、斝、爵、大口尊、簋、豆、盆等。晚期则以二里岗上层、藁城早商遗址、大辛庄商代早期层为代表。陶器器壁一般较厚,多折沿,绳纹略粗。④

晚商文化(小屯文化)的分期,除依据殷墟遗址的地层关系和出土器物尤其是陶器的发展演变序列,还能借鉴甲骨卜辞的研究成果。一般会将晚商文化分为早期、中期、晚期,具体特征可见表 5-1。

表 5-1　商代文化分期

早商文化	早期	陶器多薄胎、卷沿、饰细绳纹。鬲、甗的实足跟较瘦长,裆较高,器高大于器宽。大口尊体较粗短,口肩大体同宽。斝多敞口。真腹豆较多
	晚期	陶器多折沿、饰粗绳纹及同心圆印纹。鬲、甗的实足跟较粗短,裆较高,器高大于器宽或两者相等。大口尊体较瘦长,口大于肩(见图 5-6)。斝多敛口。假腹豆较多。刻纹白陶开始兴起,个别陶器上刻有文字

---

① 夏商周断代工程专家组:《夏商周断代工程 1996—2000 年阶段成果报告》,世界图书出版公司 2000 年版。

② 安金槐:《关于郑州商代二里岗期陶器分期问题的再探讨》,《华夏考古》1988 年第 4 期。

③ 侯卫东:《试论二里岗文化构成的演变》,《江汉考古》2016 年第 4 期。

④ 张之恒:《中国考古通论》,南京大学出版社 2009 年版。

晚商文化	早期	灰陶为主,红陶较少,刻纹白陶盛行。陶壁较厚,粗细绳纹并存。鬲的外形呈方体,器高约与器宽相等,足跟粗肥,裆较高,盛行圜络纹鬲。簋腹较深,圈足较矮。真、假腹豆并存,圈足较粗。觚、爵体形较大。甲骨卜辞大量出现
	中期	泥质红陶显著增加,刻纹白陶盛行(见图5-7)。陶胎厚,绳纹粗,盛行三角纹和网状纹。鬲多呈扁体(见图5-8),晚期口沿加宽,裆低近平,实足跟小并趋于消失。簋多浅腹,高圈足。大口尊逐渐消失。真腹豆增多,假腹豆少见,圈足变细。觚、爵体形变小,逐渐演变成明器。卜骨卜甲钻、凿兼施,甲骨卜辞大量出现
	晚期	

图 5-6　二里岗大口尊

图 5-7　殷墟白陶罍

图 5-8　小屯晚期的鬲

二、商代青铜器

商代是中国青铜器艺术的鼎盛时期。按用途可分为礼器①、兵器、工具、车马器、乐器、铜镜等类型。礼器是青铜器中数量最多、情况最复杂的一类,又可分为食器、酒器、水器等。工具体形多较小,常见斧、锛、凿、镢、削等。商代盛行车战,兵器质地以青铜为主,分为远射兵器、格斗兵器和卫体兵器,有些利用陨铁作为锋刃。

商代不同时段的青铜器在器类、纹饰、铭文、形制等方面呈现出差异(见表5-2)。

---

① 礼器,也称"彝器",是贵族在进行祭祀、丧葬、朝聘、征伐、宴享和婚冠等礼仪活动时使用的器物,是礼制的具体体现。

表 5-2　不同时段的商代青铜器

分期		类型				
		鼎	簋	觚	爵	斝
早期						
中期						
晚期	早段					
	晚段					

鼎:早期足跟为锥状,中期开始逐渐变成柱足,晚期腹部变浅,晚期后段出现蹄形足,鼎耳略向外撇。

簋:早期深腹无耳,中期变化不大,晚期腹变浅,晚期后段双耳簋突然出现并流行,有些还在双耳下附加垂耳。

觚:早期体形较粗,圈足上有十字形大孔,中期体形渐瘦,晚期更加细长,喇叭口扩展,大十字形孔变小。

爵:早期是扁体平底,流细长,中期流变宽,开始出现圆体爵,晚期盛行圆体爵,平底爵渐消失,爵柱后移。

斝:早期有平底斝和袋足斝,中期变化不大,晚期早段出现兽头装饰,三足明显增高,晚段流行袋足斝。

戈:早期有直内、曲内,无穿无胡,中期援加宽,晚期出现带胡带穿的戈。

商代晚期青铜器表现出以下特点:第一,器形厚重,出现许多新器形,例如安阳殷墟妇好墓出土的三连甗、偶方彝。第二,盛行以鸟兽形象为造型的器形,如妇好墓出土的鸮尊、湖南宁乡出土的四羊方尊、虎食人卣,都是极为罕见的器形。第三,出现许多巨型铜礼器,最著名的是安阳殷墟王陵区出土的后母戊大方鼎。

后母戊鼎　世界上最大的青铜器(见图 5-9),1939 年 3 月出土于河南省安阳市武官村,是商代后期(约公元前 16 世纪至公元前 11 世纪)商王祖庚或祖甲为祭祀母亲戊而作的祭器,是商朝青铜器的代表作。器形高大厚重,高 133 厘米、口长 110 厘米、口宽 78 厘米、重 832.84 千克,四足中空。此鼎初始被定名时,专家释读其上铭文为"司母戊",然而随着更多同时期青铜器被发现,专家多认为应当释读为"后母戊",但仍有争议[①]。目前在当代研究古文字的学者中,倾向于称此鼎为"后母戊鼎"者已逐渐成为主流。[②]

图 5-9　后母戊鼎

商代早期,青铜器纹饰普遍是带状花纹,大多为单线条的夔纹、饕餮纹、云雷纹等,无铭文。中期的纹饰结构比较复杂,常见双层花纹,还出现三层花纹,用云雷纹衬底,少数有族徽或图形文字。晚期的纹饰趋于繁缛,普遍以雷纹为底,盛行三层花纹,花纹往往遍布全身,开始出现短篇铭文。

---

① 曹定云:《论殷周时代"司"、"后"二字形义及其区分——兼论"司母戊鼎"不可改名为"后母戊鼎"》,《殷都学刊》2012 年第 4 期。
② 孙机:《关于"后母戊鼎"的定名问题》,《中国文物报》2016 年 9 月 13 日。

三、商代城址

偃师商城

1983 年,偃师商城发现于河南省偃师县城区西部,平面呈"刀把形",南北长 1700 多米,面积约 190 万平方米,现已发现 7 座城门。城垣建筑包括大城、小城和宫城三部分(见图 5-10)。大城北部为手工业作坊区和一般居住区,发现制陶遗址和中小型房址;东北部有铸铜作坊遗址;城墙内侧集中分布小型墓葬。小城位于大城南半部,南北长 1100 米左右,面积 80 多万平方米。宫城位于小城南部正中,面积达 4.5 万平方米,目前发现多座宫殿建筑及宫墙、苑囿等建筑,其北部有祭祀遗址。依据城墙、城门的地层来看,小城的始建年代与郑州商城相当,约在公元前 1610—前 1560 年,大城则建于晚商时期。在 2018—2020 年的考古工作中,发现了疑似的小城北门,并对其形制有了初步了解。小城是早于大城的城址,历年来对小城形制和布局的了解相对较少,小城北门的探寻工作为下一步了解城门和路网分布、各区域功能,奠定了良好的基础;还探明了小城西北部区域建筑遗存的基本分布状况,并结合发掘和初步研究,判定圆形建筑基址群是二里岗文化的困仓遗址群,该区域是偃师商城的大型仓储区之一。[1]

最新的考古发现表明,偃师商城拥有迄今发现的商代最早最完备的城市水系。通过 2018 年至 2020 年的发掘工作,发现这批墓葬在葬制、葬仪、葬俗方面存在较多共性特征,为二里岗文化丧葬习俗和埋葬制度的分析提供了较为重要的资料。[2]

关于偃师商城的性质,学术界有不同说法:(1)汤都西亳说。文献记载,商王成汤灭夏之后,将都城迁至西亳,又称"尸乡"。偃师商城的时代属于早商二里岗期,当地又一直被称为"尸乡沟",学者认为二者相合,偃师商城即汤都西亳。[3] (2)离宫说。邹衡认为偃师商城的年代没有超过郑州商城作为王都使用的年代,应该是伊尹放太甲(汤的孙子,由于朝政昏乱,被辅佐他的四朝元老伊尹送到桐宫)的桐宫。[4] (3)军事重镇说,认为是用来镇抚夏遗民的城堡。

---

[1]　谷飞等:《偃师商城 2018—2020 年田野工作的新收获》,《中原文物》2020 年第 6 期。

[2]　中国社会科学院考古研究所河南第二工作队:《河南洛阳市偃师商城遗址 2018～2020 年墓葬发掘简报》,《考古》2022 年第 6 期。

[3]　恩勤:《关于偃师尸乡沟商城的年代和性质》,《考古》1986 年第 3 期;安金槐等:《偃师商城若干问题的再探讨》,《考古》1998 年第 6 期。

[4]　邹衡:《偃师商城即太甲桐宫说》,《北京大学学报》1984 年第 4 期。

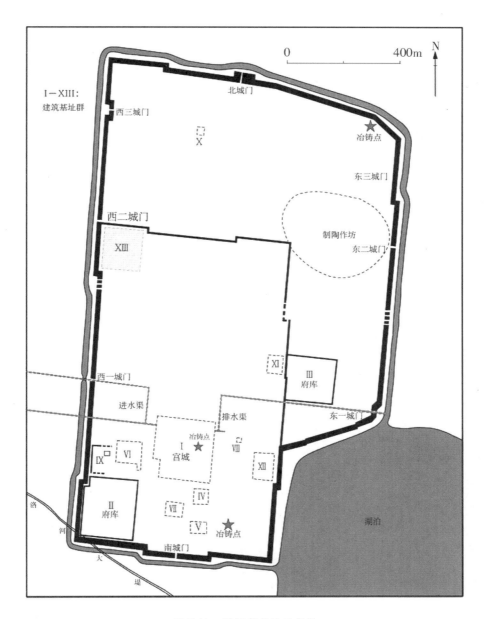

图 5-10　偃师商城平面布局

郑州商城

1955 年,郑州商城发现于郑州市区东部,分内、外两重城垣。外城面积约 16 平方公里,内城平面近长方形,南北长约 1700 米,面积约 300 万平方米。城墙墙体有"主城墙"与"护城坡"之分,是迄今发现规模仅次于殷墟的商代城址。东北部为宫殿区,面积近 40 万平方米,发现数十处夯土台基,其中 3 座大型宫殿建筑基址,据推测可能是九重檐顶的回廊大殿。宫殿区附近有一条南北向壕沟,壕沟内出土近百个人头骨,有些被锯成半球形。宫殿区东北部发现8个狗坑,总计92只狗,其下偶有成堆人骨,可能是祭祀坑。铸铜作坊、制陶遗址、制骨作坊、中小型墓葬分布在城外的不同区域。郑州商城始建于二里岗下层时期,延续至二里岗上层时期废弃。

关于其性质也有争议:(1)隞都说:郑州商城是商代中期"仲丁迁于隞"的隞都。[①] (2)西亳说:郑州商城是商代早期的汤都西亳。[②]

洹北商城　1999年发现于河南省安阳市西北郊洹水北岸约3千米处,殷墟遗址保护区东北外缘。平面呈正方形,南北长2200米,东西宽2150米,总面积4.7平方千米(见图5-11)。城内中部偏南发现30多座排列有序的夯土建筑基址群。其中一号宫殿基址位于南北中轴线偏南部,为一组平面呈"回"字形的封闭性宫殿建筑群,总面积1.6万平方米,是迄今发现的面积最大的商代单体建筑基址。整组宫殿建筑由主殿、配殿、庭院、门塾、门道等组成,有斜坡台阶,台阶附近发现人祭

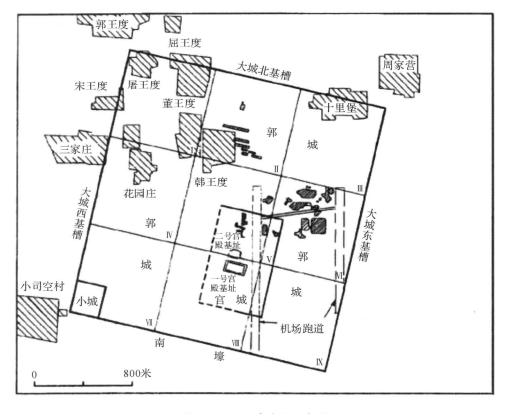

图 5-11　洹北商城平面布局

---

① 安金槐:《试论郑州商代城址——隞都》,《文物》1961年第Z1期。

② 邹衡:《论汤都郑亳及其前后的迁徙》,《夏商周考古学论文集》,科学出版社2001年版。

坑。出土大量铜、陶、玉、漆、石、骨、蚌器。研究者认为其年代略晚于二里岗上层，大致介于二里岗期与大司空一期之间。关于洹北商城的性质，学者认为或是盘庚所迁之"殷"，或是河亶甲所居之"相"，或是先为"相"、后为"殷"。① 2015—2019 年，研究者先后 5 次对洹北商城铸铜作坊遗址开展发掘工作，铸铜作坊的发现，为研究洹北商城都邑布局、铸铜生产运营与管理、铸铜技术的传承等问题奠定了坚实的基础。②

黄陂盘龙城　1954 年发现于湖北省黄陂县，进行过两次较大规模的发掘。平面略呈方形，南北约 290 米，面积 7 万多平方米。城墙外围有护墙和护城壕，城外是居民区和手工业区。城内东北部为宫殿区，发现三座宫殿基址。一号宫殿基址东西长约 40 米，两排柱洞，可能是四面坡重檐的"四阿重屋"。③ 盘龙城始建于二里岗下层时期，废弃于二里岗上层时期。关于其性质主要有两种观点，其一认为可能是商代长江之滨的方国之都，其二认为可能是商王朝在长江流域设置的军事重镇。近年来，对于盘龙城的发掘和研究工作颇有进展，对盘龙城遗址杨家湾、小嘴地点考古发掘采集的炭样进行碳-14 测年。这次测年工作补充了该遗址的碳-14 测年数据，为构建盘龙城年代框架、研究盘龙城遗址与夏商时期的中原文化之间的关系提供了全新数据。④

安阳殷墟

安阳殷墟位于河南省安阳市西北部的洹河两岸，发现于 20 世纪初，1928—1937 年共计发掘 15 次。殷墟是商代晚期的都城遗址，以洹河南岸的小屯宫殿区和洹河北岸的侯家庄西北岗王陵区为中心，总面积达 30 平方公里（见图 5-12）。

小屯东北地为宫殿、宗庙区，格局相对封闭，面积约 70 万平方米，内有夯土基址110 多座。20 世纪 30 年代发掘其中的 53 座建筑基址，自北向南分为三组，初步认为甲组为宫殿建筑，乙组为宗庙建筑，丙组为祭坛类建筑。殷墟宫殿宗庙建筑的平面形状各不相同，一般建于夯土台基上，边缘有台阶。宫殿区内还发现高规格墓葬、甲骨坑和窖穴等。⑤

---

① 中国社会科学院考古研究所安阳工作队：《河南安阳市洹北商城的勘察与试掘》，《考古》2003 年第 5 期。
② 中国社会科学院考古研究所安阳工作队：《河南安阳市洹北商城铸铜作坊遗址 2015～2019 发掘简报》，《考古》2020 年第 10 期。
③ 杨鸿勋：《从盘龙城商代宫殿遗址谈中国宫廷建筑发展的几个问题》，《文物》1976 年第 2 期
④ 孙卓等：《近年来盘龙城遗址的碳十四年代测定》，《江汉考古》，2020 年第 6 期。
⑤ 陈志达：《殷墟》，文物出版社 2007 年版。

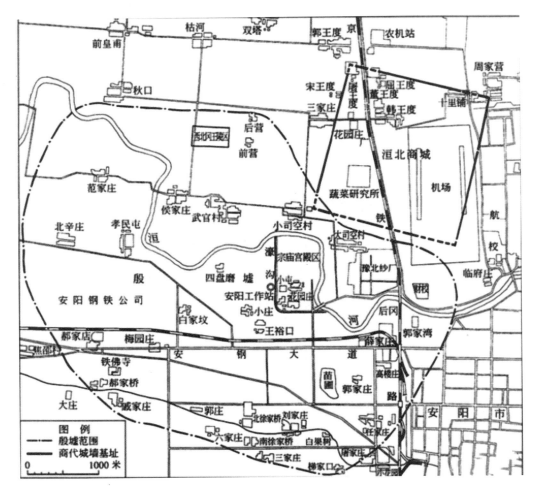

图 5-12　安阳殷墟平面布局

　　侯家庄和武官村北地是王陵区,已发掘大墓 13 座,内有大量殉人、人牲和随葬品。武官村大墓南边有排列密集的人祭坑,共发掘 1400 多个,应为祭祀祖先的场所。

　　殷墟外围是平民居址区。小屯周围分布着手工业作坊(玉石器作坊、铸铜遗址、制骨作坊)、一般居址和平民墓葬。已发掘的 939 座墓可分为 8 个墓区,每个墓区分属不同的"族",表现了商代的"族墓地"埋葬制度。

四、殷墟墓葬

　　商代墓葬大致可分为前、后两个阶段,前期以郑州二里岗遗址为代表,墓葬比较分散;后期以安阳殷墟为代表,墓葬比较集中。安阳殷墟发掘的墓葬数量很多,总计达 1800 多座。根据规模大小,大致分为三个等级。

王陵

目前发现的商代王陵都是商代后期的,位于西北岗王陵区,分为东西两区(见图 5-13)。总计发现规模相当可观的大墓 13 座,西区有 8 座,东区有 5 座,布局有序。墓的结构分为墓道、墓室、椁室,根据墓道数量可分为不同类型。

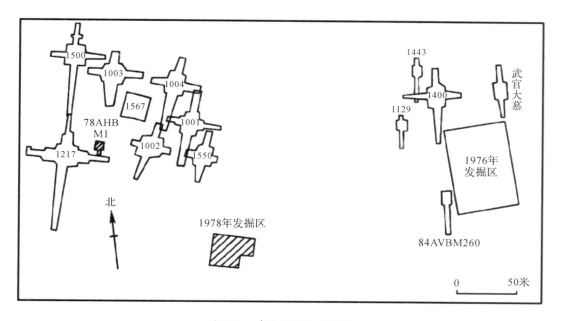

图 5-13　商代王陵平面布局

"亞"字形墓,规模最大,有 4 条墓道,椁室位于墓室中央,木质结构。随葬品精美,有众多的人殉人牲。个别大墓残存铜车马器、兵器等。西北岗 M1217,墓室面积约 330平方米。

"中"字形墓,有两条墓道。武官村大墓,墓室面积 168 平方米,墓底中心有腰坑,内有一殉人,椁室四周二层台上有大批殉人。总计殉 79 个人、28 匹马、3 只猴、1 头鹿,以及 15 个其他动物。该墓被盗,可能曾随葬青铜器、绿松石、货贝等器物。

贵族墓

属于商代的奴隶主贵族,包括商王以外的王室成员、方国首领及其他贵族。有棺椁,墓地撒朱砂,墓底中央有腰坑,腰坑内殉狗。随葬品以青铜器为主,种类有礼器、兵器、工具等;其次为陶器,有的还随葬玉器、漆器等。贵族墓表现出时间早晚、等级高低、地域等差异。一般来说,前期墓室规模较小,结构较简单,随葬的青铜器种类和数量都不多,少见有殉人的墓。后期墓室增大,有的还有墓道,青铜器种类和数量显著增多,有殉人的墓也显著增多。

殷墟妇好墓　位于小屯村西北,是殷墟唯一保存完整的商代王室墓葬。墓室为长方形竖穴,墓底四周有熟土二层台,中部有腰坑,坑中殉1人及1狗。共计殉16个人,6只狗。随葬器物1928件,铜器468件,种类齐全,以鼎的数量最多,还有不少前所未有的重器,如三联甗、带盖偶方彝(见图5-14、图5-15)等。不少铜器上铸有"妇好"(见图5-16)、"司母辛"等铭文。随葬玉器750多件,骨、角、牙器200多件,海贝6000多枚。墓主为妇好,据甲骨文记载为商王武丁的配偶,被认为是中国最早的女将军。①

图 5-14　三联甗

图 5-15　带盖偶方彝

图 5-16　铭文"妇好"

小型墓

数量较多,根据规模和随葬品的不同,可分为下列几种。

---

① 中国社会科学院考古研究所:《殷墟妇好墓》,文物出版社1980年版。

第一种：长方形竖穴，墓室面积 3—4 平方米，有棺椁、腰坑。随葬品以陶器为主，有少量铜礼器。长方形竖穴，部分有殉人。此类墓的墓主可能是平民中的富裕者。

第二种：墓室面积略小，有棺椁、腰坑，个别有壁龛。随葬品以陶器为主，有铜戈。此类墓可能埋葬一般平民，且多数为士兵。

第三种：长方形竖穴，墓室面积 1 平方米左右，无椁室。随葬陶器，无陶礼器、无铜器。墓主多为平民中的贫穷者。

第四种：无墓圹。多为非正式埋葬，屈肢葬，有些身首分离或尸骨不全。这类墓可能属于奴隶墓。

人殉、人祭

人殉是为了侍奉死后的社会或特权者而死的人。人祭是祭祀时将人像牲畜一样供奉给祖先、天地等神灵，被杀者多为战俘和奴隶。中国的人祭现象始于黄河流域的龙山文化，到商代发展到高峰。商代的人祭可分为祭祀天地神灵、举行奠基仪式、祭祀祖先、社祭四种。

图 5-17　人祭

西北岗祭祀坑　位于殷墟侯家庄王陵区，东西长 450 米，南北宽 250 米，分东西两区，是目前发现的商代规模最大的人祭遗址。绝大多数坑中埋人，少数埋动物，个别埋车马。埋人坑多为长方形竖穴，长 2 米，宽 1 米，深 1—3 米。全躯者每坑 1—10 个，身首分离者每坑 1—10 个（见图 5-17）；无头躯体者一般每坑 10 个，埋头骨坑每坑 3～39 个头骨不等。死者或死后埋入而放置整齐，或活埋而有捆绑挣扎痕迹。[①]

五、商代边远地区与方国文化

在中原以外的地区，有一些与商文化既有联系、又有差异的地区文化，包括江西清江的吴城文化、江苏江宁的湖熟文化、四川成都的金沙遗址、四川广汉的三星堆遗址、内蒙古赤峰的夏家店下层文化、甘肃山丹的四坝文化等等。

---

① 　安阳亦工亦农文物考古短训班等：《安阳殷墟奴隶祭祀坑的发掘》，《考古》1977 年第 1 期。

三星堆文化

三星堆位于四川省广汉市西北部,是由数十个地点组成的长方形遗址群。[1] 三星堆发现于1929年,于1980—1981年进行大规模发掘。遗址群东部发现了断续的城垣遗迹,年代为商代早期或更早至商末。[2] 城垣西侧发现密集的居民区、制陶窑址、玉石器作坊。三星堆附近发现两个大祭祀坑,出土上千件青铜器、玉石器、金器、象牙等祭祀用品和大量海贝、烧骨等。青铜器数量大且造型特殊,有人头像、大型立人像、神树等。金器有金杖等。[3]

2020年,三星堆遗址再次启动祭祀坑发掘工作。2021年3月,新发现6座祭祀坑,出土金面具残片、鸟形金饰片、金箔、眼部有彩绘铜头像、巨青铜面具、青铜神树、象牙、精美牙雕残件、玉琮、玉石器等重要文物500余件(见图5-18、图5-19、图5-20)。2021年4月12日,一件完整的圆口方尊在三星堆遗址三号坑被成功提取,这也是经科学考古发掘出土的首件完整圆口方尊。同年9月,四川省文物考古研究院通报三星堆遗址祭祀区三号坑、四号坑等阶段性重大考古成果,如神树纹玉琮、青铜神坛、大型青铜立人神兽等。随着考古工作的推进,陆续有更多新的发掘成果向公众公开。

图5-18　青铜人头像

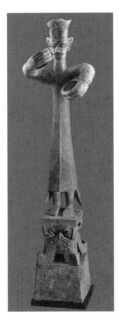
图5-19　青铜大型立人像

图5-20　青铜神树

---

[1]　四川省文物管理委员会等:《广汉三星堆遗址》,《考古学报》1987年第2期。

[2]　四川省文物管理委员会等:《四川省文物考古十年》,文物出版社1991年版。

[3]　四川省文物管理委员会等:《广汉三星堆遗址一号祭祀坑发掘简报》,《文物》1987年第10期;四川省文物管理委员会等:《广汉三星堆遗址二号祭祀坑发掘简报》,《文物》1989年第5期。

截至 2022 年 5 月,新发现的 6 座"祭祀坑"共出土编号遗物近 1.3 万件,其中相对较完整的器物和象牙超过 3000 件。这 6 座坑及之前发掘的一、二号坑中,五号坑和六号坑为祭祀坑,其余可能为祭祀器物掩埋坑。此次发掘对于研究古蜀国的祭祀活动、祭祀体系以及三星堆遗址聚落变迁过程等具有重要意义。①

吴城文化

分布于江西北部,最初发现于吴城村,时代与商相当。吴城文化分三期,一期与二里岗商代遗存接近,二期与殷墟早期遗存接近。文化特征包括:硬陶、釉陶和原始瓷器特别发达;马鞍形陶刀最具特色;石范铸铜,是中国铸范工艺中的另一形式;陶器和石范上发现尚未释读的文字和刻画符号。② 关于族属,有学者认为属于越族,也有学者认为属于古代三苗。

新干大洋洲大墓　是一处属于吴城青铜文化的商代中晚期大型墓葬。墓中出土有青铜器(见图 5-21)、石器、陶器、玉器、骨器等遗物 1361 件,其中青铜器 475 件。青铜器类别繁多,器形复杂,既具有明显的中原商文化因素,又表现出浓厚的地方特色,特别是在兵器和生产工具方面,土著特色尤为明显,如异形剑、柳叶矛、手斧、犁铧等。器物组合中不见中原地区常见的爵、觚等酒器,盛行独有的带状燕尾纹,装饰附件上盛行虎等圆雕动物形象。根据出土物推测,当时这一地区曾经存在一支与商文化并存发展的地方文化,墓主人可能是当地政权的最高统治者或其家族。③

图 5-21　双尾青铜虎

①　三星堆遗址祭祀区考古工作队:《四川广汉市三星堆遗址祭祀区》,《考古》2022 年第 7 期。
②　江西省博物馆等:《江西清江吴城商代遗址发掘简报》,《文物》1975 年第 7 期。
③　江西省博物馆等:《新干商代大墓》,文物出版社 1997 年版。

在山西西部和陕西北部的黄河沿岸地区,有两个商代晚期的方国遗存。其中,石楼、绥德青铜器群反映了中国北方游牧民族的文化特色,保德青铜器群属于商代鬼方的遗存。汉中城固铜器群多为兵器,可能属于羌方的一个部落,是商代的异族方国之一。湖南宁乡地区也多次发现青铜器,普遍认为属于商代南方方国文化的典型器物,也有学者认为这些青铜器是商代奴隶主贵族从北方带来的。

　　龙形觥　1959年出土于山西省石楼县桃花者村。器物整体如一停泊的龙舟,造型独特,独具风采(见图5-22)。器身遍饰华丽精美的图案,盖面为逶迤的龙身,与器物前端的龙头相衔接,两侧衬以漩涡纹和云纹。龙形觥独特的造型与花纹装饰,与同时期典型的中原文化风格相区别,属商代晚期方国文化,堪称绝世孤品。

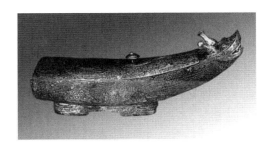

图 5-22　龙形觥

第四节　周原与周文化

　　为了进行有效统治,西周实行分封制,即王把某一地区的土地连同该土地上的人民封赐给王族、功臣和先代贵族,让他们建立侯国,拱卫王室。受封的诸侯有权力把自己封区内的土地和人民封赐给自己的家族和亲信,并有设置官员、建立武装、征派赋役的权力。同时,西周将宗法制与分封制紧密结合,保证了贵族在政治上的垄断和特权地位,有利于统治集团内部的稳定和团结。

　　宗法制是由原始社会的父系家长制演变而来的用以规定宗族内嫡庶的办法,是一种基于血缘关系来确立、巩固父系家长在本宗族中相互之间的地位的制度。在此基础上,西周制定出一整套礼制,包括祭祖方面的宗庙制度、昭穆制度,丧葬方面的族葬制度、棺椁制度、列鼎制度,以及其他方面的锡命制度、卜筮制度等。

【术语 5.3】

　　宗庙制度：祖先崇拜的产物。人们在阳间为亡灵建立的寄居之地即宗庙。天子七庙，诸侯五庙，大夫三庙，士一庙。庶人不准设庙。同时宗庙是供奉历朝历代国王牌位、举行祭祀的地方。

　　昭穆制度：二世、四世、六世，位于始祖之左方，称"昭"；三世、五世、七世，位于始祖之右方，称"穆"。坟地葬位的左右次序也按此规定排列。

　　锡命：任命职官，赏赐车服、命服。

　　棺椁制度：《荀子·礼论》中记载周制棺椁制度为"天子棺椁七重、诸侯五重、大夫三重、士再重"，应当是天子五棺二椁，诸侯为四棺一椁或三棺两椁，大夫为两棺一椁，士为一棺一椁。

　　列鼎制度：用鼎制度，西周中期开始的重要埋葬制度，指在一个墓葬中发现的一组形制相同、纹饰相同、大小依次递减的鼎的组合。另一种礼器簋，常以偶数与奇数的鼎相配。天子九鼎（八簋）、诸侯七鼎（六簋）、大夫五鼎（四簋）、元士三鼎（二簋）。

一、先周文化的探索

　　周族，原系居住于陕西中部和甘肃东部黄土高原的部族。先周文化，是指周王朝建立之前周人的文化遗存。1933—1935年，北平研究院文学研究会考古组对陕西宝鸡斗鸡台墓地进行发掘，这是最早探索先周文化的考古工作。当时发现一种瓦鬲墓，普遍出土一种高领、袋足、尖裆鬲，其层位早于西周。

　　一般认为，先周文化的形成是多种文化因素相互融合的过程，主要组成部分包含以殷墟为代表的商文化、从山西光社文化分化出来的姬周文化和来自甘青地区辛店、寺洼文化的姜炎文化。

二、西周陶器

　　西周早期陶器的形制和商代晚期的差不多，鬲、簋、豆、罐是典型器物。鬲多"瘪裆"，尖袋足比较明显；簋多为圈足；豆多为粗柄。中期鬲的足底下凹变浅，"瘪裆"鬲少见，开始出现盆。晚期鬲的足底变平，足跟多为柱状；圈足簋消失，素面盆取而代之；豆柄变细（见表5-3）。

表 5-3　西周陶器

时期	类型			
	鬲	罐	豆	簋（盂）
先周 张家坡 M89				
西周初期 客省庄 M145				
西周中期 张家坡 M157				
西周晚期 张家坡 M453				
西周晚期 张家坡 M147				

三、西周青铜器

西周早期青铜器大体继承了商制,鼎的柱状足中部稍细,簋的双耳下各有一个小耳,开始流行圈足下带方座的新式样。纹饰繁缛,常见饕餮纹、鸟纹等。铭文少,多为短篇,多用肥笔。

中期青铜器的变化比较明显,既继承了早期厚重典雅的传统,又开创了轻薄草率的作风。以炊食器为主的礼器增多,酒器大为减少。鼎腹变浅、底近平、三足作兽足形,带盖簋增多。新出现簠、盨、匜、杯等器形(见图 5-23、图 5-24、图 5-25)。纹饰方面,饕餮纹衰退,多饰于器物的次要部位。流行简化的变体夔纹,新出现瓦文、穷曲纹、重环纹等。铭文渐长,字体细长,格式化,末尾常写"子子孙孙永宝用"字样。

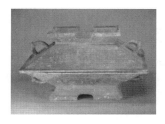

图 5-23 簠

图 5-24 盨

图 5-25 匜

晚期的特点明显,酒器基本绝迹,新出现盆。鼎流行大口浅腹,腹耳常见,均为马蹄形足。簋多鼓腹带盖,有的圈足下另加三个小足。纹饰简洁潦草,夔纹、鸟纹逐渐绝迹,盛行垂鳞纹、穷曲纹、重环纹等。长篇铭文增多,字体规整,不用肥笔,末尾仍用"子子孙孙永宝用"字样。

利簋 又名武王征商簋,1976 年陕西省临潼县零口乡西周窖藏出土,造型庄重,纹饰是一种龙纹。铭文 32 字,记载了武王征商的史实,是现知最早的西周青铜器(见图 5-26)。

图 5-26 利簋及其铭文

史墙盘 1976 年 12 月陕西省扶风县庄白村出土,为西周恭王史官墙所作的礼器。内底铸有铭文 18 行 284 字,文章使用四言句式,字体为当时标准字体。前半部分颂扬历代周王,后半部分记录自己的微氏家族家史。

毛公鼎 道光末年出土于陕西省宝鸡市岐山县,由作器人毛公得名。铭文 32 行 499 字,乃现存最长的铭文(见图 5-27)。共五段:其一,此时局势不宁;其二,宣王命毛公治理邦家内外;其三,给毛公予宣示王命之专权,着重申明未经毛公同意之命令,毛公可预示臣工不予奉行;其四,告诫勉励之词;其五,赏赐与对扬。反映了宣王中兴的局面。

图 5-27　毛公鼎铭文

四、西周城址与宫殿建筑

周原遗址

周原遗址位于陕西省岐山县和扶风县北部，面积约 15 平方千米，发现大量西周中晚期建筑遗迹。据文献记载，自古公亶父时迁到此，文王迁都丰京后，这里仍然是重要的城址。[①]

1976 年在岐山县凤雏村四周发现西周早期大型宫殿基址，规划整齐。宫殿区总面积 1400 多平方米，坐北朝南，形成前后两进、东西对称的封闭式建筑（见图 5-28）。前堂是主体建筑，面阔 6 间，进深 3 间。在一个窖穴中出土 1.7 万余片西周早期甲骨，其中 200 多片上有刻辞。发现 10 余处铜器窖藏，出土了 200 多件重要器物。发现中国最早的瓦，以及多处手工业作坊。[②] 该基址可能建于武王克商之前，属先周晚期遗存，废弃于西周晚期。关于性质，有学者认为它可能是西周王室的宗庙建筑，也有学者认为属于贵族宅第或行宫。[③]

---

① 陕西周原考古队：《扶风召陈西周建筑群基址发掘简报》，《文物》1981 年第 3 期。
② 陈全方等：《岐山凤雏西周宫室建筑的几个问题》，《西周史论文集》，陕西人民教育出版社 1993 年版。
③ 马利清：《考古学概论》，中国人民大学出版社 2015 年版。

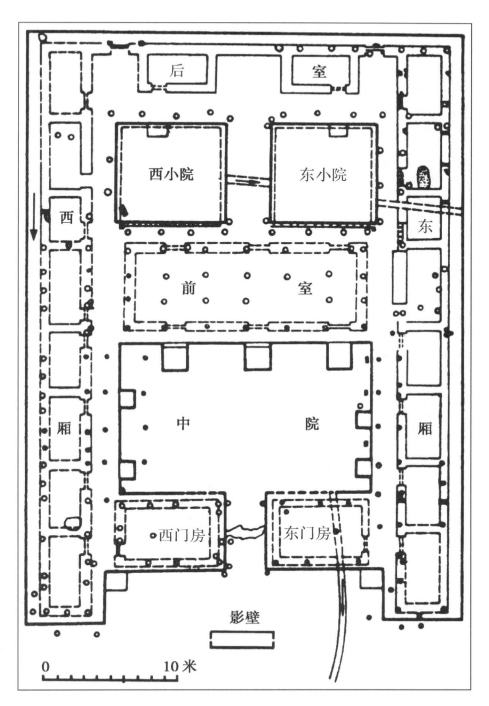

图 5-28　周原遗址分布

扶风县召陈大型建筑基址群,面积达 6375 平方米,已发掘 15 处夯土基址。分上下两层,下层始建于西周早期,为高大的"四阿重屋"建筑;上层大约建于西周中期前后。从平面布局看,中间为堂,两侧厢房,厅堂与厢房分割。发现大量建筑用瓦。各建筑基址之间的关系难以确定。

2014—2016年，发掘出两座夯土基址、一处"居址—墓地"、一座车马坑、一座马坑以及水网系统中的五处池渠遗迹。其中，凤雏三号基址是继1976年凤雏甲组基址发掘后的又一次重大发现，也是迄今发掘的规模最大的西周单体建筑遗存，进一步丰富了凤雏建筑群的内涵。其"回"字形的平面布局是西周时期建筑的首次发现，为本已多样的西周建筑形制又增新例，亦为研究西周时期建筑形制的发展演变提供了实例。基址庭院内的立石、铺石遗迹更是在西周考古中前所未见，依据文献资料初步推测为一处"社祀"遗存，结合基址形制和有关设施可以进一步论证为西周时期居住在周原地区殷遗民所建的"亳社"。

周原遗址内水网系统的发现与确认，进一步强化了以往所发现的诸多重要遗迹之间的有机联系，加深了以往对周原遗址聚落扩张过程与水源关系的认识，与丰镐遗址的"昆明池"等池渠一起填补了周代都邑型遗址给水（池苑）系统的空白。[1]

丰镐遗址

丰、镐二京，史称宗周，位于陕西省西安市长安区沣河两岸，是西周王朝都城的两个区域，总面积10多平方公里。

丰京遗址北部发现夯土基址建筑群，已发掘14座。最大的四号基址平面呈"T"字形，使用年代为西周早中期至晚期早段。附近发现排水设施的遗存。区内发现一条宽10余米的大路，已探明长度有200多米。[2] 2013—2016年，在丰京遗址曹寨村至大原村一带进行大面积钻探和解剖性发掘，确认曹寨古水域为西周时期的人工水域，为研究丰京遗址聚落布局的演变提供了重要线索。[3]

镐京遗址北部发现夯土建筑基址11座，最大的五号基址坐落在面积3300多平方米的夯土台基上，平面呈"工"字形，主体建筑居中，有左右对称的附属建筑，建筑总面积为2800多平方米。推测这是一处大规模宫殿建筑群的组成部分，年代约为西周中期晚段。[4]

丰镐遗址内发现较为集中的墓葬、车马坑（见图5-29）、铜器窖藏等。此外还散布着一般居址、制陶和制骨作坊。

① 周原考古队：《陕西宝鸡市周原遗址2014～2015年的勘探与发掘》，《考古》2016年第7期。
② 中国社会科学院考古研究所沣西发掘队：《陕西长安沣西客省庄西周夯土基址发掘报告》，《考古》1987年第8期。
③ 中国社会科学院考古研究所丰镐队：《西安市长安区丰京遗址水系遗存的勘探与发掘》，《考古》2018年第2期。
④ 陕西省考古研究所：《镐京西周宫室》，西北大学出版社1995年版。

图 5-29　丰镐遗址车马坑

五、西周墓葬

墓葬可以分为两大区域，墓葬形制和随葬品差别很大。（1）中原地区：土坑竖穴墓，随葬陶器、青铜礼器。大型墓有一条或两条墓道，有宽大的墓室；中小型墓的墓穴狭长。墓室底部的头端比脚端宽 10 厘米左右，墓口面积往往小于墓室面积。墓底有腰坑，随葬青铜器和陶器置于墓主头前的棺内或棺椁之间，兵器放在二层台上，玉器随身放置。中型以上墓葬多有随葬串饰的现象，墓主有握贝或含贝的习俗。殉人盛行。（2）长江下游地区：土墩墓，随葬原始瓷器。

沣西西周墓地　共发掘西周各期墓葬 182 座，车马坑 4 处。中型墓都是一棺一椁，葬式多为仰身直肢，少数为俯身直肢，个别为屈肢葬。这片墓地可分为 6 组，每组各若干单元，有数座墓聚葬现象。还发现按照昭穆制度排列的墓葬，被认为是西周时期井叔家族墓地。

浚县辛村卫国墓地　位于河南省浚县辛村，共发掘墓葬 82 座，分大、中、小三种。大型墓有墓道，其中几座墓两两并列，可能是夫妻祔葬。大型墓和少数中型墓有棺有椁，出土青铜礼器，大型墓附有马坑。大型墓可能是侯伯或君夫人，中型墓大概是公族或官吏，小型墓为陪葬的臣隶或平民，被认为是西周时期卫国宗族墓地。[①]

---

① 　郭宝钧：《浚县辛村》，科学出版社 1964 年版。

琉璃河燕国墓地　位于北京市房山区琉璃河乡,面积约为 5 万平方米,排列规律,可分为若干组群,应是西周时期燕侯家族墓地。发掘墓葬 300 余座,车马坑 30 余座。大型墓多为 1—2 条墓道,个别带有 4 条墓道,中型墓多为一棺一椁。出土各类青铜器、陶器、玉石器、漆器等数千件,部分青铜器上有"燕侯舞"等重要铭文。多数中型以上墓葬有殉人和车马陪葬,早期陶器组合多为鬲、簋、罐,晚期多为鬲、罐。①

安徽西周土墩墓　1959 年,在安徽省屯溪市(现名黄山市)发掘两座西周中期的土墩墓。两座土墩墓均无墓穴,只在平地上用河卵石铺砌出一个墓室的范围,其上放置随葬品,然后堆土封筑。随葬器物主要为原始瓷器和铜器,表现出鲜明的地方特色。②1985 年,发掘安徽南陵土墩墓群,墓葬外观呈馒头状,多为一墩一墓,多随葬原始青瓷和印纹硬陶等,铜器很少,年代大体相当于西周中期至春秋早期。③

六、商周文字

甲骨文　晚商时期刻在龟甲兽骨上的占卜文(见图 5-30)。记事文字,亦称"卜辞",是中国已发现的古代文字中时代最早、体系较为完整的文字。1899 年,王懿荣首先发现甲骨文,其后在殷墟大量出土有字甲骨。目前已发现有文字的甲骨达 15 万片,有5000 多个单字,已释读 2500 多字。从甲骨文的结构来看,已经使用了象形、象意、形声、假借四种造字方法,是一种成熟的文字。殷商灭亡、周朝兴起之后,甲骨文还延绵使用了一段时期。在周原凤雏宫殿、岐山周公庙等遗址出土的甲骨,其上面的文字字体较殷墟甲骨文细小,格式简单。

金文　指铸刻在商周青铜器上的铭文(见图 5-31)。周以前把铜也叫金,所以铜器上的铭文就叫作"金文"或"吉金文字";又因为这类铜器以钟鼎上的字数最多,所以过去又叫作"钟鼎文"。金文应用的年代,上自商代早期,下至秦灭六国,约 1200 多年。金文单字共计近 4000 个,其中可以识别的字有 2420 个。西周是汉字发展的重要时期,单字数量大增。早期铭文内容简约难懂,文体风格各异,字体与晚商相似,多用肥笔,波磔明显,铭末多用"用作宝尊彝"。中期铭文长篇较多,文体开始有一定格式,多册名内容,章法整齐,字体工整,笔道稍有波磔,铭末多加"子子孙孙永宝用"。晚期长篇铭文更多,笔画匀称,文体几乎公式化。

①　琉璃河考古队:《1981—1983 年琉璃河西周燕国墓地发掘简报》,《考古》1984 年第 5 期。

②　安徽省文化局文物工作队:《安徽屯溪西周墓葬发掘报告》,《考古学报》1959 年第 4 期。

③　安徽省文物考古研究所:《十年来安徽省的文物考古工作》,《文物考古工作十年》,文物出版社1990 年版。

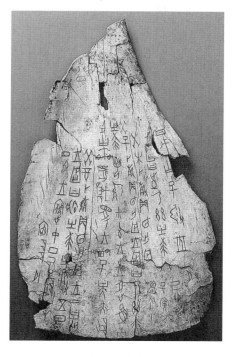

图 5-30　甲骨文　　　　　　　　　　　图 5-31　金文

第五节　列国与春秋文化

公元前 770—前 476 年,是中国历史经历深刻变革的时期,称为春秋时期。这一时期,出现"天子微,诸侯僭;大夫强,诸侯胁"的政治局面,王室衰微,礼崩乐坏,诸侯争霸,战争频繁。考古学文化也相应地呈现出纷繁复杂的景象。

【术语 5.4】

礼崩乐坏:对东周时期典章制度逐渐被废弃的一种形象描述。在春秋中后期,由于生产力的发展,在经济基础、上层建筑领域出现了与周礼要求不相融的局面,具体表现在势力强大的诸侯开始变王田为私田,变分封制为郡县制,政权不断下移,并纷纷制定自己的法律。

春秋时期的断代分期说法不一。一般将春秋时期的考古学文化分为三期。(1)早期:平王东迁—齐桓公称霸(前656年);(2)中期:齐桓公称霸—弭兵之会(前6世纪中叶);(3)晚期:弭兵之会—周元王元年(前476年)。亦有学者对春秋时期的断代分期进行总结和研究。[1]

结合文献和考古学材料,春秋时期的考古学文化可分为中原地区、南方楚蔡地区、关中秦国地区几个主要的文化区。

一、春秋陶器

春秋时期的陶器,多为素面或磨光者,装饰比较简朴。

在陶器组合方面,不同地区在时间早晚上有所变化。

(1)中原:鬲、盆、罐(早中期)—鼎、豆、罐(晚期);

(2)南方:鬲、钵、罐(早期)—鬲、钵、壶(晚期);

(3)关中:鬲、罐(早期)—鬲、盂、豆、罐(中晚期)。

在器形方面的变化如下。

(1)鬲(中期开始足跟消失)—圜底釜(晚期演变);

(2)豆(柄不断增高)—浅盘高细柄带盖豆;

(3)罐(颈部逐渐增高)—长颈壶。

二、春秋青铜器

春秋青铜器的显著变化之一是,王室的器物急剧减少,诸侯和卿大夫的器物增多。各列国青铜器表现出明显的地方特色。整体呈现出制作精美、种类复杂、带盖器多的特点,有一些新的器形出现,如缶(盛酒器,见图5-32)、鉴、敦(音duì,盛食器,见图5-33)、镈于(军乐器,见图5-34)等。铜器铭文减少,字体长方,行款整齐。

---

[1] 路国权:《历史与评述:文献史学关于春秋史的分期和断代研究——考古学和文献史学"二重证据"视角下的春秋史分期断代研究(一)》,《西部考古》2017年第2期;路国权:《历史与评述(2):考古学关于春秋史的分期和断代研究——考古学和文献史学"二重证据"视角下的春秋史分期断代研究(二)》,《西部考古》2018年第2期。

图 5-32　春秋晚期栾书缶　　　　图 5-33　敦　　　　图 5-34　錞于

　　铜绿山矿冶遗址　位于湖北省大冶市,时代横跨春秋、战国、西汉时期。采用半深井开采,矿井由竖井和巷井(平巷)组成,有木构支护框架。有专门的排水巷道。利用坑口自然风通风。春秋时期依靠人力提取矿石和地下水,战国及稍晚利用辘轳。铜绿山遗址面积较大,矿井密集,说明当时开采量很大。①

　　侯马铸铜遗址　在山西省侯马市晋国都城遗址发掘出一处大型铜器作坊遗址,发现大量陶范,还发现建筑基址、窖穴、水井、道路以及熔铜炉、烘范窑、坩埚等遗存。当时铸造的器形有 20 多种,说明当时已运用焊接技术。大约在春秋中期以后,出现了青铜器表面嵌入红铜片和金银丝的"错铜"和"错金银"工艺,鎏金技术以及在器物表面刻划花纹的工艺也已兴起。②

三、早期的铁器

　　金属铁最早出现于商代,当时人们能够把自然铁加热锻打后制成器件而加以利用。春秋时期掌握了冶铁术。早期铁器流行于长江流域的楚国。早期铁器,形制简单,器形多为农业生产工具。春秋时期冶炼方法主要采用块炼法,出现铸铁制品。

---

① 夏鼐等:《湖北铜绿山古铜矿》,《考古学报》1982 年第 1 期。
② 张守中:《1959 年侯马"牛村古城"南东周遗址发掘简报》,《文物》1960 年第 Z1 期。

【术语 5.5】

　　块炼法:把铁矿石放在高温下进行碳化,在凝为固态时经锻打提纯后,再打制成所需要的器形。随着时代发展,后世的炼铁方法不断革新,逐渐形成一条完整的生产链。

图 5-35　刘家河出土铁刃铜钺

　　最早的铁器　1972 年,在河北省台西村的一座商代墓葬中,发现一件铁刃铜钺,其刃部为陨铁。1977 年,在北京市平谷县刘家河的一座早商墓葬中,也发现同样的铁制品(见图 5-35)。

　　春秋铁器　陕西省雍城秦公一号墓内发现三件铁器①;甘肃灵台景家庄一号墓内出土一件铜柄铁剑,时代为春秋早期②;江苏六合程桥的两座春秋晚期墓葬中,出土一件残铁块和一件残铁条③;长沙杨家山墓葬出土春秋晚期的铸铁鼎形器和铁削各一件④;三门峡虢国墓地出土一件春秋早期的玉柄铁剑⑤(见图 5-36)。

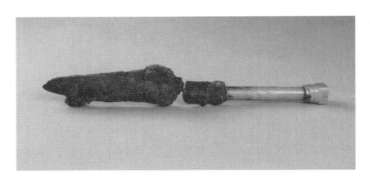

图 5-36　三门峡虢国墓地虢季墓出土的玉柄铁剑

---

① 陕西省考古研究所:《十年来陕西省文物考古的新发现》,《文物考古工作十年》,文物出版社 1990 年版。

② 刘得祯等:《甘肃灵台县景家庄春秋墓》,《考古》1981 年第 4 期。

③ 江苏省文物管理委员会等:《江苏六合程桥东周墓》,《考古》1965 年第 3 期;南京博物院:《江苏六合程桥二号东周墓》,《考古》1974 年第 2 期。

④ 长沙铁路车站建设工程文物发掘队:《长沙新发现春秋晚期的钢剑和铁器》,《文物》1978 年第 10 期。

⑤ 河南省文物研究所等:《三门峡上村岭虢国墓地 M2001 发掘简报》,《华夏考古》1992 年第 3 期。

四、列国金属货币

商代出现了仿制自然贝的铜贝,标志着中国货币开始由实物货币进入金属铸币的阶段。

春秋时期,为了适应列国经济发展,金属铸币有很大发展。最早的金属铸币,是铜制的铲形布币(见图 5-37、图 5-38),其名称的来源可能有二:(1)其样式是由古代农具镈(铲子)演变而来,"布"为"镈"的同声假借字,读音相同;(2)战国以前用麻布作为交换媒介,因此称为"布"。

图 5-37　(晋国)笔肩尖足空首布

图 5-38　(周)平肩桥足空首布

五、都城遗址

春秋时期的都城,几乎都有城垣,均傍水而建。城址范围较广,面积可达 10 平方公里。城墙墙基宽度大多 10 米。城垣外皆有城壕,城内有排水设施。城内多分宫城、郭城两个部分,宫殿建筑多建在高大台基上,附近常发现手工业作坊遗址。郭城中分布有民居和作坊遗址,有的还有诸侯贵族墓地。考古发现的重要城址有河南洛阳东周城、山西侯马晋国故城、山东临淄齐故城、山东曲阜鲁故城、陕西凤翔秦雍城等。

　　侯马晋国故城　位于山西省侯马市西北部,由 6 座城址组成,城址平面呈长方形或近长方形。城垣南边有大面积的铸鼎、制陶、制骨作坊遗址和两周墓地。[①] 牛

---

① 　山西省考古研究所侯马工作站:《晋都新田》,山西人民出版社 1996 年版。

村城址东面是盟誓遗址,发现400多个密集的小坑,坑内出土大量的动物骨架,以

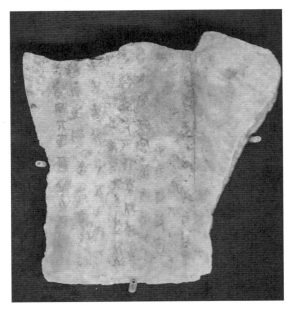

图 5-39　侯马盟书

及许多朱书的石简、玉圭、玉玦等约信文书。出土盟书共计5000余件,核心内容是以盟主赵孟为代表的政治集团,为了扩大自己的力量,分化、镇压敌对力量,而进行了一系列的盟誓活动。根据盟书记载(见图5-39),具体内容分为五类:(1)宗盟类,要求每个与盟人都要诚信效忠盟主;(2)委质类,与盟人表示把自己"质"于主盟人,断绝与旧主君的关系;(3)纳室类,盟人不再扩充奴隶、土地、财产等,同时也反对和声讨宗族中其他人的纳室行为;(4)诅咒类,对某些罪行加以谴责的诅咒文;(5)卜筮类,举行盟誓祭祀"卜牲"时使用龟卜和筮占文辞的记载。[1]

六、春秋墓葬

春秋墓葬分为诸侯墓地、贵族墓地、平民墓地。沿袭周墓礼制的同时,出现僭越现象。在墓葬结构、随葬品、殉人现象等方面,不同地区表现出不同特点,大致可分为六个区域:(1)以周、虢、郑、卫为代表的中原地区;(2)以晋国为主的汾河流域;(3)以齐、鲁、燕、莒为主的山东和北方地区;(4)以楚为核心的南方地区;(5)秦所在的关中地区;(6)吴、群舒所在的东南地区。

虢国墓地　位于河南省三门峡市上村岭,共清理墓葬234座,墓地从西周晚期延续至虢国灭亡,共100多年。均为无墓道的土坑竖穴墓,头向大多向北。规模较大的墓葬约20座,木棺重椁,随葬品以青铜器为主,或有兵器和车马器。其余墓葬规模较小,均为单棺,多随葬陶器。M105是春秋早期虢国太子元的墓葬:二椁一棺,外椁盖放石圭,椁间放置青铜礼器、兵器和乐器,棺内放玉器,青铜礼器为七鼎六簋(见图5-40);墓西有车马坑,车10辆,马20匹。[2] M2001为虢国一代国君虢季墓葬:一椁两棺,还有一具木棺罩;出土珍贵文物3200多件,包括玉柄铁剑、金腰

① 山西省文物工作委员会:《侯马盟书》,文物出版社1976年版。
② 中国社会科学院考古研究所:《上村岭虢国墓地》,科学出版社1959年版。

带饰、缀玉面罩和成组玉佩饰等。① M2009 也是虢国国君虢仲的墓葬：随葬青铜礼器 200 多件，玉器 800 多件（套），有罕见的墨书玉片，还有一批玉雕动物像。②

虢季列鼎　高25.4~39厘米

虢季列簋　通高约23.2厘米

图 5-40　虢季青铜礼器七鼎六簋

淅川下寺楚墓群　位于河南省淅川县下寺村，整个墓地分 3 组，有大墓、车马坑和殉葬坑。二号墓位于墓地中部，规模最大。长方形竖穴土坑墓，墓口和墓底大小一致，木棺内并列大小相仿的漆棺两具。随葬品有编钟、编磬、成套青铜礼器、兵器、车马器、玉石器等共 5000 多件。其中的云纹铜禁采用失蜡法制造，将中国失蜡铸造工艺的历史向前推进 1100 年。③

七、西周与春秋时期边远地区文化

西周至春秋时期，边疆地区分布众多具有自身特色的地区性文化。

夏家店上层文化　主要分布于内蒙古赤峰地区，是区别于夏家店下层文化的青铜时代晚期文化。青铜器种类繁多，以工具、武器、饰物数量为多，包括了山戎、东胡、肃慎在内的"戎狄文化"。

寺洼文化　首先发现于甘肃临洮寺洼村，主要分布在兰州以东的甘肃境内。寺洼陶器的典型器型是"马鞍式"双耳罐，晚期遗存或称为"安国式陶器"或"安国类型"。学者认为，寺洼文化可能与氐羌族有关。④

金沙遗址　位于四川成都西郊，最早发现于 2001 年。出土文物千余件，包括金器、玉

---

① 河南省文物研究所等：《三门峡上村岭虢国墓地 M2001 发掘简报》，《华夏考古》1992 年第 3 期。

② 河南省考古研究所：《河南考古四十年》，河南人民出版社 1994 年版。

③ 河南省丹江库区文物发掘队：《河南省淅川县下寺春秋楚墓》，《文物》1980 年第 10 期。

④ 夏鼐：《临洮寺洼山发掘记》，《考古学报》1949 年第 4 期。

器、铜器、象牙器等珍贵文物,出土象牙近 1 吨。时代约为商代晚期、西周早期和春秋时期。金器有金面具、金带、金饰等 30 多件,金面具与三星堆青铜面具风格一致,其余为自有器形。400 多件青铜器以小型器物为主,其中铜立人像同三星堆所出。从文化面貌来看,金沙遗址可能是三星堆文明以后古蜀国在商代晚期至西周时期的都邑所在。①

卡约文化 最早发现于青海省湟中县卡约村,主要分布在甘青境内的黄河上游沿岸及湟水流域。文化内涵较为复杂,陶器中既存在寺洼文化的"马鞍式"双耳罐,也存在辛店文化的"唐汪氏"陶器。②

沙井文化 1923 年首次发现于甘肃省民勤县沙井墓地,分布于河西走廊一带。在永昌发现一处城址,平面呈三角形,又称"三角城"。墓葬以偏洞墓为主,竖穴土坑墓次之,多仰身直肢葬,头向东北。一般大墓位于墓地中心,小墓分散四周,排列密集。殉葬牛、羊、马,随葬品铁器、彩陶、青铜器共存,以铜牌、铜泡和铜刀等装饰品为主。时代大体相当于西周中期至春秋晚期。③

小河墓地 位于新疆罗布泊地区孔雀河下游的罗布沙漠中,东距楼兰古城175 千米,时代大约为距今 3000 年。1934 年由瑞典人贝格曼发现,墓地约 2500 平方米,由上下相叠的五层墓葬构成。2002—2005 年发掘了 160 多座,葬具为特殊的船形棺,上面蒙着生牛皮,尸体、服饰及随葬品保存完好。死者均头戴毡帽,上缀红缨绳、伶鼬皮,插羽毛,足蹬皮靴,着腰衣,裹毛织斗篷。身旁都有一个草编小篓,内有麻黄草枝、麦粒或粟粒。船棺东北、西南角各插一根胡杨木桩,有的涂朱,柱顶悬挂牛头或羊头。随葬品有木雕人像、木制器物等,已出现青铜饰品。在下层发现 4 具特殊的泥壳长棺,墓主均为女性。还发现成排的"木尸"墓。④

推荐阅读书目

1. 陈旭:《夏商考古》,文物出版社 2001 年版。

2. 中国社会科学院考古研究所:《殷墟妇好墓》,文物出版社 1980 年版。

3. 陈志达:《殷墟》,文物出版社 2007 年版。

4. 马承源:《中国青铜器》,上海古籍出版社 1988 年版。

---

① 成都市文物考古研究所:《成都考古发现(2002)》,科学出版社 2004 年版。
② 青海省文物管理委员会:《青海湟中古代文化调查简报》,《文物》1960 年第 6 期。
③ 甘肃省博物馆文物工作队等:《甘肃永昌三角城沙井文化遗址调查》,《考古》1984 年第 7 期。
④ 新疆文物考古研究所:《2002 年小河墓地考古调查与发掘报告》,《边疆考古研究》(第 3 辑),科学出版社 2004 年版;新疆文物考古研究所:《新疆罗布泊小河墓地 2003 年发掘简报》,《文物》2007 年第 10 期。

战国秦汉,指公元前 475 年至公元 220 年东汉末。这一时期的考古学研究和史前时代、青铜时代相比,有自身的一些特点。

(1)中国文明进入铁器时代。战国时期,冶铁技术逐渐成熟,铁器进一步推广,成为社会生产力中最活跃的因素。

(2)社会形态的转变。史学界对于古代社会分期问题,特别是封建社会的开始时间,分歧较多。目前,"战国封建说"是影响较大的一派,考古学上一般以公元前 5 世纪前半叶作为中国封建社会的开端。

(3)从列国纷争走向统一。战国时期,各国地域不同、政治制度的差异、经济发展的不平衡、文化的地域特色等,考古学材料的方方面面都有所体现。自秦统一之后,政治、文化等各方面至迟在西汉中期就被全部统一了,整个秦汉时期表现出趋同、融合的过程。

(4)科学技术的突出进步,思想空前活跃,文化百家争鸣。这一时期是我国科学技术大发展的时期,出现了许多技术含量高的大工程。冶铸技术和金属细工工艺取得重大进步,农业耕作和施肥技术提高,促进了生产效率。制陶、造纸、纺织、煮盐、酿酒等技术都达到了相当高的水平。历史上许多重要著作都出现在这一时期,为我们提供了各个领域的信息。

第一节　战国考古

一、铁器与冶铁技术

战国以前,我国用铁的历史经历了从陨铁到块炼铁再到生铁三个阶段。战国时期,生铁技术得到推广,突出成就是块炼铁渗碳成钢和铸铁柔化处理工艺。例如,河南洛阳水泥制品厂战国早期灰坑出土了经过柔化处理的展性铸铁锛和铲。[①] 战国中期以后发现较多铸铁遗存,如湖南长沙战国楚墓出土的铁铲、湖北大冶铜绿山出土的六角铁锄、湖北荆门包山楚墓出土的空首斧、河北易县燕下都出土的铁镶和铁尊等。

战国时期的冶铁遗址集中在河南、河北、山东等地。战国时期铁器铸造的基本特点是:(1)除陶范、石范,开始使用金属范。在河北兴隆寿王坟燕国矿冶遗址中出土了一大批铁范,金属范不仅使铸件形状稳定,又可连续使用,大大提高了生产效率。[②] (2)使用烘范窑,制造前先烘范,可减少成品中的气泡和沙眼。(3)兵器铸造开始使用淬火工艺。(4)出现展性铸铁技术,比欧洲早 2000 多年。

战国时期的铁器以工具为主,特别是农业生产工具(见图 6-1)和手工工具。小型日用器的种类齐全,其中带钩数量较多。铁容器发现较少,长沙楚墓共发现铁鼎 3 件[③],是目前战国出土铁鼎最多的地点。

图 6-1　铁锄

---

① 李众:《中国封建社会前期钢铁冶炼技术发展的探讨》,《考古学报》1975 年第 2 期。

② 郑绍宗:《热河兴隆发现的战国生产工具铸范》,《考古通讯》1956 年第 1 期。

③ 湖南省博物馆:《长沙楚墓》,文物出版社 2000 年版。

二、战国青铜器

战国时期,青铜器在生产和礼制方面的地位逐渐被铁器取代,在日用品方面则被漆器取代,青铜一般只用于铸造礼器和兵器。同时,青铜的冶铸和加工技术进一步提高,表现为规模大、工艺精。一方面,发现多处采矿、冶炼遗址,以及不同结构的矿井,如湖北大冶铜绿山的古矿冶遗址[①]。另一方面,铜、锡配比更加合理,普遍使用浑铸法、分铸法、焊接、榫卯斗合法、失蜡法等技术,并开始出现捶打成型的薄胎铜器。

【术语 6.1】

焊接法:将器身和附件同时铸出后,再将附件用铜、锡、铅和少量锌液焊接起来。

榫卯斗合法:将木工工艺的榫卯拼接技术应用于铜器制造中,将器物各部分铸好并预留榫卯,然后插接成一个整体,拆卸起来也很方便。

总体来说,战国青铜器器形轻薄、风格多样、工艺精美(见图 6-2、图 6-3、图 6-4),以方便实用为目的。初期青铜器上的花纹较繁复,礼器流行蟠螭纹。中期开始,流行各种云纹,反映现实生活的战斗、狩猎纹饰较为常见。晚期流行简单的纹饰,有的素面为主,显得工整精细。

图 6-2　错金豆

图 6-3　错红铜射宴壶

图 6-4　立人擎盘牺尊

由于金属细工工艺的兴起,一批装饰华丽的贵重铜器出现了。战国时期盛行包

---

① 黄石市博物馆:《铜绿山古矿冶遗址》,文物出版社 1999 年版。

金、鎏金、错嵌、镶嵌、刻纹、模印、填漆等新装饰工艺①,突破了传统表象的对称格式,铜器上的内容丰富且生动。

图 6-5　常德楚墓出土的五山纹镜

铜镜最早出现于齐家文化,至战国时期才成为日常用器。铜镜的主要组成部分有镜面、镜背、镜钮、钮座、内区、中区、外区、边缘、圈带、铭带、镜铭、主题纹饰等。

战国铜镜一般作圆形,已有一定的格式。早期为桥形钮,有素面镜、山字纹镜、龙凤纹镜、蟠螭纹镜等;中期式样增多,一般为三弦镜钮,常见山字纹镜、菱形纹镜、羽状纹镜、四叶纹镜、蟠螭纹镜、凤鸟纹镜、兽纹镜等;晚期新出现弦纹镜、连弧纹镜、蟠龙纹镜、五山纹镜(见图 6-5)、几何纹镜等。

三、战国瓦当

建筑檐头筒瓦前端的遮挡,称为瓦当,有圆形和半圆形两种,作用是保护椽头,装饰建筑。

战国时期的瓦当以半圆形为主,圆瓦当始见于战国早期,是从半瓦当发展而来的。素面瓦当出现较早,战国瓦当多数有纹饰,但南方楚国地区的瓦当多素面。不同地区不同时代的瓦当纹饰有不同的特点。秦国流行圆瓦当,以葵纹为特色(见图 6-6),同时流行各种动物图案。齐国有圆瓦当和半瓦当,以树木纹为特色(见图 6-7),多数中轴对称。赵国以三鹿纹和变形云纹圆瓦当为特色。燕国流行半瓦当,纹饰有饕餮纹、双兽纹、独兽纹、双鸟纹、窗棂纹、云山纹(见图 6-8)六类。三晋两周地区瓦当以对称的云纹为主要纹饰。

① 史树青:《我国古代的金错工艺》,《文物》1973 年第 6 期。

图 6-6　(秦)葵纹圆瓦当　　　图 6-7　(齐)树木双马半瓦当　　　图 6-8　(燕)云山纹半瓦当

四、战国纺织品

战国纺织品主要有麻织物和丝织物,麻织物发现较少。目前发现集中在湖北、湖南两地(楚墓)。丝织品种类包括绢、缣、纱、罗、绮、锦、组带、刺绣。荆州江陵马山一号墓是出土丝织品比较多的墓葬。

江陵马山一号墓　1982 年,在湖北省荆州市江陵县马山砖瓦厂一号战国中晚期(公元前 3 世纪)墓出土一批丝织品文物,墓葬位于楚故都纪南城西北约 8 千米。大多数丝织品出自棺内的一件衣衾包裹,共计 152 件,完整者 35 件。多数衣衾以绣品作面,除一件绣品以罗作地,其余皆以绢为地(见图 6-9)。丝织物品种有绢、缎、纱、绮、罗、锦、偏诸、绦等。绣品的花纹主要由龙、凤、虎等组成,其中以蟠龙飞凤纹、对凤对龙纹、龙凤相蟠纹和龙凤虎纹(见图 6-10)最为精美。①

图 6-9　蟠龙飞凤纹绣浅黄绢面衾　　　　图 6-10　龙凤虎纹绣纹样

---

① 湖北省荆州博物馆:《江陵马山一号楚墓》,文物出版社 1985 年版。

五、春秋战国都城遗址

　　春秋战国时期,由于列国分立,战争频繁,城市迅速兴起。商业在这一时期从农业中分离,推动了城市的进一步发展。各地现存的列国城址数量和规模都相当可观。

　　列国都城因地制宜,在大小形制上各不相同,但在许多方面存在共同特点:(1)平面多呈方形或长方形;(2)多有护城壕沟或护城河、排水沟;(3)多分大城和小城,即宫城和郭城,宫城居君、郭城卫民;(4)宫殿区地势高,有夯土台基;(5)城内道路、街区、排水设施齐全,城区按功能分区;(6)贵族墓地位于城内,战国晚期逐渐移至城外。

　　临淄齐国故城　　位于山东省临淄县城周围,始建于齐献公元年(前859)。临淄城建于淄河与系水之间,分大、小两城,均呈南北向长方形(见图6-11)。现已探

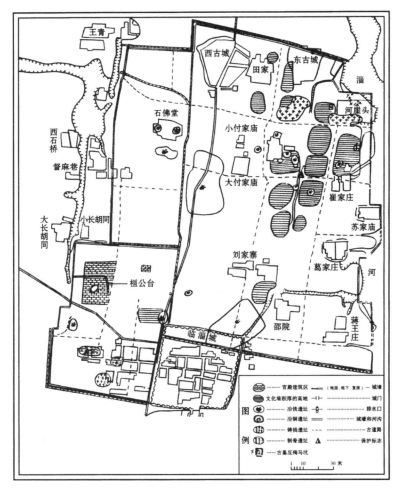

图 6-11　临淄齐国故城遗址平面布局

出城门 11 座,10 条主干道,其中宫城内 3 条,郭城内 7 条。街道把齐城分为棋盘状格局的十几个区域,内中规划商业区和居民的里、社等。小城在大城西南,周长 7 千米,其东北部嵌入大城,为齐国国君宫殿所在的宫城。宫城内发现多处夯土台基,最突出的是"桓公台",是全城的制高点。大城周长 14 千米,为官吏、平民、商人等市民居住和生活的郭城,其内几处手工业作坊。城内有统筹安排的排水沟道和排水口。① 2012 年,对 10 号建筑遗址进行发掘。② 目前,齐国临淄故城的发掘和研究工作仍在进行,主要围绕冶筑业、铸镜作坊和出土遗物。

燕下都遗址　位于河北省易县东南 25 千米处,一般认为始建于燕昭王时(前 311—前 279)。燕下都东西长 8 千米,南北宽 4 千米,由两个面积相近的小城相连,是列国都城中范围最大的一座。东城是主体部分,其内自南向北排列着几处夯土台基,形成以武阳台为中心的宫殿区。宫殿区西北部有铁作坊、兵器作坊、骨器作坊等,以南为居民区。东城偏北部是虚粮冢墓区,现存 13 座高大封土;虚粮冢以南为九女台墓区,现存 10 座高大封土。西城晚于东城,未发现大型建筑遗存,可能是为适应战争需要而增扩的。③ 对燕下都的进一步发掘和研究,将推进对于燕下都和燕文化的了解。

邯郸赵城遗址　位于河北省邯郸市区及其周围,赵敬侯元年(前 386)迁都于此。由宫城与郭城两部分组成,郭城位于宫城东北部,两城间距 80 米左右。宫城称"赵王城",由"品"字形的 3 个小城组成,发现门阙 8 处。其中以西城最为重要,内有 6 处夯土台基,偏南部为龙台,南北 296 米,东西 265 米,高 19 米,为战国时代最大的夯土台基。郭城平面呈不规则长方形,南北 4800 米,东西 3200 米,西北角有多处台基,中部偏东处发现多处作坊遗址。④

郑韩故城　位于河南省新郑城区及外围,自公元前 375 年起,郑、韩两国先后在此建都。郑韩故城平面呈不规则形,分为东西两城。西城为宫城,城内中、北部发现大量夯土台基,西北角的"梳妆台"是最重要的宫殿建筑之一。宫殿区还发现一处半地穴式的地窖,其中出土许多动物骨骼。东城比西城大一倍,发现各种手工业作坊遗址多处。西城东南角和东城西南角发现春秋时期的贵族墓葬,战国韩王室墓葬尚未找到。⑤ 近年来对郑韩故城最新考古发掘材料的梳理,对东周时期郑韩故城的城市布局、城墙结构、功能分区、丧葬习俗等进行分析,有助于探讨春

① 群力:《临淄齐国故城勘探纪要》,《文物》1975 年第 5 期。
② 山东省文物考古研究所等:《山东临淄齐国故城 10 号建筑遗址发掘简报》,《文物》2016 年第 8 期。
③ 河北省文化局文物工作队:《河北易县燕下都故城勘察和试掘》,《考古学报》1965 年第 1 期。
④ 段宏振:《赵都邯郸城研究》,文物出版社 2009 年版。
⑤ 陈钦龙:《郑韩故城考古发现与初步研究》,郑州大学硕士学位论文,2007 年。

秋战国时期郑、韩两国的经济生活、生业模式、埋葬制度等社会现象。[①] 郑韩故城北城门遗址,是对郑韩故城城门进行第一次科学发掘的成果,发现重大。

六、战国墓葬

战国时期,"族墓地"制度走向解体,丧葬礼制上的约束不断松弛甚至消失,普遍出现"僭越"现象。土坑墓和木椁墓仍然流行,新出现洞石墓、空心砖墓等形式,封土和墓上建筑开始流行。人殉现象有发生,但是数量较少。各国墓葬制度既有鲜明的地方特点,又有明显的等级差异。

封君和贵族大墓

此类墓的墓主为上层统治者,一般有地面封土或享堂,有的还发现有陵园遗迹。大墓为长方形竖穴墓圹,长 10 米以上。墓室内有多重棺椁,椁内分隔成箱,棺与椁之间积石、积炭、积沙,南方地区填塞木炭或白膏泥。随葬成套铜礼器、车马器、编钟、编磬等。

曾侯乙墓 位于湖北省随州市擂鼓墩,是江淮地区的战国早期大墓。木椁分 4 室,发现彩绘漆木棺 22 具。随葬品共计 15404 件,包括九鼎八簋、编钟、编磬各一套,乐器种类齐全。编钟共 65 件,是迄今发现最完整、最大的一套青铜编钟(见图 6-12)。多层镂空附饰的尊和盘为失蜡法工艺的代表,金盏是迄今发现最大的先秦金容器。墓主为 45 岁左右男性,殉葬 21 名年轻女子。铜器铭文多见"曾侯乙"字样,推测墓主为曾国国君"乙"。[②]

图 6-12 曾侯乙编钟

① 樊温泉:《郑韩故城近年来重要的考古发现与研究》,《华夏考古》2019 年第 4 期。
② 湖北省博物馆:《曾侯乙墓》,文物出版社 1989 年版。

中山王墓　　位于河北省平山县三汲乡,是战国中期中山国大墓。共有 6 座,都有高大的封土堆。已发掘 M1 与 M6,上部都有享堂建筑基址,均为两墓道的中字形墓,石砌椁室。M1 内置 4 层套棺,椁室两侧另设藏器坑。出土物包括"中山三器",即铁足大鼎、方壶、圆壶,以及十五连盏灯。M6 出土铜礼器九鼎一套,五鼎一套,陶鼎一套,乐器、编钟、编磬等。两墓都出多件前所未见的山字形器(见图 6-13),可能是仪仗器,象征王权。银首人俑铜灯,是制作精巧的艺术珍品。值得注意的是 M1 出土的兆域图铜版,上用金、银镶嵌出陵园的平面图,内宫垣内有 5 座方形的堂,据实地调查测量证明,兆域图就是当时墓地的描绘。[①]

图 6-13　山字形器

中小型墓

中型墓的墓主为下层贵族和富裕平民,流行长方形竖穴木椁墓,墓圹为 2—4 米,一棺一椁,随葬成套陶礼器。小型墓的墓主为普通平民,墓圹在 3 米以下,有棺无椁,随葬陶器。

三晋两周地区周墓流行头端壁龛,有二层台,屈肢葬比例较大,随葬品有陶礼器、石圭等,中期开始出现洞室墓,晚期郑州地区开始出现空心砖墓。陕西关中地区秦墓以土洞墓为特点,流行单人屈肢葬,随葬茧形壶、蒜头壶等特殊器物。江淮地区楚墓多为土坑墓,以膏泥填塞,木棺分箱,内常见楚式镇墓兽,随葬仿铜陶礼器。长江下游吴越墓受到楚文化的影响,流行土坑墓,椁室分箱,有的用独木棺,随葬剑、印纹陶等地方特色器物。

楚式镇墓兽　　镇墓兽是楚墓中常见的随葬器物,也是楚漆器中造型独特的器物之一(见图 6-14)。此种器物外形抽象,构思诡谲奇特,形象恐怖怪诞,具有强烈的神秘意味和浓厚的巫术神话色彩。基本形式为鹿角、兽首、底座,口吐长舌,战国中期常见,随着楚国衰亡,秦汉以后逐渐消失。迄今出土的镇墓兽共约 200 件,均为战国时期文物,以战国中期为多。[②]

图 6-14　楚式镇墓兽

①　杨鸿勋:《战国中山王陵及兆域图研究》,《考古学报》1980 年第 1 期。

②　黄莹:《楚式镇墓兽研究》,《中原文物》2011 年第 4 期。

七、战国货币

战国时期,铸币普及,列国各有自己的货币体系,货币形态多样,币制各有特点。中期开始,货币发展出现明显的统一态势。

三晋两周地区主要流通铲状"布币"和圆孔无郭圜钱。布币依形态分为平首尖足布、方足布、桥足布、圆首圆足布、无孔布、三孔布等,中期多铸明币值单位,晚期则多铸地名。

燕国和齐国主要流通"刀币"。燕国以"明"刀、尖首刀为多,还有少量平首方足布和圆形方孔圜钱。齐国以"化"为单位,常见"节墨"刀、齐大刀、齐"明"刀等。

楚国流通三种货币,一种是黄金质板状称量货币"郢爰",也称"郢称"或"爰金"(见图 6-15);一种为铜贝,俗称"蚁鼻钱"或"鬼脸钱";一种为铜制"布币",包括殊布当釿布、四布当釿布等。

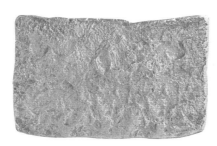

图 6-15　郢爰

秦国流通圆孔无郭、方孔有郭、方孔无郭等各式圜钱。除楚国,其他各国也铸有圜钱。

【术语 6.3】

蚁鼻钱:楚国的主要货币,形体较小,体呈椭圆形,上尖下圆,面凸背平,尖头有一穿孔,又似背面磨平的贝,故又称铜贝。面上有阴文似蚂蚁状,看似一只蚂蚁歇于鼻尖。又有类"哭"字者,或称"鬼脸钱"。

爰金:战国时期楚国的块形金版,在金版上由方形或圆形的印记分为若干的小块。金版上印记以"郢爰"为主,所以称郢爰或爰金。爰金是一种切割称量货币,所见郢爰四周有凿痕,交易时用天平称量。

第二节　秦汉墓葬

　　按照政治历史发展的阶段,结合物质文化的特点,秦汉考古可以从时代上划分为六期:(1)秦和西汉前期,秦始皇统一到西汉景帝;(2)西汉中期,汉武帝到汉昭帝;(3)西汉后期,汉宣帝到汉平帝;(4)新莽时期,包括西汉末年、东汉初年;(5)东汉前期,汉光武帝到汉和帝;(6)东汉后期,汉安帝到汉献帝的初平年间。

一、家族墓地及丧葬习俗

　　从墓地的布局结构和随葬品的组合等方面看,战国至西汉早期具有明显的联系,西汉中期形成完全的汉丧葬习俗。

　　秦汉时期,随着王朝统一,家族坟墓制度崩溃,单纯聚族而葬的家族墓地兴起。自西汉晚期开始,一个大家族绵延数百年、持续几代人葬在同一块墓地上的情况较为多见。各类墓葬都有不同规模的地面设施,包括夯土而成的坟丘、墓前祠堂、神道、石刻造像、石阙和墓碑等。

　　随着丧葬观念的变化,墓葬结构日益模仿生人地上住宅的布局形式,厚葬成风。稍具规模的墓葬中随葬品种类齐全,数量众多。青铜器减少,漆器、明器、俑类增多,开始流行釉陶、青瓷器等。汉晋时期流行的摇钱树集中分布在四川、重庆地区,东汉时期的陶、石摇钱树座数量较多,是一种特殊形态的随葬品(见图 6-16)。从实用器向模型明器的转变,是中国古代葬品方面的一次重大变革。

　　战国至汉时期流行玉敛葬。战国大中型墓常见幎目与玉覆面,汉代贵族墓常出土玉塞。玉衣可能始于春秋战国时期,两汉时期流行金缕玉衣、银缕玉衣、丝缕玉衣等,有严格的身份等级规定,其中以金缕者最为珍贵。

　　东汉中期以后的墓葬中,常随葬木、铁、玉石质的买地券。东汉后期流行刻有文字的镇墓券,祈求"为生人解罪,为死者求福"。东汉墓流行形式较为一致的镇墓兽,多为吐长舌、蹲踞前倾的怪兽状。

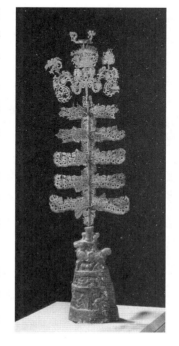

图 6-16　(东汉)陶摇钱树

二、帝王陵墓

秦始皇帝陵与兵马俑坑

　　秦始皇帝陵位于陕西省西安市临潼区,勘察工作始于 1962 年。陵园由两重夯土城垣围城,呈长方形(见图 6-17)。陵园分四个层次:核心部位的封土与地宫、内城、内外城之间、外城以外。

　　封土在内城中部偏南,人工夯筑,呈覆斗形。地宫在封土之下,未发掘。遥感物探发现内部可能有大型金属及水银,可能符合《秦始皇本纪》中的记载:"下铜而致椁……以水银为百川江河大海。"此外,还在封土北侧发现寝殿建筑基址,内城北区西半部发现便殿建筑基址,西侧内外墙垣之间稍偏北发现园寺吏舍遗址等。

　　兵马俑坑位于秦陵外城之外,目前发现四个坑。一号坑最大,坑内约有军士俑6000 件,战车 40 辆,陶马 160 匹,是由前锋、后卫、侧翼组成的大型军阵。[1] 二号坑是由弩兵俑、战车、步兵和骑兵混合编组的军阵。三号坑是军队的指挥部,即军幕。四号坑是未建成的空坑。

　　此外,还发现陪葬墓群 7 处,修陵人员墓地 2 处,文吏俑坑、铜车马坑、石铠甲坑、百戏俑坑、珍禽异兽坑、马厩坑、府藏坑、青铜水禽坑等陪葬坑,以及石料加工厂、砖瓦窑、

---

[1]　陕西省考古研究所等:《秦始皇陵兵马俑坑一号坑发掘报告(1974—1984)》,文物出版社 1988 年版。

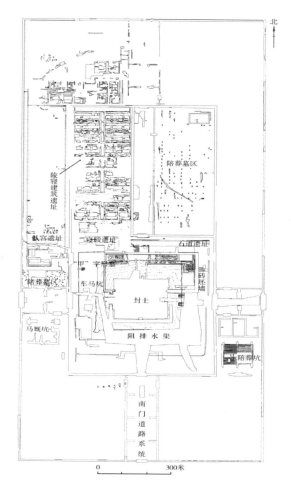

图 6-17　秦始皇帝陵平面布局

鱼池、防洪堤等其他类遗址。[1]

杀殉墓　1976 年在秦始皇帝陵东侧上焦村西钻探发现 17 座墓,试掘 8 座。东西向,呈南北一字排列。分为竖穴土圹和竖穴洞石墓,"甲"字形,带有斜坡墓道和壁龛,有的有室。葬具为一棺一椁。在 7 座墓中发现人骨,5 男 2 女,均为非正常死亡。随葬品有金、银、铜、铁、陶、玉、贝、骨、漆、丝等,一件饰件上刻"少府"二字,两枚铜印章印文"荣禄""阴嫚"。

修陵人墓　1979 年在陵西发现两处修陵人墓地。其中一处遭破坏,里面人骨层层叠压,是修陵刑徒的乱葬坑。另一处保存完好,内探出墓葬 114 座,分 3 行排列。排列密集,有的一个大坑内又分成若干小坑。一坑埋葬 1—14 人不等,均为青壮年男性。有的尸骨上有刀痕,有的身首异处,多为屈肢葬。无随葬品,出土 18 件

---

①　袁仲一:《秦始皇陵考古发现与研究》,陕西人民出版社 2002 年版。

瓦片,刻有地名、服役性质、爵名、姓名等,可知其为从六国旧地征调来的修陵人,埋葬时间当在秦始皇二十六年至秦二世元年(前221—前209)。

西汉帝陵

西汉帝陵继承秦始皇帝陵的范式及预造制度,规范陵园和园门的设计,创立新的寝庙制度。西汉十一帝陵,除文帝霸陵(即江村大墓)、宣帝杜陵,武帝茂陵、昭帝平陵、成帝延陵、平帝康陵、元帝渭陵、哀帝义陵、惠帝安陵、高祖长陵、景帝阳陵九陵自西向东排列于渭河北岸。总体布局呈现以下特征。

(1)除霸陵,均有高大的方形封土。

(2)均有方形陵园,四边正中各有一门,整个陵园以陵丘为中心,呈十字对称布局。

(3)后妃墓多数有单独陵园,形制同帝陵而略小,一般位于帝陵之东。

(4)寝殿设于陵园中近处,包括寝殿和便殿,实行"日祭于寝,月祭于庙,四时祭于便殿"的陵寝制度。

(5)陪陵制度沿袭秦制,陪葬墓设在帝陵之东或东北。

(6)西汉皆有从葬俑坑,其内埋藏各种人物俑、车马及生活用器等。

(7)在帝陵附近设置陵邑,强迁部分地方豪强至此居住。

汉文帝霸陵 即江村大墓,位于西安市东郊白鹿原北,据世传文帝霸陵的"凤凰嘴"约2000米。霸陵陵区主要由陵园、陪葬墓区、其他遗存三大部分组成,面积约25平方千米。陵园整体呈东西向长方形,由外园墙、江村大墓、窦皇后陵、陵园内建筑遗址、外藏坑、祔葬墓等组成。其中,江村大墓位于陵园西部偏北,处于石围界内中心位置,地表未发现封土,整体呈圜丘状,为"亚"字形竖穴土圹木椁墓。墓道位于圹四边中部,平面均呈梯形,底部为斜坡状。墓道内填灰褐、红褐色五花夯土,土质坚硬,含少量料姜石。窦皇后陵位于陵园东北。建筑遗址中,三处位于江村大墓及窦皇后陵园的北侧,一处位于窦皇后陵园南侧。陵园内祔葬墓位于江村大墓和窦皇后陵之间。采集到大量遗物,主要有陶俑残块、陶器残片及建筑材料,如铺地砖、板瓦、筒瓦、瓦当等。

考古工作确定了霸陵的准确位置,解决了西汉十一陵的名位问题。霸陵上承西汉早期长陵、安陵的基本要素,下启中期阳陵、茂陵等帝陵规制,是西汉帝陵发展演变的关键环节,其双重陵园、帝陵居中、象征官署机构的外藏坑围绕帝陵布局等,均为西汉帝陵中最早出现的。因此,霸陵形制布局为西汉帝陵制度的深入研究提供了翔实的考古资料。[①]

---

① 陕西省考古研究院等:《汉文帝霸陵考古调查勘探简报》,《考古与文物》2022年第3期。

汉景帝阳陵　陵址位于咸阳市渭城区正阳乡。陵园为正方形，边长 418 米，夯土筑墙，每面墙中部均有三出阙。中心封土底边长 168 米，高 32 米多，帝陵为"亚"字形，坐西朝东，东墓道最长。封土四周分布条形从葬坑 86 座，埋藏大量陶俑（见图 6-18），如骑兵俑、步兵俑、动物俑。后陵在东北，嫔妃陪葬墓和德阳庙对称分布于帝陵南北两侧，罗经石发现于帝陵东南侧。刑徒墓地及三处建筑遗址在帝陵西侧，大型陪葬墓区和阳陵邑在东，陪葬墓园有完整围沟。①

图 6-18　阳陵陶俑

东汉帝陵

东汉王朝共有 12 座帝陵，除献帝禅陵位于河南焦作修武县境内，其余 11 座帝陵均位于河南洛阳境内，结合文献归纳东汉帝陵的布局特征如下。

（1）不同于西汉的覆斗形坟丘，改为平面圆形、外观似馒头的低矮封土。

（2）东汉帝陵分南北两个陵区，北陵区在邙山，有 5 座帝陵，包括光武帝原陵、安帝恭陵、顺帝宪陵、冲帝怀陵、灵帝文陵；南陵区在洛河以南，有 6 座帝陵，分别为明帝显节陵、和帝慎陵、章帝敬陵、殇帝康陵、质帝静陵、桓帝宣陵。

（3）后妃同茔异坟。

（4）改竖穴木椁墓为砖（石）墓，以黄肠石仿黄肠题凑形式。

（5）寝庙制度发生重大变化。自东汉明帝起，废止一帝一庙的制度，而把历代神主汇集到一个祖庙之中，实行同堂异室的供奉制度。

（6）各陵都有陪葬墓。

（7）自明帝开始不筑园墙，不设陵邑。

10 余年的东汉帝陵考古工作，涵盖了封土墓冢的普查、帝陵陵园的钻探和发掘。发现东汉帝陵的陵墓为圆形封土，甲字形墓葬，只有一条单一的南向墓道。除封土和墓葬，陵园还包括石殿、钟虡、寝殿、园省、园寺吏舍五个大的陵寝建筑单元。这一发现填补了中国古代陵寝制度史上的重要缺环。②

与西汉帝陵相比，东汉帝陵不论是在形制或是陵寝建筑方面，均发生了重大变化，陵寝的规模要远远小于西汉时期，葬制走向简约，但丧制、祭制的内涵有所扩展，关键是葬制发生了巨变。③ 通过大量不同层面的考古工作和研究探索，东汉帝陵的地望问

---

① 　焦南峰：《汉阳陵从葬坑初探》，《文物》2006 年第 7 期。

② 　洛阳市文物考古研究院：《河南洛阳东汉帝陵考古调查与发掘》，《大众考古》2018 年第 4 期。

③ 　李继鹏：《洛阳邙山东汉帝陵再探》，《中国国家博物馆馆刊》2020 年第 5 期。

题亦取得了重要成果,为今后东汉陵墓制度的研究奠定了基础。[1]

三、木棺墓

继承商周传统,在长方形竖穴土坑内用木板搭筑椁室,一般有斜坡或阶梯式墓道,多重棺,但棺椁制度不严格。

长沙马王堆汉墓　位于湖南省长沙市东郊。三座墓形制基本相同,均为北侧有墓道的长方形竖穴土坑墓,墓底和椁周围积木炭和白膏泥。M2出土"长沙丞相""轪侯之印"和"利仓"三枚印章,推测墓主为西汉初期长沙国丞相利仓。M3出土记事木牍,下葬年代为汉文帝二十年(前168),墓主年龄在30岁左右,推测为利仓之子。[2] M1的木椁平面为"亞"字形,一椁四箱,棺室居中,周围有边箱,典型的间切形椁室,内置四层漆套棺。出土女尸是中老年女性,是一具罕见的"湿尸",遗体保存完好,全身润泽,皮肤及内脏器官完整,是世界上保存最好的湿尸。女尸身着9层衣服,按照"绞衾制"外包丝被,并以丝带捆绑。其中出土"妾辛追"名章(见图6-19),推测为利仓夫人。[3] 葬品3000多件,其中出土的长达160厘米、仅重48克的素纱襌衣(见图6-20)堪称绝世珍品,还出土"T"形铭旌、帛书和竹简等。而在"妾辛追"的识读方面,有专家学者经过探讨和钻研,认为印文改释为"妾避"比较合适。[4]

图6-19　妾辛追(避)印

图6-20　素纱襌衣

---

① 严辉:《洛阳东汉帝陵地望问题研究综述》,《中原文物》2019年第5期。

② 陈松长:《长沙马王堆西汉墓》,上海古籍出版社1998年版。

③ 湖南省博物馆:《长沙马王堆一号汉墓》(上),文物出版社1973年版。

④ 魏宜辉等:《马王堆一号汉墓所谓"妾辛追"印辨正》,《文史》2019年第4期。

　　海昏侯墓　位于江西省南昌市新建区大塘坪乡观西村,是我国迄今发现的保存最好、结构最完整、功能布局最清晰、内涵最丰富的西汉列侯墓园,其发现对于西汉列侯陵寝制度的研究意义重大。墓园由 2 座主墓、7 座陪葬墓、1 座陪葬坑、园墙以及门阙、祠堂、厢房等建筑构成,内有完善的道路系统和排水设施(见图 6-21)。墓主为西汉废帝、第一代海昏侯刘贺。截至 2019 年 2 月,海

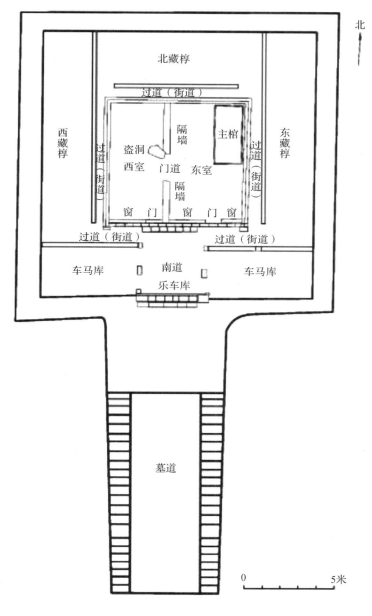

图 6-21　海昏侯墓园平面布局

昏侯墓自 2011 年发掘以来共出土 1 万余件(套)珍贵文物,包括一组印有孔子生平文字及画像的漆器屏风,数量惊人的黄金、金器,10 余吨铜钱,数以千计的竹简、木牍,大部分为儒家经典,其中包括失传已久的《论语》的《齐论》版本。车马坑出土了实用高等级马车 5 辆、马匹 20 匹、错金银装饰的精美铜车马器 3000 余件。这也是中国长江以南地区发现的唯一一座带有真车马陪葬坑的墓葬。其内涵复杂,从西汉王侯陵墓的丧葬制度来说,存在诸多矛盾现象,总而言之,海昏侯刘贺墓在总体上是按照列侯规制修建的,尤其是地上建筑和外部形态,无疑是一座典型的列侯墓;但墓内结构和设施,尤其是随葬品,在诸多方面又具有诸侯王墓的气势。[1]

四、黄肠题凑墓

这是木椁墓中的特殊形式,规格较高,墓主一般是诸侯王或高级贵族。黄肠,是指剥去外皮的柏木,颜色淡黄;题凑,即以黄芯的短柏木顶端向内垒成墓壁。基本特点是层层平铺、叠垒,一般不用榫卯,而且木头皆向内。此类墓不见于长江以南地区。目前所见 10 余座墓皆为西汉诸侯王和列侯级墓,以西汉早中期为多,如大葆台汉墓、扬州天山汉墓等。东汉有仿黄肠题凑石条题凑墓,是其没落阶段的变种。

北京大葆台汉墓　位于北京市丰台区(见图 6-22)。M1 保存较好,封土高 8 米。斜坡墓道,外部是放置随葬品的主要地方。内侧外回廊以内是黄肠题凑,共用木材 15880 根,是已发掘的墓中用木料最多的一座汉墓。内回廊壁以内构成前、后两室,前室象征前堂,发现各种动物骨骼,后室象征后寝,内有二椁三棺,发现大量玉器、玉衣残片等。整体结构由内而外依次为棺室(梓宫)—前室(便房)—题凑—外藏。推测墓主人可能是广阳顷王刘建。大葆台汉墓为我国首次发掘的黄肠题凑墓,其规模之大、用材之多迄今仍居同类墓之首。[2]

---

① 白云翔:《西汉王侯陵墓考古视野下海昏侯刘贺墓的观察》,《南方文物》2016 年第 3 期。
② 大葆台汉墓发掘组:《北京大葆台汉墓》,文物出版社 1989 年版。

图 6-22　大葆台汉墓

五、崖洞墓

依山为陵、凿山为葬是西汉诸侯王墓中数量最多的一种。崖洞墓在石山中开凿墓室，地下空间象征和模仿了地上生活的内容。目前共发现 30 多座，主要集中于黄淮之间的东部地区。

河北满城汉墓　位于河北省保定市满城区，是西汉中山靖王刘胜及其妻子的墓葬，容积 2700 立方米。平面呈"早"字形，整个墓葬由墓道、甬道、南北耳室、前室、后室、侧室组成。出土多件稀世奇珍，包括两件首次发现的最完整的金缕玉衣（见图 6-23）、闻名遐迩的"长信宫灯"、华丽精美的错金博山炉等。[①]

①　中国社会科学院考古研究所等：《满城汉墓发掘报告》，文物出版社 1980 年版。

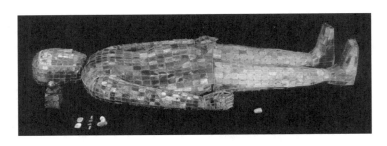

图 6-23　金缕玉衣

徐州北洞山汉墓　位于江苏省徐州市北郊。墓道为露天开凿，中段两侧有小龛，内有侍卫俑、仪仗俑 222 个，中段和北段之间有 11 个石室，象征车马库、仓房、厨房等所在。洞室内全长 21.3 米，依次为墓门、甬道、前室、后室。甬道两侧有侧室，后室为棺室，葬具无存。整个崖洞的地下宫殿建筑 500 多平方米，有主体宫室 8 个，附属 11 个。该墓被盗，除俑类，出土 7 万多枚半两钱，残留玉衣片。据出土官印推测，墓主可能是西汉前期分封彭城的第五代楚王刘道，葬于武帝元光六年（前 129）。该墓是目前发掘的汉代崖洞墓中结构最复杂的一座。[1]

六、石室墓

石室墓是以石块砌筑的墓室，是汉代诸侯王墓的一个重要类型，仅有竖穴岩坑石砌墓一种。数量不是很多，以南越王墓最为典型。

南越王墓　位于广州市象岗山，是竖穴与掘洞相结合的大型石室墓，平面呈"早"字形。整个墓葬共有 7 室，仿前朝后寝布局，西侧室殉 7 人，为厨丞、庖丁一类的人。出土众多罕见文物，堪称"中国之最"。墓主身着丝缕玉衣。该墓是岭南地区目前所见年代最早、规模最大，也是唯一的一座西汉前期石室壁画墓。出土的"玉舞人"，是已知汉代玉舞人中唯一的圆雕珍品。墓中有一件波斯银盒，出土时盒内仍保存半盒丸状物，考古专家推测可能是药丸。目前，这一银盒在同类器物中是唯一出土时仍保留有物品的，是岭南地区与外域地区交流往来的重要物证。墓主身旁发现金印 2 枚，玉印 6 枚，其中一枚龙纽金印，阴刻篆文"文帝行玺"（见图 6-24），墓主为第二代南越王文帝赵眜。[2]

---

① 徐州博物馆等：《徐州北洞山西汉楚王墓》，文物出版社 2003 年版。
② 广州市文物管理委员会等：《西汉南越王墓》，文物出版社 1991 年版；霍雨丰：《南越王墓的银盒及国内其他裂瓣纹器物》，《文物天地》2017 年第 10 期。

图 6-24　"文帝行玺"金印

七、中小型墓葬

根据形制、建材、结构和墓室布置等情况,中小型墓葬可分为以下几类。

土坑竖穴木椁墓和土坑墓　流行于西汉早中期,中期以后逐渐为横穴砖室墓取代。中型木椁墓,单棺或双棺,椁室分割为三四个椁箱,随葬铜、漆礼器,日用器,俑类,等等。小型木椁墓,两椁箱以下,单棺,随葬品以陶器为主,有模型明器仓、灶、井等,有少量铜器、俑类。单棺土坑墓,随葬少量陶器或无随葬品。

东汉时期,仅在华南和江浙一带发现少量木椁墓。华南地区的木椁墓一般分为前室、器物室、椁室,比西汉的双层木椁墓简化,或称"假二层木椁"。随葬品主要放在边箱,出现东汉货币。江浙一带的木椁墓继承西汉墓制。

洞石墓　又称土洞墓,以长方形竖井或斜坡为墓道,以设于墓道底部一边的横穴式土洞为墓室。洞石墓是关中地区西汉墓葬的主流形式,早期以木板或土坯封门,中晚期多以条砖封门,并开始在洞室内做砖券墓室。随葬品有陶器、铜镜、车马器等。

空心砖墓　砖室墓的地方类型,西汉时期流行于中原、关中一带。以竖井为墓道,在横穴内用空心砖砌墓室,前壁有门洞,模仿生人住宅,砖面上印有花纹、图案,个别墓还有彩色壁画。

砖室墓　又称"小砖墓",西汉中后期首先流行于中原、关中地区,东汉时期遍及全国。墓内往往有棺无椁,设有耳室,以简单的单券墓为多见。至东汉前期时,流行单穹窿形式。东汉中晚期,形成多室墓,出现双穹窿形式。四川、重庆一带流行平面呈刀形的小型砖石墓,墓道设在墓室短边一侧。

壁画墓　用彩墨、毛笔在墓室内壁作画,年代最早的是河南永城西汉早期梁国王室墓。西汉晚期,壁画墓开始多见,只见于长江以北,以河南洛阳最为集中。东汉壁画墓的规模较大,多为二进或三进以上的多室墓。

洛阳西汉壁画墓　位于河南省洛阳市烧沟村附近的两座西汉晚期壁画墓。两墓墓室均为空心砖、小砖混合构筑,皆为夫妇合葬,出土大量西汉晚期特征的随葬品。其中一座墓内出土印章,墓主为卜千秋;另一墓主不明。卜千秋墓由长方形主室和左右两个耳室组成,主室长 4.6 米。墓内壁画以脊顶的墓主升仙图为主,门额和后壁绘有仙禽、怪兽及四神等。另一墓门内额绘有"神虎吃女魃图"(见图 6-25),主室西面隔墙梁额上绘有"二桃杀三士""孔子见老子"等历史故事,主室后壁绘有鸿门宴的场景,顶脊从前到后绘有 12 幅星象图。[①]

图 6-25　神虎吃女魃图

和林格尔壁画墓　位于内蒙古自治区呼和浩特市和林格尔县新店子乡境内的一座土山上。墓分前、中、后三主室和三耳室,全长约 20 米。墓壁、墓顶及甬道两侧有壁画 50 多幅,榜题 250 多顶。这是我国考古发掘迄今所见榜题最多的汉代壁画。壁画内容有墓主的仕途经历,有墓主历任官职所在城市和府舍的官府图,有统治阶级生活的描绘,有东汉时代社会生产活动的场面,形象地反映出东汉时期我国北方多民族居住地区的阶级关系、民族关系和社会生活面

---

① 　河南省文化局文物工作队:《洛阳西汉壁画墓发掘报告》,《考古学报》1964 年第 2 期。

貌(见图 6-26)。^①

图 6-26　乐舞百戏图(局部)

画像砖墓　画像砖是用拍印和模印方法制成的图像砖,画像砖墓是一种在墓壁上镶嵌具有浓郁绘画韵味的画像砖的墓葬。主要集中于河南、四川两地。四川画像砖墓除了表现车马出行、仪仗、乐舞、宴饮等场景,还多见南方水田农作、煮盐、捕鱼、射雁等场面。

画像石墓　在造墓石材上雕刻各种画像,用以装饰墓室,见于石室墓和砖石混筑的砖石墓。自西汉中晚期出现,盛于东汉。东汉画像石墓顺应当时家族合葬之风,规模较大者除前、中、后室,还有多个耳室或侧室,集中分布于鲁南、苏北、河南南阳和陕北地区。

神木大保当汉墓　1996—1998 年,在陕西省神木县大保当镇清理汉代城址和多处墓葬,出土画像石 100 多块。M23 是一座典型的画像石墓,斜坡墓道,墓室的平面布局呈束腰长方形,四角各有突出的灯台,砖石混筑结构。前室为方形,四角攒尖顶;后室长方形,穹窿顶;甬道和过洞为双层券顶。画像石位于墓门,根据不同内容和部位施以不同色彩。门楣画像分两层,上层为狩猎图,下层为车马出行图。两门柱对称,自上而下绘有说唱、舞蹈、卧鹿和车马,外侧饰有芝草纹。门枢为

---

① 　内蒙古文物考古研究所:《和林格尔汉墓壁画》,文物出版社 2007 年版。

神鸟、神兽和铺首衔环。①

密县打虎亭汉墓 两座位于河南省密县的东汉晚期大型壁画、画像石墓。一号墓以画像石为主,总面积达 200 余平方米。前室两壁为属吏图,中室两壁为侍女图,南耳室四壁分别刻有养老或赈贷图和家畜饲养图,东耳室为庖厨图,东后室则为幔幄高悬的墓主家居图和宴饮图(见图 6-27)。二号墓以壁画为主,除西后室和侧室,均绘彩色壁画,总面积近 200 平方米。南壁绘墓主车骑出行图,北壁绘宴饮百戏图。② 尤为难得的是,在一号墓庖厨图中出现了制作豆腐的几幅关键场景,这是目前世界上最早的有关豆腐制作的记录。

图 6-27 宴饮百戏图(局部)

崖墓 东汉时期的崖墓集中分布于古巴蜀地区,从大型的多室墓到小型的单室墓都有,墓主身份既有高官也有平民。四川崖墓多位于沿江或沿河的台地和山崖,凿崖开洞,墓内结构较为复杂,侧室的设置随意性较大。崖墓适应当时合家而葬的需求,成为古巴蜀地区东汉墓的主要形式。

---

① 陕西省考古研究所等:《神木大保当——汉代城址与墓葬考古报告》,科学出版社 2001 年版。

② 张楠:《密县打虎亭汉墓图像含义初步研究》,《美术观察》2005 年第 10 期。

第三节　秦汉建筑遗址

一、秦咸阳宫和阿房宫

秦咸阳宫　秦孝公十二年(前 350)，秦迁都咸阳，营造宫室。秦都咸阳在咸阳东北 10 千米，城址北部是咸阳宫建筑基址。西侧一号基址是一座平面呈"L"形、多层夯土高台为基础、平台重叠高起的楼阁建筑。台顶中部有两层楼堂构成的主体宫室，四周布置有小的宫室。底层有回廊环绕，有 12 处房址，当为宫嫔所居。东侧二号基址与之对称，两处基址应有飞阁相连。西南侧有三号基址，其间有夯土连接，是组群式建筑。①

阿房宫　自 2002 年开始进行大规模的考古调查和局部发掘，基本弄清了阿房宫前殿夯土基址的范围，面积达 54 万多平方米，是迄今所知中国古代都城建筑中规模最大的夯土基址。前殿北部边缘呈台阶式三层台面结构，说明台面上应为廊庑类建筑。前殿台基之南发现一处屋顶遗迹。考古勘探确认阿房宫是当时未完工的一处工程，《史记》记载项羽所烧"秦宫室"应为秦咸阳宫，而非阿房宫。②

二、西汉长安

长安旧址位于西安市西北郊。长安城平面呈不规则方形，面积 40 多平方千米(见图 6-28)。黄土夯筑城墙，有 12 门，每边三门，每门三个门道。以门、道分区，宫殿区为主，有长乐宫、未央宫、明光宫、桂宫、北宫等，其中长乐宫和未央宫东西并列。长乐宫位于城内东南部，宫内探出大型建筑遗址群三组。未央宫在长乐宫西南，宫内有十多组重要的建筑设施，前殿是多层殿堂组成的组群建筑。两宫之间有武库。西北的东、西二市为商业区、手工业作坊区。明光宫以北地区可能为平民区。城外南部有礼制性建筑，西部有离宫、苑囿，主要有上林苑、建章宫、社稷、辟雍等。③ 城内有 8 条街道相互交错，宽度都在 45 米左右，分为三条并行的道路，中间为"驰道"，专供皇帝行走。

①　陕西省考古研究所：《秦都咸阳考古报告》，科学出版社 2004 年版。
②　中国社会科学院考古研究所等：《西安市阿房宫遗址的考古新发现》，《考古》2004 年第 4 期。
③　刘庆柱等：《汉长安城》，文物出版社 2003 年版。

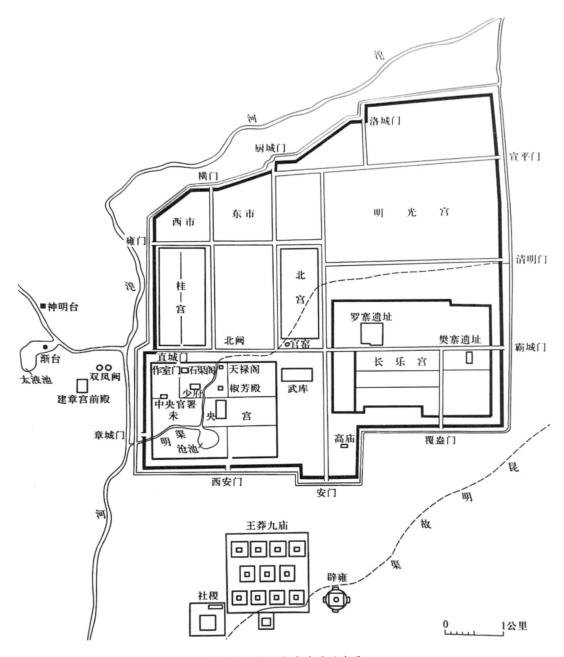

图 6-28　西汉长安城平面布局

　　西汉长安城的规划改变了春秋战国时期大小两城相套或分治的旧制,把宫城分成若干部分,连同工商业区及一般居民区同置于一城之中。

【术语 6.5】

辟雍：一座建筑，但它包含两种建筑名称的含义。它是中国古代最高等级的皇家礼制建筑之一。"明堂"是古代帝王颁布政令、接受朝觐和祭祀天地诸神以及祖先的场所。"辟雍"即明堂外面环绕的圆形水沟，环水为雍（意为圆满无缺），圆形象辟（辟即璧，皇帝专用的玉制礼器），象征王道教化圆满不绝。

三、东汉洛阳

洛阳旧址位于河南省洛阳市以东约 15 千米处，北靠邙山，南临洛河。始建于西周，在西汉时扩建，东汉光武帝建武元年（25）建新城。平面呈长方形，城内面积 9.5 平方千米（见图 6-29）。南北长约 4.5 千米，东西宽约 3 千米，历史上又称之为"九六城"。探出

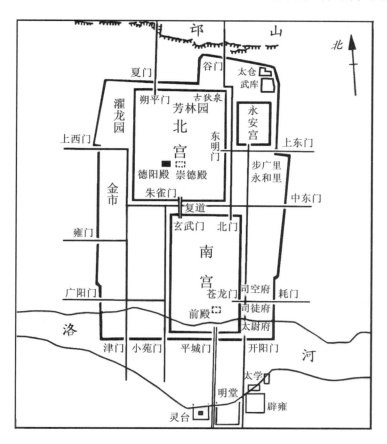

图 6-29　东汉洛阳城平面布局

城门12座,城内大街通自城门,互相交叉,分隔成24段,是一街三道的形式。城内主体建筑为南宫、北宫,二者前后相置。东北隅有太仓、武库等,城西北有濯龙园。西边金市是工商业区,空白处是居民区。南郊有马市、南市,城外有太学和礼制建筑,包括明堂、辟雍、灵台遗址。

第四节 秦汉文化遗物

一、秦汉货币

半两钱 秦始皇三十七年(前210)颁布货币改革令,统一使用方孔圆钱,称半两钱(见图6-30),实现了货币形态和钱文的统一。汉初仍使用半两钱,与秦半两相比,轻薄体小,又称"荚钱"。高祖以后,又有八铢半两、四铢半两、铁半两等形式。汉文帝前元五年(前175),铸四铢半两,成为汉初第一种稳定货币,也是发现最多的一种。

五铢钱 汉武帝元狩四年(前119),令销毁半两钱,改铸三铢钱。元狩五年(前118),又改铸五铢钱(见图6-31),从此进入五铢钱制的时代。西汉晚期,出现剪轮或磨郭五铢钱。东汉初年,社会动荡,货币一度混乱。光武帝建武十六年(40),铸行东汉五铢。汉桓帝、汉灵帝时期铸背有四出的五铢,又称角钱。

图6-30 (秦)半两

图6-31 (汉)五铢

新莽货币 王莽时期推行了4次以上的货币改革,仿先秦货币,铸行刀、布、泉钱。王莽刀币有错刀、契刀等,形状为圜钱与刀币的结合。泉钱及方孔圆钱,有6种,其中货泉为新莽货币最常见的一种。布钱比先秦布币窄长,有十布和货布两种(见图6-32)。

汉代金币　汉代金币以金饼（见图 6-33）为主，外形如饼状，面略隆起，背内凹，凹面有文字或戳记，可能用于巨额交易。江苏、河北等地出土文献记载中的麟趾金和马蹄金，只用于皇帝赏赐，并不用于流通。西汉时期还有金五铢、金货泉，但十分罕见。

图 6-32　（新莽）"大泉五十"钱母范

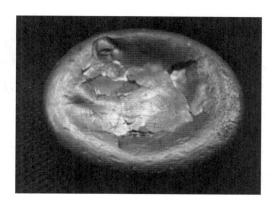

图 6-33　（汉）金饼

二、汉代青铜器

汉代青铜礼器骤减，几乎绝迹。由于铁器和漆器的普及，铜器在农业和手工业中的地位下降，青铜主要用于铜镜、钱币、灯具等日用器的制造。西汉青铜器脱离了古拙、厚重之风，更加灵便、轻巧，多为生活用器，纹饰简单、朴素，铭文少而短。同时，金属细工工艺受到贵族的青睐，各地出现不少造型独特的艺术珍品。西汉晚期至东汉，鎏金器较为普遍。

汉代铜镜

汉代是铜镜制造的鼎盛时期，造工精巧，镜背装饰图案丰富。由于铜镜由磨锡制成，经长年氧化，表面形成乌黑亮泽的透明薄膜，素有"黑漆古"的美称。

西汉初期，保留了战国的作风，以蟠螭纹镜最为多见，偶见山字纹镜，个别镜出现吉语铭文；新出现草叶纹镜。武昭时期，开始出现真正的汉式镜，地纹消失，山字纹镜基本不见，盛行草叶纹、星云纹镜，多见博局镜（见图 6-34）。宣帝时期到新莽时期前期，花纹规整简洁，铭文加长；有日光镜、清白镜、日有熹镜等（见图 6-35）。新莽时期，流行四神图案,大量制作博局镜;新出现纪年铭文镜、变形四叶纹镜(见图6-36)。东汉早期,基本继承了新莽时期的风格,鸟兽或四神博局镜、变形四叶纹镜继续流行;纪年铭文镜增多,铭文加长。东汉中期,开始出现轴对称式布局纹饰的铜镜、浮雕式神兽镜、记日镜等。东汉晚期,仍然流行神兽镜、画像镜,新出现重列式神兽镜。

图6-34 博局镜　　　　图6-35 昭明镜　　　　图6-36 变形草叶纹神兽镜

汉代灯具

　　青铜灯在战国时期已较为流行,至汉代兴盛,发现的数量多,式样多。根据铭文和造型,汉代灯有高灯、行灯、雁足灯、鹿卢灯、朱雀灯、羊灯、当户灯、器皿形灯、人物形灯、连枝灯多种。

图6-37 长信宫灯

　　长信宫灯　1968年出土于河北省满城中山靖王刘胜之妻窦绾墓。宫灯灯体是一个通体鎏金、双手执灯踞坐的宫女,中空(见图6-37)。灯体通高48厘米,重15.85公斤。整体由头部、身躯、右臂、灯座、灯盘和灯罩六部分组成,各部均可拆卸。设计十分巧妙,宫女一手执灯,另一手袖似在挡风,实为虹管,用以吸收油烟,既防止了空气污染,又有审美价值。器身共刻铭文九处65字,分别记载了该灯的容量、重量及所属者。因灯上刻有"长信"字样,故名"长信宫灯"。①

---

① 中国社会科学院考古研究所等:《满城汉墓发掘报告》,文物出版社1980年版。

三、汉代铁器与冶铁业

汉代冶铁业进一步成为经济发展的基础。汉武帝时实行盐铁官营，在许多重要产铁地设置铁官。根据已发表的材料，现已发现汉代冶铁遗址近 60 处，河南地区的冶铁作坊最为集中。其中，河南泌阳下河湾遗址是我国最大的冶铁遗址[1]，河南巩义铁生沟遗址再现了汉代从开矿、冶铁到铸造成器的全过程。

巩县铁生沟遗址　位于河南省巩义市铁生沟村，遗址附近发现多处矿井，遗址内发现矿石加工场、配料池、废铁坑等。大量熔炉耐火砖的发现，表明汉代已实现炼、铸分离，可保证互不影响生产。发现铸铁柔化处理的退火脱碳炉一座，能够得到可锻铸铁和铸铁脱碳钢等优质铁器。遗址西部有用于加热软化铁料的圆形锻炉一座，专门制钢的椭圆形炒钢炉一座，炒钢是生铁制钢的一项新技术。[2]

由于汉代钱币的大量生产，叠铸技术在汉代应运而生并普遍使用，代表了当时铸造技术的最高水平。叠铸法的工艺流程为：先制金属样模，然后制作泥模和浇铸金属模盒，再用金属模盒翻制泥子范，然后将子范分层叠合成套并涂泥，入窑烘烤，趁热取出浇铸，最后破范取器。这种铸法效率高，节省造型材料和金属液，适合小型铸件的大批量生产。河南温县故城曾发现东汉冶铁工场遗址，保存了 500 多套烘好待铸的叠铸范[3]，表明叠铸技术已相当成熟。

四、秦汉简牍

秦统一六国后，以法律形式推行"车同轨、书同文、行同伦"的改革措施。目前发现比较重要的秦文字材料包括湖北云梦睡虎地秦简、龙岗秦简、江陵杨家山秦简、王家台秦简、沙市周家台秦简、甘肃天水放马滩秦简、湖南里耶秦简等。

云梦秦简　出土于湖北省云梦睡虎地 M11 墓主人喜的棺内。竹简一般长 23—28 厘米，宽 0.3—0.8 厘米，用细绳编组成册，共 8 组 1155 枚。墨书秦篆（见图 6-38），时代为秦昭王至秦始王早期，内容包括《编年纪》《语书》《为吏之道》《日书》，以及法律文书 600 多枚，是目前我国发现时代最早、保存条目最多、内容最丰富系

---

① 白云翔：《先秦两汉铁器的考古学研究》，科学出版社 2005 年版。
② 河南省文化局文物工作队：《巩县铁生沟》，文物出版社 1962 年版。
③ 河南省博物馆等：《汉代叠铸（温县烘范窑的发掘和研究)》，文物出版社 1978 年版。

统的成文法典。①

里耶城与里耶秦简　2002 年发现于湖南省湘西土家族苗族自治州龙山县里耶镇的里耶城址，是一座战国中晚期至秦代的古城。城内发现多处吊脚楼式的房址，以及作坊、道路、车辙痕迹和水井等。一号井内出土 3.6 万余枚秦简，绝大多数为木简。简牍形制多样，一般长 23 厘米，以两道绳编联或无编绳，均为墨书，内容是秦王朝洞庭郡下辖的各项事务，纪年时间起自秦王政二十五年至秦二世二年。其中的地理区域、地名和行政区划等内容，为研究秦汉时期湘西地区地理沿革提供了珍贵的资料。②

图 6-38　云梦秦简

目前发现的汉简有居延汉简（张掖汉简）、敦煌汉简、酒泉汉简、姑臧汉简（武威汉简）、天水汉简、罗布淖尔汉简、长沙马王堆汉简、长沙走马楼汉简、山东临沂银雀山汉简、江陵汉简等。

居延汉简　自 1930 年起，陆续出土 3 万余枚，纪年上起汉武帝征和二年（前 91），下至东汉初年，内容包括公文文书和各种统计与登记簿籍，前者包括皇帝下发的诏书政令、官府颁发的檄文、牒书、律令、烽火品约等，后者包括吏卒家属、奉赋名籍、公文信件、钱粮出纳、武器装备、伤员统计、驿马、牛籍、日常工作的日记簿等。在关卡遗址还有吏民出入关的登记簿。③

敦煌汉简　自 1907 年起，在汉代敦煌郡范围内发现 9 批 2.5 万余枚汉简，统称为"敦煌汉简"。简牍形制大致与居延汉简相同，主要内容包括屯戍公文簿籍、书信等，还有《仓颉篇》、《急就篇》、历谱等内容，时代范围为汉武帝末年到东汉桓帝时期。④

① 中华书局编辑部：《云梦秦简研究》，中华书局 1981 年版。
② 白云翔：《里耶古城·秦简与秦文化研究》，科学出版社 2009 年版。
③ 陈直：《居延汉简研究》，中华书局 2009 年版。
④ 甘肃省文物考古研究所：《敦煌汉简》，中华书局 1991 年版。

五、秦砖汉瓦

建筑用陶的生产自西周时期已经开始,主要有陶水管、板瓦、筒瓦、陶井圈等。战国时期,主要生产砖和瓦,以铺地的平板式方砖为主,新创空心砖。秦代建筑业兴盛,秦砖坚实致密,主要用于铺地,有空心砖、条形砖、长方形砖、曲尺形砖、楞砖、券砖等。汉砖形体较大,一般超过 30 厘米长,流行菱形纹及其变体纹,东汉时期多见车轮纹和富贵铭文砖。

秦瓦的种类很齐全,有板瓦和筒瓦,二者配合使用。汉代流行圆瓦当,十字对称布局的卷云纹瓦当是主体形式(见图 6-39)。文字瓦当较为多见,有十字对称布局和全文瓦当两种,瓦文多见"千秋万代""长乐未央""延年益寿"等内容。新莽时期流行四神瓦当。

图 6-39　卷云纹瓦当

六、釉陶、原始瓷与成熟青瓷

釉陶和瓷器是汉代陶瓷业的两颗明珠,代表了汉代陶瓷的最高成就。

釉陶,是一种带有浓厚棕黄色或绿色釉的陶器。釉料含铅量高,烧成温度一般在 800℃左右,温度较低。因胎料不精,成品质量不高,极易破碎。器类主要有谷仓、灶、井等模型,动物偶像和人物俑等。釉陶一般不见于居址,只用于随葬,不是实用器。

一般认为釉陶有两种起源,即"战国起源说"和"汉代起源说"。目前发现最早的釉陶系山东临淄战国齐墓中出土的釉陶罍,此时的釉陶制作精美,较为成熟,但仅见棕黄色釉产品。汉代开始出现绿釉陶,绿釉陶釉层的基础化学组成经研究与战国釉陶基本相同,但因釉内含有一定的铜离子,在氧化氛围下显色而呈绿色。[1] 较为普遍的学术观点认为,汉绿釉最早出现于汉武帝后期即公元前 2 世纪左右的关中地区,并很快传播开来(见图 6-40)。

图 6-40　西汉绿釉博山陶奁

---

[1]　郎剑锋等:《临淄战国齐墓出土釉陶罍的风格与产地——兼论我国铅釉陶的起源问题》,《华夏考古》2017 年第 2 期。

　　原始青瓷，是用瓷石或高岭土为胎料，以草木灰为釉，或加入石灰，在1200℃左右烧成的器物，多出产于以浙江德清为代表的我国东南地区，湖南湘阴地区亦有生产。之所以称为"原始瓷"，是因为其具备瓷器的基本特征，但尚未成熟，存在制作工艺相对粗糙，原料处理欠精细，胎体仍存在一定的吸水性，釉层与胎骨结合程度较差，容易剥落的情况。一般认为是印纹硬陶向成熟瓷器的过渡，亦有学者主张称其为"早期青瓷"。

图 6-41　商代原始青瓷大口尊

　　原始青瓷的烧制始于先商，到了早商时已较为成熟（见图6-41），并一直延续至汉代。其与印纹硬陶的主要区别在于原料和釉层，印纹硬陶的主要原料为高硅质黏土，而原始瓷则为瓷石[1]，通常认为原始瓷的烧造温度较印纹硬陶略高，但考古中也有发现二者同窑烧制的现象。

　　釉的发明被认为是陶瓷史上一个重要的里程碑，釉层的出现使得器物表面的光润性明显提高，透气程度和吸水性显著降低，大大拓宽了陶瓷制品的适用范围，并为其增添了一定的美学价值。早期陶器和印纹硬陶皆无釉，釉层的出现可能与烧制过程中的"窑汗"有关。与釉陶类似，原始青瓷多用作明器，春秋战国时，还常用于制作各种仿铜礼乐器，可能与青铜器类似，在墓葬中承担礼仪性的功能。

【术语 6.6】

　　窑汗：即柴燃料灰烬被吸入窑中后在窑壁上凝结形成的玻璃质结晶，落于器表时便形成了釉，窑灰或者窑汗落于器物表面的这一过程，也称"落灰成釉"。

　　东汉晚期，由于烧造技术的巨大突破，长江中下游的湖南、浙江一带制成了真正的青瓷（见图6-42、图6-43）并很快地传播开来。到了六朝时期，青瓷已经成为南方地区最重要的生活用具，墓葬中随葬青瓷在很大程度上取代了陶器。[2]

---

① 李文杰：《古代制陶所用黏土及屑和料——兼及印纹硬陶与原始瓷原料的区别》，《文物春秋》2021年第1期。

② 马利清：《考古学概论》，中国人民大学出版社2015年版。

图 6-42　东汉越窑青瓷弦纹罐

图 6-43　东汉岳州窑青瓷四系罐

第五节　战国秦汉时期的边疆民族文化

一、匈奴考古

　　战国晚期匈奴崛起,秦汉之际冒顿单于统一北方草原各部,建立起第一个统一的游牧帝国。匈奴文化的中心在蒙古国及外贝加尔地区,中国境内的匈奴遗存主要集中在北方草原地区,已发现秦汉时期匈奴墓地 10 多处。以竖穴土坑墓为主,地面无任何建筑,一般无葬具。墓葬以南北向为主,盛行单人仰身直肢葬,头向北,普遍有殉牲。随葬品以动物纹和几何纹铜带饰、环、铃、扣以及肩部饰有波浪纹的陶罐为代表。

　　鄂尔多斯文化　分布于内蒙古鄂尔多斯和凉城周围,可分为东、西两部分,在葬俗和陶器方面差别较大。西部墓葬一般为南北向,墓主头向北,无葬具,殉牲普遍,以马、羊为主,具有浓郁的游牧文化因素。东部有东西向墓和南北向墓两种,多无葬具,个别南北向中型墓使用木棺,东西向墓有殉牲现象,以羊、牛为主,马较少,表现出半农半牧的文化因素。葬式均为单人仰身直肢葬,随葬较多的青铜兵器、工具和装饰品。以动物纹为主题的饰牌、扣、环等,是鄂尔多斯式青铜器最突出的特点。一般认为西部可能属于林胡,东部可能是楼烦,秦汉之际成为匈奴的重要别部。

二、西域考古

西域,历史上指玉门关、阳关以西,葱岭以东的广大地区。汉代丝绸之路的开辟,使西域诸国经济文化繁盛一时。

楼兰遗址 位于新疆巴音郭楞蒙古自治州若羌县罗布泊西北,是丝绸之路的南、北两道分道之处。楼兰为西汉西域36国之一,于公元前176年建立,公元630年左右消亡。汉武帝时在此驻军屯田。1901年由赫定发现,楼兰古城平面呈正方形,面积约10.8万平方米。城中心有两处规格最高的土坯建筑,一座为"三间房遗址",似为古楼兰统治者的官衙或住所;另一座为大型宅院,可能是官署遗迹。城东有八角形圆顶佛塔,东北角有汉代烽燧。历年出土大量佉卢文、汉文文书及简牍,以及具有汉代特征的物品。古城东发现东汉墓葬区,出土大量东汉丝织品、漆木器等。①

尼雅遗址 位于新疆民丰县北尼雅河沿岸,年代约从东汉前期到魏晋。原属精绝国,东汉时为鄯善所并。出土简牍上的"鄯善郡印"封泥、采集的"司禾府印"和许多汉文木简。1901年由斯坦因首次发现,他又复于1906年对该遗址进行调查发掘,斯坦因两次共发掘废址53处,掘获佉卢文木简721件,汉文木简、木牍数件,以及武器、乐器、毛织物、丝织品、家具、建筑物件、工艺品和稷、粟等粮食作物。1995年在尼雅一号墓地发掘8座墓,随葬品丰富,出土大量精美的丝织品,首次发现"五星出东方利中国"的汉字锦(见图6-44)等。②

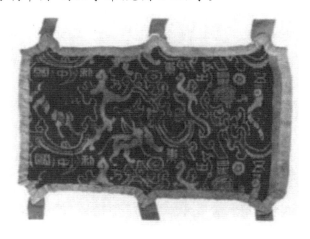

图6-44 "五星出东方利中国"汉字锦

---

① 侯灿:《楼兰考古》,《历史教学问题》1983年第2期。
② 于志勇:《新疆民丰县尼雅遗址95MNI号墓地M8发掘简报》,《文物》2000年第1期。

石城子遗址　位于新疆维吾尔自治区昌吉回族自治州奇台县半截沟镇麻沟梁村东北1.4千米。遗址首次发现于1972年。遗址地处天山北麓,古城依崖体而建,南北高差大,东面和南面临深涧,地形险要、易守难攻,作为军事要塞的自然条件十分优越。城内依托北面和西面城墙建有子城,这种边城形制与汉文帝时晁错倡议的"复为一城,其内城间百五十步"十分相符,军事遗存的性质显著。遗址重要建筑均集中分布于子城内,外城仅有的一座城门坐落在外城西墙中部。目前已有城墙、城门、角楼、排水沟、护城壕、高规格房址等重要遗址,还在城西坡梁上发掘墓葬9座、窑址1座。石城子遗址是两汉时期中原王朝经营西域的战略要地之一,是两汉时期中原王朝管理西域的实证。经过系统的考古工作,结合周边相关遗存并对照文献记载,现已基本认定石城子遗址就是汉代的疏勒城。① 目前一系列的发掘,不仅对石城子遗址的整体布局有了更加明确的认识,同时为探讨遗址的性质、功用和意义提供了实物佐证。石城子遗址的发掘有助于进一步清晰认识汉王朝在西域构建的军事防御体系,对于研究两汉时期对西域的有效治理和管辖具有重要学术价值。②

三、西南夷文化

战国秦汉时期,西南夷中的滇和夜郎为较大的国家,创造了高度发达、独具特色的青铜文化。

滇文化　滇人活动在以云南滇池为中心,东达曲靖,西至禄丰的范围内。自1955年发掘晋宁石寨山墓地起,迄今已发现数十处滇文化墓地。石寨山墓葬形制为土坑竖穴,大墓一般长3—4米,葬具均为内外髹漆彩绘木棺,葬式为仰身直肢葬。随葬品以青铜器为主,多寡不等。M6是唯一发现木椁痕迹的大墓,出土一枚金质"滇王之印"(见图6-45),为元封二年(前109)汉武帝所赐。③ 羊甫头墓地发掘800多座西汉滇人墓葬,均为竖穴土坑墓,多有腰坑,发现奇特的叠葬习俗,最多达5层。葬式有仰身直肢葬、侧身屈肢

图6-45　"滇王之印"金印

① 新疆文物考古研究所:《新疆奇台石城子遗址2016年发掘简报》,《文物》2018年第5期。
② 新疆文物考古研究所:《新疆奇台县石城子遗址2018年发掘简报》,《考古》2020年第12期。
③ 云南省博物馆考古发掘工作组:《云南晋宁石寨山古遗址及墓葬》,《考古学报》1956年第1期。

葬、解肢葬等。其中 M113 出土一组精美奇特的祖形漆器,反映出滇人生殖崇拜的性生活观念。① 滇文化器物群以铜鼓、贮贝器、葫芦笙、铜案和各种金玉饰品为代表。铜鼓数量庞大,逐渐由实用器演变为礼器和权力的象征。

夜郎文化 夜郎是当时西南夷最大的国家,统治核心大致在贵州黔西南一带。在赫章县可乐彝族苗族乡发现西南夷墓葬群,先后 9 次发掘 396 座墓葬,出土文物 2400 多件。2000 年发掘墓葬 80 多座,基本都是竖穴土坑墓,无墓道和封土,葬式多为仰身直肢葬,双手屈于胸前。"套头葬"是夜郎特有的葬俗(见图 6-46),以铜釜套于死者头顶或用铜洗盖于死者脸部或垫于死者头下。还发现在死者头侧墓底斜插一件铜戈的现象。随葬品具有浓郁的民族特色,多寡不一,许多墓空无一物。特色器物有用于"套头葬"的铜釜、卷云纹茎首铜柄铁剑、无胡铜戈、"U"形双股铜发钗、璧形玉耳环、骨耳环等,以及成组佩戴的铜手镯。东汉时期,夜郎墓受东汉墓葬影响,本民族特征消失。②

图 6-46 "套头葬"葬俗

推荐阅读书目

1. 王仲殊:《汉代考古学概说》,中华书局 1984 年版。
2. 查瑞珍:《战国秦汉考古》,南京大学出版社 1990 年版。
3. 王学理:《秦文化》,文物出版社 2001 年版。
4. 赵化成等:《秦汉考古》,文物出版社 2002 年版。
5. 白云翔:《先秦两汉铁器的考古学研究》,科学出版社 2005 年版。
6. 张之恒:《中国考古通论》,南京大学出版社 2009 年版。

---

① 云南文物考古研究所等:《昆明羊甫头墓地》,科学出版社 2005 年版。
② 贵州省毕节地区社会科学联合会:《可乐考古与夜郎文化》,贵州民族出版社 2003 年版。

第七章

魏晋南北朝考古

公元 220—589 年,历史上称为三国两晋南北朝,或者魏晋南北朝。这段时间,中国长期陷于动荡不安、多权并立的局面。考古学文化因而表现出多种时代特征。由于政权更替、并存,在不同区域内表现出比较浓厚的地方特色。长期战争,使得统治者不断加强对外防御和对内管理的要求,不少遗迹和遗物反映出较强的军事需求。少数民族政权在建立与强大的过程中,客观上促进了各民族在政治、经济、文化等多方面的融合,出现较多反映各民族文化交流的遗迹和遗物。历史上第一次中外宗教与文化的大规模交流就发生在这一时期,因此佛教遗物和遗迹保存较多,成为考古研究的重要内容之一。

第一节 军事防御与城址规划

一、曹魏邺城

邺城遗址位于河北省临漳县和河南省安阳县的交界处,以漳河为界,邺北城为曹魏所建,邺南城为东魏所建。

邺北城

由曹操始建于东汉建安九年(204),先后成为曹魏、后赵、冉魏、前燕、东魏、北齐的都城,北周大象二年(580)毁于隋炀帝。经考古勘探与发掘工作,邺北城东西长 2400—2620 米,南北 1700 米,夯土筑城墙,有 7 座城门。[①] 城内道路 6 条,以迎春门和金明门之间的东西大道为界线,将全城划分为南北两区。北部为宫殿区、中央衙署和皇家园林,南部为一般衙署和城市居民区,南部又以中阳门大道为南北中轴线。西北角是铜爵园及具军事堡垒和宴饮游乐双重性质的"三台"区,东面是高级贵族居住的"戚里"。宫殿区内发现 10 处夯土建筑基址,铜爵园内发现 4 座夯土基址,时代与性质尚不清楚(见图 7-1)。

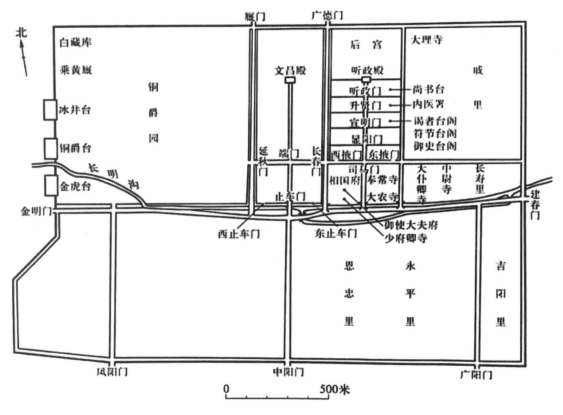

图 7-1 邺北城遗址平面布局

---

① 中国社会科学院考古研究所等:《河北临漳邺北城遗址勘探发掘简报》,《考古》1990 年第 7 期。

邺北城的平面布局在中国都城发展史上具有重要地位,"T"字形的城市纵、横轴线布局,改变了汉代以来都城宫殿区分散的布局,且使平面布局更加对称和规整,对中国的都城布局产生了极为深刻的影响。[①]

邺南城

东魏、北齐以邺北城南墙为北垣营建邺南城,平面呈长方形,东西 2800 米,南北 3460 米。考古发现东、南、西三面城墙,城墙向外弧突,城角呈弧形圆角。文献记载邺南城有 14 座城门,东西墙各四门,南北墙各三门。考古勘探确认了其中 11 座,仅东墙北部的 3 座城门因位于沙层之下而未能确认[②],南墙中门"朱明门"得到发掘[③]。城墙外侧筑有马面 50 座,城墙外有护城河遗迹。城内发现南北向和东西向道路各 3 条,以朱明门大道为南北中轴线。中央偏北发现宫城,南北约 970 米,东西约 620 米,四面有宫墙。其内发现 15 处建筑基址,位于中轴线上的宫殿基址面积较大。[④] 城市布局同时受到北魏洛阳城和邺北城的影响,被认为是隋大兴城与唐长安城的直接渊源。历年考古工作均发现多处佛教遗迹,可见当时佛教兴盛境况。

【术语 7.1】

马面:为了加强城门的防御能力,许多城市设有两道以上的城门,形成"瓮城",城墙每隔一定的距离就突出矩形墩台,以利防守者从侧面攻击来袭敌人,这种墩台称为敌台或"马面"。

二、魏晋洛阳城

洛阳城是著名的九朝古都,先后经历东周、东汉、曹魏、西晋、北魏、隋、唐、后唐、后晋等王朝。曹魏、西晋和北魏的城址位于洛阳市东约 15 千米处,《续汉书》记"城东西六里十一步,南北九里一百步",又俗称"九六城"。

北魏洛阳城是在东汉旧城基础上扩建而成的,城垣平面呈不规则的南北长方形,整个大城的周长约合 14 千米。西、北两面城墙上发现 7 座马面,墙外有护城河遗迹

① 徐光冀:《曹魏邺城的平面复原研究》,《中国考古学论丛》,科学出版社 1995 年版。
② 韩建业等:《中国考古通识》,高等教育出版社 2020 年版。
③ 郭义孚:《邺南城朱明门复原研究》,《考古》1996 年第 1 期。
④ 中国社会科学院考古研究所等:《河北临漳县邺南城遗址勘探与发掘》,《考古》1997 年第 3 期。

(见图7-2)。现已发现10座城门,城内发现东西向和南北向道路各4条,分宫城、内城、郭城三部分。内城为主体,分南北两区,宫城在北区正中,平面呈南北稍长的矩形,占大城总面积的十分之一。南区被南北纵道"铜驼街"一分为二,两侧分布官署、宗庙、佛寺和贵族宅邸等。郭城建于北魏景明二年(501)。内城与郭城之间发现9条大道遗迹。①

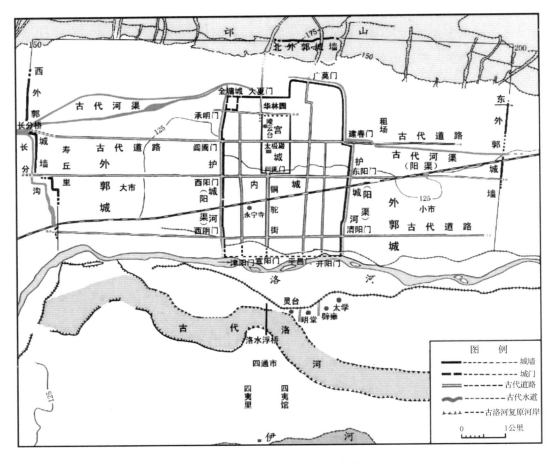

图7-2 北魏洛阳遗址平面布局

宫城内勘察发现约30处夯土台基,一道"Z"字形的夯土墙将宫城分为东西两部分。宫城正中阊阖门已经过发掘,发现城门台基、门前左右双阙与阙间广场、城门东西两侧院落遗迹等,研究表明城门是由柱网布局构成的殿堂式建筑形式。

北魏洛阳城的特征十分明显:(1)防御性强。西北角为金墉城,是曹魏明帝建造的重要城堡性军事要塞。由3座小城构成,平面呈"目"字形。经考古确认,金墉城是不同

---

① 中国社会科学院考古研究所洛阳工作队:《汉魏洛阳城初步勘查》,《考古》1973年第4期。

时期建筑增扩的产物,3 座小城分别创建于曹魏、北魏和唐初。城垣外发现马面 11 座。① (2)北魏的单一宫城制和以宫城为中轴线对称分布的原则,改变了东汉的南北两宫制度,体现出帝王居中、官府外设、左祖右社的设计思想,是中国古代都城史上一次重大变革。(3)佛寺众多。《洛阳伽蓝记》记载北魏洛阳城内寺院 70 余处,永宁寺是其中最大的一座。②

三、六朝都城

建业与建康　211 年,孙权将政治中心从京口迁至秣陵,次年改称建业。317 年,司马睿在东吴旧都建立东晋,都城称建康。直到 589 年隋灭陈,建康一直作为东晋和南朝的都城所在。经过考古勘探和发掘,在钟山发现南朝坛类建筑遗存。三座建筑呈南北一线排列,坛体体量宏大,布局复杂,推测为南朝刘宋孝武帝时砌的都城"北郊坛"遗存。③ 发现部分城垣和城壕遗迹,宫城遗址范围内发现 4 条南北向道路,1 条东西向道路,路两侧有排水沟。其他重要的发现还有水井、水闸、木桥、房址、夯土建筑基址以及"明堂"砖等。

京口城　位于江苏省镇江市,曾是江南一座具有重要战略意义的城市。208 年,孙权将政治中心迁徙至此,东晋时成为徐州及晋陵郡治所,南朝时为南徐州和东海郡治所。考古工作已经大体探明孙权所建铁瓮城的情况,城垣平面近椭圆形,南北长约 480 米,东西近 300 米。城内发现六朝早期衙署建筑和晋代砖砌甬道。④

武昌城　位于湖北省鄂州市鄂城区,黄初二年(221)由孙权主持建造。229 年之后,武昌城一直作为孙吴陪都。武昌城遗址俗称吴王城,城垣及部分城壕遗迹仍保留于地面,周长约 3300 米。城内发现三处建筑基址,夯土面积均在数百平方米左右。⑤ 东汉末至三国时期,孙权在镇江、南京、鄂州先后修筑的城市,在选址、建筑方法、用材及城市物质生活方面具有重要关联性,是研究东吴城市文化的重要资料。

---

① 中国社会科学院考古研究所洛阳汉魏故城队:《汉魏洛阳故城金墉城址发掘简报》,《考古》1999 年第 3 期。
② 杜玉生:《北魏永宁寺塔基发掘简报》,《考古》1981 年第 3 期;钱国祥等:《北魏洛阳永宁寺西门遗址发掘纪要》,《考古》1995 年第 8 期。
③ 贺云翱:《南京钟山南朝坛类建筑遗存一号坛发掘简报》,《文物》2003 年第 7 期。
④ 镇江古城考古所:《铁瓮城考古发掘纪要》,《南方文物》1995 年第 4 期。
⑤ 蒋赞初等:《六朝武昌城初探》,《中国考古学会第五次年会论文集》,文物出版社 1988 年版。

四、魏晋其他城址

北魏平城　位于山西省大同市。自北魏天兴元年(398)至太和十八年(494),北魏定都于此,经历六帝七世。平城首开里坊制度,对后世都城格局制度造成深远影响。1995—2007年,对明堂辟雍遗址、一号建筑遗址、仓储遗址等进行考古发掘。考古工作表明,一号建筑遗址是一处大型殿堂遗址,可能是北魏宫殿建筑遗址,开间在九间左右。[1] 结合其北150米处的地下仓储遗址,基本可确认宫殿区的范围。钻探表明,明堂遗址外部为一环形水渠(即辟雍),中部为一正方形夯土基址(即明堂建筑)。[2]

大夏统万城　位于陕西省北部靖边县无定河北岸,是十六国"夏"的都城,建于413年。城址分为外郭城、东城、西城三部分,两重城垣,外郭城不规则,东西长5000米左右。东西两城位于外郭城内东南部,呈"日"字形,西城为宫城,夯筑城墙。城的四角都有突出城外、高出城垣的墩台,平面呈长方形或正方形。西城南垣的一个马面中发现人工建造的竖坑式仓库,在古代城市中较为罕见。[3] 统万城以近东西轴线来规划宫殿、道路、社稷等,与中原地区坐北朝南的建筑规划传统差异较大,体现了北方游牧民族"尚东"的文化特点。[4]

高句丽城址　西汉末年至唐总章元年(前37—668),高句丽人在鸭绿江中下游和浑江流域建立了高句丽王国,最初定都纥升骨城(辽宁省桓仁县五女山城)。汉平帝元始三年(3),高句丽琉璃明王迁都国内城(3—427),同年建造丸都山城(3—342),两城同为高句丽王国的政治、经济和文化中心。

国内城遗址　位于吉林省集安市市区,平面略呈方形,周长为2686米。城墙分层内收砌筑,城门有6处,四面墙垣共筑马面14座,西北、西南和东南隅发现角楼建筑遗迹。城内中部发现疑似宫殿建筑遗址,出土瓦当、铁箭头、铁锤、石质家具、陶器、柱础石等遗物。[5]

丸都山城址　位于吉林省集安市北2.5千米处的高山上,城墙依山而筑。南面地势较低,其余三面地势较高。全城以宫殿为核心,高大城垣和7座城门共同构

① 山西省考古研究所等:《大同操场城北魏建筑遗址发掘报告》,《考古学报》2005年第4期。
② 刘俊喜等:《北魏明堂辟雍遗址南门发掘简报》,《山西省考古学会论文集》,山西古籍出版社2000年版。
③ 戴应新:《统万城城址勘测记》,《考古》1981年第3期。
④ 邓辉等:《利用彩红外航空影像对统万城的再研究》,《考古》2003年第1期。
⑤ 阎毅之等:《集安高句丽国内城址的调查与试掘》,《文物》1984年第1期。

成了丸都山城的主要军事防御体系。城内南部平缓区为文化遗存的主要分布区，包括墓葬区、宫殿区和居住区。宫殿依山而建，平面略呈长方形，坐东向西，其内分布四层人工修筑台基，台基上筑有不同规格的建筑11座。宫殿区以西门为正门，是山城的特征之一。在考古调研基础上对山城形态进行分析，有研究者认为丸都山城具有双重功能，即军事防御功能和政治王城功能。[①] 此外，丸都山城配合国内城，山城与平原城配套的双都城形式开创了复合式都城的新模式，并在迁都平壤后得以延续。[②]

同时期经过考古调查和发掘的城址，还有位于内蒙古和林格尔县的土城子、内蒙古固阳县白灵淖城北魏古城、青海共和县的吐谷浑伏俟城等，为了解魏晋南北朝时期的城市修建和中国古代都城制度变迁提供了宝贵的资料。

第二节　魏晋南北朝墓葬

一、魏晋帝陵

相对于秦汉帝陵的大肆营造和过分铺张，魏晋时期的帝陵提倡薄葬、不封不树、不立寝殿和陵邑。南北朝时期不同政权体制又逐渐发育出不同的帝陵葬制。

三国帝陵

曹魏帝陵　曹魏帝王提倡薄葬，帝陵依山为陵、不封不树、不建寝殿、不设园邑、不通神道、地面不留任何痕迹。据文献记载，武帝曹操的高陵位于邺城西岗，文帝曹丕的首阳陵位于洛阳故城东首阳山，明帝曹叡的高平陵位于故城南的大石山。

孙吴帝陵　吴景帝孙休墓，位于安徽省马鞍山市郊。

曹操墓　高陵，三国魏武帝曹操陵寝。宋代以来，有七十二疑冢之说、许昌城外说、漳河水底说、铜爵台下说等。2008年12月，经报国家文物局批准，河南

---

① 吉林省文物考古研究所等：《丸都山城：2001—2003年集安丸都山城调查试掘报告》，文物出版社2004年版；马青等：《选址条件和形态特征视角下的丸都山城功能辨析》，《沈阳建筑大学学报（社会科学版）》2017年第5期。
② 孙炜冉：《高句丽都城的营建与迁置》，《山西大同大学学报（社会科学版）》2021年第4期。

图 7-3　刻铭石牌

文物局对安阳县的一东汉大墓进行抢救性发掘。(1)墓葬形制：墓平面为"甲"字形，带斜坡墓道的双室砖券墓，规模较大，主要由墓道、前后室和 4 个侧室构成。大墓占地面积约 740.78 平方米。(2)画像石：这批画像石画工精细娴熟，内容丰富，有"神兽""七女复仇"等图案，并刻有"主簿车""咸阳令""纪梁""侍郎""宋王车""文王十子""饮酒人"等文字，为汉画像石中罕有的精品。(3)随葬品：器物 250 余件，器类有铜带钩、铁甲、铁剑、铁镟、玉珠、石圭、石璧、石枕、刻名石牌、陶俑等。刻铭石牌 59 件，记录随葬物品的名称和数量。其中 8 件分别刻有"魏武王常用挌(同格)虎大戟"(见图 7-3)、"魏武王常用挌虎短矛"等铭文。追缴该墓被盗出土的一件石枕上刻有"魏武王常用慰项石"铭文。(4)遗骨：发现人头骨、肢骨等部分遗骨，鉴定为一男两女。其中墓主人为男性，年龄在 60 岁左右，现已经基本确认墓主为曹操。① 2018 年，安阳高陵陵园遗址的最新考古发掘报告发布。②

西晋帝陵

西晋帝陵沿袭曹魏薄葬制度，五帝陵皆位于洛阳。1982—1983 年，对武帝峻阳陵和文帝枕头山崇阳陵进行考古勘测。③

峻阳陵墓地　位于洛阳故城东南山坡上，发现 23 座西晋墓，分布集中。一律坐北朝南，形制皆为长斜坡墓道的土洞墓。墓葬布局主次分明，排列有序，投射出死者生前的尊卑关系。东部 M1 规模最大，推测为全墓地生前地位最高者，可能是武帝司马炎。其余 22 座墓分布在墓地西部，分前后 4 排，越往后间隔越小，墓葬规模较小，推测为女性墓，可能是武帝内室。

枕头山墓地　位于洛阳故城后杜楼村北，共探出 5 座墓葬，皆坐北面南。墓地形制、布局与峻阳陵一致。墓地东部 M1 规模最大、规格最高，占据尊位，推测为文帝司马昭之墓。其余均分布于墓地西部，分前后两排，规模较小，属陪葬墓。M4 与 M5 经过发掘，皆为长墓道的土洞墓，由墓道、甬道、墓室三部分组成。M4 保存较好，甬道底发现猪、狗骨架各一具及一条牛大腿骨，应与封墓前祭奠仪式有关。

①　李凭：《鉴定曹操高陵的各项证据》，《史学月刊》2012 年第 11 期。
②　河南省文物考古研究院等：《安阳高陵陵园遗址 2016—2017 年度考古发掘简报》，《华夏考古》2018 年第 1 期。
③　中国社会科学院考古研究所洛阳汉魏故城工作队：《西晋帝陵勘察记》，《考古》1984 年第 12 期。

残存随葬品显示，两墓主应为皇室成员。

北魏帝陵

早期"金陵"据传在盛乐古都，道武帝拓跋珪、明元帝拓跋嗣、太武帝拓跋焘、文成帝拓跋濬等均葬于此。近年在和林格尔三道营子发现北魏早期大型壁画墓，全长 22.6 米，前室和甬道两壁绘有燕居行乐、狩猎等宏大场面的壁画，为寻找金陵提供了线索。[1]

大同地区发现有平城时期的北魏贵族墓，1976 年曾发掘方山永固陵，这是北魏文明皇太后冯氏之陵墓。

孝文帝迁都后的帝陵为洛阳北邙山陵区。其一般形制为前后双室，后室顶为四角攒尖式，无壁画。迁洛之前，聚族而葬，历代帝陵的排葬方式以父子辈左右夹处、兄弟行并排成列为特点。[2] 陵区出现陵冢、佛教寺庙、陵园，神道石刻下出现高大的翁仲。迁洛之后，墓冢由方形演变为圆形，墓冢前方竖立大型武士雕像等，墓室改为单室制。

【术语 7.2】

翁仲：原本指的是匈奴的祭天神像，大约在秦汉时代被汉人引入关内，当作宫殿的装饰物，初为铜制。后来专指陵墓前面及神道两侧的文武官员石像，成为中国 2000 年来上层社会墓葬及祭祀活动重要的代表物件。除了人像，还包括动物及瑞兽造型的石像。

冯太后永固陵和孝文帝寿陵"万年堂"　位于山西省大同市方山。两陵南北排列，有高大的封土堆。永固陵封土呈圆形，基底为方形，现高 22.87 米。砖砌多室墓，有砖砌封门墙，甬道和前室为券顶，后室为四角攒尖顶。整个墓室用砖 20 多万块，墓室底部皆铺砖。万年堂结构与永固陵相同，规模稍小。[3]

孝文帝长陵　河南省孟津官庄之"大冢"。陵园平面近方形，发现垣墙、壕沟、排水沟、井、窑等，垣墙正中开设陵门，保存较好的南门为三道牌坊式。陵园内有两座陵冢，帝、后异穴合葬，陵冢平面为圆形，墓道为长斜坡式。帝冢居于陵园南北中轴线偏北部，墓道向南，南面有神道，神道两侧立石翁仲。[4]

---

[1]　马利清：《考古学概论》，中国人民大学出版社 2015 版。

[2]　宿白：《北魏洛阳城和北邙陵墓——鲜卑遗迹辑录之三》，《文物》1987 年第 7 期。

[3]　大同市博物馆等：《大同方山北魏永固陵》，《文物》1978 第 7 期。

[4]　河南省文化局文物工作队：《洛阳北魏长陵遗址调查》，《考古》1966 第 3 期。

宣武帝景陵 位于河南省洛阳市邙山。有高大夯筑封土堆,平面略呈圆形。"凸"字形单室砖室墓,由墓道、前甬道、后甬道、墓室组成。墓室位于最北端,平面近方形,四角攒尖顶。墓室东半部放随葬品,西半部放石棺床。随葬品大部分已被盗。[①]

东魏、北齐帝陵

集中分布于河北磁县、河南安阳一带,经调查有123座。包括东魏孝静帝元善见西陵,北齐义平陵、峻成陵、武宁陵等。布局与北魏洛阳帝陵基本相同,长辈在南,晚辈在北,兄弟自左向右排并列。东魏帝陵位于整个墓群的西南部,北齐帝陵在东魏陵区东北。帝陵制度继承前代,地面有圆形陵冢,陵冢四周有垣墙。平面结构都是长墓道砖砌单室墓,由墓道、甬道、墓室组成,青石铺地。墓室前方都设置石门。墓室内部有壁画,墓道、甬道以出行仪仗图为主,墓室以反映墓主人生前生活图为主。出土大量随葬品,以陶俑数量最多。进一步融合佛教艺术,流行散花、莲花等装饰图案。

北齐高洋武宁陵 位于河北省磁县。地面原有高大封土,墓南有一尊石刻人像。墓葬由墓道、甬道、墓室三部分组成。墓道两壁和路面施壁画,两壁内容为四神、由53人组成的仪仗出行队列、各种神兽,北端队列后画有面阔5间的建筑,其间缀以流苏云、莲花等;路面绘仰莲、缠枝忍冬莲花等。甬道为直壁券顶砖砌结构,有三重封墙和一个石门,门墙正中绘四神,石门两侧绘侍卫,顶部绘莲花、流云等。墓室平面为方形,四角攒尖式顶,西侧有石棺床,上置一棺一椁。墓室顶部绘天象图,四壁上栏绘动物、四神、神兽等,下栏以人物图像为主。出土随葬品2000多件,以陶俑为主,还有陶镇墓兽、陶牲畜、陶模型、陶器、玉器、石灯、珍珠等。[②]

西魏、北周帝陵

位于西安附近,均为长斜坡墓道、多天井、土洞墓室。多无封土。墓室多有后室、后龛或侧室。石门改为木门。多无地面石刻。随葬品中有大量造型风格相同、大小相若的半模陶俑,陶俑的种类和组合也大体相同。完全不见壁画,表现出较为简朴的风格,随葬品数量也远不及东魏、北齐帝陵。

北周武帝孝陵 位于陕西省咸阳市渭城区底张街道陈马村东南,1994—1995年进行抢救性发掘,是北周武帝宇文邕与其皇后阿史那氏的合葬墓。孝陵坐南朝

① 中国社会科学院考古研究所汉魏故城队等:《北魏宣武帝景陵发掘报告》,《考古》1994第9期。
② 中国社会科学院考古研究所等:《河北磁县湾漳北朝墓》,《考古》1990年第7期;徐光冀:《河北磁县湾漳北朝大型壁画墓的发掘与研究》,《文物》1996年第9期。

北,全长 68.4 米,由斜坡墓道、5 个天井、5 个过洞、4 个壁龛及甬道、土洞式单墓室组成。墓室平面呈"凸"字形,北壁有后龛,地面平铺条砖,室内东西并排放置两具木棺。发现随葬品数百件,包括陶俑 150 多件,陶器近 40 件,玉器 8 件,金器 21 件。发现石墓志两合,分别为"大周高祖武皇帝孝陵"和"周武德皇后志铭"。①

东晋、南朝帝陵

东晋帝陵分为鸡笼山陵区、钟山龙尾陵区、幕府山陵区三部分。南朝帝陵集中于丹阳。陵寝制度表现为:墓葬的地下部分(玄宫)平面呈"凸"字形,由排水沟、甬道、墓室等组成。流行双人合葬,砖砌墓室规模宏大,均为大型单室券顶结构。地面建筑颇具时代特色,目前所见有神道、石刻、墓阙、墓前水塘等。神道与陵墓多位于同一条中轴线上,神道两侧排列石兽、华表和石碑。墓壁多装饰拼镶砖画及壁画,其中最著名的有竹林七贤与荣启期、羽人戏虎、羽人戏龙等大型砖画,王侯墓葬多用各类花纹砖装饰。②

> **【术语 7.3】**
>
> **华表**:古代宫殿、陵墓等大型建筑物前面做装饰用的巨大石柱,一般由底座、蟠龙柱、承露盘和其上的蹲兽组成。柱身多雕刻龙凤等图案,上部横插着雕花的石板。华表是一种标志性建筑,已经成为中国的象征之一。华表放在宫殿、陵墓外的道路两旁,也称为神道柱。

二、中原一般墓葬

魏晋时期,中原地区墓葬表现出一系列的时代变化,总体特征为:(1)多室—单室,砖室—土洞,无天井—多天井;(2)东部流行壁画,西部有画像砖、组合画、壁画、砖雕等;(3)流行仪仗俑。

第一期:东汉末至西晋初年,仍有汉代遗风。多为砖石结构,有少量石室。大型墓葬多室;中型单室砖石,随葬品以陶俑、明器为主,数量少;小型为长方形土洞墓。

第二期:西晋中晚期,多室向单室转化。大型单室砖室墓,甬道偏于一侧,设砖砌棺床,墓内有大型碑式墓碑、以牛车为中心的仪仗俑群、镇墓兽;中型单室墓,有砖雕仿

---

① 陕西省考古研究所等:《北周武帝孝陵发掘简报》,《考古与文物》1997 年第 2 期。

② 罗宗真:《六朝陵墓埋葬制度综述》,《中国考古学会第一次会议文集》,北京文物出版社 1980 年版;王志高:《南朝帝王陵寝初探》,《南方文物》1999 年第 4 期。

木结构;小型单室土洞。

第三期:十六国到北魏迁洛前,砖室墓少,土洞墓增多。有前、后室,耳室,墓道,甬道。武士俑多,人面、兽面直立镇墓兽成对出现。

第四期:北魏迁洛后,受南朝文化影响,大型家族墓地出现。砖石、土洞并存。墓道开天井。单室墓为主,石棺、石椁,莲花纹饰流行。出现壁画。有方形墓志,由志盖、志石两部分构成。流行甲马、仪仗俑。镇墓兽变为蹲坐式。

北齐娄睿墓 位于山西省太原市晋源区王郭村西南,规模宏伟,墓冢高大。墓顶呈拱形,高约6米。斜坡墓道长约21.3米,北接甬道,甬道长8.25米,后部有青石墓门。墓室为单室砖墓,平面呈方形,边长5.7米,四角攒尖式顶。墓室西部有棺床和木椁、随葬品,还有防腐用的大量水银。确认是鲜卑人娄睿和妻子的合葬墓。娄睿墓虽屡遭破坏,但随葬品之多,为已发掘的北齐墓葬中最多的一座。初步整理尚有870余件,其中300多件放置在墓门外的甬道、墓通两侧,又多为陶俑,展示出墓主人生前的显赫地位。随葬品包括陶俑、陶牲畜、陶模型、瓷器、陶器、装饰品、石刻,以及墓志一合。壁画71幅,约合200多平方米(见图7-4)。可以明显看到,出土瓷器上的装饰受西域民族文化与佛教艺术的影响。①

图7-4 娄睿墓壁画(部分)

北齐徐显秀墓 位于山西省太原市王家峰。墓主徐显秀是北齐政权统治时

---

① 太原市文物考古研究所:《北齐娄睿墓》,文物出版社2004年版。

期的太尉和武安王。平面近方形的砖室墓,由斜坡墓道、土顶过洞、天井和砖券甬道、墓室等部分组成,总长约 31 米。甬道内有浮雕石门。砖砌弧边方形墓室约 6 米见方,西侧有长方形棺床。在墓道两壁、门扉、墓室四壁均绘有彩色壁画,总面积 330 余平方米,画有各类人物 200 余位。墓道西侧壁画内容是墓主人的出行仪仗队,东侧牛车出行仪仗队为女墓主所有。墓室北壁是墓主夫妇的宴饮图(见图 7-5)。[①]

图 7-5　徐显秀墓宴饮图

三、南方地区墓葬

第一期:东汉末—东吴,采用双后室墓,低等级有砖石和土坑墓,山区流行石坑墓。流行印模画像砖,有马、人物、出行等图像。随葬品延续东汉作风。

第二期:东吴中期—东晋初,砖室多室墓为主流,有耳室。有"刀把形"墓。采用"三横一竖"砌墙法、"四隅券进式"穹窿顶。随葬青瓷器、谷仓罐、铜钱,以及人面、兽面镇墓兽。

第三期:东晋,采用前后室和单室墓,以及砖雕仿木结构。流行画像砖,有竹林七贤等图像。有排水设施。出现墓志、仪仗俑。

第四期:南朝,单室墓。高级墓有两重石门,高大封土,墓前有石兽。墓室有石、砖

---

① 太原市文物考古研究所:《北齐徐显秀墓》,文物出版社 2005 年版。

棺床。随葬瓷器,出现带盖莲花壶。流行镇墓兽。

门阀世族制度是魏晋南北朝时期最基本的特征之一,占地广阔、高冢累累的家族墓地成为当时南方地区墓葬的突出现象。考古资料显示,世家大族在选址方面对风水极为讲究,墓地多分布于土山丘陵的半山腰,生前聚族而居,死后聚族而葬,外族不得侵占。墓地内部有三种排列方式:(1)一行排列式,如宜兴周处家族墓地;(2)前后排列式,如南京高崧家族墓地;(3)综合排列式,如南京王氏家族墓地。各墓依照长幼尊卑排序,有多种情况,长者尊者以右居多。

宜兴周处家族墓地 位于江苏省宜兴市旧城东南,整个墓地范围有6万平方米。经过两次发掘,先后发现6座砖室墓。墓葬结构有"凸"字形单室、"凸"字形双室和多室砖墓三种,全长6—12米。M1出土文字砖,考定墓主为平西将军周处。其余墓主为周处父及子。周氏家族四世显著、一门五侯,至东晋初灭族而衰。[①]

四、北方地区墓葬

北方地区的一般墓葬主要是东部的慕容、拓跋鲜卑墓葬和河西魏晋十六国墓葬。

慕容鲜卑墓葬 时代约3—4世纪,以辽宁北票最为集中。土坑平面呈长方形或长方梯形,石椁头宽脚窄、前高后低,棺椁下葬死者。殉家畜。随葬步摇冠、铜鍑、铜戒指等具有草原色彩的器物,以及汉族器物。

图 7-6　鍑

冯素弗夫妇墓 位于北票西北将军山东麓的冯氏墓群中。有封土,为同茔异穴葬。墓圹呈长方形,上大下小。椁室用白色砂岩砌筑,椁顶用9块条石横搭而成。椁室内遍施彩绘,椁顶绘天象星座,四壁画墓主家居、出行内容。有木棺,前高后低、前宽后窄,棺外涂朱漆,施彩绘。出土遗物470件,既有反映汉族习俗的印章、铜、漆食具和用具,又有北方游牧民族风格的提梁铜壶、罐、鍑(见图7-6)、马具等。同坟异穴、圹内围叠石块、殉狗等是明显的鲜卑风俗,棺内彩绘则是汉族上层墓葬的习俗。[②]

① 　罗宗真:《江苏宜兴晋墓发掘报告——兼论出土的青瓷器》,《考古学报》1957年第4期;南京博物院:《江苏宜兴晋墓的第二次发掘》,《考古》1977年第2期。
② 　黎瑶渤:《辽宁北票县西官营子北燕冯素弗墓》,《文物》1973年第3期。

拓跋鲜卑是鲜卑诸部中居于最东北的一支,墓葬多使用头宽脚窄的墓穴和棺椁下葬死者,一些墓穴的宽端顶部设有二层台或在一侧设龛,用于陈放随葬品和殉葬死者。使用家畜殉葬,并往往使用肢解的头和蹄作为象征性的殉葬。随葬铜釜和铜戒指等具有草原色彩的器物,随葬器物表面多饰有暗纹。[1]

在甘肃酒泉、嘉峪关及敦煌一带,发现许多魏晋十六国墓葬。墓冢由砾石堆成,大中型墓在洞室内砌砖室。酒泉和嘉峪关多大中型墓、多室墓或前后室墓。墓门拱券上砌门楼雕饰,墓室内部壁画嵌砌画像砖或小幅壁画。敦煌多中小型的单室洞室墓,无壁画。

五、新疆一般墓葬

吐鲁番墓葬　吐鲁番墓葬可分两期,前期为魏晋十六国时期的墓葬和车师墓葬,后期为高昌墓葬,始于北魏景明元年(500),终于唐贞观十四年(640)。这一时期的吐鲁番墓地多分布在高昌和阿斯塔那两地。大型墓前设斜坡墓道,后凿土洞墓室,墓室有方形和方梯形两种,长度均为 3 米左右。墓室多为盝顶,内有木棺,也有铺芦架的梯架式葬具。较晚的多无葬具,尸体横陈于后壁前。多随葬木器、彩绘木俑等,较晚的多用陶器。纺织品多为麻、毛、棉、绢等织物。少数墓中有壁画,有的随葬纸本画稿、五铢钱和纸制衣物券。小型墓一般是竖穴土洞墓,个别用棺,有的仅用破毡、柴草裹捆入葬。一般没有随葬品。

车师墓葬分布在交河古城北,多为竖穴墓,无葬具。随葬少量手制陶实用器,贫富分化不明显。

高昌墓葬较多,遍布高昌古城和交河古城郊外。普遍出现家族墓地,墓群周围建有砾石围墙。形制为方形墓室,无耳室,室顶平圆。墓道后有墓表,记录墓主生平。少见木棺,出现粉饰的土尸床,尸体下垫苇席,有的眼睛上盖波斯银币。墓室顶或尸体上悬挂或覆盖大幅绢地的伏羲女娲彩绘像,有的墓壁悬挂绢制壁衣。流行随葬小型非实用的绢制冥衣和卧具。丝织品出现 6 世纪中叶以后内地织造的锦、绮等高级织物。

六、东北一般墓葬

东北地区魏晋十六国墓以辽宁辽阳为中心。辽阳墓区多采用石板支砌的平顶多

---

① 许永杰:《鲜卑遗存的考古学考察》,《北方文物》1993 年第 4 期。

室墓,室内彩绘壁画。较大型墓多为三室,中型墓为两室,小型墓只有棺室。随葬器物多装饰品,陶器质地粗厚,其中腹部穿孔的陶瓶、把杯、炭炉、马具、金花冠和各种金饰都具有鲜明地方特色。

　　高句丽墓葬主要分布在长白山南段以南、以桓仁为中心的浑江流域和以集安为中心的鸭绿江北岸。桓仁墓群时代相当于汉魏时期,大型墓均为积石墓,按氏族和行辈来排列,应是统治者的家族墓地;中型墓有积石墓和封土墓两种,小型墓状似石棺,多无随葬品[1],集安墓群先为积石墓,后为封土壁画墓。高句丽石坟的积石墓—有坛积石墓—阶坛积石墓(见图 7-7)的发展,不但展现出高句丽墓葬形制的演变,而且也从一个侧面反映了高句丽人在实践中认识和改造客观世界所做的努力,显示了高句丽人在科学和石造技术方面的不断进步,值得进一步探讨。[2]

图 7-7　阶坛积石墓

第三节　魏晋南北朝文化遗物

　　这一时期,瓷器成为日用品中的大宗,全国各地各具特色的瓷器窑口开始形成,陶瓷业在制作、装饰和烧成技术等方面取得了巨大进步,出现了很多新器种、新器形,如

①　陈大为:《桓仁县考古调查发掘简报》,《考古》1960 年第 1 期。
②　方起东等:《集安高句丽考古的新收获》,《文物》1984 年第 1 期。

青瓷、黑瓷、白瓷、彩瓷等品种在这一时期均已成熟。造型上，瓷器也成功应用于大型堆塑、佛像雕塑、仿金属器等方面。总之，在这一时期，瓷器在文化传播、贸易、交流上的地位日益显著。

一、南方青瓷

吴晋南朝时期南方地区的青瓷窑址，多分布在长江中下游地区。浙江越窑、江西丰城洪州窑和湖南湘阴岳州窑是其中最具代表性的几个窑场，安徽、四川、广西、福建等地亦有发现。

越窑

越窑，指代以隋唐所称的越州地区为生产中心的一系列窑场。吴晋南朝时的越窑以浙江绍兴上虞至宁波一带为中心，可追溯至东汉，较为出名的有上虞小仙坛和禁山窑址，而其烧造技术更是可以追至商周时期德清地区的原始瓷窑。

东吴越窑的常见器形有盘口壶、双耳壶、鸡首壶、堆塑罐、虎子、三足洗、盂等，种类不断增多，逐步形成自身体系。器物上的不少造型取材于东吴地区常见的风物形象，装饰纹样出现了菱形格网纹带、联珠纹、龙、虎、辟邪、凤鸟、胡人等，形成了有时代和地域特色的风格。佛教文化开始出现于瓷器装饰上，佛陀、莲花、僧人、狮子的形象大量出现。开始出现釉下彩绘瓷，褐彩装饰逐渐流行[1]，此时的褐彩以铁为成色剂，也称"铁绘"或者"点铁斑"（即点褐彩）。这一时期，瓷质日用器和瓷质明器广泛出现。烧造时常隔以三钉饼形间隔具或支块、垫具和高支具等。

西晋越窑继续发展，生产的主要器类有盘口壶（见图7-8）、鸡首壶（见图7-9）、扁壶、堆塑罐（见图7-10）等40多种，包括日常生活用品、文房用品、明器等几大类。装饰纹样有菱形网格纹、弦纹、联珠纹组成的花纹带，以及龙、虎、凤、忍冬、佛像、铺首衔环等纹样，三国以来的纹饰传统逐渐加强。壶和罐的系面上多见蕉叶纹、杉叶纹、羽状纹等。熏炉等器常见镂孔，镂孔发展为三角形、"凸"字形、树叶形等。动物造型或纹样继续发展并流行。烧造工艺上，西晋时三钉饼形间隔具基本消失，取而代之的是锯齿状间隔具。

---

① 王志高等：《南京发现的孙吴釉下彩绘瓷器及其相关问题》，《文物》2005年第5期。

图 7-8　盘口壶

图 7-9　(东晋南朝)鸡首壶

图 7-10　(西晋)堆塑罐

　　东晋时期出现了桥型系并延续到南朝,成为南方各地普遍流行的器物特征,甚至被北方釉陶所模仿。东晋南朝的越窑前期器形与西晋晚期接近,后期逐渐简化,有些器形退出历史舞台。器形整体上由矮变高,纹饰逐渐简化,后期以弦纹为主,褐色点彩较为流行。鸡首壶等器形仍在发展,但鸡首逐渐趋于直立,后期出现了茶具盏托等新器形。装烧工艺与西晋并无明显区别,但支块的使用比例略为增高。

　　德清窑　位于浙江省德清县,兼烧青瓷和黑瓷,以青瓷为主而以黑瓷闻名。所烧黑瓷和青瓷,造型大体相同。产品有碗、碟、盘、耳杯、盘口壶、鸡头壶、唾壶、虎子、香炉、罐、盒、灯和盏托等,造型风格与婺州窑、越窑相似。特色产品有直筒形小盖罐、扁圆形盖盒等,为其他同期瓷窑少见。造型风格与越窑相似,装饰简单,黑瓷仅在器物口沿或肩腹部划几道弦纹,青瓷一般为素面或只饰几点褐彩。德清窑可能是目前所见最早的青瓷窑口。依据目前的考古资料,有学者认为需要重新审视"德清窑"的概念,将早期的原始瓷阶段从其中分离,以明确"原始瓷"和"成熟青瓷"这两个不同概念。①

丰城洪州窑

　　江西丰城古窑口,因丰城唐代时属洪州而得名。烧造年代始自东汉末至三国孙吴时期,下限到五代。洪州窑许多器物在造型及演变方面与越窑有相似之处,但是也有自身的一些特征。东晋时已使用莲瓣纹装饰,南朝时期出现一批颇具特征性的瓷器,

---

① 袁华:《德清古代窑业的考古发现与研究综述》,《东方博物》2010 年第 1 期。

如盘托三足炉、天球瓶、五盅盘、多蹄足砚、博山炉等[1]，并出现了一类胎体部分镂空但仍然挂釉的"玲珑瓷"。

洪州窑的装烧窑具丰富，托珠和锯齿状间隔具较为常见，并且于东晋—南朝早期已经开始使用匣钵。这是瓷器烧造过程中的重要窑具，匣钵装烧使得器物在烧造过程中避免了明火的不稳定干扰和灼伤，保持了器物受热均匀，并阻挡了窑内烟尘对于釉面的影响，在一定程度上提高了成品率和装烧量。由明火直接烘烤转向匣钵隔火套烧的重大转变，堪称陶瓷烧造工艺上的"技术革命"。此外，洪州窑还是我国最早使用化妆土的窑口之一，也是目前考古所见最早运用"火照"的窑场。洪州窑的胎质较为疏松，胎釉结合程度相对较低，出土器物常见表面釉层剥落严重或被土壤侵蚀成黄绿色的现象。

湘阴岳州窑

湖南省湘阴县古窑口，也称岳州窑，始于东汉中期，此前亦有原始青瓷烧造。东吴时期湘阴窑的瓷器纹饰已较为丰富，器形以大件的盆、缸、罐等为主。两晋南朝时期，以钵、洗、碟、盘、砚、盘口带嘴壶等为主，纹饰多莲花纹、忍冬纹、刻花装饰等，刻花飞天形象极具特色。岳州窑在东汉时期已经出现釉下酱色点彩工艺，其整体面貌与洪州窑类似，至迟在东晋时期开始使用匣钵装烧工艺，但岳州窑的胎质更为坚硬，釉色以青绿为主，玻璃质感较强，胎釉结合良好，整体产品的质量较洪州窑更优。窑址发现有南朝模印"太（大）官"字样青瓷（见图 7-11），是我国目前所知年代最早的官窑。[2] 岳州窑的工艺高超且体系复杂，窑具以锯齿状间隔具和伞形支架最具代表性，并且辐射到周边乃至北方地区，成为我国继越窑之后又一重要的窑业技术中心。

图 7-11　南朝模印青瓷

二、北方陶瓷与北方白瓷

魏晋南北朝时期南北方陶瓷发展极不平衡。北朝晚期以前，北方地区尚未出现与南方相类的瓷器，仅见低温铅釉陶烧制。曾经发达的釉陶在汉代灭亡后陡然衰落，魏

[1]　张之恒：《中国考古通论》，南京大学出版社 2009 年版。
[2]　周世荣等：《汉唐湘阴窑青瓷》，《中国古陶瓷研究》（第九辑），紫禁城出版社 2003 年版。

晋时期绿釉陶几乎不见,黄(褐)釉陶虽偶有发现,但与此前大有区别。这一时期的黄褐釉陶大致可以分为两类,一类玻璃质感较强,常见于洛阳地区晋墓,东北亦有出土,疑似为中原输入。另一类则釉面失透,多呈黑褐色,也有黄绿、茶色等。十六国至北朝早期,釉陶烧造取得了一定程度上的恢复,形成了咸阳/西安(前秦)、大同(北魏)、朝阳/北票(三燕)、集安/桓仁(高句丽)等主要产区,工艺上与前朝较为相似,但器类较为丰富,制作更为精良[1],大同地区北魏墓还出土有镶嵌宝石或玻璃的黄褐釉陶器(见图7-12),亦出现少量绿釉器。

北齐以降,釉陶制作技术取得了长足发展,出现了明显仿造南朝青瓷形制的新器形。陶胎的细腻程度和烧结程度明显提高,部分使用化妆土,釉多为玻璃质。青黄釉比例增高而黄褐釉比例相对降低,出现了含铁量较低的淡青釉、透明釉等产品,部分采用二次烧成法。烧制过程中常用一类三叉形间隔具分隔,部分间隔具两面均有支点,在盘碗等器物内底或瓶类器口常见3个近圆形支痕,部分器物外底支痕为条形,呈放射状。其中一类质量较高的产品如范粹墓出土器物(见图7-13),过去曾一度被认为是"白瓷",后经研究确认为铅釉陶器。[2]

图7-12　黄褐釉陶器

图7-13　范粹墓出土器物

北方白瓷的出现在瓷器发展史上具有重要意义,因此学界对其极为重视,讨论颇多。有说法认为北方白瓷发迹于北朝晚期,其主要依据为范粹墓"白瓷"和巩义白河"北魏"窑址出土白瓷。随着研究的推进,二者均被否定。

---

① 彭善国:《3～6世纪中国东北地区出土的釉陶》,《边疆考古研究》2008年第4期。
② 森达也:《论南北朝华北陶瓷的革新》,《4～6世纪的北中国与欧亚大陆》,科学出版社2006年版。

除前文所述北齐"白瓷"应为釉陶，巩义白河窑的年代在早年因汉魏洛阳城有其产品出土而被定为北魏。但据考古资料，这批产品与隋墓出土器物较为相似且无年代早于隋的墓葬线索，而早年用以断代的洛阳大市遗址出土器物则有相当一部分为隋乃至初唐的常见器形。因此，目前尚无确切证据可以支持白河窑的年代是北魏。[①] 当前考古所见北方出土的北齐晚期以前的青瓷制品均为南方产品，如曹操高陵、司马金龙墓出土青瓷制品（见图 7-14）等。

图 7-14　青瓷唾壶

真正意义上的北方青瓷发端于北齐晚期，在山东和安阳周边的北齐晚期墓葬出土有一类具有南明显北方胎釉及工艺特征的青瓷制品，如濮阳北齐李云墓。目前，山东淄博寨里、枣庄中陈郝等地已发现有烧制此类产品的窑址，推测安阳一带也有此类窑址。

北方地区制瓷工艺的突然出现，很可能与来自南方窑场如岳州窑的技术传播有关。但与南方同期窑场不同，北方青瓷窑多采用一类三叉形间隔具支垫，这种间隔具的形制与前文所述的烧制釉陶常用的三叉形间隔具相类，二者很可能存在一定的技术关联。

三、其他遗存

铜镜

魏晋南北朝时期的铜镜铸造，一方面呈衰退趋势，另一方面表现出明显的地区差异。

第一期：三国至西晋。北方铸镜多属东汉以来的旧式镜，曹魏新出现一种所谓的位至三公镜（见图 7-15），同时，铁镜盛极一时；南方地区孙吴的铸镜业十分发达，集中在会稽郡和江夏郡。吴镜除东汉旧式，最流行神兽镜和画像镜，以及佛像夔凤镜（见图 7-16）。铜镜上用佛像做图案，是吴镜的重要特点之一。

---

① 李鑫:《白瓷起源问题研究再思考》,《华夏考古》2018 年第 4 期。

图 7-15　(曹魏)位至三公镜　　　　　　　图 7-16　(吴)佛像夔凤镜

第二期:东晋、十六国至南朝前期。北方地区,铁镜成了铜镜的代用品。南方地区主要流行各种神兽镜,但质量有所下降,纹样变得简陋,形体逐渐变小、变薄,出现退化迹象。

第三期:南北朝后期。北方地区很少制作铜镜,而南方地区由于铜料缺乏,铸镜业全面衰退。[①]

金银器

在继承秦汉传统的基础上,魏晋南北朝时期的金银器,兼容并蓄,汲取了不同民族及西方国家的工艺优势,作为承前启后的关键环节,为唐代金银器的盛世发展奠定基础。

这一时期由汉人工匠制作的金银容器极少发现,大多是小型器物。金银饰品可分为头饰、手饰、佩饰等,其中以头饰最引人注目,此外还发现银泡、鎏金铜泡等马具。

北方地区出土的鲜卑金银制品,以人身装饰为主,器物种类异于中原文化传统。拓跋鲜卑的金银器多为动物纹样的牌饰或首饰,慕容鲜卑的金银器以步摇冠最具特色。步摇最初是妇女用的一种首饰,以黄金为博山形基座,其上装饰花鸟枝兽并缀以白珠,因行走时摇颤而引人注意,故得此名。

流入中国的西方金银器中,以金银器皿最为重要,其中以波斯萨珊王朝的金银器数量最多。目前中国出土的萨珊金银器皆为银制品,偶见鎏金者(见图 7-17、图 7-18)。戒指和多面金珠等也很丰富。

---

① 张之恒:《中国考古通论》,南京大学出版社 2009 年版。

图 7-17　（北魏）封和突墓的鎏金银盘①　　　　图 7-18　（北周）李贤夫妇墓的鎏金银壶②

金银货币方面,金银五铢的扬弃、金饼的改良、银铤的创制等,都起到承前启后的作用。北周时期,河西地区间或使用从丝绸之路流入的东罗马拜占庭金币及波斯萨珊银币,出土数量众多。

玻璃器

玻璃器是比较珍贵的遗物,多发现于大中型的皇室陵墓和世家大族墓中。比较常见的是玻璃珠、环等小型装饰品,日用器皿较为少见。有些是中国本土制造,有些则是来自古罗马(见图 7-19)、萨珊等国。

图 7-19　（北燕）冯素弗墓的玻璃器③

①　大同市博物馆:《大同市小站村花圪塔台北魏墓清理简报》,《文物》1983 年第 8 期。
②　宁夏回族自治区博物馆等:《宁夏固原北周李贤夫妇合葬墓发掘简报》,《文物》1985 年第 11 期。
③　黎瑶渤:《辽宁北票县西官营子北燕冯素弗墓》,《文物》1973 年第 3 期。

第四节　佛教考古

魏晋南北朝时期，佛教得到极大发展。南方孙吴、西晋时期，与佛教艺术相关的遗物数量大，类型多，远远超过中原地区。东晋、南朝时期，北方在开窟造像和单体石刻造像方面又远超过南方。

一、早期佛教遗存

中国早期佛教由中亚传入，而非印度。佛教传入贵霜王朝，受希腊文化影响，形成"犍陀罗"艺术，出现造像，后传入中国。

有学者提出，佛教在东传过程中存在两大系统，分别是南传系统和北传系统，前者以秣菟罗风格为主，后者以犍陀罗风格为主。[1]

目前关于早期佛教遗存的类型说法不同：一是五类说，包括佛像、佛饰器物、魂瓶、陶瓷佛饰器物、铜镜[2]；二是八类说，分别为石刻、壁画、画像砖、摇钱树、铜镜、其他金属制品、魂瓶、青瓷器[3]。

二、石窟寺

佛教石窟，亦称石窟寺，起源于印度释迦牟尼时代，是开凿于山体旁侧崖面上的诸种佛教洞窟的总称，一般由几种不同使用功能的洞窟构成。中国创建石窟寺大约始于3世纪，盛行于5—8世纪，最晚可到18世纪。

石窟的类型

按照功能分，石窟可分为七类。礼拜窟是石窟的主体窟形，是僧尼和世俗信徒进行供养和礼拜活动的场所。僧房窟是供僧尼生活起居之用的洞窟。禅窟是供僧尼进行禅修的洞窟，分为单体禅窟和组合禅窟两种。影窟是用于纪念僧尼和世俗信徒的洞窟。瘗窟是埋僧尼和世俗信徒骨灰及尸骨的窟龛。仓储窟用于僧尼存储粮食、生活用

① 阮荣春：《佛教南传之路》，湖南美术出版社2000年版。
② 山田明尔等：《"早期佛教造像南传系统"研究概况及展望》，《东南文化》1991年第Z1期。
③ 李正晓：《中国早期佛教造像研究》，文物出版社2005年版。

品和水等。讲堂窟则可能是用作讲经布道。

按照形制，石窟则可分为两大类。一类是中心柱窟，包括塔庙窟和塔柱窟，其祖型应是印度的支提窟。窟中凿建一座佛塔是其主要特征。一类是方形窟，即佛殿窟，使用功能与寺院佛殿相似。还可细分为以下几种：(1)佛坛窟，是佛殿窟的变异形式。在窟中安置方形或长方形佛坛，造像集中布置在佛坛上。(2)大像窟，是指窟内雕凿或塑造高大佛像的佛殿窟。(3)涅槃窟，是专为安置涅槃像而开凿的洞窟，是佛殿窟的变异形式。

新疆石窟 新疆南邻北印度，是我国石窟寺起源的重要地域。在天山南麓喀什向东的塔里木盆地北沿一线上，石窟寺遗址十分丰富。历史上佛教最盛的地区是古龟兹；其次是焉耆和古高昌。以库车为中心的各窟群，系就山崖开凿而成；以吐鲁番为中心的各窟群，多系依崖壁以土坯券筑而成。在这条路线上，经调查的石窟寺有 16 处，总计发现洞窟 600 多个。

克孜尔石窟 位于拜城县克孜尔镇东南 7 千米木札提河北岸的悬崖间。位置在库车、拜城两县城之间。现存洞窟分布在谷西、谷内、谷东、后山四个区内。大体上可分为中心柱窟、大像窟、僧房窟和方形窟四种。早期石窟大部分在谷西区，以中心柱窟、大像窟和僧房窟为主。壁画（见图 7-20）以立佛、佛传和本生故事为中心内容，其精美程度与文化内涵引发相关领域对于壁画的研究。克孜尔石窟是古龟兹境内规模最大的石窟群。[1] 近年，对第 27 窟进行了调查。依据前人研究，结合洞窟形制和题材以及碳-14 测年法，可以推断第 27 窟的年代。[2]

图 7-20 克孜尔石窟壁画（局部）

---

[1] 云冈石窟文物保管所：《中国石窟·克孜尔石窟》，文物出版社 1989 年版。
[2] 沙娜：《新疆拜城县克孜尔石窟第 27 窟调查简报》，《吐鲁番学研究》2021 年第 1 期。

河西石窟 分布在河西走廊沿线上的早期石窟,大多以塑像壁画为主要特征。从西向东,经调查的石窟有敦煌莫高窟、瓜州榆林窟、玉门昌马石窟、酒泉文殊山石窟、肃南金塔寺石窟和武威天梯山石窟。除瓜州榆林窟被后代改建,都还保存着5—6世纪的遗迹。其中最著名的是莫高窟和天梯山石窟。

敦煌莫高窟 我国三大石窟群之一,位于甘肃省敦煌市东南22.5公里的鸣沙山下。据敦煌文物研究所全面复查整理的石窟内容总录,莫高窟共有492个洞窟,4.5万平方米的壁画和2000多尊塑像。始建于十六国时期,历经北魏、北周、隋、唐、五代、宋、西夏、元等朝代的持续营建,窟内陆续出现了各时期各宗派所崇尚的以大乘佛教经典为依据的壁画(见图7-21)和彩塑。主要窟形是人字坡顶和中心塔柱的塔庙窟。壁画除本生故事,多以千佛为主要题材。[1]

图 7-21　莫高窟壁画(局部)

陇东石窟 包括甘肃东部的平凉地区、庆阳地区以及宁夏南部的固原县。石窟风格与河西走廊基本相同,以多塑像壁画为主要特征。经调查的有永靖炳灵寺石窟、天水

---

① 敦煌文物研究所:《中国石窟:敦煌莫高窟》,文物出版社1999年版。

麦积山石窟、固原须弥山石窟,以及分布在平凉、庆阳境内的以南北石窟寺为首的陇东石窟群共20多处。须弥山、南北石窟寺始凿于6世纪;炳灵寺、麦积山始凿于5世纪。

麦积山石窟　位于甘肃省天水市东南45千米的麦积山。洞窟开凿于山体峭壁上。现存窟龛194个,其中西崖140窟,时代较早;东崖54窟,时代稍晚。保存历代泥塑、石雕造像共7800多尊,壁画900多平方米,是我国保存泥塑造像数量较多的石窟之一,为后世佛教文化研究提供丰富实物资料。[1]

中原北方石窟　以北魏皇室显要开凿的大同云冈石窟和洛阳龙门石窟、巩县石窟最为著名。此外有安阳灵泉寺石窟、小南海石窟、宝山石窟、邯郸响堂山石窟、太原天龙山石窟、义县万佛堂石窟、渑池鸿庆寺石窟、济南黄花岩石窟、益都云门山石窟、驼山石窟等。本区多大像窟、佛殿窟、塔庙窟,也有少数禅窟和禅窟群。并多杂有摩崖龛像。造像以雕刻为主。窟龛形制和造像装饰,充分表现了佛教石窟逐步东方化的过程,在全国石窟中占有重要地位。

云冈石窟　位于山西省大同市西郊武州山南麓武州川北岸。石窟依山开凿,东西绵延1千米,分东、中、西三部分。现存主要洞窟45个,附属窟龛207个。此外还有许多小窟,共计1100多龛,大小造像5.1万余个(见图7-22)。石窟开创于北魏文成帝和平年间,正光之后走向衰落,唐以后各代仍有一些小规模的营建和修缮活动。石窟的绝大部分雕凿于北魏中后期,按石窟形制和造像内容分为三期。皇家修建,中国化趋向明显,佛像带有蒙古人体质特征,以形体表现为主转向以服饰表现为主。[2]

图 7-22　第 20 窟露天释迦坐像

---

① 　天水麦积山石窟艺术研究所:《中国石窟:天水麦积山》,文物出版社1998年版。
② 　云冈石窟文物保管所:《中国石窟:云冈石窟》,文物出版社1991年版。

龙门石窟 位于河南省洛阳市城南 13 千米的伊水两岸东、西山上。南北长约 1 千米。石窟开创于北魏迁都洛阳前后,东西魏、北齐、隋、唐、北宋续有雕凿。两山现存窟龛 2100 多个,造像 10 万余躯,碑刻题记 3800 多品,佛塔 10 余座。其中北魏窟龛约占三分之一。古阳洞、宾阳中洞、莲花洞并称龙门北魏三大窟。[①]

南方石窟 以四川省的石窟寺遗址和摩崖造像最为丰富。经调查,四川省将近 50 个县市有比较集中的石窟摩崖造像,窟龛在 10 个以上的分布地点有 120 多处。早期大多利用崖墓雕刻佛像或在地面上建寺造像,著名的有:乐山崖墓的东汉浮雕佛像,齐永明元年(483)造无量寿、当来弥勒二世尊像,西凉嘉兴元年(417)石刻造像群,以及成都万佛寺南朝造像,等等。早期石窟寺大多集中在川北,石窟龛像属北方中原系统,其中以广元千佛崖石窟和皇泽寺石窟最为著名。

推荐阅读书目

1. 罗宗珍:《魏晋南北朝考古》,文物出版社 2001 年版。
2. 罗宗珍等:《六朝文物》,南京出版社 2004 年版。
3. 贺云翱等:《中国帝王陵考古》,文物出版社 2008 年版。
4. 宿白:《中国石窟寺研究》,文物出版社 1996 年版。
5. 张童心等:《考古发现与华夏文明》,上海大学出版社 2009 年版。

---

① 龙门文物保管所等:《中国石窟:龙门石窟》,文物出版社 1991 年版。

第八章

隋唐五代考古

581 年,隋朝建立,结束了魏晋长达 300 多年的分裂隔绝状态。618 年,唐代继隋而起,建立起一个繁荣昌盛的大帝国。唐灭亡后,907—960 年,黄河流域相继出现了后梁、后唐、后晋、后汉、后周五个朝代;长江流域及其以南地区出现了若干政权,史称五代十国。

隋唐时期,国家空前统一强大,社会昌盛,文化高度繁荣。考古遗存数量众多,物质文化丰富多彩;共性占主导地位,地区性差异相对较弱;陆路、海路交通频繁,国际影响深远。

学术界一般将这段考古学文化分为五个时期:(1)隋朝时期,继承北齐、北周的文化制度和文化面貌。(2)初唐时期,既承袭隋朝风格,又有创新。(3)盛唐时期,既有中国传统文化的精髓,又有周边文化的影响,文化面貌繁盛;大型器物、精美器物多出现在这一时期。(4)晚唐时期,政治由盛转衰,文化面貌趋于保守、衰落。墓葬规模、文物数量和质量都呈衰败趋势;异域风格器物大为减少。(5)五代十国时期,中原战乱较多,五代的资料较少;南方地区相对稳定,十国的资料稍多。

第一节　隋唐城址

一、隋大兴唐长安城

隋唐都城,始建于隋开皇二年(582),初称大兴城。唐朝沿用,更名长安城,至唐末天祐元年(904)废除。

长安城由外郭城(罗城)、宫城、皇城、坊市构成。外郭城平面呈长方形,面积84平方公里,周长36.7公里,东、西、南各三门,北面四门。隋唐长安是一座封闭式城市,以宫城、皇城、郭城的正南门构成南北中轴线。宫城置于北部正中,其南另筑皇城以置中央衙署,把一般居民与皇室的住地分开,"朝廷官寺居民市区不复相参",加强了宫城的防卫。里坊区布列110坊和东西两市。

城内除延平门至延兴门的东西大街宽55米,其余皆宽100米以上,其中由皇城南的正门朱雀门至明德门的朱雀大街宽达155米。不通城门的大街宽度稍次,在39—68米之间。街道两侧均设有排水沟。

大明宫

大明宫创建于唐太宗贞观八年(634),高宗时增修,龙朔三年(663)成为唐朝廷的主要朝会之所,其遗址位于宫城东北禁苑的龙首原上。平面略呈梯形,南宽北窄。以丹凤门、含元殿、宣政殿、紫宸殿、玄武门为南北轴线,官厅、别殿、亭阁、楼台等分列东西两侧。大明宫南半部为朝政区,分为三个空间,大朝用于举办国家庆典,中朝为朝廷重要机构所在的行政中心,内朝系连接后宫的便殿。城内发现宫殿遗址30余处,部分经过发掘。唐后期在东、西、北三面城墙的外侧增筑了夹城。[①] 2009年发掘唐长安城大明宫兴安门遗址。其早、晚二期门址,形制差异较大,是唐长安城大明宫与中国古代都城门址考古研究的新资料。兴安门早、晚期的门址形制、性质与功能变迁的实质是都城门址由城门向宫门的一种转变,并伴随着门址等级的变化。[②]

---

① 中国社会科学院考古研究所:《长安大明宫》,科学出版社1959年版。

② 何岁利:《唐长安城大明宫兴安门遗址发掘与研究》,《南方文物》2020年第3期。

含元殿与麟德殿　含元殿位于龙首原南,始建于龙朔二年(662),大明宫主殿,是举行国家大典的地方。殿面阔 11 间,进深 4 间。发掘出土石柱、螭首残片、素面方砖、莲花方砖等。[1]　麟德殿位于含元殿之西北,台基平面呈长方形,南北 130 米,东西 77 米。上建三殿,为宫内宴会与游戏之所。[2]

兴庆宫　位于外郭城东部兴庆坊,原为唐玄宗藩邸,后扩建为离宫,成为皇帝听政之所。宫内北部是宫殿区,南部是园林区。南区探出椭圆形水池,应是龙池遗迹,其西南发掘建筑址 17 处。一号址靠近宫城南壁,长方形,面阔 5 间,进深 3 间。兴庆宫建筑遗址发现的瓦件甚多,仅莲花瓦当就有 73 种。[3]

华清宫　华清宫位于陕西省临潼县城西南,遗址发掘总面积约 6000 平方米,清理出汤池、砖砌水道、陶质水管道、水井等。汤池遗迹有 7 处,T2 为上下两层台式,上台平面呈对称的莲花形状,下台平面为较规整的八边形。据形制特点和文献记载,应是华清宫内的莲花汤,即御汤九龙殿,为唐玄宗李隆基沐浴之所。T4 小巧玲珑,平面形状酷似海棠花,北檐墙的基石上刻有"杨"字,证明其为杨玉环的海棠汤。

里坊和街市

纵横街道将郭城内地面分为 110 坊和两市。据探测,坊均为长方形,按面积大小可分为三类:皇城以南、朱雀大街两侧的四列坊最小;皇城以南其余六列坊较大;皇城两侧六列坊(每侧三列)最大;芙蓉园占两坊。两市,分别位于皇城的东南和西南。东南者隋称都会市,唐称东市;西南者,隋称利人市,唐称西市。两市平面皆长方形,各占两坊之地(见图 8-1)。

隋唐长安城方正严谨的布局,是对曹魏邺城和北魏洛阳城的发展与完善。一方面沿袭前代宫城置于中轴线北端的传统,另一方面在宫城南面另筑皇城。宫殿、官府、民居相互隔离、等级分明的布局,突出了皇权至上和中央集权的思想。封闭式里坊制度,具有浓厚的军事管理性质。

---

[1]　中国社会科学院考古研究所西安唐城工作队:《唐大明宫含元殿遗址 1995—1996 年发掘报告》,《考古学报》1997 年第 3 期。

[2]　马得志:《唐长安城发掘新收获》,《考古》1987 年第 4 期。

[3]　齐东方:《隋唐考古》,文物出版社 2002 年版。

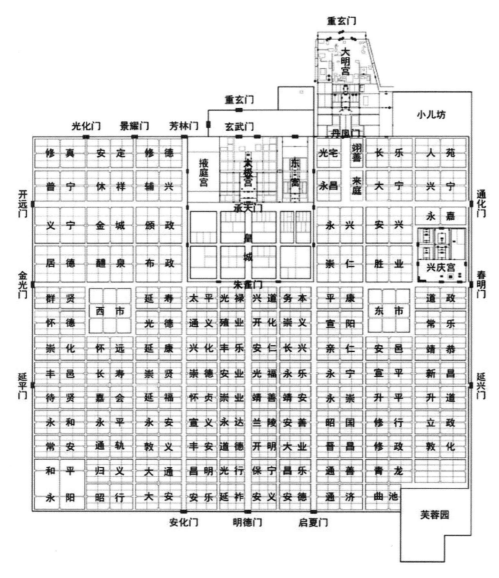

图 8-1　唐长安城里坊布局

二、隋唐洛阳城

隋唐洛阳城即洛阳市区,始建于隋大业元年(605);唐延用,称东都。横跨洛河南北,整体略呈长方形,周长约 27.5 公里。由宫城、皇城、郭城组成,但布局与长安有所不同(见图 8-2)。郭城共开 8 门,皆为三门道。宫城位于全城西北隅,占据高地,宫城南部为主要宫殿区。宫殿区东面是东宫。皇城围绕宫城,内设官署和馆舍。宫城东北、西北两角各有一隔城。北面建曜仪、圆璧二城。坊市位于宫城、皇城以南和以东地区,里坊呈方形。城内设南、北、西三市。

城内街道大都已被探出,洛河以南的南北向街 12 条,东西向街 6 条。洛河以北,探出南北向街 4 条,东西向街 3 条。探明的街中,通城门的各街较宽,在 41—59 米左右,其中定鼎街从郭城定鼎门通皇城正门,宽达 121 米。①

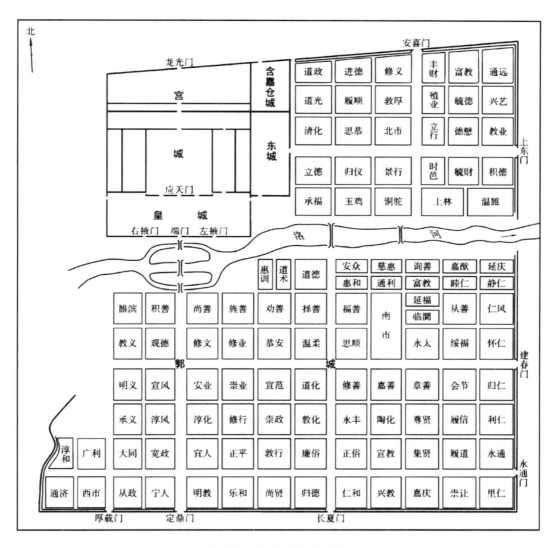

图 8-2　唐洛阳城平面布局

①　中国科学院考古研究所洛阳发掘队:《隋唐东都城址的勘察和发掘》,《考古》1961 年第 3 期。

上阳宫　唐高宗时在东都苑东部修建,成为东都的主要宫殿,是高宗、武则天听政之处。傍皇城南墙。1989—1993年发现皇家园林,内有东西长33米以上的水池,周围水榭廊舫环绕,发现6处假山和2条五彩卵石铺成的路。出土大量琉璃瓦和太湖石。[①]

含嘉仓　位于宫城东北部、圆璧城东门外。勘探显示,含嘉仓东西615米,其东北及偏南部探出粮窖259个,排列整齐,东西成行。各窖都是口大底小的圆罐形,窖的结构方法为底部夯打、火烧、铺烧土块和黑灰等,然后铺木板或草,再铺谷糠和席,窖壁砌木板,窖顶是木架结构的草顶,上涂很厚的混合泥。160号窖内还存有大半窖已变质炭化的谷子,原应有25万公斤。还在3个窖内出土了共8块铭文砖,记载着粮窖的位置、粮食种类、来源、数量、入仓时间及负责运输、入仓的职官姓名。[②]

三、隋唐扬州城

隋唐扬州城位于江苏省扬州市区及北郊一带,仅次于当时的长安与洛阳两京。扬州城分为大、小两个部分,总面积约20万平方千米,呈棋盘式布局。子城(小城)位于全城西北角,南北约2000米,东西约1500米,已探出四面城墙、两条道路、两个城门,为官署区。罗城位于全城南部,南北4200米,东西3120米,已探出四面城墙、七座城门、五条道路和河道,为安置工商市场和百姓居民居住的里坊区。罗城始建于中唐或偏晚时期,唐代以运河为中心围筑城墙(见图8-3)。[③]

扬州城在形制上受到了长安、洛阳等城市的影响,城内街道布局较为规整。具有典型的南方水乡城市特色,城内有多条河流,形成井字形水系。由于位于长江、运河及入海口的交叉点,扬州城呈现出显著的商业型城市发展模式。[④]

---

① 中国社会科学院考古研究所洛阳唐城工作队:《洛阳唐东都上阳宫园林遗址发掘简报》,《考古》1998年第2期。

② 河南省博物馆等:《洛阳隋唐含嘉仓的发掘》,《文物》1972年第3期。

③ 中国科学院考古研究所:《扬州城考古工作简报》,《考古》1990年第1期。

④ 蒋忠义:《唐代扬州河道与二十四桥考》,《汉唐与边疆考古研究(第一辑)》,科学出版社1994年版。

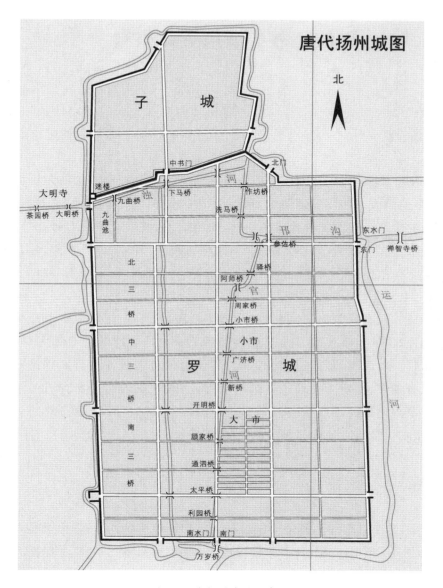

图 8-3　唐扬州城平面布局

第二节　隋唐五代帝陵

一、隋代帝陵

隋文帝杨坚及皇后独孤氏的泰陵,位于陕西省扶风县东南。陵的封土高 27.4 米,呈覆斗形,夯筑而成。四周围绕陵墙,东西长 756 米,南北宽 652 米,总面积近 50 万平方米。四墙的中部发现大量的砖瓦残片,当为门庭址,城墙四角亦有砖瓦等,说明原建有阙楼。陵冢之南立有清毕沅书"隋文帝泰陵"(《隋书》等作"太")石碑,此外无其他石刻遗存。文帝祠庙遗址在太陵东南,1953 年调查时发现石碑一通,石柱础一排七个,墙垣残迹尚存。[①]

隋炀帝杨广及皇后萧氏的墓葬,古称隋炀帝陵,位于江苏省扬州市邗江区西湖街道司徒村曹庄,确认为隋炀帝及萧皇后的最后下葬之地。隋炀帝墓为方形砖室墓,由主墓室、东西耳室、甬道、墓道五部分组成;墓室用砖与隋代江都宫城用砖一致。墓内保存部分人骨遗骸,鉴定为女性。墓内出墓志一方,石灰岩质,风化严重,但关键部分保存完好。墓内出土的蹀躞金玉带是目前中国出土的唯一一套最完整的十三环蹀躞带,也是中国古代带具系统最高等级的实物。

二、唐代帝陵

唐代帝陵,除昭宗李晔和哀帝李柷陵分别在河南偃师和山东菏泽,其他均葬于陕西渭北的乾县、礼泉、泾阳、三原、富平和蒲城,号称"关中十八陵"。唐陵陵园坐北朝南,地势北高南低。关中十八陵可分为依山为陵和积土为陵两类,依山为陵者有乾陵、泰陵等 14 座;积土为陵者陵台为覆斗形,封土夯筑,有献陵、庄陵、端陵和靖陵。

关中十八陵分别为高宗李治和武则天的乾陵、僖宗李儇的靖陵、肃宗李亨的建陵、太宗李世民的昭陵、宣宗李忱的贞陵、德宗李适的崇陵、敬宗李湛的庄陵、武宗李炎的端陵、高祖李渊的献陵、懿宗李漼的简陵、代宗李豫的元陵、文宗李昂的章陵、中宗李显的定陵、顺宗李诵的丰陵、睿宗李旦的桥陵、宪宗李纯的景陵、穆宗李恒的光陵、玄宗李隆基的泰陵。

乾陵及以后的陵园平面布局均分三部分,自北向南由三对门阙加以区分。第一对

---

① 罗西章:《隋文帝陵、祠勘查记》,《考古与文物》1985 年第 6 期。

门阙以北为陵冢和献殿,是陵园的主体建筑。第一对和第二对门阙之间是神道,两边排列各种象征帝王出巡仪仗队伍的石柱、石碑、石人、石兽。第二对和第三对门阙之间分布着陪葬墓。

唐陵石刻

唐陵石刻堪称中国古代大型石雕艺术的瑰宝。石刻(见图 8-4)主要布置在神道西边和四神门外,每种石刻均左右对称。初唐的献陵和昭陵,石刻形制大,内容组合尚未形成定制。盛唐时的乾陵、定陵、桥陵,继承了石刻形制大的特点。石刻种类和数量大为增加,组合形式基本形成制度。中晚唐时期,即泰陵至靖陵的 13 座唐陵,石刻变得较小。组合刻意追求对称,并有改变现象。

图 8-4　乾陵石刻

高宗乾陵　为唐高宗李治和武则天的合葬墓,位于乾县北梁山,依山为陵,陵园基本呈方形。玄宫位于山峰南面的半山腰中,山峰的四周围以神墙,每墙各辟一神门,东、西、南三门大都正对玄宫,南神门为正门。门外各有石狮 1 对,北门有 3 对石马。南有三重门阙。神道由南向北,华表 1 对,翼马 1 对,鸵鸟 1 对,石人牵石马各 5 对,石人 10 对。献殿建于玄宫之南,下宫在陵的西南、鹊台西北。玄宫隧道和门洞在山体的岩石上开凿而成,隧道内填石条,石条间用铁棍贯穿固定,石缝间用铁锡溶液浇注。

唐陵陪葬墓

唐陵中有宗室和功臣的陪葬墓。据调查,献陵和昭陵最多,乾陵、定陵和桥陵次之,中晚唐的泰陵以后诸陵的陪葬墓甚少,有的没有。献陵的陪葬墓多在陵北和东北,从昭陵开始陪葬墓均在陵南和东南。诸陵的陪葬墓多为见于史籍的唐代著名人物,许多在墓前立碑,还有的墓前列石刻。现已发掘的唐代帝陵陪葬墓有 10 余座。

永泰公主李仙蕙墓　该墓为唐中宗李显第七女永泰公主墓,为乾陵 17 座陪葬墓之一。墓园四周原有夯土垣墙,平面呈矩形,封土呈覆斗形。封土南侧残存有双阙,神道两侧存有石狮 1 对,石人 2 对,石华表 1 对。地下部分为长斜坡墓道双室砖墓,全长达 100 米左右,由墓道、6 个过洞、7 个天井、8 个壁龛、前后甬道、前后墓室组成。后室有石椁 1 座。墓道、天井、甬道、前后墓室及室顶绘有大面积壁画(见图 8-5)。墓门与石椁上也满布线刻画。①

图 8-5　永泰公主墓墓室壁画

章怀太子李贤墓　墓主章怀太子李贤,高宗与武后次子。该墓为乾陵 17 座陪葬墓之一。斜坡墓道双室砖墓,由墓道、过洞、天井、壁龛、前后甬道、前后墓室组成,全长 71 米。其中天井 4 个,过洞 4 个,壁龛 6 个。墓道、甬道和前后墓室绘满彩色壁画,其中有马球图、客使图、观鸟捕蝉图等,体现唐代超高绘画水平。后室有庑殿式石椁 1 座。壁龛中发现 600 余件陶俑及器物等随葬品。②

---

①　陕西省文物管理委员会:《唐永泰公主墓发掘简报》,《文物》1964 年第 1 期。

②　陕西省博物馆等:《唐章怀太子墓发掘简报》,《文物》1972 年第 7 期。

唐代"号墓为陵"

"号墓为陵"者,系规模仅次于帝陵的王室成员墓葬,如太子李弘的恭陵、武则天之母的顺陵、李渊之父的兴宁陵、唐高祖李渊第四代祖宣皇帝李熙的建初陵、第三代祖光皇帝李天赐的启运陵等。

唐高宗和武则天之子、太子李弘葬于河南省洛阳市偃师区,"墓号恭陵,制度尽用天子礼"。陵园坐北朝南,平面方形,神墙四面中部各开神门,四角有角阙。灵台封土呈覆斗形,夯筑。

陕西咸阳的顺陵,原为武则天之母杨氏墓,后称顺陵。唐高祖李渊之父李晒之墓称兴宁陵,位于陕西咸阳,封土圆形,前有石雕两排,有天禄、石马、石狮。

三、五代十国帝陵

各地割据政权的统治者沿用了唐陵的某些制度,多为依山为陵,少数积土为葬,但是陵墓的规模、气势远不如唐陵雄伟壮观。主要帝陵有河南新郑的后周恭帝柴宗训顺陵,四川成都的前蜀王建永陵、后蜀孟知祥和陵,江苏南京的南唐李昇钦陵、李璟顺陵,广州的南汉刘隐德陵、刘龚康陵、刘晟昭陵,浙江临安的吴越王陵、闽国王陵等。

南汉康陵　位于广东省广州市近郊,是南汉开国皇帝刘龚的陵寝。康陵坐北朝南,由地宫及地面陵园组成。陵园依山而建,南北约 160 米,东西约 80 米。陵园四周筑有长方形夯土陵墙,南面正中设陵门,现存门楼遗迹。四隅各设一组方形子母角阙,陵门南侧为献殿遗迹。陵墓位于陵园中部偏北,陵台由圆形封土、圆形包砖、方形基座、方形散水和台阶墓道组成。墓室为长方形竖穴土圹砖室墓,由墓道、封门、甬道、前室、过道、中室、后室组成,内长 10 米多。前室立哀册文碑一通,册文楷书。中室与后室分别设置 14 个壁龛。棺床位于后室中部,残存随葬品以青瓷器、釉陶和玻璃器残片为多。[①]

第三节　隋唐一般墓葬

唐代一般墓葬表现出一定的区域性特征,与唐代的行政区划并不等同,而与自然

---

① 广州市文物考古研究所:《广州南汉德陵、康陵发掘简报》,《文物》2006 年第 7 期。

山脉、河流的分布和阻隔形成的区域更为接近。按各地区差异的大小，总体上以淮河流域为界分为南、北两大系统，又可细分为两京地区、北方地区、朝阳地区、敦煌—吐鲁番地区、长江上游地区、长江中游地区、长江下游地区、赣江流域、福建地区、岭南地区等若干个区域。

一、北方地区隋唐墓

两京地区典型的隋唐墓葬是带长斜坡墓道的土洞墓或砖室墓，墓道上有天井，天井之间的墓道称为过洞。

两京地区

按其规模大小及构筑形式，大致可以分为 6 种类型。[①]

双室砖墓　长斜坡墓道，4 个以上的天井和壁龛，全长在 50 米以上。使用石葬具，随葬品极其丰富，地面有封土、石像生、石碑等设施。墓主为皇室成员或有特殊功勋的大臣。

巨型单室砖墓与双室土洞墓　基本形制与双室砖墓相似，全长多在 40 米以上。使用石葬具，随葬品丰富。墓主为一品官或皇亲国戚。

大型单室砖墓与土洞墓　基本形制与第二种相同，全长在 20 米以上。使用砖棺床，没有石葬具。墓主为三品以上官员。

中型单室砖墓与土洞墓　全长多在 10 米以上。墓主为五品以上官员，数量较多。

小型单室砖墓与土洞墓　全长在 10 米以下，是唐代一般墓葬的主要形式。使用木棺，有些有木或土棺床，随葬品很少，以日用陶器为主。墓主为九品以上、三品以下的官员、富裕平民。

小型土坑墓　全长在 2—2.5 米。有些有木棺，随葬品极少。属于普通平民墓葬。

两京地区的唐墓中的随葬品种类十分丰富，包括实用类和明器类。明器以陶俑为多，具有鲜明的时代特征。陶质彩绘俑和三彩陶俑较为常见。

唐代陶俑一般分为镇墓类、出行仪仗类、家内侍役类、动物模型类（见图 8-6、图 8-7、图 8-8）。镇墓俑包括人面和兽面镇墓兽、武士天王俑、十二生辰俑等。高级墓中，四类俑齐全，数量众多；低级墓中仪仗类俑减少甚至消失。不同地区流行的陶俑组合或造型也有所不同。

唐代镇墓兽　在唐代墓葬中，镇墓兽成对出现，放置于墓道入口处，镇守于墓门，早期称为"魌头"。采蹲踞的姿态，有两种基本造型：一为双角兽面，龇牙咧嘴似

---

① 张学锋：《中国墓葬史（隋唐墓葬卷）》，广陵书局 2009 年版。

怒吼；二为胡人面像（见图8-9），扇形耳，圆目怒瞪、张口露齿，因此人面兽身也被称为
"镇墓俑"。在形体上兽身有双翼、蹄足。从历代镇墓兽的演变来看，唐代的形象更加
夸张与威吓，强调各项细部，如高耸的双角、向外伸出的羽翼、华丽流淌的多种釉色
等。人面镇墓兽常以西域胡人面貌为造型，特别反映了当时中外文化交流之影响。

图 8-6　侍女俑

图 8-7　胡人俑

图 8-8　天王俑

图 8-9　镇墓兽

北方其他地区

黄河以北河套以东地区有方形、长方形、圆形、多边形的砖室墓,长方形的墓中还有土圹墓、砖椁墓。

朝阳地区流行圆形墓。长方形的墓多为砖椁墓,墓葬有的在墓门外砌"翼墙",有的墓内也砌出放随葬品的平台。

新疆地区出现双室墓、带甬道的墓和刀形墓,有的墓道上凿天井,墓室四壁明显外弧。墓顶有圆形、纵券、横券和平顶;尸体仍采用筑台陈放的方式。死者穿纸鞋、纸帽,口中常含钱币。

二、南方地区隋唐墓

南方地区的墓葬形制和随葬品的风格统一性较强,主要区别是发展的时间不同。8世纪中叶,墓葬形制和随葬品出现了新的变化。长江中游地区为南方唐墓的中心区域,主要有砖室墓和土坑墓,规模较小,形制简单。砖室墓,主要是"凸"字形和"中"字形,墓的左、右、后常砌出小壁龛,龛内置十二生肖俑。墓室正中有砖砌长方形棺床,棺床与墓壁间设排水道。土坑墓,以梯形和长方形为多,有的墓带壁龛。随葬品以生活用品为主,最多的是陶瓷器,陶俑较北方少。

三、唐代壁画墓

唐代较大的墓葬一般都绘有壁画,艺术水平高,壁画内容表现了墓主人生前的地位、日常生活以及社会历史场面。唐代壁画通常分布在墓葬的墓道、天井、过洞、甬道以及墓室的壁面和墓顶上,各种题材一般都有固定的位置。四神图,即青龙、白虎、朱雀、玄武,用以表示方位,饰于墓道的东西壁及墓室的南北壁。仪卫图,由步、骑或步、车、骑仪仗组成,分布在墓道东西壁,见于高级贵族的墓葬中,为墓主人生前地位的象征。启戟图,官吏出行和门第列戟表现身份和荣耀,所绘戟数的多少与墓主人的官品高低有关。建筑图,是墓主人生前宅第的写照。妇女及内侍图,妇女中有贵妇、宫官、侍女,多绘于墓室内,也见于甬道和过洞中,表现贵族行乐生活。农牧生产图,反映墓主人经营庄园的场景。[①]

---

① 宿白:《西安地区唐墓壁画的布局和内容》,《考古学报》1982 年第 2 期。

唐懿德太子李重润墓壁画　乾陵陪葬墓之一，墓主为唐中宗长子。该墓规模宏大，随葬品丰富，壁画比较完整。墓道绘青龙、白虎、山林城阙、步骑仪卫、轺车、鞍马、官吏。过洞为胡人牵豹、男侍牵犬、驾鹰、女侍、影作木结构建筑、列戟、步卫、牛车、女侍。甬道皆为女侍，间绘花木草石。墓室绘影作木结构建筑、捧物及乐器的女侍、天象。列戟制度是唐代等级的标志之一，壁画的列戟数目可与文献中列戟等级相对照。懿德太子李重润墓中绘列戟 4 架，合为 2 副，一副 24 竿，一副 25 竿（见图 8-10）。

图 8-10　唐懿德太子李重润墓壁画（局部）

第四节　隋唐五代文化遗物

一、瓷器

隋瓷上承南北朝瓷器，南北方皆以青瓷为主流，风格上大体与前朝相类。其中，白瓷的成功烧造是隋代北方瓷业的重要突破。隋代白瓷的制作水平极高，质优者胎釉薄而透亮，可达"透影白瓷"的水平，与现代西方定义下的"瓷器"无异，开创了后世"南青北白"局面。

唐瓷造型浑圆饱满，质量较高。受其他工艺品及外来文化的影响，出现许多新器形、新装饰，如带有游牧民族风格的皮囊壶、波斯风格的大斑块状彩绘等。社会风尚与习俗对唐瓷的釉色和造型产生了相当大的影响，形成了茶具和酒具盛行的局面。装饰工艺方面，唐代陶瓷器除彩瓷，其余多为素面，或饰以几条划纹或堆贴塑，质朴大方，制作简便，适于大量生产。装饰工艺也出现多样化的发展趋势。

　　五代陶瓷造型基本沿袭晚唐风格，但造型优美精致，部分器形在细节上有所改变。如执壶一类，唐代壶流普遍较短，五代后明显加长，或为饮汤习惯改变所致。此外，这一时期政权林立，越窑、宣州窑、黄堡（后改称耀州）窑等各地的官督窑场制作精巧，各有特色，代表了这一时期的工艺水平，并为宋代陶瓷业的繁荣发展奠定了良好的基础。

隋代瓷器

图 8-11　李静训墓出土鸡首壶

　　隋代瓷器基本沿袭南北朝风格，但在器形上略有变化。如盘口鸡首壶的器形整体更为修长，鸡首多回归形式化，不具有实用功能（见图 8-11）。隋代瓷塑比例增高，制作精良，线条刻画精准，富于表现力。隋代器物一改南朝的桥系传统，多用条形系，并且沿用至唐。

　　北方白瓷是隋代陶瓷业的一项重要突破，在此之前的瓷器均为釉中含铁量较高的青瓷。即使是东汉时期的湖南地区出现的所谓"白瓷"，经测定其釉中含铁量明显大于 1%，积釉处呈青色，其"白瓷"面貌系釉薄所致。而自隋代始，出现了含铁量达到 1% 以内的瓷釉，即现代意义上的白瓷。隋代，邢窑已经出现。

　　通常所说的"白瓷"可分为两类，一类为透明釉白瓷，另一类为白釉瓷，后者也因釉中含有较多晶体而呈乳浊感明显的粉白色，又称"分相釉"，或因釉中含有少量五氧化二磷所致。[①] 透明釉白瓷又可分为两类，一为白胎白瓷，二为化妆土白瓷。白胎白瓷胎质淘洗精细，烧成后较为细腻洁白，罩以透明釉，通常较为精致，也称"精细白瓷"，部分烧结程度较高，灯光下十分通透，可达"透影白瓷"的水平（见图 8-12）；而化妆土白瓷通常为胎质较粗的产品，胎表施化妆土（通常是较为细腻的白色高岭土）以遮瑕，再罩以透明釉，也称"粗白瓷"。部分白胎白瓷胎质虽已呈白色，但略含杂质或烧结程度略低，为进一步追求精致白润的效果，也存在使

① 　河北省邢窑研究组：《邢窑工艺技术研究》，《陶瓷研究与职业教育》1987 年第 2 期。

用化妆土的现象。这两类白瓷在隋代均已发展成熟,代表性窑场有河南安阳相州窑、巩义窑,河北邢窑(见图8-13)。

图 8-12　隋苏统师墓透影白瓷杯

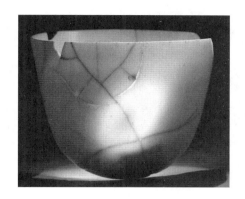

图 8-13　邢窑窑址出土白瓷杯

唐代瓷器

唐代制瓷业的格局常被概括为"南青北白",以邢窑的白瓷和越窑的青瓷分别代表北方和南方制瓷业的最高成就。北方瓷业以生产白瓷为主,兼烧黑、青、酱、黄、白釉绿彩、黑釉蓝彩及绞胎、绞釉、三彩等,品种众多。南方瓷业的窑址数量多、分布广,均为青瓷窑,个别窑偶有白瓷烧造。由于各地都采用本地瓷土为原料,产品的胎质、釉色略有差异,因而形成不同风格,整体上,北方瓷因其胎料中氧化铝含量普遍较高而更为硬朗挺拔。

邢窑　位于河北省邢台市内丘、临城县,始于隋。隋时始烧白瓷,是目前发现最早烧造白瓷的窑址之一,兼烧白胎白瓷和化妆土白瓷,入唐后以白瓷烧造为主。烧造方法为叠装、套装和单件装,隋代多为裸烧[1],唐代中期以后普遍采用桶式匣钵烧制细白瓷。邢窑在唐代烧造兴盛,内丘发现隋唐窑址 28 处,除青瓷和白瓷,还烧制黑瓷、黄釉瓷、绿釉瓷、三彩等品种。窑址规模庞大,技术发达,是北方重要的窑业技术中心。其中,白瓷的产量大、质量高,器类丰富,出现了盂、高足杯、砚、灯、皮囊壶等多种器形,在长安、洛阳、扬州等唐代重要城市多有出土,并远销海外,在沉船、波斯地区乃至埃及皆有发现。值得注意的是,晚唐时邢窑尚处于巅峰,但进入五代以后迅速衰落。

"盈"字款　内丘城关窑址和西安大明宫发现一些带有刻款的器物,多为上釉前刻制。其中一类刻有"盈"或"大盈"字款(见图8-14),第一种观点认为"盈"字形

---

[1]　杨文山:《隋代邢窑遗址的发现和初步分析》,《文物》1984 年第 12 期。

图 8-14 "盈"字款器物

近"盌"字,"盌"即"碗",因此碗刻"盈"字是"以字标物",反对者认为此类字款亦多见于罐、壶类,并非碗类专有;第二种观点认为"盈"字可能是内丘窑址某一窑主的"字号";第三种观点认为"盈"字款是内丘邢窑"专为宫廷烧造贡瓷"的一种标志;第四种认为"盈"字是唐宫内"百宝大盈库"的一种标记。当今学者多认为其与"大盈库"有关。在"黑石号"沉船出水绿釉器底亦有发现。

越窑 隋唐时期的青瓷烧造,以浙江的上虞、余姚、慈溪最为兴盛,目前已发现 30 余处窑址群。唐代越窑产品种类丰富,釉色以青泛黄为主,光泽晶莹。隋以后越窑进入衰落期,唐初的器物胎体较厚重,一般无纹样。唐代后期越窑突然兴起,胎薄质细,火候高,出现了以划、印并兼刻、雕、镂、彩绘等技法,装饰纹样题材以花卉为主,也有禽兽、人物。一些器物被做成瓜果或荷叶、花朵形,样式新颖。其中,秘色瓷是越窑青瓷中的精品。

与北方"馒头窑"不同,以越窑为代表的南方窑场多用龙窑烧制,并采用匣钵装烧。越窑匣钵的形制较有特色,底部开口,顶部中间下凹,截面呈"M"形,故称为"M 形匣钵"。装窑常用套烧法,产品按大小自下而上叠放,大套小,置于匣钵内。为充分利用空间,器间常垫以泥质支块。器物和支物交替叠放。器物常置于高支具(或称垫座)之上,其作用是使器物升高而离开窑底,产品受热均匀,氛围相对稳定。较大的壶瓶类等立件和精细类产品通常一匣一器。

图 8-15 秘色瓷八棱净瓶

秘色瓷 唐五代时期的一种高档青瓷,被称为秘色瓷(见图 8-15)。关于秘色瓷的内涵,主要观点有两种:(1)庶民不得用,故称"秘色"。(2)民间相传其烧造工艺、釉料配方秘不示人,故称"秘色瓷"。秘色瓷所属的窑口曾引发争议,1987 年,法门寺唐塔地宫出土了 14 件瓷器,同出的衣物帐碑上记作"瓷秘色",证实秘色瓷就是越窑青瓷中的精品。[1] 秘色瓷的胎质较普通越窑瓷更为细腻,釉面平整度优良。烧制秘色瓷的重要技术之一是釉封瓷质匣钵,即匣钵使用类似胎料的瓷土制成,垒放时用釉封口,大大增强了匣内环境的封闭性和稳定性,显著提高了产品质量。2015—2017 年,浙江省文物考古研究所在上林湖越窑核心区发掘了后司岙窑址,其产品整体质

---

① 陕西省法门寺考古队:《扶风法门寺塔唐代地宫发掘简报》,《文物》1988 年第 10 期。

量较高,出土刻有"罗湖秘色椀(碗)"字样的匣钵,表明后司岙窑址即为烧制秘色瓷的主要窑场。

彩瓷

彩绘瓷、花釉瓷和绞胎瓷在唐代也逐步兴起。

长沙窑　窑址位于湖南省长沙市望城区铜官镇,也称铜官窑。唐初开始烧造,盛唐以后出现彩绘瓷,绿彩、褐彩、红彩兼用,别具一格。各式的壶和内底彩绘、四周点以大斑块的碗是长沙窑最具特色的品种,彩绘和在器物上题有诗文是长沙窑产品的特色。[1] 长沙窑产品远销海外,1998 年印尼勿里洞岛海域出水的"黑石号"阿拉伯商船上载有长沙窑约 56500 件,其中一件刻有"宝历二年七月十六日"铭文,正面彩绘带有明显的阿拉伯风格,似阿文"安拉"字样,或为当时商人的定制产品(见图 8-16)。

图 8-16　黑石号
"宝历二年"铭彩绘碗

过去学者认为长沙窑(见图 8-17)多为釉下彩绘,并将其与明清釉下青花工艺联系。近年来研究表明,长沙窑应以釉上彩为主,目前尚未发现明确为釉下彩的产品,与后世釉下彩绘存在明显区别。[2]

寿州窑　位于安徽省淮南市,始于隋,唐代以黄釉瓷著称(见图 8-18),还烧造青、黑釉瓷等产品。胎质较粗,为淡黄红、青灰等,釉色有蜡黄、鳝鱼黄、黄绿等。宋代仍有烧制。

图 8-17　长沙窑褐彩贴塑执壶

图 8-18　寿州窑黄釉执壶

---

[1]　长沙窑课题组:《长沙窑》,紫禁城出版社 1996 年版。
[2]　张兴国等:《长沙窑高温釉上彩瓷的检测分析》,《故宫博物院院刊》2020 年第 5 期。

洪州窑　位于江西省丰城市，始于汉晋。多黄、酱釉，胎质疏松，施釉前涂一层化妆土遮瑕并使瓷釉明亮。多素面，或有刻划、模印的莲花和重环纹装饰。

邛窑　位于四川省邛崃市，品种丰富，唐代盛烧青釉彩绘和三彩器。其彩绘器与长沙窑类似，被称为长沙窑的"姊妹窑"，也有刻花、刻绘结合的装饰。三彩器极具特色，烧成温度较高，釉面光润，较为精致，被称为"邛三彩"。此外，邛窑的铜绿色乳浊釉也颇具特色。

图 8-19　巩县窑绞胎枕

绞胎瓷　唐代陶瓷器的一个新工艺，是用白（黄）褐两种色调的瓷（陶）土相间排列后糅合在一起，即形成白褐相间的类似木纹的纹理（见图 8-19）。这种纹理变化多端，富于装饰性。常做成片状贴覆于器表或直接模制成型，上釉后烧制即成绞胎瓷。巩县窑、寿州窑等皆有生产。

"唐青花"

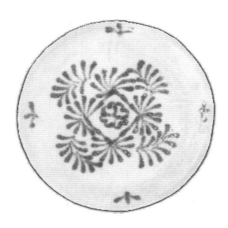

图 8-20　"唐青花"瓷碗

青花瓷是以氧化钴为呈色剂，在高温下一次烧成的釉下彩瓷，是中国古代具有特色的瓷器品种，过去一般认为青花瓷自元代开始烧造。20 世纪 70 年代末，在扬州、洛阳等地陆续发现了一些唐代白釉蓝彩瓷片，胎较粗松厚重，色灰白或白中泛黄，"黑石号"中亦见数件此类器物（见图 8-20），与后世青花瓷极为相似。巩义白河、黄冶窑址发现有此类产品，釉色白中带灰或白中泛黄；青花纹样大都发色鲜艳，色料中可见明显的黑色结晶。此类产品的蓝彩属性至今仍多有讨论，早年的科技考古研究倾向于釉下[1]，而部分发掘者等则认为应属釉上彩绘产品[2]。不论其釉上釉下属性如何，学者仍依据习惯称其为"唐青花"。

目前学界普遍认为，"唐青花"类型产品的创制与阿拉伯地区有着密切联系，其钴

---

[1]　张志刚等：《唐代青花瓷与三彩钴兰》，《景德镇陶瓷学院学报》，1986 年第 1 期。

[2]　谢明良：《记"黑石号"沉船中的中国陶瓷器》，上海博物馆编，《大唐宝船：黑石号沉船所见 9—10 世纪的航海、贸易与艺术》，上海书画出版社 2020 年版。

料来源也需依赖西亚进口[1]，但这一技术在唐后消失，与元明清青花并无直接的传承关系。

唐三彩

盛行于唐代的低温铅釉陶器，主要以白色黏土为胎，以含有铜、铁、钴、锰等元素的矿物做釉料，色彩以黄、绿、白（即透明釉）三色为主，故称"唐三彩"。其中，蓝彩需用西亚进口的氧化钴原料制作，成本较高，因此三彩中带蓝的器物通常级别较高。唐三彩多采用二次烧成法，首先将陶胎制作成型后素烧，冷却后施以配制好的各种釉料入窑釉烧。造型多样，一般为人物、动物（见图 8-21）、生活用具、建筑等，虽多为明器，但部分器形在生活中亦有使用。三彩器初见于北齐，唐代三彩始于初唐后期高宗时期，盛唐时期由于厚葬普遍而十分流行，晚唐后逐渐衰弱。

图 8-21　唐三彩马

二、金银器

金银器在唐以前多作小件装饰品及附属部分，在少数民族中较为多见。隋唐时期的金银器数量超过了以前各代总和，金银独立制作器物成为主流，大型器物大量增加。现存的隋唐金银器，除传世品，大多发现于窖藏之中。

1970 年，在陕西省西安市南郊何家村发掘出两瓮唐代窖藏文物，内有金银器 1000 余件，包括 271 多件器皿（见图 8-22），金器总重达 298 两，银器总重 3900 多两。该窖藏位于唐代兴化坊中部偏西南，应为唐代宫廷之物，其制作工艺代表了唐代的最高水平。[2]

1987 年，在陕西省扶风县法门寺地宫遗址出土金银器 121 件（组），主要是器皿（见图 8-23）。与金银器同时出土了《大唐咸通启送岐阳真身志文》和《监送真身使随真身

---

[1]　张福康:《中国古陶瓷的科学》，上海人民美术出版社 2000 年版。
[2]　陕西省博物馆:《西安南郊何家村发现唐代窖藏文物》，《文物》1972 年第 1 期。

供养道具及金银宝器衣物帐》,后者详载了金银器的名称、数量、重量和来源。[1]

图 8-22 (何家村)鎏金舞
马衔杯纹仿皮囊银壶

图 8-23 (法门寺)宝函

1982 年,在江苏丹徒丁卯桥一处唐代居住址发现银器窖藏,共出土银器 956 件,包括银钗达 760 件,银盒 28 件。同一产品的高重复率反映出规模化商品生产的特征,其多样化、世俗化、创新性则反映了民间私营作坊和商品生产的特点。[2]

三、铜镜

唐代的铜器制造业不发达,但是铜镜的制作达到了全盛,而且制作工艺达到了新的高峰。形制上突破了圆形的传统,创造出葵花(见图 8-24)、菱花、荷花、方形、亚字形等不同形式,并出现少数带柄铜镜。出现特种工艺,如金银平脱镜,是在铜镜的背面用漆粘贴金银花饰片而成;螺钿镜(见图 8-25),是在铜镜的背面用漆粘贴螺蚌贝壳,然后打磨刻画纹样。

隋至唐高宗时期,主要流行四神十二生肖镜类中的十二生肖镜、四神镜、四神十二生肖镜,瑞兽镜类中的瑞兽铭带镜、瑞兽花草镜,还有瑞花镜类中的宝相花铭带镜(又称团花镜)。圆形镜最多,主题纹样突出灵异瑞兽(图 8-26)。

---

① 陕西省法门寺考古队:《扶风法门寺唐代地宫发掘报告》,《文物》1988 年第 10 期。
② 丹徒文教局等:《江苏丹徒丁卯桥出土唐代银器窖藏》,《文物》1982 年第 11 期。

图 8-24 六出葵花形宝相花镜

图 8-25 高士宴乐纹嵌螺钿青铜镜

图 8-26 瑞兽鸾鸟葡萄镜

　　武周至唐玄宗开元时期,流行铜镜为葡萄镜类,包括瑞兽葡萄镜、葡萄蔓枝镜、瑞兽鸾鸟葡萄镜,瑞花镜类中的菱花形宝相花镜,花鸟镜中的雀绕花枝镜,盘龙镜,圆形、菱花形镜较多,主题纹样由瑞兽向花鸟过渡。

　　唐玄宗天宝年间至唐德宗以前,以花鸟镜、瑞花镜类为主,流行花鸟镜中的对鸟镜,瑞花镜类中的葵花形宝相花镜,神仙人物故事镜类中的月宫镜、飞仙镜、"真子飞霜"镜。圆形和葵花形的镜最多。唐德宗至唐末,除了瑞花镜类中的花枝镜、花叶镜,还流行八卦镜类。

四、纺织品

　　新疆地区隋唐时代的墓葬中的织物保存较好。① 品种有锦、绮、绫、罗、纱、縠、绨、纨、绢、缣、绝、刺绣、染缬等 10 余种,又以数量众多、制作复杂、绚丽多彩的锦最具代表性。唐代锦的纹样在中宗以前主要是各种几何纹,小团花纹,联珠对禽、对兽、禽兽纹。联珠圈内饰禽、兽为纹样的锦出土最多。约在中宗以后,出现了宝相花纹,一直流行到代宗大历年间。大历年间还出现了团花、折枝花和飞鸟组成的花鸟纹锦。

　　唐代织物上的染色也达到了新的高峰。织物中可见到的颜色达 20 多种,施染均匀,至今色泽鲜艳。值得注意的是唐代的染缬,包括蜡缬、夹缬和绞缬等。阿斯塔那永淳二年的墓葬中出土一种复杂的绞缬绢,是为精品。

---

① 新疆文物事业管理局等:《新疆维吾尔自治区文物考古五十年》,《新中国考古五十年》,文物出版社 1999 年版。

五、货币

隋代,开皇元年(581)发行统一标准的五铢钱,五铢钱再次成为全国统一货币。隋五铢比较精美,大业年间,因铸造铜币过程中掺入锡和铅等金属,制出的铜钱泛白,称为白钱,也称"五铢白钱"。由于"五"字旁有一竖线,而隋五珠钱穿右的"五"字看似"凶"字,因此又称为"凶钱"。

图 8-27　开远通宝

唐武德四年(621)始铸开元通宝(见图 8-27),取代五铢钱,从而结束了漫长的铢两钱制,开创了通宝钱制,并影响到后代及周边地区的货币制度,影响深远。唐中期之后,钱荒严重,"飞钱"出现。

五代十国时期钱币比较混乱,货币种类繁多,如后梁开平通宝、后唐天成元宝、后晋天福元宝、后汉汉元通宝、后周周元通宝、楚天策府宝、闽开元通宝、永隆通宝、天德重宝、前蜀铸年号钱六种(永平、通正、天汉、光天、乾德、咸康元宝)、南汉乾亨通宝、后蜀广政通宝、大蜀通宝、南唐永通泉货、保大元宝、大齐通宝等。

第五节　其他重要发现

一、唐代蒲津桥

关于唐蒲津桥及铁牛,文献多有记载,是唐代东北陆路进入关中的要塞,是当时的交通命脉。1989 年,在山西蒲州古城黄河古道东岸进行发掘,出土唐蒲津桥桥头遗址和气势磅礴的铁牛、铁人(见图 8-28)、铁山、铁柱等遗物。铁牛、铁人、铁山、铁柱是用来结缆系舟、固定浮桥的重要部件。铁牛共 4 尊,每尊重量约 15 吨,为研究唐代冶金铸造技术提供了宝贵实物资料。[①]

---

① 白燕培:《黄河蒲津渡唐开元铁牛及铁人雕塑考》,《农业考古》2018 年第 1 期。

图 8-28　蒲津桥桥头遗址铁牛、铁人

二、唐代九华山铜矿

位于江苏省南京市江宁汤山镇东北,是在现矿区开掘坑道时发现的。目前已知有古坑道暴露段 12 处、古采场 4 个。采场是分层采掘同一矿体柱后留存的空间,工作面还留有古人开凿时搭设的木结构工作台及残存的框架结构。4 个采场的顶部及壁面共发现 10 个天井和 28 个巷道口。发现的遗物有木钩、木框架提升器、竹篓、瓷碗等。铜矿中出土的瓷器特征与唐代宜兴窑的产品相似,时代大体为唐代中、晚期,这一发现弥补了唐代矿冶遗址的空白。[①]

三、唐代古建筑

留存至今的唐代木结构建筑仅发现 4 座,均在山西境内。

南禅寺大殿,位于山西省五台县,是我国现存最早的木构建筑,始建年代不详,重建于唐建中三年(782)。整个建筑极为简洁,具有中唐厅堂型特色(见图 8-29)。

---

① 南京市博物馆:《南京九华山古铜矿遗址调查报告》,《文物》1991 年第 5 期。

图 8-29　南禅寺大殿

　　佛光寺东大殿,位于山西省五台山山腰,创建于北魏,重建于唐大中十一年(857)。属于殿阁型构架,其斗拱是现存古建筑中挑出层数最多、距离最远的。

　　广仁王庙,位于山西芮城县城北 4 千米古魏城城垣遗址内,中龙泉村北的高阜之上。唐大和五年(831)建造,由正殿、戏台、厢房组成,四周有围墙,东南角辟有小门。虽经多次修葺,但在研究唐代房屋构架方面仍有价值。

　　天台庵,位于山西省长治市平顺县东北 25 千米处的坛形孤山上,建于唐末天祐四年(907)。原建制不详,现仅存正殿三间和唐碑一通。现存建筑可能建造于五代后唐时期。结构简练,体现唐代建筑特点。

四、边疆遗址

　　隋唐时期,疆域广阔。周围部族政权众多,经历了兴衰更迭。与此同时,中央政府对于西域也实行了有效的监管和统治。

克亚克库都克烽燧遗址

　　位于新疆维吾尔自治区巴音郭楞蒙古自治州尉犁县境内的荒漠无人区。是全国重点文物保护单位——孔雀河烽燧群中的一座。根据地层堆积状况和出土遗物,结合碳-14 测年数据和历史文献综合分析,明确了克亚克库都克烽燧修筑年代为唐代。

　　烽燧修筑于沙堆顶部东侧,平面呈方形,立面呈梯形,烽燧东、北两侧因风蚀坍塌严重。经清理复原,烽燧下底边长 9.4 米、现存残高约 5.6 米。烽燧由三层或四层土坯夹一层芦苇草,中部夹放胡杨桩木垒砌而成。还发现有土坯夹草拌泥垒筑的护坡,推测烽燧使用时期至少加固过三次。沙堆顶部西侧修筑有相连的三间房屋,建筑面积约80平方米,房屋现仅存南、西、北侧生土墙体的基础部分。在清理房屋坍塌堆积时,出土有文书、木器等数十件遗物。在烽燧南侧沙堆下发现木栅栏一道,这很可能并不是与烽燧、房屋、土埂等第一批建筑遗迹同时营建的,而是在烽燧使用若干年后又栽立的。

遗址地层单一,只有一层文化堆积。出土遗物年代明确,尤其是纸文书、木简、钱币等遗物带有确切的纪年,已发现有"先天""开元""天宝"等年号。遗址中出土的这批纸文书、木简是近年新疆考古发掘出土数量最大的一批唐代汉文文书资料。文书内容丰富,涉及军事、政治、经济、文化等诸多方面,十分难得。克亚克库都克烽燧遗址的考古发掘为深入研究唐代军政制度提供了宝贵的实物资料,同时也将极大促进敦煌吐鲁番学、文献版本学、书法艺术史等相关学术领域的研究。[1]

克亚克库都克烽燧是唐朝稳定西域局势、抵御外敌入侵的前沿阵地之一,构成了唐代西域完善的军防体系中的重要一环。同时,也是唐朝大力经营西域的直接见证,体现了唐朝以交通体系为依托、以屯垦戍边为保障,构建以"安西四镇"为中心的西域军防体系,保障了唐朝西北边疆的安全。[2]

突厥考古

突厥兴起前,为柔然汗国臣属。6世纪中叶,突厥兴起并向外扩张。583年,分裂为东突厥和西突厥。玄武门之变后,东突厥趁机侵扰,唐太宗与东突厥颉利、突利可汗结"渭水之盟",是唐朝与东突厥强弱变化的重要转折。627年,薛延陀反东突厥,建立薛延陀汗国,东突厥走向衰落和动乱,唐朝册封薛延陀可汗,对抗突厥。629年东突厥灭亡。657年西突厥为唐所灭。高宗永淳元年(682)原东突厥叛国,建立后突厥。695年,后突厥投降并归属武周,后复叛国。745年,在唐与回鹘联军的攻击下,后突厥汗国灭亡,诸部或消亡于战火,或融入回鹘,或融入唐朝。

突厥遗存在我国内蒙古锡林郭勒盟、巴彦淖尔盟、乌兰察布盟及新疆地区皆有发现,发掘不多。[3] 突厥考古学文化远可承匈奴。与同时期的粟特、唐朝互有影响,对后来的回鹘、契丹、蒙古等都产生了不同程度的影响。2005年夏季,内蒙古文物考古研究所与蒙古国国立历史博物馆在蒙古国中东部的联合实地考察,推动了国内学界对突厥考古学文化的系统认识的形成。[4]

---

[1]　新疆维吾尔自治区文物考古研究所:《新疆尉犁县克亚克库都克唐代烽燧遗址》,《考古》2021年第8期。

[2]　党琳等:《克库都克烽燧所见唐代西域治理》,《史林》2021年第5期。

[3]　马利清:《考古学概论》,中国人民大学出版社2015年版。

[4]　张文平:《突厥考古学文化初探》,《内蒙古社会科学(汉文版)》2007年第3期。

吐蕃考古

吐蕃是 7 世纪藏族在青藏高原建立起的政权。由松散的部落联盟整合为统一的王朝，松赞干布在位期间，进行了大刀阔斧的改革，还创造了属于自己的吐蕃文。吐蕃与唐朝往来密切，安史之乱时趁机占领陇右、河西的大量土地，8 世纪末 9 世纪初达到鼎盛。因频繁的政治斗争和统治阶级内部矛盾激化而衰落。

吐蕃留下大量的建筑、墓葬、佛寺等遗存，其中以布达拉宫和大昭寺最为著名。唐蕃会盟碑，又称长庆会盟碑，源于 821 年唐蕃长庆会盟，823 年立碑于拉萨大昭寺前，以汉藏两种文字铭刻唐蕃会盟的盟文，显示了唐王朝与吐蕃的友好关系。

1983—1985 年，青海省都兰县发现迄今所知最大的吐蕃墓葬群，其中包括热水血渭一号大墓。该墓是一座木石结构的多室墓，出土了大量的金银器、铜器、丝织品、皮革等珍贵遗物，是目前青藏高原发现的结构最完整、布局最清晰的高等级墓葬。该墓葬出土的银质印章，证明了墓主身份，说明这是吐蕃统治下的吐谷浑贵族墓葬。2018 年，西藏昌都发现吐蕃时期摩崖造像遗存。[①]

泉沟一号墓

位于青海省海西蒙古族藏族自治州乌兰县。该墓是目前青藏高原发现和发掘的唯一一座吐蕃时期壁画墓，为带斜坡墓道的长方形砖木混合结构多室墓，由墓道、前室、后室和两侧室构成，墓室为砖木混合的多室结构，各墓室的功能有明显的划分，并依据其重要性差异进行区别对待。彩绘漆棺为青海吐蕃时期墓葬中的首次发现。墓内设有密封暗格，内置木箱中放有鎏金银王冠（见图 8-30）和镶嵌绿松石金杯，显示墓主人可能与吐蕃时期当地的王室有关。

人骨牙齿经碳-14 测年显示为 7—8 世纪。考虑到唐墓壁画中木构建筑题材通常流行于 7 世纪后半叶到 8 世纪中期，该墓年代可以进一步限定为公元 663 年（吐蕃占领时期）至 8 世纪中期之前。吐蕃时期墓葬极少采用壁画装饰，泉沟一号墓明显受到唐朝丧葬传统的影响。壁画所表现的内容（见图 8-31）借鉴了唐朝的仪卫制度和丧葬观念，并用唐朝所流行的娴熟技法描绘高原地区的人物形象和生活场景。由此可推测，该墓葬的主人可能是一位对唐朝文化高度认同的吐蕃贵族。壁画中还有不少反映本土游牧民族生活的场景，如乐舞宴饮、（驱赶）进献动物、帐居生活等内容，在青海地区吐蕃棺板画中也有较多发现。[②]

---

① 夏格旺堆等：《西藏昌都发现吐蕃时期摩崖造像遗存》，《中国西藏》2019 年第 2 期。
② 仝涛等：《青海乌兰县泉沟一号墓发掘简报》，《考古》2020 年第 8 期。

图 8-30　泉沟一号墓出土鎏金银王冠

图 8-31　泉沟一号墓前室东壁"仪卫图"

吐谷浑墓葬群　1983—1985 年于青海省都兰县发现,其中包括热水血渭一号大墓。该墓是一座木石结构的多室墓,出土了大量的金银器、铜器、丝织品、皮革等珍贵遗物,是目前青藏高原发现的结构最完整、布局最清晰的高等级墓葬。该墓葬出土的银质印章,证明了墓主身份,说明这是吐蕃统治下的吐谷浑贵族墓葬。中国社会科学院考古研究所对"2018 血渭一号墓"进行抢救性发掘,收获较大,依据其出土银金合金印章(见图 8-32)推断出墓主身份。[1] 2019 年起由甘肃省文物考古研究所牵头,开展对唐代吐谷浑王族墓葬群的考古工作,目前已经初步探明其陵区分布,其中的喜王慕容智墓,是目前发现唯一保存完整的吐谷浑王族墓葬,随葬器物丰富,如胡床、六曲屏风、列戟屋模型、成套武备等,皆为国内同时期相关文物首次或罕见的发现。[2] 该墓墓志由盖、志两部分组成,青石质,正方形(见图 8-33)。

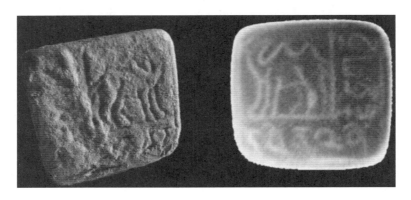

图 8-32 血渭一号墓出土银金合金印章

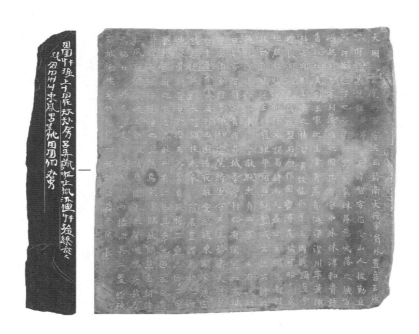

图 8-33 慕容智墓墓志及志侧文字

① 中国社会科学院考古研究所等:《青海都兰县热水墓群 2018 血渭一号墓》,《考古》2021 年第 8 期。
② 甘肃省文物考古研究所等:《甘肃武周时期吐谷浑喜王慕容智墓发掘简报》,《考古与文物》2021 年第 2 期。

志盖正中阴刻篆书"大周故慕容府君墓志"9字,周围饰以缠枝卷草花卉纹。墓志呈正方形,正面有楷书志文,20行,满行21字,共392字。墓志侧面还发现两行未能释读的文字。

渤海国遗迹

渤海国,是中国东北少数民族满族的先世粟末靺鞨族建立的政权(即商周肃慎、汉魏挹娄、北朝勿吉)。渤海初定都敖东城,史称"旧国"。755年左右,迁都至上京龙泉府。9世纪中,进入"海东胜国"之世。

渤海城址有:牡丹江流域的敦化敖东城、城山子山城、石湖古城、黑石古城、通沟岭山城、马圈子古城、宁安上京龙泉府;珲春的八连城、龙西古城;东宁的大城子;俄罗斯滨海的克拉斯基诺古城、帖提尤贺古城;等等。

南诏遗迹

7世纪初,云南地区的乌蛮部落建立了6个诏。738年,南诏王皮逻阁消灭其他各诏,建立南诏政权,唐王朝册封他为云南王。737年,皮逻阁迁居至太和城,为南诏初期的政治中心;779年,异牟寻迁都至阳苴咩城。

高昌故城

坐落在新疆吐鲁番市东的哈拉和卓乡,火焰山脚下。最初是西汉军队屯田的高昌壁,327年设高昌郡,450年后成为吐鲁番盆地的政治经济文化中心,460年成为高昌国都城,640年唐朝再次设立西州。现存建筑主要是唐代建筑,布局与长安城相仿,平面略呈正方形,面积220万平方米,分为外城、内城和宫城三部分。外城大致有8座城门,内城位于外城正中,周长约3千米。宫城为长方形,居外城北部,尚存多座土台,可能是回鹘高昌的宫殿区。城中西南建筑密集,其中一处寺院占地约1万平方米,大殿内尚存壁画遗迹。9世纪后成为回鹘高昌国首府,至1275年被蒙古毁灭。城内发现波斯摩尼教遗迹,城北发现阿斯塔纳、哈拉和卓墓群。

交河故城

位于新疆吐鲁番市西的雅儿乡,始建于公元前2世纪,是车师前国的都城。在南北朝和唐朝达到鼎盛,9世纪以后衰落,元末废弃。城址依靠天然屏障,无城垣,平面呈柳叶形,长约1750米,总面积约37.6万平方米,仅东、南两座城门。城内布局与唐长安城相仿,建筑大部分是唐代修建,南北大道将居住区分为东西两部分。东南方发现一座宏伟的地下宅院,可能是安西都护府住所,后为天山县的官署。大道两侧是封闭的坊,集中分布居民区和手工作坊。东侧有军营,北部为寺院区,占地 5000 平方米。城北塔群有 101 座佛塔。地下寺院和交河西沟墓地出土海珠、舍利子等珍贵文物。

五、宗教遗址

佛教密宗,唐玄宗时代时传入中国,中晚唐流行,后传入日本。在唐朝皇室扶持之下,印度来华高僧在长安的大兴善寺译出大量密宗经典。与密宗相关的道场遗迹主要有长安的大兴善寺、青龙寺和扶风县的法门寺,以塔为主,有中心塔和双塔等形式。

祆教,即流行于古代波斯及中亚的琐罗亚斯德教,中国史称祆教、拜火教。琐罗亚斯德教是基督教诞生之前中东和西亚最有影响力的宗教,亦是古代波斯帝国的国教。隋唐以前的文献中已经有关于祆教的记载。自北魏开始,统治者相继在鸿胪寺设置祆教的祀官。唐朝祠部设有管理祆教的祀官萨宝府官,主持祭祀,并在东西两京建立多处祆祠。

太原隋代虞弘墓 1999 年全国十大考古新发现之一,是我国第一座经过科学发掘,并有着完整丰富中亚图像资料的墓葬。其汉白玉石椁上雕刻图案(见图 8-34)中的内容,均取材于波斯和中亚诸国。墓主虞弘,鱼国人,担任萨保,专管祆寺及西域诸国事务。

图 8-34 石椁雕刻图案(局部)

景教,即唐朝传入中国的基督教聂斯脱利派,曾与摩尼教、祆教并称波斯三大宗教。唐贞观九年(635),景教传入中国。唐太宗李世民批准教徒在长安兴建“波斯寺”,允许其传教。天宝四年(745),玄宗下旨改称“大秦寺”。德宗建中二年(781)在大秦寺内竖立《大秦景教流行中国碑》(现存西安碑林),记述景教在中国的流行情况。

推荐阅读书目

1. 中国硅酸盐学会：《中国陶瓷史》，文物出版社 1982 年版。

2. 秦浩：《隋唐考古》，南京大学出版社 1992 年版。

3. 孔祥星等：《中国古代铜镜》，文物出版社 1984 年版。

4. 齐东方：《唐代金银器研究》，中国社会科学出版社 1999 年版。

5. 齐东方：《隋唐考古》，文物出版社 2002 年版。

6. 张学锋：《中国墓葬史（隋唐墓葬卷）》，广陵书局 2009 年版。

7. 张童心等：《考古发现与华夏文明》，上海大学出版社 2009 年版。

8. 冉万里：《隋唐考古》，陕西人民出版社 2009 年版。

第九章
宋元明清考古

宋元明清通常被作为中国历史考古学中的最后一个阶段，自960年北宋建立至1911年清帝退位，涵盖北宋、南宋、辽、金、西夏、元、明、清等朝代。表现在考古学材料方面，呈现出以下几个特点。

第一，由于时代相对晚近，文献与绘画等可与考古资料相印证的材料丰富，地面上存留的遗迹和建筑物数量多且保存状况较好，使得考古学研究领域拓展至许多方面。历史资料丰富的同时，历史学研究开展较为深入，而考古工作起步较晚，未得到足够重视。

第二，宋元明清时期的民族关系复杂，社会经济发展不平衡。辽、金、西夏、元和清都是少数民族政权，各自创造出带有自身特色的文化，考古学材料表现出民族化、地域化、多元化的特点。

第三，自北宋开始，随着高脚家具的出现，人们的日常习俗和起居方式发生了很大变革。屋内陈设的布局、日用器皿的造型和纹饰等都反映出世俗化趋势（见图9-1）。

第四，宋元明清时期商品经济繁荣，纺织业、制瓷业、采矿业、金属业、造船业与航海业等发展迅速，民营手工业和小商品生产十分发达，创造了大

图 9-1 （宋）《绣榻晓镜图》

量精美的瓷器、漆器、铜镜、金银器等。

第五,北宋以来,城市布局由封闭式的里坊制转变为开放式的街巷制,标志着中国古代都城史上的重要转折。明清时期,都城布局和官式建筑体现出统一化和标准化,是中国古代帝国的最后代表。

第六,墓葬的地域性特点变得十分明显,形成陵寝相互关联的陵墓制度。

中外不少历史学家把宋朝评价为"中国的黄金时代"[①],认为宋代是中国历史的一个重要转折时期,在经济、政治、科学技术等方面达到前所未有的高度。一般将宋代考古分为三期:前期,自北宋统一至英宗时期(960—1068);中期,自英宗以后至北宋亡(1068—1127);后期,南宋时期(1127—1279)。

9世纪后期,契丹日益强大,于947年建立大辽。辽代考古,可分为前、后两期,分界线在重熙时期(1030年左右)。辽代前期包括907年辽太祖阿保机建国的契丹时期。

生活在黑龙江流域的女真完颜部在1115年建国,国号大金,建立起与辽对抗的政权。金代考古可分为前、后两期,前期自金太祖建国至海陵王正隆五年(1115—1160),后期自金世宗大定元年至金亡(1161—1234)。

元代考古可分为前、后两期。前期自元太祖建国至元世祖至元十六年统一全国(1206—1279),绝大部分是蒙古时期;后期从至元十七年至元亡(1280—1368),是元代统一全国的时期。

明清考古,因为文献资料多,而考古工作做得少,一般不再分期或各自根据自身情况分期。西夏、大理和西藏在地区和时代上都自成一个系统。

第一节 宋元明清城址与都城规划的发展

宋元明清时期,中原和南方的城市,大部分在原地延续至今,即今天的城市压在宋元明清时期的城市上面。宋元时代编纂地方志风气渐盛,地方志中比较详细地记录了历代旧城遗迹,这为复原这一时期的城市平面提供了重要依据。

宋元时期,多采用多都城制度,各个政权均在主都之外设立多个辅都。自北宋始,都城规划开始以开放式街巷代替过去的封闭式里坊制度,这在中国古代都城发展史上是一次巨大的变革。从北宋东京城开始,大多数的宫城位居全城中央,皇城(或内城)包围着宫城,其外再设大城,形成以宫城为中心的重城式布局。

① 樊树志:《国史概要》,复旦大学出版社2000年版。

一、北宋东京城

位于河南省开封市,前身为唐代汴州城,后梁、后晋、后汉、后周相继建都于此。东京开封城有三重城墙,宫城位居全城中央,内城包围宫城,其外再设罗城,形成了以宫城为中心的重城式布局(见图 9-2)。宫城呈长方形,内有宫殿建筑台基。皇城在宫城之北,与宫城共用北墙。内城又称旧城,即唐代汴州城,宋代对其多次修补和增筑。平面呈正方形,有城门 10 座,另有 9 座水门,外设城壕。罗城又称外城、

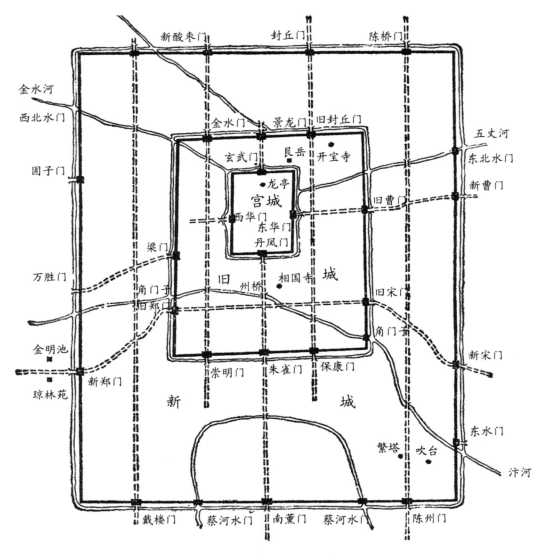

图 9-2　北宋东京城平面布局

新城,后周时建成,呈平行四边形,全长 29 公里多。罗城有城门 12 座,周围有城壕,称"护龙河"。①

街道布局多为十字交叉,最主要的大街是从宫城宣德门到罗城南薰门的中心御街。开封地处南北东西要冲,出于防御功能的考虑,有内、外瓮城,外层有箭楼。出于商业经济的考虑,北宋中期以后取消里坊制、宵禁,沿街建造房屋、店铺,且按行业建造。出现"井"字形街道,娱乐场所和集市涌现。北宋都城开放式的街巷布局改变隋唐时期封闭的城市布局,是中国古代都城发展史的巨大变革,对后世影响深远。2012—2017 年,顺天门(新郑门)遗址的考古发掘工作,揭示了顺天门主城门结构布局。②

二、南宋临安城

位于浙江省杭州市,五代时期为吴越国都城,南宋时作为行在所,制度大体如州城。临安整个城垣呈腰鼓形,皇城设于南部凤凰山东麓,依自然地形布置宫殿、园林和庭阁,形成居高临下的布局。外朝的大庆殿和垂拱殿在南部,东宫在东北部,其他的宫殿、寝殿、后宫以及园囿都在北部,基本符合前朝后寝的惯例。主要衙署在皇城北面御街两侧,官署与居民的坊巷间杂。一些礼仪性建筑和官僚住宅主要分布在居住条件较好的地段。罗城平面近长方形,南跨吴山,北到武林门,左靠钱江,右近西湖,共开旱城门 13 座,水门 5 座。城内有纵贯南北的中心御街、四条大横街及多条小巷。主街东南有两条运河,城内河渠众多,交通水陆并行,店铺前街后河,是典型的南方经济发达地区城市的代表。③

三、辽上京城

辽先后建有五京:上京临潢府、中京大定府、南京析津府、西京大同府、东京辽阳府。其中上京带有典型的契丹人统治特点,中京为仿中原城市营建的。辽上京位于内蒙古巴林左旗东镇南,建于 926—938 年,是辽代五京中营建最早也是最重要的城市(见图 9-3)。它分南北二城,北城为皇城,是宫殿之所在,南城为汉城,是工匠和被俘虏的汉人所居之处。皇城分为外城和内城,外城城垣平面呈不规则六边形,周长 6399 米,城

---

①　秦大树:《宋元明考古》,文物出版社 2004 年版。

②　河南省文物考古研究院等:《河南开封北宋东京城顺天门遗址 2012～2017 年勘探发掘简报》,《华夏考古》2019 年第 1 期。

③　赵嗣胤:《南宋临安研究》,复旦大学硕士学位论文,2011 年。

墙黄土版筑,筑有马面、角楼、瓮城和护城壕。宫城位于皇城中北部,又称大内,地势较高,可俯瞰全城。大内分为南北两部分,分别发现一些宫殿基址。

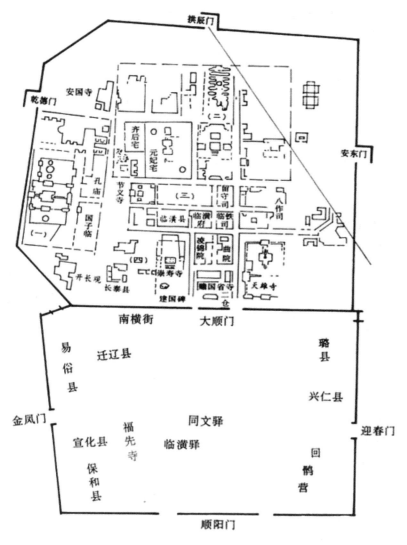

图 9-3　辽上京城平面布局

　　汉城平面略呈方形,城墙外无马面、瓮城等设施。城内横街两端有突出的方形台基,为文献记载的监视防御市民的"看楼",横街两侧有狭小的工匠居住区。[①]

　　有关辽上京城的考古发掘和研究工作一直在稳步推进,成果颇丰。通过深入的实地工作,为研究辽代社会生活与经济文化提供丰富资料。在考古发现的基础上,有学

①　董新林:《辽上京城址的发掘和研究述论》,《北方文物》2006 年第 3 期。

者将辽上京规制和北宋东京模式加以比较。①

总体来看，辽上京一方面和汉人城池一样，具备了马面、瓮城、城壕等防御设施；另一方面，也保留了契丹人的传统，比如，建筑朝向东方，大内之中还保留有大片平地作为帐篷区，等等。

四、金代都城

金先后建有三个都城，分别是上京会宁府、中都燕京府和南京开封府。

金上京城　位于黑龙江省阿城县，是金王朝修筑的第一座都城，是金代早期的政治、文化中心。其布局和功能受辽上京两城制的影响，亦由南北二城组成。平面呈曲尺形，略小于辽上京，两城间筑隔墙，有门相通。外城垣共发现9个城门，8个有瓮城，现存马面89个，城外有护城壕。南城由女真贵族居住，皇城位于南城西部偏北，北城为工商业区和平民居住区。②

目前相关的考古工作与研究仍在进行。金上京城遗址内发现有文字砖。在建筑用砖上烧制文字标记，目前在女真文字的发现与研究上十分少见，《金史》等汉文史籍中亦无记载。此砖的发现为金上京城和女真文字的研究增添了新的材料。③

金中都城　1153年，金海陵王迁都燕京，改名为中都（见图9-4）。燕京即明清北京城外的西南部，原为辽南京城。这也是北京建都的开始。外郭城略呈方形，共开城门13座。"井"字形街道，宫城在全城中央偏西的位置，平面为长方形，皇城在宫城之南。宫城的应天门、皇城的宣阳门、外郭城的丰宜门在同一条中轴线上。宫城分为两个部分，北边为内朝，宫区地形较高。宫殿的前朝是大安殿，面阔8间。宫城四边布置了园林区。街道系统有两套，封闭式的里坊和开放式的街巷共存，是金中都的特点之一。④目前，金中都的考古研究多集中在城市布局和北京建城史方面。

① 董新林：《辽上京城址考古发掘和研究新识》，《北方文物》2008年第2期；中国社会科学院考古研究所内蒙古第二工作队：《内蒙古巴林左旗辽上京宫城城墙2014年发掘简报》，《考古》2015年第12期；中国社会科学院考古研究所内蒙古第二工作队等：《内蒙古巴林左旗辽上京宫城南门遗址发掘简报》，《考古》2019年第5期；董新林：《辽上京规制和北宋东京模式》，《考古》2019年第5期。
② 景爱：《金上京》，生活·读书·新知三联书店1991年版。
③ 刘阳：《金上京城遗址发现文字砖刍议》，《北方文物》2018年第1期。
④ 景爱：《金中都的地位及影响》，《东北史话》2009年第4期。

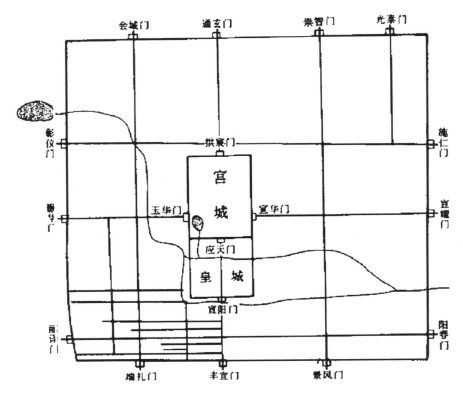

图 9-4　金中都平面布局

五、元大都

位于明清北京旧城及其以北地区,始建于至元四年(1267),由刘秉忠主持兴建,至元二十年(1283)基本建成。

元大都由外郭城、皇城、宫城组成,主要宫殿位于南北中轴线上(见图 9-5)。外郭城平面呈长方形,周长 28.6 千米,有 11 座城门,城外有护城河、角楼等。皇城位于城中心偏西南,皇城中部为连续的太液池,西南建有大量宫殿建筑。宫城在皇城的东部,前殿后阁布局,主殿大明殿在故宫后三殿的位置,大明殿后是延春阁,为后寝,在景山的位置。居民区划分整齐,基本建制也称坊,全城设 50 坊,每个坊内以街道为中心,共有 9 条南北大街和 9 条东西大街,主要街道间有胡同。各类建筑占地等级分明,是明清北京之范本。城内水系分为两个系统,一是漕运和民用水系统,二是宫苑用水系统。城市的商业性质明显,为当时世界上最大的都市。①

---

① 中国社会科学院考古研究所等:《元大都的勘查和发掘》,《考古》1972 年第 1 期。

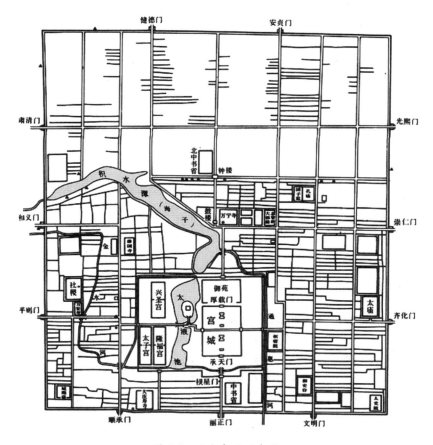

图 9-5　元大都平面布局

元大都继承了北宋东京城的重城结构,同时确立了以皇宫为中心的南北中轴线布局,街道系统采用开放式的纵街横巷,直接为明清北京城继承,在中国都城发展史上占有重要地位。

元上都　位于内蒙古自治区锡林郭勒盟正蓝旗五一牧场内。建于 1251 年,先为元的首都,后改为夏都。元上都由宫城、皇城、外城和关厢等部分组成,外城城墙以夯土版筑,皇城和宫城城墙分别用砖、石包砌。宫城位于皇城中部偏北,平面为长方形,四角建角楼,有 3 座城门。宫城内街道呈"丁"字形,殿堂建筑布局较随意。皇城位于外城的东南角,平面呈方形,有 6 座城门,均设瓮城。皇城多置官署建筑和寺庙。外城在皇城西、北两面,北部为园圃区,西部为官署和作坊。外城三面有关厢,内有密集的小型建筑基址,是庶民居住区和集市区。关厢外还分布有仓址、兵营和马厩等遗址。元上都城内建筑布局自由,未按照严格的中轴线对称分布,融合了中原传统城市设计和草原游牧生活遗俗。①

①　魏坚:《元上都的考古学研究》,吉林大学博士学位论文,2004 年。

六、明清都城

明北京城(见图 9-6)外形呈"凸"字形,面积约 25.4 平方千米,四重建制,分为外城、内城、皇城、宫城。城墙包砖,共开 9 门,均有瓮城和城楼,围绕护城河。皇城位于内城中部偏西南,中央主要官署集中在皇城前方两侧,东部和西部主要是为皇家服务的内官衙署和作坊仓库等。宫城又名紫禁城,位于内城中央,是世界上最大的宫殿群,前方左右分别为太庙和社稷坛,充分体现了"宫城居中,左祖右社,面朝后市"以及"三朝""五门""前朝后寝"的古制。中轴线突出,重要建筑都分布在中轴线上,皇城和宫城成为整个城市的中心。宫殿、御苑、池沼构成园林式的建筑群。街道系统、市场安排等继承了元大都的特点,沿中轴线左右对称,棋盘式布局,外城工商业区扩大。[①]

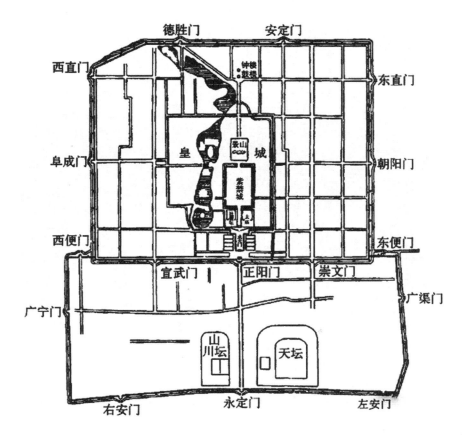

图 9-6　明清北京城平面布局

---

① 　北京文物研究所:《北京考古四十年》,北京燕山出版社 1990 年版。

明中都遗址　明中都为明太祖朱元璋在其家乡凤阳兴建的都城,因史料记载不详而一直成谜。始建于洪武二年(1369),营建 6 年,因种种原因未建成便罢建废弃。通过 2015 年至 2021 年的发掘,目前已廓清明中都前朝主殿及附属建筑的布局,主殿前后殿加穿堂的结构,与宋元时期宫殿建筑形制较为接近。虽然最终罢建,但明中都体现了对宋元宫殿制度规划思想的继承和创新,以及对明代南北两京工程规划产生的影响,弥补了宋元到明清宫殿制度转变的空白,这对于研究古代都城规划、营建思想有重要价值。[①]

第二节　政权更替与帝陵的变化

一、北宋八陵

北宋皇陵位于河南省巩义市西南部,总面积达 156 平方公里。葬有北宋七位皇帝和赵匡胤之父,故称"七帝八陵"。北宋皇帝与皇后原则上同茔不同坟,因此还祔葬有 22 座皇后陵,以及上千座皇室成员及臣僚的陪葬墓,形成一个规模极其庞大的墓葬群。

北宋皇陵陵园建制高度统一,布局相同,坐北朝南,分设上宫、下宫和地宫。上宫是陵园的主体,是指从陵园最南端的鹊台开始,往北经乳台、神道、神墙,直到陵台北侧神墙门的广大空间。两座鹊台位于陵园最南端,两座乳台位于鹊台之北,乳台之北为神道,两侧列有石像。神道石像均为 60 件,题材增加了石象与驯象人(见图 9-7)、角端(独角兽)、石虎、石羊、客使像、武士、宫人像。神道之后为正方形的宫城,四周的围墙称为神墙,四面正中开有神门,四隅建有角阙。陵台即封土,整体呈三层台阶状,下面两层在夯土表面包砖,顶部夯土呈覆斗状。陵台下部的墓室称玄宫或皇堂,墓道在陵台南部中轴线上。[②]

---

① 徐凡:《明中都遗址的历史沿革与保护利用》,南京师范大学硕士学位论文,2021 年。
② 河南省文物考古研究所:《北宋皇陵》,中州古籍出版社 1997 年版。

图 9-7 石象与驯象人

皇后陵和陪葬墓均位于帝陵上宫的西北方向，后陵布局同帝陵，但规模较小，石像也仅 30 件。下宫是守墓宫人进行日常祭祀的场所，位于上宫的西北隅，保存情况较差，仅存石狮和下马石等。另外，在陵区设置奉陵邑，建立寺院。[①]

二、南宋攒宫

南宋前六位皇帝、皇后均采用"权攒"的形式，又称"攒宫"[②]，意在期待回到中原祖陵埋葬。六陵分别是高宗永思陵、孝宗永阜陵、光宗永崇陵、宁宗永茂陵、理宗永穆陵、度宗永绍陵。

南宋攒宫位于浙江省绍兴市东南的攒宫山与青龙山之间，规模远不如北宋皇陵。在形制上虽沿袭北宋旧制，设有上宫、下宫和地宫，但均无鹊台、乳台、神道石刻、神墙和覆斗形封土堆。由于"攒宫"属于临时埋葬性质，因此从外观上看不出陵的形制。根据文献记载，地面建殿堂三间，称"龟头"。其下是皇堂（玄宫），又称"石藏子"，为一长方形石室，不设墓道和墓门，内置棺，棺外加一重外壁。下宫外部建有竹篱，其内为日常祭祀和驻陵人员居住场所。石藏子和献殿对明清时期的陵墓产生较大影响。

三、辽代帝陵

辽代帝陵共有 10 座，相对集中在两个地区，一处是内蒙古巴林右旗，另一处是辽宁西

---

① 张学锋：《中国墓葬史》，广陵书局 2009 年版。
② 章忠民：《"攒宫"考》，《华中建筑》1997 年第 4 期。

北。辽代帝陵均依山为陵,选择三面环山、一面开阔的山谷,在谷口利用陡峭的自然崖壁加工成陵门,往里顺次安置碑石、石人、隔墙,在谷底建造祭祀的献殿,然后在山梁上开凿墓室。① 目前多数帝陵的调查工作尚未展开,仅祖陵和庆陵的调查工作相对较多。

辽庆陵　位于大兴安岭的庆云山,包括辽圣宗永庆陵、兴宗永兴陵、道宗永福陵。三座陵墓自东往西顺次排列,都有陵门、享殿和神道,均为东南向,置奉邑陵和守陵户。三座陵墓的墓室都为七室墓,永庆陵前室为方形,中室为圆角方形,后室与耳室均为圆形。永兴陵和永福陵的前室为方形,中、后室均为八角形。三座陵墓都有壁画,内容有装饰图案、人物和山水等。墓门及墓内砖砌仿木结构上饰红、绿彩。仿木结构细部和墓壁上方彩绘龙凤、花鸟、祥云、宝珠等图案。在墓道、前室及东西侧室、中室和甬道壁面上,彩绘与真人等高的人物70多个,最有特色的是中室四壁的"四季山水图",描绘了北方草原独特的四季景色,展现了契丹民族所熟悉和喜爱的生息环境。辽庆陵地宫似乎源于唐制,与北宋帝陵地宫的单室结构有别。在墓地地理选择方面,中原汉人的堪舆思想似乎对契丹贵族产生了一定影响。②

四、西夏王陵

西夏王陵集中在宁夏回族自治区银川市西,面积50万平方千米,共9座王陵,以及200多座陪葬墓。每个陵园面积都在10万平方米左右,大部分有内外两重陵墙,将陵园分为外城和陵城。陵园四角建有角阙。陵台位于陵城西北部,夯筑成八棱锥形,是西夏王陵的最大特点。墓室和墓道位于陵台南侧,封土北部高而宽,南部低而窄,称为"鱼脊梁",前有献殿。陵台、鱼脊梁和献殿位于陵园中轴线的西侧,而中轴线的陵城中央则夯筑中心台。200多座陪葬墓大部分也拥有墓园,通常由墓城、月城、碑亭、照壁、鱼脊梁、墓冢等构成,有的大型陪葬墓还有外城。③

西夏王陵6号陵　陵台为八面七级,陵台前18米处下方为墓室。墓室是一座三室土洞墓,由墓道、甬道、墓室组成。墓道全长49米,东西两壁各有两排与墓道斜坡平行的柱洞,可能是横梁的插孔。甬道有石门,两壁有彩绘。墓室包括中室和东西侧室,内用木材构建四壁和顶部,但均未发现葬具。近年来随着6号陵考古工作的持续开展,既得到了一些新线索,也引发了一些新讨论。目前,陵墓主的归属问题一直未形成共识(见图9-8)。④

---

① 阎崇东:《辽夏金元陵》,中国青年出版社2004年版。
② 彭善国:《辽庆陵相关问题刍议》,《考古与文物》2008年第4期。
③ 宁夏文物考古研究所:《西夏陵》,东方出版社1995年版。
④ 马晓玲:《四十年来西夏文物考古研究的回顾与展望》,《西夏研究》2019年第2期。

图 9-8　西夏王陵 6 号陵

五、金代帝陵

金代帝陵在明朝末年遭到毁灭性破坏,除太祖睿陵和世宗兴陵,一无所存。九龙山是金代帝陵的主陵区,是金代皇室陵寝的重要组成部分。陵区位于北京市房山区周口店镇龙门口村,占地面积约 6.5 万平方米。陵区以神道为中轴线,两侧对称布局,由石桥、神道、石踏道、鹊台、乳台、东西大殿、陵墙和陵寝等部分组成。

九龙山主峰下发现金太祖睿陵,玄宫为石坑竖穴,平面呈长方形,内置四具石椁。其中两具为汉白玉椁,为整块汉白玉雕成,分别雕刻龙纹与凤纹。两椁东西向,位于玄宫正中偏北,椁身四周裹 10 厘米厚的松香。龙椁残毁,凤椁内置木棺,棺内残留头骨及下肢骨,发现一件金丝凤冠,三件雕凤鸟纹白玉饰件。另两具青石素面石椁南北向,位于玄宫西侧。

睿陵西南发现 5 座陪葬墓,均为长方形石圹竖穴墓。墓室四壁用长方形大石条垒砌,外涂白灰,室内底部放置凹形石棺床。出土铜把铁剑、石枕、龙凤罐、金“泰和”铜钱等。①

六、元代帝陵

元代皇帝死后采用秘葬,迄今尚未发现元陵或蒙古宗室贵族墓。据文献记载,元代有 13 位皇帝集体葬于起辇谷。至于起辇谷的所在,有黑龙江上游的斡难河、新疆阿

---

① 　未央逸民:《金代的皇陵》,《百科知识》2007 年第 16 期。

勒泰、宁夏六盘山、内蒙古鄂尔多斯,以及蒙古国的克鲁伦河或肯特山等多种说法。

成吉思汗陵　位于内蒙古鄂尔多斯市伊金霍洛旗境内,历史学者认为这是供奉和祭祀成吉思汗的衣冠冢。陵园占地面积约5.5万平方米,主体建筑分正殿、寝宫、东西殿、东西廊六部分。3个蒙古包式宫殿一字排开,之间有廊房连接。正殿供奉成吉思汗雕像,寝宫供奉成吉思汗和3位夫人的灵柩,还陈列着成吉思汗征战时用过的战刀、马鞭等物。东殿内是成吉思汗四子托雷及夫人的灵柩,西殿供奉的是象征成吉思汗9员大将的9支苏力定。正殿东西廊绘有大型壁画,描绘了成吉思汗生平的重大事件。[1]

七、明十三陵

明代共13位皇帝葬于北京市昌平区天寿山,统称"十三陵",分别为长陵、献陵、景陵、裕陵、茂陵、泰陵、康陵、永陵、昭陵、定陵、庆陵、德陵、思陵。陵园面积达120平方公里,建于1409—1645年,是我国现存最集中、最宏伟、埋葬皇帝最多的皇陵群。各陵以永乐帝长陵为中心左右排列,形制基本一致,方向相同,规模不一,长陵规模最大,思陵最小。陵垣上设有十口、城关、敌楼。

明代陵寝制度较前代发生了重大变化:(1)坟丘由方形改为圆形,称为宝顶。(2)取消了寝宫,扩大了献殿,在献殿两侧分建配殿。废止了下宫,仅保留与祭祀活动相关的设施。(3)陵园的平面及陵垣从方形改为长方形,分为三重城垣。(4)设方形明楼,中立墓碑。明楼之后是圆形大坟,周围砌有砖壁,上砌女墙,称为宝城。(5)陵园共用一条神道,以石望柱为起点。石刻组合有所调整,不见石羊、石虎等,石兽改为狮、獬豸、骆驼、象、马、麒麟六种,每种动物都是一对卧像、一对立像。石人分为文臣和武臣。[2]

定陵　万历皇帝的陵墓,20世纪50年代正式发掘。定陵地宫位于宝城封土下正中偏后,朝向和陵宫朝向一致,坐西朝东(见图9-9)。地宫前有砖砌隧道从宝城东南侧导入,与中轴线方向一致的是石隧道,隧道斜下延伸,尽头是玄宫的封门墙,即金刚墙。金刚墙内是玄宫的甬道,甬道西壁是玄宫的石门。定陵地宫由前殿、中殿、后殿、左配殿、右配殿等5座殿堂组成,除甬道和部分殿堂地面铺砖,其余殿堂均为石砌的拱券结构。每殿各有石门,门上砌出门楼。中殿内设3个汉白玉

---

① 林群英:《谒成吉思汗陵》,《炎黄纵横》2006年第1期。

② 胡汉生:《明十三陵》,中国青年出版社1998年版。

神座,各神座前设有黄琉璃5供,黄琉璃前又设青花大龙缸,缸内贮油,称为长明灯。后殿为放置皇帝和皇后棺椁的地方,也是玄宫的主要部分,地面铺花斑石。正中为汉白玉石砌须弥座式宝床,中间为万历帝的棺椁,左为孝端后,右为孝靖后。均有朱漆木棺椁各一重,棺椁之上方有木制仪仗、铭旌等,周围散放玉料。三棺椁之间放置26只箱子,内放随葬品2648件。另外,帝后棺椁周围各放置青花梅瓶2件或4件,金银锭各一枚,后殿内和宝床上还有较多的木制家具明器。万历帝棺内的随葬品有10余层,丝织袍料和金器交互放置。左右配殿中央靠后为汉白玉宝床,均无随葬品。①

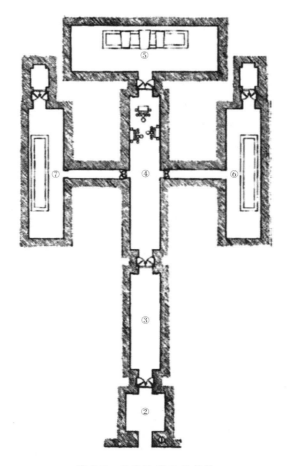

图 9-9   定陵地宫平面布局

①   中国社会科学院考古研究所:《定陵》,文物出版社 1990 年版。

八、清东西陵

　　清代帝陵的规划建制和建筑造型均仿明朝陵寝制度,在陵冢上增设月牙城和石碑。陵园以始葬之陵为主,建筑神道,以正红门为总入口,经统一的神道、石像生、大碑亭、华表等,分别到达各陵区。各陵均由神路区、宫殿区和神厨库区三部分组成。方城明楼为各陵园最高的建筑物,宫殿区按照前朝后寝的格局营建,前后三进院落。建筑和墙顶基本以黄色琉璃瓦覆顶。帝、后、亲王、公主、嫔妃的陵制严格。

　　清东陵位于河北省遵化市西北昌瑞山南麓,建于 1661—1908 年。共有 15 座陵园,5 座帝陵分别是顺治孝陵、康熙景陵、乾隆裕陵、咸丰定陵和同治惠陵。此外还有 4 座后陵,5 座嫔妃园寝,1 座公主园寝,共计 217 座宫殿牌楼,580 座单体建筑。各陵以顺治孝陵为中心,乾隆裕陵规模最大。①

　　清西陵位于河北省易县城西永年山下,建于 1703—1915 年。包括雍正泰陵、嘉庆昌陵、道光慕陵和光绪崇陵 4 座帝陵,以及 2 座后陵、1 座后妃合葬墓、3 座嫔妃园寝和 4 座王爷公主墓。加上后来移葬的溥仪墓,共计 402 座单体建筑,以泰陵规模最大。②

第三节　宋元明清一般墓葬

一、宋墓

　　受到五代十国时期墓葬的影响,仿木结构砖雕壁画墓在两宋平民墓葬中较为普及,而且不同地域的墓葬具有鲜明的地方特色。

北方地区

　　北方宋墓在继承晚唐五代墓葬风格的同时,许多方面有新的发展。墓葬类型主要有石室墓、土洞墓、砖室墓、土坑墓等几种。宋代官方明令禁止使用石室墓,此类墓葬在北方发现较少,但均为高级品官墓葬。土洞墓和土坑墓比较常见,战国以后一直是

---

① 张志宏等:《清东陵:明清皇陵的绝唱》,《中华遗产》2007 年第 12 期。
② 王丽娟:《保存完好的"样式雷"古建筑群——清西陵》,《文物春秋》2005 年第 3 期。

关中、中原地区常见的形式。土洞墓的墓主身份在北宋中期发生显著变化,稍有身份和地位的人开始使用砖室墓。仿木建筑砖雕壁画墓自北宋开始趋于复杂,北宋中期以后大量出现,多为富裕平民所采用,大型品官墓葬反而趋于朴素,不再使用仿木建筑和壁画装饰。

白沙宋墓 位于河南省禹州市白沙,是北宋末年赵大翁及其家属的墓葬,共3座。墓葬为砖室仿木建筑结构,分为前、后两室,前室呈扁方形,墓顶为叠涩式顶。墓壁、墓顶、雕砖构件等施满彩绘。前室东西壁有壁画,东壁为奏乐舞蹈,西壁为墓主夫妇及侍者(见图9-10),从壁画上可看出北宋高桌椅出现,器物造型也相应发生变化。后室为六角形,两壁各砌一破子棂窗,东壁下部有纪年题记"元符二年赵大翁"。墓门正面有仿木建筑的门楼,墓内墙壁也砌出柱和斗栱。后室四壁绘有彩绘壁画,北壁为妇人启门场景。无棺椁,用木头匣子装人骨,是典型的二次葬。①

图9-10 白沙宋墓西壁壁画

北宋漏泽园墓葬 "漏泽园"指由北宋政府官方出面集资埋葬客死他乡的贫民、士兵及无主骸骨的公共墓地。一般有火葬和土葬两种形式。火葬墓用陶瓷罐

---

① 宿白:《白沙宋墓》,文物出版社2002年版。

放置骨灰,挖小土坑埋葬。土葬墓采用土坑墓穴,将死者置于大型陶瓷或用薄皮木棺埋葬。骨灰罐上或死者身上加盖青砖,砖上刻有编号、死者籍贯、身份、死因、收葬时间等等。三门峡漏泽园墓地总面积达 1.2 万平方米以上,墓穴排列整齐规范,均为竖穴土坑墓,南北方向,葬具十分简单。共清理墓葬 849 座,近半数墓穴中随葬有青砖墓志。[①]

南方地区

南方地区的宋墓既有一定的共同特点,又有地方文化特点,大致呈现出几个分区。

长江下游地区的宋墓发现丰富。北宋墓葬以竖穴土坑墓为主,砖框石盖顶墓是长江流域最为流行的形制,石室墓多分布于山区,三合土浇浆墓是这一地区宋代出现的新型墓葬。随葬品较北方地区墓葬为多,都以实用器随葬,有瓷器、漆器和铜镜等装饰品。南宋时期砖室墓数量增多,且多两室并列的夫妇合葬墓。随葬品中出现龙泉青瓷器,并出现多管瓶、多角罐(见图 9-11)和堆塑龙虎纹陶瓷坛等典型明器。

图 9-11　多角罐

> ## 【术语 9.1】
>
> **三合土**:一般是由石灰、细砂和黄泥用黏液(糯米汁或某些植物熬成的汁水)调和而成,又称灰浆。凝固后的灰浆如同水泥般坚硬,将之浇铸在墓坑或棺椁之间,密封性能极好。能起到防腐和防盗的双重作用。

湖北宋墓受北方地区影响较大,流行仿木建筑砖室墓。湖南发现中小型宋墓为多,北宋时期以竖穴土坑墓为主,有少量石椁木棺墓。南宋时开始流行砖室墓和石椁墓。随葬品以陶器为主,多角罐和堆塑陶坛是这个地区宋墓中的典型明器,南宋墓中几乎每墓必出。

江西北宋墓除砖室墓还有石椁墓,随葬品以陶俑为主,包括四神十二辰俑和神煞俑。南宋时期,陶瓷俑减少,开始流行"龙虎瓶",几乎每墓一对。福建宋墓中还有石俑。

川贵地区宋墓发现较多,一种是长方形砖室墓,集中发现在以成都为中心的平原

---

① 三门峡市文物工作队:《北宋陕州漏泽园》,文物出版社 1999 年版。

地区,以随葬俑类为特点,亦有多角罐和堆塑龙瓶。另一种是石室墓,分布于四川盆地及其周边山区,南宋以后流行带有精美石刻的仿木建筑石室墓。

二、辽墓

迄今正式发表的辽墓资料多是辽代贵族墓葬。由于在形制和等级上有着明显的时代差异与身份特征,因此一般将辽代贵族墓葬分为早期、中期、晚期。

早期:从契丹建国到辽景宗时期,是辽大量吸收汉文化的时期。辽墓多模仿中原墓葬,长斜坡阶梯式墓道,仿木结构的砖墓门,砖石砌墓室,双室墓显示出汉人居室的前堂后室的格局。主墓室中后部或用花岗岩做成石房子,内砌尸床,尸床上罩仿汉式木构建筑"小帐"。墓室内壁等处绘壁画。

中期:辽圣宗、兴宗时期,是辽的鼎盛时期。墓室的平面形制发生变化,流行方形前室、圆形后室,穹窿顶上开圆形或八角形洞。石房子、小帐、石棺等葬具消失,尸体直接安放在尸床上,或者砌棺床。壁画面积增加。

晚期:辽道宗、天祚帝时期,基本与中期相似。主墓室盛行八角形和六角形的新形制,部分墓葬的耳室也为八角形。

辽墓的另一个重要特征是流行火葬墓,并影响到金元时期。契丹人本身就有火葬习俗,把火化后的遗骨、骨灰纳入小石棺或陶瓷骨灰罐再行埋葬。而辽地的汉人因受佛教的影响,也采取火葬的形式,有的用木材或稻草仿照墓主人的遗容做成偶像葬具,用来收纳骨灰。

辽代陈国公主墓 位于内蒙古通辽市,是辽代陈国公主和驸马的合葬墓。砖砌多室墓,由墓道、天井、前室、两个耳室、后室六部分组成。长斜坡阶梯形墓道,耳室和后室均为圆形,穹窿顶。后室内只有砖砌尸床无棺具,前有砖砌长方形供台。墓主均头枕金花银枕,头部放置一件鎏金银冠,身着银丝网络葬衣,脸覆金面具,脚穿金花银靴,胸配琥珀璎珞。两套完整的服装,反映出契丹皇室家族独有的葬俗。墓内随葬精美的金银器、铜器、瓷器等共 3227 件,黄金制品总重 1700 余克,银制品总重 1 万余克。其中最为珍贵的是 7 件来自中亚地区的玻璃器皿。墓室两侧墙壁满绘壁画。公主墓东西壁各绘一幅侍从牵马图(见图 9-12),属辽代壁画的精品。前室绘有日月星辰、羽化成仙、草原风光、围猎打马球等内容。①

---

① 内蒙古自治区文物考古研究所等:《辽陈国公主墓》,文物出版社 1993 年版。

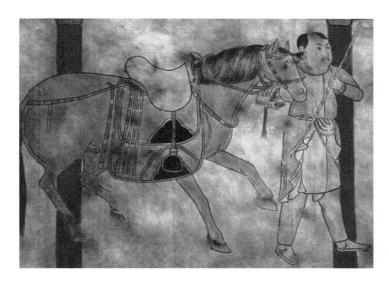

图 9-12　辽代陈国公主墓侍从牵马图

三、元墓

元代北方地区蒙古贵族保持其固有葬俗,汉墓则基本承袭了宋金时期的传统,较多见仿木建筑砖雕壁画墓,但仿木建筑部分日趋简单,主要部件用砖雕,其余部分用彩绘代替。蒙古各阶层普遍流行火葬墓,随葬品以陶瓷器、俑类为主。

南方地区元墓基本承袭南宋传统,除常见的竖穴土坑墓,多为砖室券顶或砖室石板顶墓,夫妇合葬以"同坟异穴"的双室并列墓为主,官员或富人常用金银器随葬。重视墓葬的密封、防潮和防腐,其中最具特色的是江南一带的三合土浇浆墓,有的尸体用水银防腐。元朝后期江南地区流行火葬墓,墓室略小,用石椁或黑釉陶装骨灰,盛行厚葬,多随葬金银器、瓷器、漆器、陶俑。常见文房四宝、金银珠宝和一套锡明器组成的祭器,以及保存完好的精美丝织品。

四、明清墓

明初火葬习俗衰落,长方形竖穴砖室墓和土坑墓成为普遍流行的墓葬形制,还有一些土洞墓和石室墓。明代藩王贵族墓效仿帝陵,采用大型券顶砖室墓。大型藩王墓也有较大的陵园,有享殿、陵台等建筑,有些甚至有明楼和宝城。墓室也多为大型多室砖室墓或石室墓。小型藩王墓和富豪墓的砖室墓很少有装饰。南方地区仍然流行三合土浇浆墓，四川地区流行石雕墓，中原地区仍有少量壁画墓。随葬品数量和种类千差万别，有明器、实用器、装饰品、个性化物品等。

明清时期的官吏地主墓葬以家族墓和合葬墓为主，多为简单的土坑墓或土洞墓，随葬生前之物多为贵重的瓷器、漆器、金银器、书画等。平民墓随葬品以瓷器为主，多见铜钱。

八鱼村李氏家族　陕西省大荔县八鱼村李氏家族墓是明末至民国时期的富豪望族墓地，范围近400亩，延续300多年。墓葬形制早期为土圹墓，中期为大型石室墓，晚期为砖室墓。石室墓结构仿四合院建筑，石刻均为明清流行题材，陈设布置再现生活场景，均出有墓志。[①]

第四节　瓷器与官窑

一、宋金陶瓷的成就

宋金两朝是中国陶瓷发展史上一个非常繁荣的时期。这一时期的窑业承自五代时期纷繁复杂的窑业面貌，各地特色明显，窑业技术交流时有发生。总体上看，宋金陶瓷造型丰富，实用美观。器形以碗、盘、瓶、壶、罐、炉、盒等生活用品为多；瓷枕也是主要产品之一，式样较多，诸如孩儿枕、龙形枕、宋代竹节形枕、金代虎形枕等。

南北宋金各有其代表性样式。北宋器物，尤其是高级别器物，整体上风格较为淡雅素净，多素面或施以简单纹饰，刻划花、剔刻花、点彩、戳印、填彩等装饰亦较为常见。南宋瓷器大多延续北宋风格，而金代瓷器除耀州窑、定窑等大型窑场烧造较为连续，大多于宋金之际发生了一定的改变。纹饰以花卉为主，装饰技法多样，出现了白地绘黑花、红绿彩、孔雀蓝等民间气息较强的品种，诗文警句也常用作装饰。

"五大名窑"

当今学界所称的"宋代五大名窑"通常指汝、官、哥、定、钧五个宋元时期的著名窑场。其产品各具特色，在一定程度上具有官窑或者贡窑的性质，具有较高的工艺和艺

---

① 陕西省考古研究所：《大荔李氏家族墓地》，三秦出版社2003年版。

术水平,也最为大众所熟知。

汝窑　汝窑以其天青色产品最为著名,胎体呈香灰色,器底有形似芝麻的支钉痕。制作釉料时采用玛瑙入釉,产品精美,有"汝为魁"之称。"雨过天青云破处"一诗原用于形容另一著名窑口柴窑,后为明人挪用于汝窑,亦颇为适合。造型以盘、碟、洗、炉、尊等为多,大件较少。

最早发现的汝窑窑址位于河南省宝丰县清凉寺村,是一个产品类型丰富的综合性窑场,始于北宋早期,终于元代,其中天青釉的汝窑类型产品通常指其中北宋晚期"汝官窑"的部分,其余类型则称"临汝窑"或"清凉寺窑"。

1987年河南省文物考古研究所对清凉寺窑址进行试掘,发现了集中堆放汝官窑废品的堆积坑,确定了其中一域为汝官窑窑址。① 此后又经过5次发掘,为揭示汝瓷的特征、性质、烧造工艺等提供了更多的证据。② 汝窑传世品极少,过去认为其烧造时间仅20年左右,亦有学者认为约有40年。随着考古工作的推进,目前发现烧制汝窑类型产品的窑址还有河南鲁山段店窑、汝州张公巷窑等,年代跨越宋金,具有一定的延续性。

官窑　官窑始于宋代,为宋代宫廷设立,专烧宫廷用瓷。有北宋官窑和南宋官窑之分,北宋官窑目前暂未发现窑址,学界也多有讨论,有学者认为北宋官窑深埋于开封城下的淤泥之中,亦有北宋官窑即为汝窑之说等。南宋在都城临安设立了两处官窑,分别为修内司官窑和郊坛下官窑,均已正式发掘。

南宋官窑常见器物有碗、瓶、洗、炉等,主要特点是厚釉、青釉、色淡,常有大冰裂纹开片。紫黑胎,足部不上釉,铁骨外露。常用模制的支钉饼状间隔具烧制,在器底或内底处留下数个圆形的钉痕。南宋官窑采用南方传统龙窑烧制,但其釉质却是北方常见而南方罕见的乳浊釉,一般认为南宋官窑的配釉技术可能引自汝窑等北方窑场。

哥窑　按照民间传说,"哥窑"系龙泉窑户章生一所创。《格古要论》对哥窑产品撰文描述:"哥窑纹取冰裂、鳝血为上,梅花片墨纹次之。细碎纹,纹之下也。"传世品的主要特征是厚釉和釉面开片。哥窑瓷釉面的网状开片俗称"金丝铁线",釉中致密的气泡形容为"聚沫攒珠";口沿釉薄,露出紫色胎土,底部无釉,称为"紫口铁足"。因部分产品特征与南宋官窑极为相似而有"官哥不分"的说法。另外,哥窑釉属无光釉,釉面常表现出一种散漫的"酥光"。器物主要有碗、盘、洗、碟、瓶、炉、鼎等,故宫传世器物中多有此类,因而命名为"传世哥窑"。

据考古发现,传世哥窑的窑址位于南宋官窑所在的杭州老虎洞窑址。一般认为是

---

① 河南省文物考古研究所:《宝丰清凉寺汝窑址的调查与试掘》,《文物》1989年第11期。
② 河南省文物考古研究所:《宝丰清凉寺汝窑址2000年发掘简报》,《文物》2001年第11期。

老虎洞元代产品，亦有学者认为系南宋。其"哥窑"之名有学者解读为记载之人（元末孔齐，山东人）误将当地人介绍瓷器产地的"古官洞"听成了"哥哥洞"所致，二者在杭州当地方言中读音相近，孔齐在其书《至正直记》中还记道："近日哥哥窑绝类古官窑。"

定窑 定窑以河北省定州为中心，以白瓷闻名于世。调查发现有隋代青瓷但未见延续，著名的定窑白瓷始于唐代晚期，盛于宋金，终于元。定窑印花装饰始于五代，兴盛于金代晚期，纹饰多在盘、碗内侧，主题多样，反映了宋代刻模和脱模技术的最高成就。

定窑始创覆烧工艺，分为盘形支圈和组合支圈覆烧，二者在年代上存在先后差异。组合支圈大大提高了产量，并且实现了圈足部位的满釉。但是口沿因无法上釉、露出胎骨而形成"芒口"，常以金银铜等金属包扣镶边，称"扣器"。另外，还发现有"官"字款、"新官""尚食局"和"尚药局"等官款定窑细白瓷，说明定窑有部分产品是为官府和宫廷烧造的。定窑在当时产生了较大的影响，技术辐射至河北、山西多地，河南、江西、福建等地亦有相似产品烧造。

钧窑 钧窑属于北方青瓷系统，釉色因含铁元素，铁元素在不同浓度和不同氛围下呈天蓝、天青、月白、茶黄等色，多数呈不透明的乳浊状。亦有一类产品呈明显的青黄或青绿色，常被称为"青钧"，以区别于常见的"蓝钧"，多见于大峪东沟、鲁山段店等窑址，部分釉面玻璃质感较强。部分产品上用含铜的彩料涂成的大块斑块或者文字（铜在还原氛围下呈现玫瑰红、紫红、海棠红等发色，属于一类人为控制的窑变），部分器物上有印花或刻花，纹饰风格与耀州窑或定窑相类。

烧制钧窑产品的窑址范围较广，河南、河北、山西等多地皆有烧造，年代跨度亦较大，始于金（早年学者认为北宋时已有生产），明清时仍具一定规模。其中较为著名的是位于禹州市的钧台窑址，出土有大量明代陈设类器物，器形多花瓣形花盆、笔洗、香炉、尊等陈设类。釉厚，表面有蚯蚓走泥纹或开片，底部有流釉现象。钧窑开创了在还原气氛下烧造的铜红釉彩，对后来的制瓷业有着深刻的影响。诞生初期，钧窑制作精良，修足精到，或施满釉并用支钉间隔具间隔，在底部留下一组支痕。进入元代以后，钧瓷趋于粗糙，多数器物不施满釉，器壁变厚，器形变大，带红斑器物增多。此外，钧台窑还生产青釉瓷器和白地黑花瓷器等类型的产品。

"五大名窑"问题 过去学界在讨论宋瓷时，几乎言必称官哥汝定钧即"五大名窑"。然而近年来，学者在考察宋金陶瓷的过程中，发现过去对于"五大名窑"的年代、产地等关键问题的认知或许存在讹误，或仍有探讨余地。

宋代名窑的概念形成于明代收藏之风盛行之时。洪武二十一年（1388），曹昭在《格古要论》一书中记载了包括高丽窑、大食窑、柴窑、汝窑、官窑等15处宋元窑址。"几大名窑"的概念最早见于万历十九年（1591）成刊的《遵生八笺》：

"论窑器必曰柴汝官哥";明代晚期以后,"五大名窑"之说开始流行,如嘉万时期张应文《清秘藏》撰文"论窑器必曰柴汝官哥定",并将"均州窑"(钧窑)列为五窑的第一窑。

　　然而,时人多有将龙泉等窑置于钧窑前列者,并一直延续到民国。后因排在首位的后周"柴窑"未发现明确传世品和窑址,无法判断器物面貌而脱出"五大名窑"序列,又因河南禹州钧台窑址发现了所谓"北宋官钧窑"产品,这便补上"柴窑"空缺,于20世纪末正式列入"五大名窑"并编入陶瓷史。[①] 但近年研究表明,所谓"官钧窑"应为明代早中期产品,而钧窑的始烧不会早于金代中晚期,是否应将其列为宋代"五大名窑"还有待进一步讨论。

其他名窑

龙泉窑　龙泉窑是著名的青瓷窑,位于浙江省龙泉市境内,始烧于五代至北宋前期,南宋时进入极盛,清代开始相对衰落,但一直到现代仍有烧制。北宋龙泉青瓷釉色呈浅青色(见图9-13),称"淡青釉",薄而光亮。器形有炉、瓶、盘、渣斗等,造型多样。北宋晚期出现偏刀刻制的刻花产品,多为花卉纹饰,部分刻有孩儿形象,外壁多刻有纵向排列的竖纹即"折扇纹"。南宋出现乳浊釉产品,以白胎为主,亦有部分灰黑胎产品。中期以后,乳浊釉逐渐占据主流,瓷窑数量倍增。以粉青、梅子青釉著称于世,犹如青玉、翡翠。常见文房用具、象棋子、鸟食罐等,仿古铜器和玉器的造型反映了宋代文人的审美情趣。装饰工艺以贴花、堆塑、浮雕等为主,元代出现点铁锈斑等品种,颇具特色。

景德镇青白瓷　青白瓷是景德镇宋代瓷器中独具风格的类型(见图9-14),以湖田窑最为著名,始于五代而盛于宋。釉色介于青白二色之间,也称"影青"。青白瓷的胎质细密,白色,透光度极好。釉薄处泛白,积釉处呈水绿色。产品以日用器为多,还有瓶、壶、托、枕、油盒等。多在内壁装饰,主要手法为刻花和印花,层次感较强。北宋时期的装饰以花卉为主,南宋时出现婴戏图、水波游鱼、人物故事等题材。北宋时多用匣钵结合垫圈、垫饼烧制,南宋时出现组合支圈覆烧,其窑具及组合形式与定窑存在明显区别。景德镇是南方重要的窑业技术中心,其技术辐射至福建、浙江、湖南、广西等地。宋元景德镇高超而丰富的制作工艺也为后世景德镇窑"瓷都"的繁华奠定了扎实的基础。

---

① 　秦大树:《钧窑三问——论钧窑研究中的几个问题》,《故宫博物院院刊》2002年第5期。

图 9-13 龙泉窑青釉凤耳瓶　　　　　图 9-14 景德镇青白釉刻花梅瓶

耀州窑　位于陕西省铜川市黄堡村,因宋时该地属耀州而得名,宋以前的窑场被称为"黄堡窑"。创烧于唐,兼烧青瓷、黑釉和白瓷,生产面貌丰富。五代时产品面貌发生了较大转变,多为素面青釉,偶有刻画,釉面均带有明显的乳浊质感。质量高者呈天青色,出现了多种类型的满釉器,黑瓷和白瓷仍有生产,但比例较唐代大大降低。入宋后青瓷进一步占据主流,其他类型产品的烧造进一步收缩,早期的刻花青瓷颇为精美(见图 9-15)。宋代是耀州窑的鼎盛期,青釉质地精细,呈现稳定的橄榄青色。金代创烧了月白釉,釉中含铁量较少,呈淡且含蓄的月白色,制作精美,器形丰富。耀州窑的装饰手法多样,盛行划花、剔花、刻花、印花、贴花、戳花、捏塑、镂空等。纹样丰富,器形齐全。耀州窑以其精美的制瓷工艺和装饰技巧,成为北方地区重要的窑业技术中心。

磁州窑　磁州窑窑址在河北省邯郸市磁县一带。磁州窑始烧于唐代,绵延至今。其产品丰富,以白地剔刻黑花、白地釉下绘黑花为特色。剔刻黑花制作时在化妆土上施加一层黑化妆土后刻出纹饰,罩以透明釉烧制。这一过程后简化为白地绘划/绘画黑花,在化妆土上绘制纹饰后罩以透明釉。部分产品白釉带奶白色,呈略失透状。胎质普遍较粗,淘洗不精,因此化妆土广为使用。常见划花、剔花、填彩或题字等装饰,亦有绿釉、黑釉等产品。磁州窑瓷器具有浓厚的民间情趣,装饰形神兼备,颇具北方特色(见图 9-16)。

图 9-15　耀州窑刻花青瓷

图 9-16　磁州窑梅瓶

黑釉瓷　东汉时期黑釉已经出现,入宋以后大量烧造,兴起了不少以烧制黑釉出名的瓷窑,以江西吉州窑和福建建窑为代表。北方宋金诸多窑口亦有黑瓷烧造,定窑的黑釉产品造型挺拔,胎质洁白,修胎精细,烧制温度较高,釉面光洁如镜,广受世人追捧。河南清凉寺、河北磁州、山西怀仁等地的此类产品常将器物近底部露胎处用护胎釉或黑化妆土涂黑。

　　吉州窑　位于江西省吉安市永和镇,又称永和窑。创烧于唐,兴盛于宋,元代以后停烧。吉州窑产品种类繁多,以黑釉瓷独具风格,其中玳瑁斑、鹧鸪斑、剪纸贴花、木叶纹釉等品种享负盛名。同时生产一类具有磁州窑风格的白地褐彩绘产品,部分产品彩中带刻,南宋至元代均较为发达。

　　建窑　位于福建省南平市建阳区,是宋代新兴的黑瓷窑之一。建阳地区的瓷业始于晚唐,北宋后期至南宋烧制黑釉盏,其部分产品获得了宋代宫廷的青睐,并因宋人点茶之风盛行而广为流传。黑釉盏胎质含铁量高,多呈黄褐或黑色。胎体厚重,釉面有明显的垂流和窑变现象,其中的兔毫、油滴、曜变等品种最受欢迎。

　　窑系问题　陶瓷学界通常将产自某地的陶瓷产品冠以"某窑"的名称,这种习惯始见于宋代。"窑系"的概念成型于 20 世纪上半叶,西方学者在考察馆藏中国古瓷和城市遗址(尤其是河北巨鹿古城)出土陶瓷材料的过程中,试图寻找这些古瓷的产地。他们发现有一类产品与磁州窑的白地黑花产品相类但又存在差别,并非磁州窑产品,因而将其统称为"磁州窑类型瓷器",这一称呼即是后世"窑系"概念的雏形。"某窑系"通常以其中代表性产品所在的某一著名窑场命名,用以指代一类装饰风格相近的产品,如耀州窑系、磁州窑系、定窑系、越窑系、建窑系等。然而,

"窑系"一词容易让人产生"同一窑系下的各窑技术存在一定关联"的误解，尤其对于初学者而言容易造成概念的混淆，在考古语境中显得颇为尴尬。当然，这一问题主要出现在北方地区窑场，南方并不突出。因此，审慎地使用"窑系"这一称谓，是当今陶瓷考古工作中尤需注意的。[①]

二、辽瓷的独特造型

辽代设窑烧造瓷器，大约始于辽太宗期。辽瓷可分为中原形式和契丹形式两类，中原形式大都与同时代中原器形的样式一致，契丹形式以鸡冠壶、三彩釉陶为特色。早期的鸡冠壶完全模仿皮囊壶，时代较晚的则仅以皮囊壶特征作为装饰。

辽瓷的装饰手法多受中原风格影响，同时也有契丹族自身的独特风格，包括胎上装饰和釉色装饰两种。胎上装饰有刻花、印花、贴花等，题材具有民族风格。釉色装饰有三彩、彩绘等。

三、元瓷的新成就

元瓷的造型十分丰富，部分承袭了南宋式样，如梅瓶和玉壶春瓶；部分是新出现的器形，如四系小口扁壶、高足杯等。整体特征为器形大而厚重，装饰方法有刻、划、印、贴、堆、镂、绘等多种。元代景德镇的制瓷业极其兴盛，取得了许多新的成就，其中青花、釉里红等品种的创烧，在中国陶瓷史上占有极为重要的地位。

元青花

14世纪前后，景德镇制作的青花瓷已经相当成熟，一经出现，便成为制瓷业的主流产品。早年学界对元青花认识较为薄弱，曾有"元代无青花"的误区。美国弗利尔艺术馆陶瓷学者波普(J. A. Pope)在考察了土耳其托普卡比宫、伊朗国家博物馆和大英博物馆藏同类瓷器后，以英藏"至正十一年"铭青花云龙纹象耳瓶为标准，将此类产品定名为"至正型青花"，确认了元青花的存在及其典型器。

元代青花具有形大、胎厚、器重的特征，器形主要有罐、梅瓶、玉壶春瓶、执壶等。纹饰层次多、画面满，但层次清楚，繁而不乱。精致产品多使用产自两伊地区的进口钴料"苏麻离青"，发色明丽，呈宝蓝色。因青料中铁杂质较多，淘炼不精，烧成后青花处常有黑色斑点，部分呈铁锈状侵入胎骨，称"铁锈斑"。普通产品国产钴料比例较高，青花发

① 秦大树：《论"窑系"概念的形成、意义及其局限性》，《文物》2007年第5期。

色蓝中带灰,几乎没有黑色斑点。元青花的器形和装饰常带有明显的伊斯兰风格,除青料来自两伊,蓝白相间且繁密的图样也符合伊斯兰地区的审美传统;常见的大盘、大壶等器也多与阿拉伯地区的饮食习惯有关;部分产品上还有书写流利的波斯文。有学者认为,早期元青花的创制和生产也有来自伊斯兰地区工匠的参与。

釉里红

釉里红是元代景德镇创烧的一个新品种。制作工序和青花相同,但需在强还原气氛下烧成,难度大于青花,因此元代的釉里红发色不够纯正,常见晕散、发灰或发黑。纹饰也简单,大都以浓笔涂抹。明以后,釉里红工艺有所发展。

> **【术语 9.2】**
>
> **青花瓷:**指用钴料在瓷胎上绘画,后施透明釉,在高温下一次烧成,呈现出蓝色花纹的釉下彩瓷器。钴蓝彩装饰始于唐代,元代真正成熟并得到极大发展。
>
> **釉里红:**指用铜料在瓷胎上绘画,后施透明釉,在高温还原气氛中一次烧成,呈现红色花纹的釉下彩瓷器。

枢府瓷

景德镇为元代官府机构定烧的瓷器,卵白釉,胎体厚重,圈足小,足壁厚,足内无釉。早期器物釉中含铁量较高,色微闪青;随着含铁量的减少,晚期色趋纯正。装饰以印花为主,题材简单,常见龙纹、花卉纹,纹饰中间部分印有"枢府"二字。

四、明清瓷大发展

明清时期,宫廷在景德镇设置御窑厂,制瓷业达到空前水平,分工明细,工艺体系完善。龙泉、德化等窑亦有较高质量产品,但远不能与景德镇相较。

明代青花成为瓷器主流,明代早中期,装饰风格一改元末明初的繁密,趋向疏淡,线条粗犷,多留白。钴料、造型、纹饰因时间推移而略有不同。釉里红在明初烧制鼎盛,数量多且器形大,但成品率不高,多呈灰黑色。永宣以后,釉上彩瓷盛行,成化一朝的斗彩、嘉靖万历的青花五彩颇为著名。颜色釉瓷成就突出,以永宣的红釉、蓝釉和成化的绿釉、黄釉等最具代表性。

明代瓷器的造型多样,典型器形有压手杯、双耳扁瓶、天球瓶、鸡缸杯、盖碗、大龙缸、方斗碗、方形多角罐、葫芦瓶等,以及各式文房用具。装饰手法以绘画为主,题材复杂多样。自永乐时期开始出现书写的纪年款。正统、景泰、天顺三朝,政局动荡,官窑生产停滞,早年因未发现此三朝的官窑纪年款而将其称为"空白期",也称"黑暗期",近年来纪年官器略有发现,仍是极其稀少。空白期青花风格上承永宣,下接成化,纹饰繁复,青料多用国产料,部分混有进口青料。这一时期出现了较多的人物纹饰,其卷云纹亦颇有特色。成化早期风格与空白期相类,中后期始用"平等青"(国产青花料的一种),发色蓝中闪灰,淡雅恬静。正德一朝出现了产自西域的回青,色彩浓艳,蓝中泛紫,在嘉靖、隆庆、万历三朝官窑器中普遍采用。

【术语 9.3】

　　釉上彩瓷:在烧好的素器釉面进行彩绘,再入窑,在 600—900℃ 高温下烘烤而成。常见颜色有红、黄、绿、蓝、黑、紫等。五彩、粉彩、珐琅彩等皆是著名的釉上彩品种。

　　颜色釉瓷:在釉料中加入某种金属氧化物,焙烧后呈现出金属离子固有的色泽。

图 9-17　(清)乾隆釉彩大瓶

　　清代官窑瓷器制作精细,民窑瓷器两极分化较重,精致者接近官窑,粗瓷则较为随意。康熙时创烧珐琅彩,雍正时直接将珐琅彩绘于白地上,具有中国传统绘画的艺术特征,乾隆时多吸收西洋绘画技法。珐琅彩技术源自欧洲,与传统彩料不同,烧制前后发色基本一致,可以进行较为精准的色彩控制。康熙晚期,受珐琅彩的影响,在五彩基础上加入"玻璃白"料调节色彩浓淡,创烧出粉彩,并在清中晚期走向成熟,嘉庆之前青花瓷占主导,之后大兴粉彩。清代创烧出郎窑红、豇豆红、娇黄、鳝鱼黄、茄皮紫、炉钧、仿铜釉等多种精美的颜色釉瓷。乾隆时期的制瓷技术达到了登峰造极的水平,以故宫藏各种釉彩大瓶(也称"瓷母")为代表(见 9-17),各类单色釉、彩瓷层出不穷,造型控制精准。清中期以后,观赏瓷大量增多,纪年款识普遍,还出现了很多私人定制的堂名款。

推荐阅读书目

1.刘敦桢:《中国古代建筑史》,中国建筑工业出版社 1980 年版。

2.中国硅酸盐学会:《中国陶瓷史》,文物出版社 1982 年版。

3.杨宽:《中国古代陵寝制度史研究》,上海人民出版社 2003 年版。

4.曲英杰:《古代城市》,文物出版社 2003 年版。

5.秦大树:《宋元明考古》,文物出版社 2004 年版。

6.贺云翱等:《中国帝王陵考古》,文物出版社 2008 年版。

7.张学锋:《中国墓葬史》,广陵书局 2009 年版。

8.张童心等:《考古发现与华夏文明》,上海大学出版社 2009 年版。

第十章

水下考古

　　水下考古是考古学的一个分支,是陆地田野考古学向水下的延伸。历史上由于地震、海啸、火山喷发等自然灾变,一些近水的居址、港口、墓葬等沉没于水中;一些古航线下,保存有大量的古代沉船和文物。因此,水下考古是以人类水下文化遗产为研究对象,运用考古学理论与研究方法,对淹没在江河湖海下面的古代遗迹和遗物进行调查、勘测和发掘的学科。这是一门边缘学科,需要相关学科的技术支持。①

第一节　国外水下考古的发展

　　人类对水下世界的探索,可以追溯到中世纪。曾有传说认为意大利东南内米湖中有古罗马时代的沉船,人们出于好奇和寻宝的目的,于 1446 年、1535 年、1827 年多次对之进行打捞,但由于潜水技术的限制,均未能成功。直至 20 世纪初,将内米湖水排干,才使两艘沉船完整地显露出来,后被证实此为古罗马皇帝的水上别墅。这类行为仅仅出于好奇或受收集珍宝心理的驱使,不具备考古学性质和目的。

---

① 　本章内容参考吴春明等:《海洋考古学》,科学出版社 2007 年版。

一、早期的水下探索

19 世纪中叶,随着近代考古学的诞生,水下文化遗存开始得到西方考古学家的重视。1832 年,地质学创始人赖尔在《地质学原理》中指出:"海底长期堆积起来的人类文化遗存比欧洲大陆上任何时代存在的遗存还要多。"1925 年,考古学家莱纳赫 (S. Reinach)感叹道:"古代世界最丰富的博物馆坐落在狄洪海的海底……然而这家博物馆却无法进入。"[①]

20 世纪以来,重潜技术和设备的发明,为各种水下探索奠定了基础。1900 年,在克里特岛和希腊大陆之间的海域,首次发现大理石和青铜雕像的中世纪沉船,随后希腊政府组织海军舰船进行了打捞。1907 年,伦敦文物协会雇佣专业潜水员,对肯特郡赫尔纳湾一处装有古罗马陶器的沉船进行调查。1908 年,苏格兰业余考古学家布伦德尔 (O. Blundell)潜入内斯湖,调查人工岛及水上建筑的遗迹,并绘制了草图。

20 世纪四五十年代,法国海军组成一个水下工作小组,发明了自携式水下呼吸器,即常规轻潜,为人们进行水下考古提供基本保障。1952 年,该水下小组首次调查并"发掘"了马赛附近大康格卢岛海域,组织发掘一处古希腊贸易沉船,其间发明了一系列适用于水下考古工作的设备。1959 年,瑞典国王动用 1200 名潜水员,将 1628 年沉没的"瓦萨"号战舰打捞出水,成为迄今最为宏伟壮观的一次沉船打捞活动。

二、水下考古的诞生与发展

1960 年,美国考古学家巴斯(G. Bass)应邀对土耳其格里多亚角海域的 7 世纪拜占庭时期沉船遗址进行调查和发掘,这是考古学家首次将考古方法应用于水下遗址的发掘和研究,开创性地在水下实践了考古学方法,是水下考古学发展史上的一个里程碑。[②]

1967 年,巴斯主持了一个水下考古技术培训班,来自 10 余个国家的 40 多位考古学家共同发掘了塞浦路斯的凯里尼亚沉船遗址,这些学者后来都成为各自国家水下考古工作的带头人。从此,水下考古工作在世界各国陆续开展。1964 年,英国成立"航海考古会"。1967—1971 年,许多沉船的调查和发掘工作开展,包括英国海域的"罗斯号"、黑斯廷斯海域的"阿姆斯特丹号"、布拉斯基特海域的"圣玛利亚号"、拉卡达海域的

---

① 格林·丹尼尔:《考古学一百五十年》,黄其煦译,文物出版社 2009 年版。

② Bowens, A. *Under Water (2nd Edition)*. Portsmouth: Blackwell Publishing, 2009.

"赫罗纳号"等多艘沉船。

20 世纪 70 年代以来,水下考古的理论及其技术西学东渐,其中巴斯的学生英国考古学者格林(J. Green)在西澳、泰国、中国南海以及中国东南沿海的工作最具影响。1973 年,格林出任西澳博物馆海洋考古部主任,揭开了澳、亚地区海洋考古工作的序幕,发掘多艘沉船,获得大量古代珍贵文物,并培养了一批专业人员;1979 年,西澳水下考古队在东南亚海域展开工作,发掘了包括明代沉船在内的多处沉船遗址;1988 年,格林领导的澳菲联合考古调查队发掘了一处海洋沉船;1992 年,格林又开展对巴屯岛沉船与造船技术的民族考古学调查研究,标志着海洋考古技术传入了埋藏大量古代沉船的环中国海邻国海域。[1] 20 世纪 80—90 年代,菲律宾、越南、新加坡、马来西亚、日本、韩国等国的考古学家开始在附近海域进行调查与发掘,丰富了东南亚水下考古的内容,其中涉及多艘中国古代沉船。

第二节　中国水下考古的进展

我国水下考古工作因受技术限制,起步较晚,始于 20 世纪 80 年代。

在此之前,在我国沿海地区淤积成陆的古海湾、古河道以及沿海淤陆地中,发现一批古代沉船遗存,成为我国水下考古发现与研究的重要基础(见表 10-1)。

表 10-1　我国水下文化遗存发现一览

发现年份	发现地点	文化遗存	朝代
1956	山东梁山宋金河	兵船(各类遗物 174 件)	明
1956	江苏南京三汊河郑和造船故址	舵杆、盘车构件	明
1958	浙江温州	4 艘独木舟(残砖、瓷片)	东晋
1958	江苏武进淹城护城河	3 艘独木舟	周
1960	江苏扬州施桥码头遗址	沉船(瓷器、铁器等)	唐
1969	广东珠海南水镇蚊洲岛	船货(212 件古代青瓷)	不详
1972	广东珠海三灶草堂湾东面海域	沉船(香果、槟榔)	晚清

---

[1]　吴春明等:《海洋考古学:西方兴起与学术东渐》,《中国海洋大学学报(社会科学版)》2003 年第 3 期。

续表

发现年份	发现地点	文化遗存	朝代
1973	福建连江鳌江南岸	1 艘独木舟	西汉
1973	福建泉州后渚港	1 艘沉船（香料、木签、铜钱等）	南宋
1973	江苏如皋蒲西马港河	1 艘木船（瓷器）	唐
1973	浙江宁波和义路唐代造船厂	1 艘独木舟（青瓷器）	晚唐
1974—1975	西沙、东沙、南沙海域	瓷器、铜钱、铜器等	南朝—明
1975	广东揭西金和乡竹排头溪	1 艘独木舟	不详
1975	福建泉州东郊	1 艘沉船（青白瓷等）	宋元
1975	江苏万绥蒋家巷	1 艘木船	西汉末
1975	山东平度泽河东岸	1 艘双体船（青瓷、隋五铢）	隋
1975	河北磁县南开河	6 艘沉船（瓷器、铜铁工具、日用器 486 件，铜钱 69 件）	元
1976	广东化州石宁村鉴江东堤	6 艘独木舟	东汉
1976	广东珠海平沙前锋村	3 艘沉船	晚晴
1978	上海嘉定封浜杨湾	1 艘沉船（瓷器）	宋
1978	浙江宁波东门口码头遗址	1 艘沉船（铜钱、瓷器）	宋元
1978	天津静海元蒙口	1 艘沉船（瓷器、铜钱）	宋
1979	上海浦东川沙川扬河	1 艘沉船（铜钱）	初唐
1982	山东荣成松郭家村毛子沟	1 艘独木舟	不详
1984	山东蓬莱登州港	3 艘沉船（武器、瓷器、滑轮等）	不详

1983—1985 年，外国水下考古队在南海海域打捞中国古代沉船，获得大量珍贵文物，拍卖价格不菲①，对中国文化界震动很大。1986 年 9 月，国家决定发展水下考古事业。1987 年 3 月，在国家文物局的主持下，由多个单位共同组成"国家水下考古协调小组"，筹备并规划我国水下考古事业的发展。同年年底，国家文物局委托中国历史博物馆承担这项国家任务，设立了至今仍然是中国唯一的水下考古专业机构，即国家文物局考古研究中心。1987—1990 年，通过派人出国学习和与外国水下考古研究机构

---

① 黄时鉴：《从海底射出的中国瓷器之光——哈契尔的两次沉船打捞业绩》，《中西交流论集》，上海文艺出版社 1998 年版。

合作的方式,培训了一批水下考古专业人员。迄今中国已经举办了 9 期水下考古培训班。目前我国水下考古队员都拥有"国际三星级"潜水员证书,在国际上属于较先进的队伍。

经过 20 余年的努力,这支专业队伍在中国的渤海、黄海、东海、南海四大海域先后进行了多项水下沉船遗址及其他水下文物遗迹的调查、发掘工作。其中,广东阳江海域"南海一号"宋元沉船的发现与整体打捞、福建连江"白礁一号"宋元沉船的勘测与发掘、广东新会宋元海战沉船调查、辽宁绥中元代沉船遗址的发掘、西沙水下考古等工作影响较大。进入 21 世纪,中国国家博物馆水下考古研究中心先后组织多次调查和试掘工作,并于 2005 年抢救性发掘了福建平潭"碗礁一号"清代沉船。

"白礁一号" 1990、1995 年,中澳水下考古工作者先后两次对福建省连江县定海进行水下调查,发现一批宋元、明清时期的沉船。对"白礁一号"进行发掘,出水 2200 多件黑釉盏、青白瓷碗。黑釉盏与闽江口的闽侯南屿窑、鸿尾窑、福清石坑窑、连江浦口窑的"仿建窑"产品相似,青瓷多为连江一带仿龙泉窑产品。残存龙骨板碳-14 测年数据为距今 1000(±70)年,约为北宋初年。①

绥中三道岗元代沉船 1991—1997 年,中国水下考古工作者对辽宁省绥中县大南铺村三道岗海域的元代沉船遗址进行 5 次正式的调查与发掘工作。水下发掘面积 148 平方米,获得各类器物 600 余件,还有大批瓷器无法出水,主要瓷器与元代磁州窑系产品一致。碳-14 测年数据为 740(±80)年。这是我国水下考古独立开展的第一次较大规模的工作。②

西沙水下考古 1996、1998、1999 年,海南省文物管理委员会办公室和中国国家博物馆水下考古研究中心连续开展西沙水下文物的调查与试掘。发现 13 处宋元、明、清不同时期的沉船遗址和遗物点,并对华光礁一号进行试掘。在永乐环礁的石屿一号,采集青花瓷器,发现明显的清代沉船遗迹。在北礁一号沉船遗址,采集明代龙泉青瓷和青花瓷器;北礁三号沉船遗址,采集明末青花瓷大盘和沉船碇石等;华光礁一号出水文物 849 件,以瓷器为主。③ 2007 年 3—5 月,对华光礁一号沉船遗址进行抢救性发掘,出水遗物近万件,以陶、瓷器为主,其中青白瓷与福建德化窑宋代产品相似,青瓷与德化、南安等窑口产品相似,少量酱釉瓷与晋江磁灶窑相似。此次还发现玉琢礁等 10 处新的沉船遗址。

① 赵嘉斌等:《福建连江定海湾沉船考古》,科学出版社 2011 年版;中澳联合定海水下考古队:《福建定海沉船遗址 1995 年度调查与发掘》,《东南考古研究》(第二辑),厦门大学出版社 1999 年版。
② 张威:《绥中三道岗元代沉船》,科学出版社 2001 年版。
③ 中国国家博物馆水下考古研究中心等:《西沙水下考古(1998—1999)》,科学出版社 2006 年版。

随着我国水下考古事业的不断发展,中国国家博物馆设立了三个水下考古基地,分别为:(1)中国国家博物馆科研与培训基地,位于广东阳江海陵岛,2003年建成并投入使用;(2)中国国家博物馆水下考古宁波基地,与宁波市文物考古研究所共同建设,开展东海海域的水下考古调查和发掘工作;(3)中国国家博物馆水下考古青岛基地,与青岛市文物局共同建设,开展渤海及黄海海域的水下考古调查和发掘工作。这三处基地在水下考古专业人员培养、学术研究与交流、组织协调水下考古工作、文物资料整理等方面发挥了重要作用。

2007年12月,"南海一号"沉船整体打捞出水,这也标志着我国水下考古事业迈入新的阶段;从2010年到2012年,国家对"南澳一号"沉船先后开展三次打捞工作,为研究明末海禁政策下的海上贸易提供了实物资料;2014年4月启动物探调查,次年确认"丹东一号"为北洋海军致远舰[1];2014—2015年,福建平潭老牛礁海域确认一处明代沉船遗址;2018年,水下文化遗产保护中心与海南省博物馆联合组队对西沙群岛"金银岛一号"沉船遗址进行重点调查,分析时代为清朝中晚期。

2010年,中国水下考古开始走出国门,远赴东非肯尼亚实施水下考古合作项目。

2015年,山东省水下考古研究中心成立,是全国首家也是目前唯一一家省级水下考古研究机构,承担了全省水下文物的调查、发掘、研究、保护与利用等工作。

2022年,目前我国水下考古发现的体量最大、保存最为完整、船载文物数量巨大的木质沉船"长江口二号"古船于3月2日开始打捞,其考古与文物保护工作同时启动。新修订后的《中华人民共和国水下文物保护管理条例》于4月1日起施行。8月,山东省水下考古烟台工作站在山东省水下考古研究中心及烟台市文化和旅游局联合之下成立。同年,众多水下考古工作,如福建圣杯屿海域元代海船水下考古、"靖远"舰遗址第一期水下考古调查工作等先后开展。

沉船打捞和考古工作的开展,也促使学者对水下考古进行思考,重新审视水下考古工作以及对考古学科发展研究的价值。[2]

"南海一号"

"南海一号"(见图10-1)牵系了两代考古学者为中国水下考古事业的不懈努力。

[1] 国家文物局水下文化遗产保护中心等:《辽宁"丹东一号"清代沉船》,《考古》2016年第7期。

[2] 丁见祥等:《关于水下考古学的几个问题》,《中国文物科学研究》2013年第2期;姜波:《"致远""经远"与"定远":北洋水师沉舰的水下考古发现与收获》,《自然与文化遗产研究》2019年第10期;尹锋超:《近现代沉船(舰)水下考古的价值认知与思考》,《自然与文化遗产研究》2020年第7期。

图 10-1 "南海一号"打捞现场

1987 年,英国人哈彻(M. Hatcher)在上下川岛海域寻找东印度公司沉船莱茵堡号时,意外发现了这艘古代沉船,并打捞出一批珍贵文物,被命名为"川山群岛海域宋元沉船"。1989 年冬,中国历史博物馆水下考古研究室与日本国水中考古学研究所合作,对之进行初步调查,后更名为"南海一号"。这是中国水下考古队伍成立之后,在中国海域进行的第一次水下考古调查。① 后出于种种原因,"南海一号"的打捞又延后了近 20 年。

2001 年 4 月,中国历史博物馆水下考古研究中心联合广东省文物考古研究所等单位的水下考古专业队对沉船遗址进行了精确定位。2002 年 3—5 月间,水下考古队对沉船进行仔细挖掘,打捞出文物 4000 多件。② 2007 年 1—10 月,考古队进行了持续 9 个多月的打捞。2007 年 12 月,"南海一号"古沉船整体打捞,沉船、文物与其周围的海水、泥沙按照原状装箱一次性吊浮出水面,然后正式进入博物馆。2011 年 3—4 月,在博物馆内完成第二次试掘,确定了船首和船艉在沉箱中的准确位置,并采集水、泥等进行试验,为全面发掘奠定了基础。③

"南海一号"是一艘南宋时期的木质古沉船,沉没于广东省阳江市东平港以南约 20 海里处,是目前发现的最大的宋代船只。"南海一号"是尖头船,整艘商船长 30.4 米、宽 9.8 米,船身(不算桅杆)高约 4 米,排水量估计可达 600 吨,载重近 800 吨。专家从船头位置推测,当时这艘古船从中国泉州驶出,赴新加坡、印度等东南亚地区或中东地区进行海外贸易。

---

① 张威:《中国水下考古的起点——中日联合广东南海沉船调查侧记》,《福建文博》1997 年第 2 期。
② 张威:《南海沉船的发现与预备调查》,《福建文博》1997 年第 2 期。
③ 广东省文物考古研究所:《2011 年"南海一号"的考古试掘》,科学出版社 2011 年版。

现已出水 2000 多件完整瓷器，汇集了德化窑、磁灶窑、景德镇、龙泉窑等宋代著名窑口的陶瓷精品，品种超过 30 种。不少瓷器（见图 10-2）带有明显的异域风格，如棱角分明的酒壶、喇叭口的大瓷碗，被认为是宋代接受海外订货"来样加工"的产品。金器是"南海一号"上目前出水最惹眼、最气派的一类文物，包括金手镯、金腰带、金戒指等黄金首饰，共同特点是粗大。例如，鎏金腰带（见图 10-3）长 1.7 米，鎏金手镯口径大过饭碗，粗过大拇指，足足四两重。沉船中还发现大量铜钱，其中最晚年号为南宋孝宗淳熙时期（1174—1189）的"淳熙元宝"款（见图 10-4），此外，出水的还有不少金属商品，如铁锅、铁钉、铜环、铜珠等。

图 10-2　磁灶窑绿釉　　　　　图 10-3　鎏金腰带　　　　　图 10-4　淳熙元宝
　　　　印花菱口碟

"南海一号"整体打捞的成功，标志着我国已经基本具备水下文化遗产保护的相关技术能力，同时，这也是对我国水下考古人才、技术以及理念的全面检验，通过这一次的检验，我国水下考古工作进入了一个稳步发展的阶段。①

第三节　水下考古的内容

一、水下考古的技术要求

水下考古的目标和方法，与一般考古学相同，但是为了解决水下发掘、记录和提取遗物等问题，必须采用专门的工具装备和技术方法。在开展工作之前，需制定严密的考古潜水计划，在人员、深度、潜水间隔、减压站停留时间等方面进行安全有效的安排。

---

① 　朱坚真等：《我国水下文化遗产保护的历史进程研究》，《深圳大学学报（人文社会科学版）》2013 年第 4 期。

水下考古工作者除了考古学专业知识背景和学术素养,也需要过硬的本领。他们一方面要具备基本的潜水技能,熟悉潜水设备的性能与使用,熟练掌握潜水作业规程与技巧,能够在紧急情况下实施自救;另一方面还必须在水下环境从事考古调查、发掘、记录、文物提取等工作,具备处理各种问题和突发状况的能力,拥有过硬的身体和心理素质。

与陆地考古不同,水下考古需要特殊设备。一种是常规设备,包括自携式轻潜装具、工作船、供气管、提举浮带、摄影水平架、探方架、抽泥管、提举筐等。另一种是高端设备,主要是用于水下遗址定位的水声探测仪、浅地层剖面仪、水下照相机等。

二、水下遗址的调查与定位

经过半个多世纪,水下考古调查已经形成文献档案资料、生产实践、遥感物探技术、人工目测等一整套完整的调查方法。

调查背景线索

不同于陆上遗址,水下遗址没有可供使用的地面遗物或指示物,且在技术、设备、费用等方面的困难程度远超陆地考古,因此,开展水下遗址工作对背景线索的依赖程度相对较大。背景包括两方面的内容,一是遗址的范围,可提高水下活动的针对性,节约人力、物力;二是遗址的内涵,可提前准备好相应的文物保护设备和材料,防止文物出水时遭受损失。

文献档案和民间资料,是了解遗址的可能位置、内涵、水中环境的有效手段之一,也是进一步调查与发掘的重要依据。古代关于港口、航海、船家等方面的文献,记述海洋人文的专业文献,元明以来的船家水路簿、航海图,关于海难和沉船的档案等,都是重要的线索。

从中外水下考古的实践工作经验来看,水下遗址的调查工作与沿海地区的渔民、驻军及科研部门的生产实践关系密切,他们不仅掌握大量水下古文化遗址分布和内涵的背景线索,还可以提供一些零星打捞出水的文物,对于考古工作来说非常重要。

水下遥感物探

针对水下遗址的调查和搜寻,主要方法有电子遥感探测与人工目测两大类。水下遥感以探测船为平台,对水底和水底以下一定深度地层堆积状况进行远距离探测,并以特定的电子符号、图像、数据反映出来,供考古学家分析水下遗址位置。依据感应波谱媒介的差别,水下考古调查中使用的遥感探测技术主要有磁力探测法、水声探测法、光波探测法三种。

磁力探测法对含金属物品的遗址具有高灵敏度,但对单纯木结构的沉船遗址无能为力。根据水下遗址的特点,水下考古均采用主动式声呐,常用的有高精度测探法、声呐地貌测量法和浅地层剖面法。光波遥感技术在各国的水下遗址调查探测中尚未实际运用,其有效性还有待检验。当前,多波束测深系统、浅地层剖面仪、侧扫声呐和高精度磁力仪是主要的水下考古物探技术设备(见图10-5)。[①]

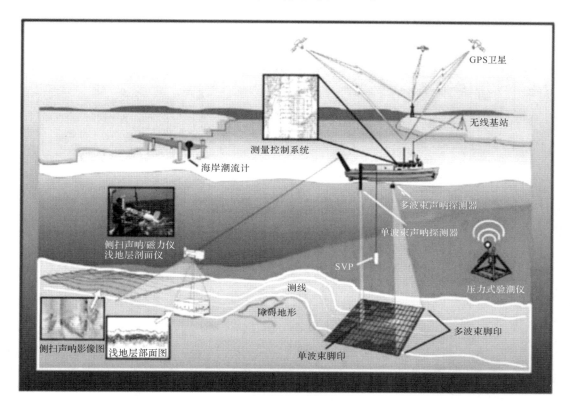

图 10-5　海洋物探调查技术

　　多波束测深仪适合大规模扫海,是现代水下考古的必备设备,在水下考古的前期普测中,多使用多波束测深系统探测海底疑似目标物。探测数据经过多波束专业处理软件 Caris 处理后(见图10-6),可以识别海底精细的数字地形特征和一些较大地貌,包括海底出露沉积层的古沉船等文物外形。侧扫声呐也是一种重要的水下考古设备,可以探测海底微地貌特征,适合较小体积或破损古文物的探测。浅地层剖面仪是另一种重要的水下考古设备,可用于探测和发现被泥沙掩埋的海底遗迹,但在以侵蚀冲刷为主的海域较少使用。磁力仪是现代水下考古的另一种重要设备,主要用于金属磁性古文物的探测。

---

① 　马永等:《综合物探技术在海洋考古中的应用——以川岛水下考古为例》,《海洋学研究》2016年第2期。

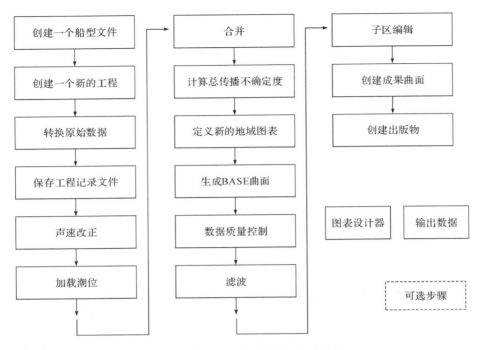

图 10-6 专业处理软件 Caris 处理过程

【术语 10.1】

磁力探测法: 地壳中的岩石和矿物质受到地球磁场的影响发生极化而具有磁性,不同的岩石和矿物质磁力性质各异。磁力探测法是根据地球物质所具有的不同磁力特性,来测定岩石的组成、性质和岩层构造的地球物理学方法。

水声探测法: 通过跟踪声波的传播速度、过程与时间,来测量声音发出或抵达的位置,从而鉴别探测对象位置的方法。按工作原理的不同,声呐技术分成被动式与主动式两类。

光波探测法: 以光波波谱为感应媒介,通过可见光、红外线、微波等探测远方目标的遥感技术。

水下探摸

确定水下遗址可能的位置后,调查人员还需运用各种人工搜寻方法进行水下探摸,采集标本,以最终确定遗址的存在和性质。一般可在遥感探查的基础上,筛选若干点,选择合适的方式进行具体探摸。综合各国的水下考古经验,水下探摸可采用平行潜游目测、牵引目测、圈游目测、随机潜游、采样与钻探等方法实现。

水下遗址定位

水下遗址一经调查、确定位置后,可以在遗址上选择恰当点设立永久性水下基桩,并在基桩上方设临时浮标,使得考古队员在进一步的水下工作中可以从水面顺着浮标绳下潜到遗址上方。为避免临时定位浮标丢失所造成的遗忘,近岸遗址可通过岸上各种永久性建筑物、自然物作为参照,或设立人工标基来进行定位。对于远岸遗址来说,需要借助雷达导航和全球卫星定位系统(GPS)加以定位。

2016 年,浙江宁波慈溪上林湖后司岙水域水下考古调查①,为期一个多月。调查过程中,积极探索现代科技在内水平静水域水下考古中的创新应用与有机融合:(1)水下考古技术的综合运用:水域探测与陆域探测相结合、仪器探测与潜水探摸相结合、无损探测与钻探采样相结合。(2)水下考古技术的深化运用:不仅体现在水下资料的测绘、拍照、录像等基础性、关键性技术的高科技应用上,也体现在水下考古辅助技术的运用上,比如水下队员的对讲交流、水下定位,形成完整的"水面—水下动态监测指挥系统"。(3)水下考古技术的创新运用:除综合运用声呐、地磁、电磁、激光以及航空摄影测量等物探方法,如超短基线定位系统、潜水员导航探测系统、DIDSON 高清声呐、探地雷达的运用以及水陆一体的基础地理信息的生成,这些在我国的水下考古中均属首次。其中,探地雷达首次运用成功具有重大意义。

三、水下遗址的勘测与发掘

由于水中工作环境的巨大差异和考古潜水的局限,水下埋藏、沉积环境和遗存堆积状况的显著不同,水下遗址的发掘工作包含了一系列独特的技术内容。

水下技术协调与平面控制

设置一个适当的水面工作平台是水下考古发掘的基本前提。这个水面平台要对考古潜水、考古发掘的组织、水下工作的实时观察、发掘现场的后勤保障等进行处理和协调。根据水下勘测与发掘工作的内容差别、遗址所在水域的特点以及经费状况,可以选择使用不同的工作平台,如专门制作的无动力浮航平台、驳船,或是具有较大作业面的船舶。

为确保遗存出水位置的准确性,建立基线、探方以及遗址平面的控制网络也是水下考古发掘的基础。基线是水下遗址勘测、试掘过程中使用的最简单的平面控制。探方网络是水下考古勘测和发掘中最常见的,就是在遗址上设置网格状的平面控制系

---

① 林国聪等:《我国水下考古技术的新探索》,《中国文物报》2017 年 2 月 4 日。

统,一般采用金属结构的硬探方,配之以绳索结构的软探方。

表面采集与勘测

水下遗址正式发掘前需要对遗址表面进行系统的采集与勘测,初步了解遗址的分布范围、中心、内涵构成与堆积状况。通过随机采集、定位采集、分区采集等方法,可以不同程度地了解遗址的内涵与分布;通过初步的二维或三维测量,可以绘制出遗址的平面图和等高线图;通过初步的钻探和遥感勘测,可以进一步了解水下遗址的深度、结构等。

水下发掘、测绘与记录

受水中浸泡环境的影响,水下发掘可根据不同情况选用抽泥、手扇、撬棒、风镐、水下爆破等方法。水下考古实践中,特别是沉船遗址,基本不用考虑地层关系、地层扰动等问题。但是,对于水下聚落和墓葬等非沉船遗址,就存在地层关系问题。

对于已经发掘、揭露的水下遗迹和遗物,可通过绘制平面图、剖面图,勘测与复原沉船船体型线,以及水下考古摄影与摄像等方法,予以详细的测绘与记录。

将经过科学发掘的遗物打捞出水,是水下考古工作的重要内容。陶瓷器、金属器等一般器物在出水前要确认标签的完整,分单位装到网袋中,然后搬运出水。小件和易损器物出水前应特别包装或予以加固,小心搬运。沉船船体的打捞是一项复杂的水下工程,对于损坏较为严重的船体,可以先分片打捞,然后进行拼装和复原;对于保存较为完好的船体,可以采取整体打捞的方法。

推荐阅读书目

1. 科林·伦福儒等:《考古学:理论方法与实践》,陈淳译,上海古籍出版社 2015 年版。

2. 吴春明等:《海洋考古学》,科学出版社 2007 年版。

3. The Nautical Archaeology Society. *Underwater Archaeology: The NAS Guide to Principles and Practice*(2nd Edition). Oxford: Blackwell Publishing, 2009.

4. 航海考古学会:《水下考古》,文物出版社 2018 年版。

5. 国家文物局考古研究中心:《水下考古学概论》,科学出版社 2023 年版。

附录一 历年"全国十大考古新发现"名录

2023 年

1.山东沂水跋山遗址群

2.福建平潭壳丘头遗址群

3.安徽郎溪磨盘山遗址

4.湖北荆门屈家岭遗址

5.河南永城王庄遗址

6.河南郑州商都书院街墓地

7.陕西清涧寨沟遗址

8.甘肃礼县四角坪遗址

9.山西霍州陈村瓷窑址

10.南海西北陆坡一号、二号沉船遗址

2022 年

1.湖北十堰学堂梁子遗址

2.山东临淄赵家徐姚遗址

3.山西兴县碧村遗址

4.河南偃师二里头都邑多网格式布局

5.河南安阳殷墟商王陵及周边遗存

6.陕西旬邑西头遗址

7.贵州贵安新区大松山墓群

8.吉林珲春古城村寺庙址

9.河南开封州桥及附近汴河遗址

10.浙江温州朔门古港遗址

2021 年

1.四川稻城皮洛遗址

2.河南南阳黄山遗址

3.湖南澧县鸡叫城遗址

4.山东滕州岗上遗址

5.四川广汉三星堆遗址祭祀区

6.湖北云梦郑家湖墓地

7.陕西西安江村大墓

8.甘肃武威唐代吐谷浑王族墓葬群

9.新疆尉犁克亚克库都克烽燧遗址

10.安徽凤阳明中都遗址

2020 年

1.贵州贵安新区招果洞遗址

2.浙江宁波余姚井头山遗址

3.河南巩义双槐树遗址

4.河南淮阳时庄遗址

5.河南伊川徐阳墓地

6.西藏札达桑达隆果墓地

7.江苏徐州土山二号墓

8.陕西西安少陵原十六国大墓

9.青海都兰热水墓群 2018 血渭一号墓

10.吉林图们磨盘村山城遗址

2019 年

1.陕西南郑疥疙洞旧石器时代洞穴遗址

2.黑龙江饶河小南山遗址

3.陕西神木石峁遗址皇城台

4.河南淮阳平粮台城址

5.山西绛县西吴壁遗址

6.甘肃敦煌旱峡玉矿遗址

7.湖北随州枣树林春秋曾国贵族墓地

8.新疆奇台石城子遗址

9.青海乌兰泉沟吐蕃时期壁画墓

10.广东"南海一号"南宋沉船水下考古发掘项目

2018 年

1. 广东英德青塘遗址
2. 湖北沙洋城河新石器时代遗址
3. 陕西延安芦山峁新石器时代遗址
4. 新疆尼勒克吉仁台沟口遗址
5. 山西闻喜酒务头商代墓地
6. 陕西澄城刘家洼东周遗址
7. 江苏张家港黄泗浦遗址
8. 河北张家口太子城金代城址
9. 重庆合川钓鱼城范家堰南宋衙署遗址
10. 辽宁庄河海域甲午沉舰遗址（经远舰）水下考古调查

2017 年

1. 新疆吉木乃通天洞遗址
2. 山东章丘焦家遗址
3. 陕西高陵杨官寨遗址
4. 宁夏彭阳姚河塬西周遗址
5. 河南新郑郑韩故城遗址
6. 陕西西安秦汉栎阳城遗址
7. 河南洛阳东汉帝陵考古调查与发掘
8. 江西鹰潭龙虎山大上清宫遗址
9. 吉林安图宝马城金代长白山神庙遗址
10. 四川彭山江口明末战场遗址

2016 年

1. 宁夏青铜峡鸽子山遗址
2. 贵州贵安新区牛坡洞洞穴遗址
3. 湖北天门石家河遗址
4. 福建永春苦寨坑原始青瓷窑址
5. 陕西凤翔雍山血池秦汉祭祀遗址
6. 北京通州汉代路县故城遗址
7. 浙江慈溪上林湖后司岙唐五代秘色瓷窑址
8. 上海青浦青龙镇遗址

9.山西河津固镇宋金瓷窑址

10.湖南桂阳桐木岭矿冶遗址

2015 年

1.云南江川甘棠箐旧石器遗址

2.江苏、兴化、东台蒋庄遗址

3.浙江余杭良渚古城外围大型水利工程的调查与发掘

4.海南东南部沿海地区新石器时代遗存

5.陕西宝鸡周原遗址

6.湖北大冶铜绿山四方塘遗址墓葬区

7.江西南昌西汉海昏侯墓

8.河南洛阳汉魏洛阳城太极殿遗址

9.内蒙古多伦小王力沟辽墓

10.辽宁"丹东一号"清代沉船(致远舰)水下考古调查

2014 年

1.广东郁南磨刀山遗址与南江旧石器地点群

2.河南郑州东赵遗址

3.湖北枣阳郭家庙曾国墓地

4.云南祥云大波那墓地

5.浙江上虞禁山早期越窑遗址

6.西藏阿里故如甲木墓地和曲踏墓地

7.内蒙古正镶白旗伊和淖尔墓群

8.河南隋代回洛仓与黎阳仓粮食仓储遗址

9.北京延庆大庄科辽代矿冶遗址群

10.贵州遵义新蒲播州杨氏土司墓地

2013 年

1.陕西宝鸡石鼓山西周墓地

2.湖北随州文峰塔东周墓地

3.山东沂水纪王崮春秋墓葬

4.湖南益阳兔子山遗址

5.四川成都老官山西汉木椁墓

6.河南洛阳新安汉函谷关遗址

7.陕西西安西汉长安城渭桥遗址

8.江苏扬州曹庄隋唐墓(隋炀帝墓)

9.四川石渠吐蕃时代石刻

10.江西景德镇南窑唐代窑址

2012 年

1.河南栾川孙家洞旧石器遗址

2.江苏泗洪顺山集新石器时代遗址

3.四川金川刘家寨新石器时代遗址

4.陕西神木石峁遗址

5.新疆温泉阿敦乔鲁遗址与墓地

6.山东定陶灵圣湖汉墓

7.河北内丘邢窑遗址

8.内蒙古辽上京皇城西山坡佛寺遗址

9.重庆渝中区老鼓楼衙署遗址

10.贵州遵义海龙囤遗址

2011 年

1.河南郑州老奶奶庙旧石器时代遗址

2.福建漳平奇和洞遗址

3.浙江余杭玉架山史前聚落遗址

4.内蒙古通辽哈民史前聚落遗址

5.四川宜宾石柱地遗址

6.湖北随州叶家山西周早期曾侯墓地

7.辽宁建昌东大杖子战国墓地

8.江苏盱眙大云山江都王陵

9.山西大同云冈石窟窟顶北魏辽金佛教寺院遗址

10.山东京杭大运河七级码头、土桥闸与南旺分水枢纽遗址

2010 年

1.河南新郑望京楼夏商时期城址

2.山东济南大辛庄商代遗址

3.山西翼城大河口西周墓地

4.江苏苏州木渎古城遗址

5. 陕西西安凤栖原西汉家族墓地

6. 新疆鄯善吐峪沟石窟群和佛寺遗址

7. 陕西蓝田北宋吕氏家族墓园

8. 湖南永顺老司城遗址

9. 江苏南京大报恩寺遗址

10. 广东汕头"南澳一号"明代沉船遗址

2009 年

1. 河南新密李家沟旧石器—新石器过渡阶段遗址

2. 安徽固镇垓下大汶口文化遗址

3. 江苏张家港东山村遗址

4. 内蒙古赤峰二道井子夏家店下层文化聚落遗址

5. 山东高青陈庄西周城址

6. 陕西富县秦直道遗址

7. 陕西西汉帝陵考古调查及发掘

8. 河南安阳西高穴曹操高陵

9. 河北曲阳涧磁村定窑遗址

10. 江西高安华林造纸作坊遗址

2008 年

1. 陕西高陵杨官寨遗址

2. 甘肃临潭磨沟齐家文化墓地

3. 山东寿光双王城盐业遗址群

4. 陕西岐山周公庙遗址

5. 云南剑川海门口遗址

6. 江苏无锡阖闾城遗址

7. 河南荥阳娘娘寨遗址

8. 安徽蚌埠双墩一号春秋墓

9. 河南新郑胡庄墓地

10. 四川成都江南馆街唐宋街坊遗址

2007 年

1. 河南许昌灵井旧石器遗址

2. 河南新郑唐户遗址

3.浙江余杭良渚文化古城遗址

4.湖北郧县辽瓦店子遗址

5.河南荥阳关帝庙遗址

6.江西靖安李洲坳东周墓葬

7.新疆巴里坤东黑沟遗址

8.河南洛阳偃师东汉帝陵与洛阳邙山陵墓群

9.新疆库车友谊路晋十六国时期砖室墓

10.河北磁县东魏元祜墓与河南安阳固岸东魏北齐墓地

2006 年

1.云南富源大河旧石器洞穴遗址

2.广东深圳咸头岭新石器时代遗址

3.河南灵宝西坡新石器时代大型墓地

4.广东高明古椰贝丘遗址

5.山西柳林高红商代遗址

6.福建浦城管九村土墩墓

7.甘肃张家川马家塬战国墓地

8.甘肃礼县大堡子山遗址

9.安徽六安双墩墓地

10.上海志丹苑元代水闸遗址

2005 年

1.浙江嵊州小黄山遗址

2.湖南洪江高庙遗址

3.河南鹤壁刘庄遗址

4.福建浦城猫耳弄山商代窑群

5.贵州威宁中水遗址

6.山西绛县横水西周墓地

7.江苏句容、金坛周代土墩墓群

8.河南内黄三杨庄汉代聚落遗址

9.陕西韩城梁带村两周遗址

10.山西大同沙岭北魏壁画墓

2004 年

1. 广东广州大学城南汉二陵
2. 河北易县北福地史前遗址
3. 河南偃师二里头遗址宫殿区
4. 湖南宁乡炭河里西周城址
5. 江苏无锡鸿山越国贵族墓
6. 辽宁朝阳十六国三燕龙城宫城南门遗址
7. 山西芮城清凉寺墓地
8. 四川绵竹剑南春酒坊遗址
9. 新疆若羌罗布泊小河墓地
10. 浙江杭州严官巷南宋御街遗址

2003 年

1. 辽宁凌源牛河梁新石器时代遗址
2. 河南郑州大师姑夏代城址
3. 陕西眉县西周青铜器窖藏
4. 陕西扶风周原李家西周铸铜作坊遗址
5. 山东章丘危山汉代墓葬与陪葬坑及陶窑
6. 山东临沂洗砚池晋墓
7. 陕西唐昭陵北司马门遗址
8. 内蒙古通辽吐尔基山辽墓
9. 内蒙古集宁路古城遗址
10. 江西景德镇珠山明、清御窑遗址

2002 年

1. 广西百色革新桥石器时代石器加工场遗址
2. 湖南里耶古城及出土秦简牍
3. 山东日照海曲汉代墓地
4. 河北临漳邺南城东魏北齐塔基遗迹
5. 山西太原王家峰北齐徐显秀墓
6. 湖北巴东旧县坪遗址
7. 吉林延边西古城城址(唐渤海)
8. 黑龙江阿城刘秀屯金代大型宫殿基址

9. 江西李渡元代烧酒作坊遗址

10. 浙江宁波元代庆元路永丰库遗址

2001 年

1. 山西吉县柿子滩旧石器时代遗址

2. 浙江萧山跨湖桥新石器时代遗址

3. 青海民和喇家齐家文化遗址

4. 广东深圳屋背岭商代遗址

5. 四川成都金沙商周遗址

6. 贵州赫章可乐遗址墓葬

7. 浙江杭州雷峰塔遗址

8. 河南禹州钧窑遗址

9. 浙江杭州老虎洞南宋窑址

10. 浙江杭州南宋恭圣仁烈皇后宅遗址

2000 年

1. 福建三明万寿岩旧石器遗址

2. 河南新密古城寨龙山时代古城

3. 湖北潜江龙湾宫殿遗址

4. 江苏南京钟山六朝坛类建筑遗址

5. 河南宝丰清凉寺汝官窑遗址

6. 江苏连云港藤花落龙山时代遗址

7. 广东博罗横岭山先秦墓地

8. 四川成都古蜀国大型船棺独木棺墓葬遗址

9. 浙江杭州南宋临安府治遗址

10. 山东章丘洛庄汉墓陪葬坑和祭祀坑遗址

1999 年

1. 江苏江阴高城墩新石器时代遗址

2. 吉林通化万发拨子遗址

3. 云南羊甫头墓地

4. 安徽淮北柳孜隋唐大运河考古

5. 辽宁桓仁五女山山城

6. 山西太原市晋源区隋代虞弘墓

7.河北元中都

8.四川成都水井街酒坊遗址

9.河南焦作府城商代早期城址

10.湖南虎溪山一号汉墓

1998 年

1.河北泥河湾盆地于家沟旧石器遗址

2.安徽含山凌家滩新石器时代祭坛和墓地

3.江苏金坛三星村新石器时代遗址

4.重庆忠县中坝遗址

5.辽宁北票康家屯夏家店下层文化城址

6.浙江绍兴印山越国王陵

7.重庆三峡库区云阳李家坝遗址

8.河南小浪底水库东汉漕运建筑基址

9.南京仙鹤观、象山东晋贵族墓地

10.浙江慈溪上林湖寺龙口越窑窑址

1997 年

1.陕西洛南盆地旧石器地点群

2.山东章丘西河遗址

3.广西邕宁顶蛳山遗址

4.香港东湾仔北遗址

5.河南偃师商城小城

6.河南新郑郑韩故城郑国祭祀遗址

7.城头山大溪文化及汤家岗水稻田

8.辽宁绥中石碑地遗址

9.广州南越国御苑遗迹

10.尉犁营盘汉晋墓地

1996 年

1.四川丰都烟墩堡旧石器时代遗址

2.河南孟津妯娌新石器时代聚落遗址

3.四川成都平原史前古城址群

4.河南平顶山应国墓地

5.四川南宋安丙家族墓地安丙墓

6.湖南长沙三国吴纪年简牍

7.辽宁北票喇嘛洞鲜卑贵族墓地

8.山东青州龙兴寺佛教造像窖藏

9.山东长清西汉济北王陵

10.青海都兰吐蕃墓群

1995 年

1.江西万年县大源乡仙人洞和吊桶环遗址

2.湖南省道县寿雁镇玉蟾岩遗址

3.河南郑州西山仰韶文化城遗址

4.河南郑州石佛乡小双桥商代遗址

5.山东长清县仙人台邿国贵族墓地

6.广东广州南越国宫署御苑遗迹

7.江苏徐州狮子山西汉楚王陵

8.新疆民丰县尼雅遗址

9.黑龙江宁安市渤海镇渤海国遗址

10.浙江杭州市中山南路赵氏太庙遗址

1994 年

1.重庆三峡工程淹没区考古调查

2.江苏南京汤山古人类头骨化石

3.河南八里岗新石器时代聚落遗址

4.安徽尉迟寺新石器时代聚落遗址

5.河南辉县孟庄遗址

6.山东滕州前掌大商周贵族墓地

7.河南永城西汉梁国王陵与寝园

8.陕西西安隋唐灞桥遗址

9.陕西隋仁寿宫唐九成宫 37 号殿址

10.内蒙古宝山辽代壁画贵族墓

1993 年

1.贵州盘县大洞遗址

2.江苏高邮龙虬庄遗址

3.余杭莫角山良渚遗址大型建筑基址

4.山西大同晋侯邦父及夫人墓

5.湖南长沙国王后"渔阳"墓

6.山西大同云冈石窟第三窟遗址

7.江苏扬州唐城遗址

8.江西丰城洪州窑窑址

9.河北宣化下八里辽代壁画墓群

10.辽宁绥中元代沉船水下考古调查

1992 年

1.湖北江陵鸡公山旧石器时代遗址

2.内蒙古兴隆洼新石器时代聚落遗址

3.湖南澧县城头山屈家岭文化城址

4.江苏昆山赵陵山良渚文化遗址

5.山西曲沃北赵村晋侯墓地

6.河南淅川丹江口水库楚国贵族墓

7.安徽天长汉墓群

8.云南江川李家山墓地

9.内蒙古赤峰辽耶律羽之墓

10.河南洛阳北宋衙署庭园遗址

1991 年

1.山东邹平丁公龙山文化城址

2.浙江余杭汇观山良渚文化祭坛和大墓

3.西藏拉萨曲贡遗址

4.河南安阳殷墟花园庄商代甲骨窖藏

5.河北定州商代方国贵族墓葬

6.江西瑞昌铜岭商周矿冶遗址

7.河南三门峡上村岭西周虢仲墓

8.甘肃敦煌汉悬泉置遗址

9.河南永城芒砀山汉梁王陵

10.黑龙江宁安渤海国大型石室壁画墓

1990 年

1. 湖北郧县人头骨化石
2. 山东城子崖龙山与岳石文化遗址
3. 河南殷墟郭家庄 160 号墓
4. 河南三门峡上村岭周代虢季墓
5. 山东后李春秋车马坑和淄河店 2 号战国大墓
6. 陕西汉景帝阳陵从葬坑及其彩绘陶俑
7. 陕西汉长安城陶俑官窑窑址
8. 河南隋唐洛阳城应天门东阙遗址
9. 宁夏宏佛塔天宫西夏文物
10. 北京金中都水关遗址

附录二 中国各时期典型考古遗址

附表 1 旧石器时代主要遗址

名称	地点	主要时代	参考文献
人字洞遗址	安徽省繁昌县孙村镇人字洞	旧石器时代早期	金昌柱等:《安徽繁昌人字洞:早期人类活动遗址 》,科学出版社 2009 年版
和县人	安徽省和县陶店镇	旧石器时代早期	郑龙亭等:《和县人遗址》,中华书局 2001 年版
巢县人	安徽省巢县岱山乡银山村	旧石器时代早中期	沈冠军等:《巢县人年代位置新证据及其意义》,《人类学学报》1994 年第 3 期
北京人	北京市周口店龙骨山	旧石器时代早期	黄慰文:《周口店北京直立人遗址》,文物出版社 2007 年版
周口店第十五地点	北京市周口店龙骨山	旧石器时代中期	高星:《关于周口店第 15 地点石器类型和加工技术的研究》,《人类学学报》2001 年第 1 期
山顶洞人	北京市周口店龙骨山	旧石器时代晚期	吴新智:《周口店山顶洞人化石的研究》,《古脊椎动物与古人类》1961 年第 3 期
巫山人	重庆市巫山县龙骨坡	旧石器时代早期	宁荣章:《轰动世界的"巫山人"》,《四川文物》1993 年第 6 期
马坝人	广东省曲江市马坝乡	旧石器时代中期	广东省博物馆等:《纪念马坝人化石发现三十周年文集》,文物出版社 1988 年版
柳江人	广西壮族自治区柳江县	旧石器时代晚期	易光远:《柳江人》,《化石》1982 年第 2 期
观音洞遗址	贵州省黔西县沙井乡井山村	旧石器时代早中期	李炎贤等:《观音洞:贵州黔西旧石器时代初期文化遗址》,文物出版社 1986 年版
猫猫洞遗址	贵州省兴义县猫猫洞	旧石器时代晚期	曹泽田:《猫猫洞旧石器之研究》,《古脊椎动物与古人类》1982 年第 2 期

续表

名称	地点	主要时代	参考文献
泥河湾遗址	河北省阳原县泥河湾盆地	旧石器时代早期	谢飞:《泥河湾》,文物出版社2006年版
虎头梁遗址	河北省阳原县东城镇虎头梁村	旧石器时代晚期	盖培等:《虎头梁旧石器时代晚期遗址的发现》,《古脊椎动物与古人类》1977年第4期
下马碑遗址	河北省蔚县三关村	旧石器时代晚期	Wang F. G., et al. Innovative ochre processing and tool use in China 40,000 years ago. *Nature*, 2022, 603:284-289
许昌人	河南省许昌市灵井镇	旧石器时代中期	李占扬:《河南灵井"许昌人"遗址的考古新收获》,《化石》2009年第3期
灵井遗址	河南省许昌市灵井镇	旧石器时代中期	李占扬:《许昌灵井旧石器时代遗址2006年发掘报告》,《考古学报》2010年第1期
小南海遗址	河南省安阳市	旧石器时代晚期	安志敏:《河南安阳小南海旧石器时代洞穴堆积的试掘》,《考古学报》1965年第1期
和龙大洞遗址	吉林省延边朝鲜族自治州和龙市崇善镇大洞村	旧石器时代晚期	万晨晨等:《吉林和龙大洞遗址的调查与研究》,《考古学报》2017年第1期
阎家岗遗址	黑龙江省哈尔滨市	旧石器时代晚期	黑龙江省文物管理委员会:《阎家岗旧石器时代晚期古营地遗址》,文物出版社1987年版
郧县人	湖北省郧县青曲镇	旧石器时代早期	李炎贤等:《郧县人遗址发现的石制品》,《人类学学报》1998年第2期
鸡公山遗址	湖北省荆州市郢北村荆州古城	旧石器时代中期	刘德银等:《鸡公山遗址发掘初步报告》,《人类学学报》2001年第2期
长阳人	湖北省长阳县	旧石器时代中期	赵冬:《"长阳人"化石》,《三峡大学学报(人文社会科学版)》2001年第5期
安图人	吉林省安图县明月镇	旧石器时代晚期	姜鹏:《吉林安图人化石》,《古脊椎动物与古人类》1982年第1期
金牛山人	辽宁省营口市	旧石器时代早期	吴汝康:《辽宁营口金牛山人化石头骨的复原及其主要性状》,《人类学学报》1988年第2期
庙后山文化	辽宁省本溪县山城子村	旧石器时代早期	魏海波:《辽宁庙后山遗址研究的新进展》,《人类学学报》2009年第2期

续表

名称	地点	主要时代	参考文献
鸽子洞遗址	辽宁省喀左县	旧石器时代中期	辽宁省博物馆等:《辽宁鸽子洞旧石器遗址发掘报告》,《古脊椎动物与古人类》1975年第2期
小孤山遗址	辽宁省海城市小孤山	旧石器时代晚期	张镇洪等:《辽宁海城小孤山遗址发掘简报》,《人类学学报》1985年第1期
河套人	内蒙古自治区乌审旗萨拉乌苏	旧石器时代晚期	董光荣等:《河套人化石的新发现》,《科学通报》1981年第19期
水洞沟文化	宁夏回族自治区灵武市水洞沟	旧石器时代晚期	高星等:《水洞沟旧石器考古研究的新进展与新认识》,《人类学学报》2013年第2期
金斯太遗址	内蒙古自治区东乌珠穆沁旗东海尔汗山	旧石器时代	王晓琨等:《内蒙古金斯太洞穴遗址发掘简报》,《人类学学报》2010年第1期
通天洞遗址	新疆维吾尔自治区吉木乃县	旧石器时代至早期铁器时代	新疆文物考古研究所等:《新疆吉木乃县通天洞遗址》,《考古》,2018年第7期
西侯度遗址	山西省芮城县西侯度	旧石器时代早期	贾兰坡等:《西侯度——山西更新世早期古文化遗址》,文物出版社1978年版
匼河遗址	山西省芮城县风陵渡	旧石器时代早期	贾兰坡等:《匼河——山西西南部旧石器时代初期文化遗址》,科学出版社1962年版
南海峪遗址	山西省垣曲县	旧石器时代早期	王择义等:《山西垣曲南海峪旧石器地点发掘报告》,《古脊椎动物与古人类》1959年第2期
丁村人	山西省襄汾县	旧石器时代中期	裴文中等:《山西襄汾县丁村旧石器时代遗址发掘报告》,科学出版社1958年版
许家窑人	山西省阳高县许家窑村	旧石器时代中期	卫奇:《关于许家窑—侯家窑遗址的调查研究》,《文物春秋》2010年第6期
西沟遗址	山西省曲沃县西沟	旧石器时代中期	刘源:《山西曲沃县西沟新发现的旧石器》,《人类学学报》1986年第4期
峙峪遗址	山西省朔县峙峪村	旧石器时代晚期	贾兰坡等:《山西峙峪旧石器时代遗址发掘报告》,《考古学报》1972年第1期
柴寺遗址	山西省临汾市襄汾县新城镇柴寺村	旧石器时代晚期	王建等:《丁村旧石器时代遗址群调查发掘简报》,《文物季刊》1994年第3期

续表

名称	地点	主要时代	参考文献
下川文化	山西省沁水县中条山	旧石器时代晚期	王建等：《下川文化——山西下川遗址调查报告》，《考古学报》1978 年第 3 期
柿子滩	山西省临汾市吉县	旧石器时代晚期	山西省临汾行署文化局：《山西吉县柿子滩中石器文化遗址》，《考古学报》1989 年第 3 期
薛关遗址	山西省临汾市蒲县薛关村	旧石器时代晚期	王向前等：《山西蒲县薛关细石器》，《人类学学报》1983 年第 2 期
蓝田人	陕西省蓝田县陈家窝、公王岭	旧石器时代早期	陈恩直：《蓝田直立人》，陕西人民出版社 1995 年版
大荔人	陕西省大荔县	旧石器时代中期	张森水等：《大荔人化石地点第二次发掘简报》，《人类学学报》1984 年第 1 期
白石崖溶洞遗址	甘肃省夏河县	旧石器时代中期	付巧妹团队：《寻踪丹尼索瓦人——白石崖溶洞遗址沉积物古 DNA 分析获突破》，《化石》2020 年第 4 期
皮洛遗址	四川省甘孜藏族自治州稻城县金珠镇皮洛村	旧石器时代中期	郑喆轩等：《四川稻城县皮洛旧石器时代遗址》，《考古》2022 年第 7 期
资阳人	四川省资阳市	旧石器时代晚期	李宣民等：《资阳人 B 地点发现的旧石器》，《人类学学报》1984 年第 3 期
富林遗址	四川省汉源县富林镇	旧石器时代晚期	张森水：《富林文化》，《古脊椎动物与古人类》1977 年第 1 期
左镇人	台湾台南县左镇乡	旧石器时代	阳吉昌：《略论台湾"左镇人"的发现及有关问题》，《考古与文物》1995 年第 3 期
长滨洞穴遗址	台湾台东县长滨乡八仙洞	旧石器时代晚期	加藤晋平等：《长滨文化的若干问题》，《人类学学报》1990 年第 1 期
元谋人	云南省元谋县	旧石器时代晚期	周国兴等：《元谋人》，云南人民出版社 1984 年版

附表 2　新石器时代主要遗址

名称	地点	时代	参考文献
凌家滩遗址	安徽省含山县铜闸镇凌家滩村	新石器时代中期	安徽省文物考古研究所等：《安徽含山县凌家滩遗址第三次发掘简报》，《考古》1999 年第 11 期

续表

名称	地点	时代	参考文献
北京门头沟东胡林遗址	北京市门头沟区斋堂镇东胡林村	新石器时代早期	北京大学考古文博学院等:《北京市门头沟区东胡林史前遗址》,《考古》2006 年第 7 期
北京怀柔转年遗址	北京市怀柔宝山寺乡转年村	新石器时代早期	郁金城:《从北京转年遗址的发现看我国华北地区新石器时代早期文化的特征》,《北京文物与考古》,北京燕山出版社 2002 年版
宝墩文化	四川省成都市	新石器时代晚期	江章华等:《成都平原的早期古城址群——宝墩文化初论》,《中华文化论坛》1997 年第 4 期
大溪文化	重庆市巫山县大溪乡	新石器时代中期	李文杰:《大溪文化的类型和分期》,《考古学报》1986 年第 2 期
昙石山文化	福建省闽侯县昙石山	新石器时代中晚期	林忠干:《昙石山文化的再研究》,《东南文化》1991 年第 5 期
马家窑文化	甘肃省临洮市马家窑	新石器时代中晚期	段小强:《马家窑文化》,文物出版社 2011 年版
齐家文化	甘肃省广河县齐家坪	新石器时代晚期	张忠培:《齐家文化研究(上)》,《考古学报》1987 年第 1 期
广东阳春独石仔洞穴遗址	广东省阳春市阳春县石村	新石器时代早期	邱立诚等:《广东阳春独石仔新石器时代洞穴遗址发掘》,《考古》1982 年第 5 期
黄岩洞遗址	广东省河口镇狮子岩	新石器时代早期	宋方义等:《广东封开黄岩洞洞穴遗址》,《考古》1983 年第 1 期
广东青塘圩和广西大龙潭遗址	广东省英德市和广西壮族自治区柳州市	新石器时代早期	柳州市博物馆等:《柳州市大龙潭鲤鱼嘴新石器时代贝丘遗址》,《考古》1983 年第 9 期
石峡文化	广东省韶关市曲江区	新石器时代中晚期	苏秉琦:《石峡文化初论》,《文物》1978 年第 7 期
甑皮岩遗址	广西壮族自治区桂林市独山	新石器时代早期	广西壮族自治区文物工作队等:《广西桂林甑皮岩洞穴遗址的试掘》,《考古》1976 年第 3 期
豹子头贝丘遗址群	广西壮族自治区南宁市	新石器时代早期	中国社会科学院考古研究所广西工作队等:《广西南宁市豹子头贝丘遗址的发掘》,《考古》2003 年第 10 期
磁山文化	河北省武安市磁山	新石器时代早期	邯郸市文物保管所等:《河北磁山新石器遗址试掘》,《考古》1977 年第 6 期

续表

名称	地点	时代	参考文献
河北徐水南庄头遗址	河北省徐水县南庄头村	新石器时代早期	河北省文物研究所等:《1997 年河北徐水南庄头遗址发掘报告》,《考古学报》2010 年第 3 期
贾湖遗址	河南省舞阳县贾湖村	新石器时代中期	中国科学技术大学科技史与科技考古系等:《河南舞阳贾湖遗址 2001 年春发掘简报》,《华夏考古》2002 年第 2 期
裴李岗文化	河南省新郑市裴李岗村	新石器时代早期	中国社会科学院考古研究所河南一队:《1979 年裴李岗遗址发掘报告》,《考古学报》1984 年第 1 期
关家遗址	河南省渑池县东北南村乡关家村	新石器时代晚期	河南省文物考古研究所等:《河南渑池县关家遗址裴李岗文化遗存发掘简报》,《考古》2022 年第 2 期
仰韶文化	河南省渑池县仰韶村	新石器时代中期	巩启明:《仰韶文化》,文物出版社 2002 年版
双槐树遗址	河南省巩义市河洛镇双槐树村	新石器时代晚期	郑州市文物考古研究院:《河南巩义市双槐树新石器时代遗址》,《考古》2021 年第 7 期
大河村文化	河南省郑州市大河村	新石器时代中期	郑州市博物馆:《郑州大河村遗址发掘报告》,《考古学报》1979 年第 3 期
后岗—大司空类型	河南省安阳市后岗村和大司空村	新石器时代中期	曹艳宏等:《仰韶文化后岗类型与大司空村类型略论》,《中原文物》2001 年第 5 期
庙底沟二期文化	河南省陕县庙底沟村	新石器时代晚期	罗新、田建文:《庙底沟二期文化研究》,《文物季刊》1994 年第 2 期
河南龙山文化王湾类型	河南省洛阳市王湾村	新石器时代晚期	北京大学考古实习队:《洛阳王湾遗址发掘简报》,《考古》1961 年第 4 期
河南龙山文化后岗类型	河南省安阳市后岗村	新石器时代中晚期	唐云明:《关于"后岗第二期文化"类型有关问题的讨论》,《中原文物》1983 年第 3 期
河南龙山文化造律台类型	河南省永城市	新石器时代晚期	李伯谦:《论造律台类型》,《文物》1983 年第 4 期
城背溪文化	湖北省宜都市	新石器时代中期	杨权喜:《试论城背溪文化》,《东南文化》1991 年第 5 期
屈家岭文化	湖北省京山市	新石器时代中期	张绪球:《屈家岭文化》,文物出版社 2004 年版
城头山遗址	湖南省澧县	新石器时代中期	湖南省文物考古研究所:《湖南澧县城头山遗址城墙与护城河 2011～2012 年的发掘》,《考古》2015 年第 3 期

续表

名称	地点	时代	参考文献
鸡叫城遗址	湖南省常德市澧县涔南镇	新石器时代中期	徐虹雨等:《湖南澧县鸡叫城遗址:澧阳平原上的史前文明遗珠》,《中国文化报》2022年6月16日
石家河文化	湖北省天门市	新石器时代晚期	张绪球:《石家河文化的分期分布和类型》,《考古学报》1991年第4期
玉蟾岩遗址	湖南省道县	新石器时代早期	吴小红等:《湖南道县玉蟾岩遗址早期陶器及其地层堆积的碳十四年代研究》,《南方文物》2012年第3期
彭头山文化	湖南省澧县	新石器时代早期	湖南省文物考古研究所等:《湖南澧县彭头山新石器时代早期遗址发掘简报》,《文物》1990年第8期
皂市文化	湖南省石门县皂市	新石器时代早中期	罗仁林:《试论皂市下层文化的分期及相关问题》,《湖南考古辑刊》1994年第0期
汤家岗遗址	湖南省常德市安乡县	新石器时代中期	湖南省博物馆:《湖南安乡县汤家岗新石器时代遗址》,《考古》1982年第4期
江西万年仙人洞、吊桶环遗址	江西省万年县大源乡	新石器时代早期	江西省文物管理委员会:《江西万年大源仙人洞洞穴遗址试掘》,《考古学报》1963年第1期
新乐文化	辽宁省沈阳市	新石器时代晚期	沈阳市文物管理办公室:《沈阳新乐遗址试掘报告》,《考古学报》1978年第4期
小珠山遗址	辽宁省长海县广鹿岛	新石器时代中晚期	中国社会科学院考古研究所等:《辽宁长海县小珠山新石器时代遗址发掘简报》,《考古》2009年第5期
兴隆洼文化	内蒙古自治区赤峰市敖汉旗	新石器时代早期	中国社会科学院考古研究所内蒙古工作队:《内蒙古敖汉旗兴隆洼遗址发掘简报》,《考古》1985年第10期
赵宝沟文化	内蒙古自治区赤峰市敖汉旗	新石器时代中期	陈国庆:《试论赵宝沟文化》,《考古学报》2008年第2期
红山文化	内蒙古自治区赤峰市	新石器时代中期	陈国庆:《红山文化研究》,《华夏考古》2008年第3期
富河文化	内蒙古自治区巴林左旗	新石器时代中期	中国社会科学院考古研究所内蒙古工作队:《内蒙古巴林左旗富河沟门遗址发掘简报》,《考古》1964年第1期
小河沿文化	内蒙古自治区赤峰市敖汉旗	新石器时代晚期	克什克腾旗博物馆:《克什克腾旗上店小河沿文化墓地及遗址调查简报》,《内蒙古文物考古》1992年增刊

续表

名称	地点	时代	参考文献
老虎山文化	内蒙古自治区乌兰察布盟凉城县	新石器时代晚期	田广金:《凉城县老虎山遗址1982—1983年发掘简报》,《内蒙古文物考古》1986年第1期
青海喇家遗址	青海省民和县喇家村	新石器时代晚期	中国社会科学院考古研究所甘青工作队等:《青海民和县喇家遗址2000年发掘简报》,《考古》2002年第12期
后李文化	山东省淄博市临淄区	新石器时代早期	济青公路文物考古队:《山东临淄后李遗址第一、二次发掘简报》,《考古》1992年第11期
北辛文化	山东省滕县	新石器时代中期	中国社会科学院考古研究所山东队:《山东滕县北辛遗址发掘报告》,《考古学报》1984年第2期
大汶口文化	山东省泰安市	新石器时代中晚期	吴汝祚:《论大汶口文化的类型与分期》,《考古学报》1982年第3期
焦家遗址	山东省济南市	新石器时代中晚期	山东大学考古学与博物馆学系等:《济南市商丘区焦家遗址2016～2017年聚落调查与发掘简报》,《考古》2019年第12期
山东龙山文化	山东省历城市龙山镇	新石器时代晚期	何德亮:《山东龙山文化的类型与分期》,《考古》1996年第4期
岳石文化	山东省平度市东岳石村	新石器时代晚期	方辉:《岳石文化的分期与年代》,《考古》1998年第4期
陶寺文化	山西省襄汾县陶寺村	新石器时代晚期	中国社会科学院考古研究所山西队等:《山西襄汾县陶寺城址发现陶寺文化大型建筑基址》,《考古》2004年第2期
老官台文化	陕西省华县	新石器时代早期	张宏彦:《渭水流域老官台文化分期与类型研究》,《考古学报》2007年第2期
客省庄二期文化	陕西省长安县	新石器时代晚期	梁星彭:《试论客省庄二期文化》,《考古学报》1994年第4期
石峁遗址	陕西省榆林市神木市高家堡镇石峁村	新石器时代晚期	孙周勇等:《石峁遗址的考古发现与研究综述》,《中原文物》2020年第1期
崧泽文化	上海市青浦县	新石器时代中期	上海市文物管理委员会:《1987年上海青浦县崧泽遗址的发掘》,《考古》1992年第3期
卑南文化	台湾台东县	新石器时代中晚期	宋文薰:《台湾台东卑南遗址的发掘与相关问题》,《浙江学刊》1990年第6期

续表

名称	地点	时代	参考文献
曲贡遗址	西藏自治区拉萨市曲贡村	新石器时代晚期	中国社会科学院考古研究所西藏工作队等:《西藏拉萨市曲贡村新石器时代遗址第一次发掘简报》,《考古》1991年第10期
卡若文化	西藏自治区昌都市	新石器时代晚期	西藏自治区文物管理委员会:《西藏昌都卡若遗址试掘简报》,《文物》1979年第9期
上山文化	浙江省浦江县黄宅镇	新石器时代早期	浙江省文物考古研究所等:《浙江浦江县上山遗址发掘简报》,《考古》2007年第9期
小黄山遗址	浙江省嵊州市甘霖镇上杜山村	新石器时代早期	郑云飞等:《浙江嵊州小黄山遗址的稻作生产——来自植物硅酸体的证据》,《农业考古》2013年第4期
桥头遗址	浙江省义乌市桥头村	新石器时代早期	蒋乐平:《浙江义乌桥头遗址》,《大众考古》2016年第12期
井头山遗址	浙江省宁波市余姚市三七市镇	新石器时代早期	浙江省文物考古研究所等:《浙江余姚市井头山新石器时代遗址》,《考古》2021年第7期
河姆渡文化	浙江省余姚市河姆渡村	新石器时代早中期	刘军:《河姆渡文化》,文物出版社2006年版
罗家角类型	浙江省桐乡市	新石器时代中期	张梅坤:《桐乡罗家角遗址考古略谈》,《嘉兴师专学报》1981年第2期
跨湖桥文化	浙江省杭州市萧山区	新石器时代早期	刘晓庆:《跨湖桥文化的分期及相关问题研究》,吉林大学硕士论文,2008年
马家浜文化	浙江省嘉兴市	新石器时代中期	张照根:《关于马家浜文化的类型问题》,《农业考古》1999年第3期
良渚文化	浙江省余杭县良渚镇	新石器时代晚期	浙江省文物考古研究所:《良渚遗址群》,文物出版社2005年版
好川文化	浙江省遂昌县三仁畲族乡好川村	新石器时代晚期	李岩:《好川文化管窥》,《丽水学院学报》2007年第6期

附表3　夏商周主要遗址

名称	地点	主要时代	参考文献
下七垣遗址	河北省磁县	夏代 商代	河北省文物管理处:《磁县下七垣遗址发掘报告》,《考古学报》1979年第2期
新砦遗址	河南省新密市刘寨镇新砦村	新石器时代与夏代之间	北京大学考古文博学院等:《河南新密市新砦遗址1999年试掘简报》,《华夏考古》2000年第4期

续表

名称	地点	主要时代	参考文献
二里头遗址	河南省洛阳市偃师区	夏代	杜金鹏：《二里头遗址第二期考古的主要成就》，《中原文物》2020 年第 4 期
巩义稍柴遗址	河南省巩义市芝田乡稍柴村	夏代	河南省文物研究所：《河南巩县稍柴遗址发掘报告》，《华夏考古》1993 年第 2 期
登封王城岗遗址	河南省登封市告成镇	夏代	河南省文物研究所等：《登封王城岗与阳城》，文物出版社 1992 年版
禹州瓦店	河南省禹州市	夏代	河南省文物考古研究所：《禹州瓦店》，世界图书出版社 2004 年版
淅川下王岗遗址	河南省淅川县盛湾镇	夏代	河南省文物研究所：《淅川下王岗》，文物出版社 1989 年版
郑州大师姑夏代城址	河南省荥阳市	夏代	郑州市文物考古研究所：《郑州大师姑》，科学出版社 2004 年版
郑州洛达庙	河南省郑州市洛达庙村	夏代	河南省文物研究所：《郑州洛达庙遗址发掘报告》，《华夏考古》1989 年第 4 期
东干沟遗址	河南省洛阳市东干沟村	夏代	考古研究所洛阳发掘队：《1958 年洛阳东干沟遗址发掘简报》，《考古》1959 年第 10 期
渑池郑窑遗址	河南省渑池县	夏代	河南省文物研究所等：《渑池县郑窑遗址发掘报告》，《华夏考古》1987 年第 2 期
灰嘴遗址	河南省洛阳市偃师区	夏代	中国社会科学院考古研究所河南第一工作队：《2002～2003 年河南偃师灰嘴遗址的发掘》，《考古学报》2010 年第 3 期
马桥文化	环太湖地区的上海、浙江一带	夏代—早商	宋建：《马桥文化的分区和类型》，《东南文化》1999 年第 6 期
夏家店下层文化	内蒙古自治区东南部和辽宁省西部	夏代—商代早期	陈平：《夏家店下层文化研究综述》，《北京文物与考古》，北京燕山出版社 2002 年
朱开沟文化	内蒙古自治区鄂尔多斯市	夏代	王乐文：《朱开沟遗址出土遗存分析》，《北方文物》2004 年第 3 期
大城墩遗址	安徽省含山县仙踪镇	新石器时代—商周	安徽省文物考古研究所等：《安徽含山大城墩遗址第四次发掘报告》，《考古》1989 年第 2 期
三星堆文化	成都平原	夏晚期—商末周初	陈显丹：《广汉三星堆》，生活·读书·新知三联书店 2010 年

续表

名称	地点	主要时代	参考文献
辛店文化	甘肃、青海	商代—西周晚期	青海省文物考古研究所等:《青海民和县喇家遗址2015～2016年辛店文化遗存发掘简报》,《考古》2019年第6期
寺洼文化	甘肃省中南部洮河、白龙江,东部泾河上游地区	商末周初	甘肃省文物考古研究所:《甘肃岷县占旗寺洼文化遗址发掘简报》,《考古与文物》2012年第4期
曹演庄遗址	河北省邢台市	商代	河北省文物研究所:《邢台商周遗址》,文物出版社2011年版
河北定州北庄子墓地	河北省保定市北庄子村	商代	河北省文物研究所等:《定州北庄子商墓发掘简报》,《文物春秋》1992年第S1期
偃师商城	河南省洛阳市偃师区	商代	杜金鹏:《偃师商城初探》,中国社会科学出版社2003年版
郑州商城	河南省郑州市白家庄	商代	河南省文物考古研究院:《郑州商城遗址考古研究》,大象出版社2015年版
焦作府城	河南省焦作市	商代	袁广阔等:《河南焦作府城遗址发掘报告》,《考古学报》2000年第4期
琉璃阁遗址	河南省辉县	商代	河南博物院等:《辉县琉璃阁甲乙二墓》,大象出版社2011年版
洹北商城	河南省安阳市	商代	中国社会科学院考古研究所安阳工作队:《河南安阳市洹北商城铸铜作坊遗址2015～2019年发掘简报》,《考古》2020年第10期
小双桥遗址	河南省郑州市石拂乡小双桥村	商代	河南省文物考古研究所:《郑州小双桥》,科学出版社2012年版
安阳殷墟遗址	河南省安阳市殷都区	商代	中国社会科学院考古研究所:《安阳殷墟小屯建筑遗存》,文物出版社2010年版
罗山天湖商代墓地	河南省罗山县蟒张乡天湖村	商代	河南省信阳地区文管会等:《罗山天湖商周墓地》,《考古学报》1986年第2期
盘龙城遗址	湖北省武汉市黄陂区	商代	武汉市博物馆等:《1997—1998年盘龙城发掘简报》,《江汉考古》1988年第3期
吴城文化	环鄱阳湖和赣江中下游地区	商周	彭明瀚:《吴城文化》,文物出版社2005年版

名称	地点	主要时代	参考文献
瑞昌铜岭商周矿冶遗址	江西省瑞昌市桐岭村	商周	江西省文物考古研究所铜岭遗址发掘队：《江西瑞昌铜岭商周矿冶遗址第一期发掘简报》，《江西文物》1990年第3期
新干大洋洲商墓	江西省吉安市新干县大洋洲程家村	商代晚期	深圳博物馆等：《商代遗珍——江西新干大洋洲出土文物精品》，文物出版社2010年版
湖熟文化	江苏省镇江市丹徒区	商周	曾昭燏等：《试论湖熟文化》，《考古学报》1959年第4期
大辛庄遗址	山东省济南市历城区大辛庄	商代	山东省文物管理处：《济南大辛庄遗址试掘简报》，《考古》，1959年第4期
苏埠屯商代墓地	山东省潍坊市青州苏埠屯村	商末周初	黄川田修：《齐国始封地考——山东苏埠屯遗址的性质》，《文物春秋》2005年第4期
前掌大商代墓地	山东省滕州市前掌大村	商末周初	中国社会科学院考古研究所：《滕州前掌大墓地》，文物出版社2005年版
珍珠门文化	山东省胶东沿海及部分岛屿	商代晚期——西周早期	刘延常：《珍珠门文化初探》，《华夏考古》2001年第4期
垣曲商城	山西省垣曲县	商代	王月前等：《垣曲商城遗址的发掘与研究》，《考古》2005年第11期
东下冯商城	山西省夏县	商代	中国社会科学院考古研究所等：《夏县东下冯》，文物出版社1988年版
陕西耀县北村遗址	陕西省耀县北村	商代	陶伟：《陕西耀县北村商代遗址分期刍议》，《长江大学学报（社会科学版）》2012年第1期
老牛坡遗址	陕西省西安市灞桥区	商代	孔蜀筠：《试论老牛坡商代文化遗址》，吉林大学硕士论文，2006年
李家崖文化	陕晋黄河两岸	商代晚期——西周初期	蔡亚红：《李家崖文化研究》，西北大学硕士论文，2008年
琉璃河遗址	北京市房山区琉璃河乡	商周	北京市文物研究所：《琉璃河西周燕国墓地》，文物出版社1995年版
白浮村燕国墓地	北京市昌平区	西周	北京市文物管理处：《北京地区的又一重要考古收获——昌平白浮西周木椁墓的新启示》，《考古》1976年第4期

续表

名称	地点	主要时代	参考文献
邢国遗存	河北省邢台市	西周	庞小霞:《商周时期邢都邢国邢地综合研究》,郑州大学博士学位论文,2007年
洛邑（王城、成周）	河南省洛阳市	周代	叶万松等:《西周邑阳城址考》,《华夏考古》1991年第2期
虢国都城	河南省三门峡市湖滨区	西周	王建明等:《周代虢国都城在三门峡发现》,《光明日报》2001年1月9日
虢国墓地	河南市三门峡市湖滨区	西周	河南省文物考古研究院等:《三门峡虢国墓》,文物出版社2023年版
应国墓地	河南省平顶山市新华薛庄乡	西周	河南省文物研究所等:《平顶山应国墓地》,大象出版社2012年版
太清宫长子口墓	河南省周口市鹿邑县	商末周初	河南省文物考古研究所等:《鹿邑太清宫长子口墓》,中州古籍出版社2000年版
浚县辛村卫国墓地	河南省鹤壁市浚县	西周	郭宝钧:《浚县辛村》,科学出版社1964年版
郑州洼刘西周早期管国墓地	河南省郑州市中原区	西周	郑州市文物考古研究所:《郑州市洼刘村西周早期墓葬（ZGW99M1）发掘简报》,《文物》2001年第6期
曲阜鲁故城	山东省曲阜市	西周	山东省文物考古研究所等:《鲁国故城遗址探析》,齐鲁书社1982年版
郱国墓地	山东省济南市	西周	山东大学考古系:《山东长清县仙人台周代墓地》,《考古》1998年第9期
西周晋都	山西省翼城县	西周	邹衡:《论早期晋都》,《文物》1994年第1期
天马—曲村晋侯墓地	山西省翼城县	西周	上海博物馆:《晋国奇珍:山西晋侯墓群出土文物精品》,上海人民美术出版社2002年版
倗国墓地	山西省绛县横水镇	西周	马颖等:《西周倗国墓地出土荒帷印痕的科技分析》,《中原文物》2009年第1期
周原遗址	陕西省宝鸡市	先周—西周末年	曹玮:《周原遗址与西周铜器研究》,科学出版社2004年版
宝鸡纸坊头遗址	陕西省宝鸡市长青村	西周	宝鸡市考古队:《宝鸡市纸坊头遗址试掘简报》,《文物》1989年第5期

续表

名称	地点	主要时代	参考文献
凤雏甲组宫殿	陕西省岐山县凤雏村	西周	庞怀靖:《凤雏甲组宫室年代问题再探讨》,《考古与文物》2001 年第 4 期
召陈建筑群基址	陕西省扶风县召陈村	西周	陕西周原考古队:《扶风召陈西周建筑群基址发掘简报》,《文物》1981 年第 3 期
扶风云塘、齐镇建筑基址群	陕西省扶风县黄堆乡	西周	周原考古队:《陕西扶风县云塘、齐镇西周建筑基址 1999～2000 年度发掘简报》,《考古》2002 年第 9 期
丰镐遗址	陕西省西安市长安区	西周	保全:《西周都城丰镐遗址》,《文物》1979 年第 10 期
周公庙遗址	陕西省岐山县	西周	刘宏斌:《周公与周公庙》,三秦出版社 2005 年版
沣西大原村西周墓地	陕西省西安市长安区沣西乡	西周	中国社会科学院考古研究所沣西发掘队:《1984 年沣西大原村西周墓地发掘简报》,《考古》1986 年第 11 期
寿县蔡侯墓	安徽省寿县	春秋	安徽省文物管理委员会等:《寿县蔡侯墓出土遗物》,科学出版社 1956 年版
中山国灵寿城	河北省平山县三极乡	春秋—战国	河北省文物研究所:《战国中山国灵寿城》,文物出版社 2005 年版
东周王城遗址	河南省洛阳市	东周	洛阳市文物工作队:《洛阳王城广场东周墓》,文物出版社 2009 年版
新郑韩故城	河南省新郑市	春秋	陶新伟:《新郑郑韩故城研究》,湘潭大学硕士学位论文,2008 年
淅川下寺楚墓	河南省淅川县	春秋	河南省文物研究所:《淅川下寺春秋楚墓》,文物出版社 1991 年版
靖安李洲坳春秋墓	江西省靖安县水口乡	春秋	徐长青、刘新宇:《湮没的王国——靖安李洲坳大墓探秘》,江西人民出版社 2012 年版
临淄郎家庄一号墓	山东省淄博市临淄区	春秋	山东省博物馆:《临淄郎家庄一号东周殉人墓》,《考古学报》1977 年第 1 期
山东沂水县莒国春秋墓	山东省沂水县	春秋	山东省文物考古研究所等:《山东沂水刘家店子春秋墓发掘简报》,《文物》1984 年第 9 期

续表

名称	地点	主要时代	参考文献
侯马晋城	山西省侯马市	春秋	赵丛苍等:《两周考古》,文物出版社 2004 年版
太原晋国赵卿墓	山西省太原市晋源区	春秋	太原市文物考古研究所:《晋国赵卿墓》,文物出版社 2004 年版
晋阳古城	山西省太原市晋源区	春秋	太原市文物考古研究所:《晋阳古城遗址 2002—2010 年考古工作简报》,《文物世界》2014 年第 5 期
魏都安邑	山西省运城市	春秋—战国	徐卫民:《春秋战国时秦与各国都城的比较研究》,见《秦俑秦文化研究——秦俑学第五届学术讨论会论文集》,陕西人民出版社 2000 年版
陕西韩城梁带村春秋墓	陕西省韩城市昝村	春秋	陕西省考古研究院等:《陕西韩城梁带村墓地北区 2007 年发掘简报》,《文物》2010 年第 6 期
秦雍城	陕西省凤翔县	春秋—战国	徐卫民:《秦都城研究》,陕西人民教育出版社 2000 年版
印山越王陵	浙江省绍兴市	春秋	浙江省文物考古研究所:《印山越王陵》,文物出版社 2002 年版
邯郸故城	河北省渚河、沁河与滏阳河之间	战国	陈光唐:《试论赵都邯郸故城形成、布局与兴衰变化》,《赵国历史文化论丛》,河北人民出版社 1987 年版
中山王墓	河北省平山县	战国	崔宏:《战国中山国墓葬研究》,河北大学硕士学位论文,2015 年
燕下都遗址	河北省易县	战国	薛兰霞等:《燕下都和燕下都发掘研究》,《保定学院学报》2010 年第 1 期
固围村大墓	河南省辉县固围村	战国	张新斌:《辉县固围村战国墓国别问题讨论》,《中原文物》1994 年第 2 期
曾侯乙墓	湖北省随州市曾都区	战国	谭维四:《曾侯乙墓》,浙江文艺出版社 2023 年版
纪南城	湖北省江陵县	战国	郭德维:《楚都纪南城复原研究》,文物出版社 1999 年版
九连墩战国楚墓	湖北省枣阳市吴店镇	战国	湖北省博物馆:《九连墩——长江中游的楚国贵族大墓》,文物出版社 2007 年版

名称	地点	主要时代	参考文献
江陵天星观楚墓	湖北省江陵县	战国	湖北省荆州地区博物馆:《江陵天星观 1 号楚墓》,《考古学报》1982 年第 1 期;湖北省荆州博物馆:《荆州天星观二号楚墓》,文物出版社 2003 年版
临淄齐故城	山东省淄博市临淄区	战国	山东省文物考古研究所:《临淄齐故城》,文物出版社 2013 年版
秦栎阳城	陕西省西安市阎良区武屯乡	战国	徐卫民:《秦都城研究》,陕西人民教育出版社 2000 年版
围坊三期文化	天津市蓟州区	商代	蒋刚等:《关于围坊三期文化和张家园上层文化的再认识》,《考古》2010 年第 5 期

附表 4　秦汉主要遗址

名称	地点	主要时代	参考文献
秦都咸阳	陕西省咸阳市秦都区	战国秦代	徐卫民:《秦都城研究》,陕西人民教育出版社 2000 年版
秦始皇帝陵与兵马俑坑	陕西省西安市	战国秦代	侯宁彬:《秦始皇陵》,文物出版社 2019 年版
云梦睡虎地秦墓	湖北省孝感市云梦县	秦代	云梦睡虎地秦墓编辑组:《云梦睡虎地秦墓》,文物出版社 1981 年版
阿房宫	陕西省西安市阿房村	秦代	西安市文物局文物处等:《秦阿房宫遗址考古调查报告》,《文博》1998 年第 1 期
里耶古城	湖南省土家族苗族自治州龙山县	秦汉	湖南省文物考古研究所:《里耶发掘报告》,岳麓书社 2007 年版
西汉长安城	陕西省西安市长安区	秦汉	刘庆柱等:《汉长安城》,文物出版社 2003 年版
秦汉长城		战国—汉代	景爱:《中国长城史》,上海人民出版社 2006 年版
老山汉墓	北京市石景山区	汉代	王武钰等:《老山汉墓考古发掘的收获》,《首都博物馆丛刊》2001 年第 1 期
广西罗泊湾一、二号墓	广西壮族自治区贵港市港南区	汉代	广西壮族自治区文物工作队:《广西贵县罗泊湾一号墓发掘简报》,《文物》1978 年第 9 期;广西壮族自治区文物工作队:《广西贵县罗泊湾二号汉墓》,《考古》1982 年第 4 期

续表

名称	地点	主要时代	参考文献
徐州汉楚王陵墓群	江苏省徐州市	汉代	徐州博物馆等:《徐州北洞山西汉楚王墓》,文物出版社 2003 年版
东汉洛阳城	河南省洛阳市	汉代	洛阳市文物局等:《汉魏洛阳故城研究》,科学出版社 2000 年版
永城梁王墓	河南省永城市	汉代	郑清森:《芒砀山西汉梁国王陵墓葬相关问题初探》,《东南文化》2001 年第 9 期
烧沟汉墓群	河南省洛阳市烧沟村	汉代	洛阳区考古发掘队:《洛阳烧沟汉墓》,科学出版社 1959 年版
满城汉墓	河北省满城县	汉代	郑绍宗:《满城汉墓》,文物出版社 2003 年版
大葆台汉墓	北京市丰台区黄土岗乡	西汉	中国社会科学院考古研究所:《北京大葆台汉墓》,文物出版社 1989 年版
海昏侯墓	江西省南昌市	西汉	江西省文物考古研究所等:《南昌市西汉海昏侯墓》,《考古》2016 年第 7 期
马王堆汉墓	湖南省长沙市	西汉	湖南省博物馆:《长沙马王堆汉墓》,湖南人民出版社 1988 年版
尹湾汉墓	江苏省东海县	西汉	连云港市博物馆:《尹湾汉墓简牍》,中华书局 1997 年版
簸箕山宛朐刘埶墓	江苏省徐州市鼓楼区	西汉	徐州博物馆:《徐州西汉宛朐侯刘埶墓》,《文物》1997 年第 2 期
金山村汉墓	江苏省徐州市泉山北麓金山村	西汉	徐州博物馆:《江苏徐州金山村汉墓》,《中原文物》2006 年第 6 期
洛庄汉墓	山东省章丘市	西汉	胡思永:《惊世汉王陵》,济南出版社 2001 年版
双乳山一号墓	山东省济宁市长清区	西汉	山东大学考古系等:《山东长清县双乳山一号墓汉墓发掘简报》,《考古》1997 年第 3 期
山东临沂刘疵墓	山东省临邑县	西汉	临沂地区文物组:《山东临沂西汉刘疵墓》,《考古》1980 年第 6 期
西汉帝陵	陕西省咸阳市、西安市	西汉	咸阳市文物考古研究所:《西汉帝陵钻探调查报告》,文物出版社 2010 年版

续表

名称	地点	主要时代	参考文献
西安江村大墓（汉文帝霸陵）	陕西省西安市白鹿塬	西汉	陕西省考古研究院等：《汉文帝霸陵考古调查勘探简报》，《考古与文物》2022 年第 3 期
石城子遗址	新疆维吾尔自治区奇台县半截沟镇麻沟梁村	两汉时期	新疆文物考古研究所：《新疆奇台县石城子遗址 2018 年发掘简报》，《考古》2020 年第 12 期
武威雷台汉墓	甘肃省武威市凉州区	东汉	尹国兴：《揭秘雷台汉墓》，齐鲁书社 2009 年版
班井汉墓	江苏省铜山县	东汉	徐州博物馆：《江苏铜山县班井四号墓发掘简报》，《中原文物》2009 年第 3 期
伊庄洪山汉画像石墓	江苏省铜山县	东汉	徐州博物馆：《江苏铜山县伊庄洪山汉画像石墓》，《华夏考古》2007 年第 1 期
东汉帝陵	河南省洛阳市	东汉	闫崇东：《两汉帝陵》，中国青年出版社 2007 年版
东汉帝陵陵园遗址	河南省洛阳市偃师区	东汉	洛阳市第二文物队等：《偃师白草坡东汉帝陵陵园遗址》，《文物》2007 年第 10 期

附表 5　三国两晋南北朝主要遗址

名称	地点	主要时代	参考文献
高句丽国内城	吉林省集安市	东汉—北魏	集安县文物保管所：《集安高句丽国内城址的调查与试掘》，《文物》1984 年第 1 期
高句丽丸都山城	吉林省集安市	东汉—东晋	李殿福：《高句丽丸都山城》，《文物》1982 年第 6 期
安阳高陵曹操墓	河南省安阳市安丰乡西高穴村	曹魏	河南省文物局：《曹操高陵考古发掘主要收获》，《中原文物》2010 年第 4 期
吴景帝孙休墓	安徽省马鞍山市	吴	安徽省文物考古研究所等：《安徽马鞍山宋山东吴墓发掘简报》，《江汉考古》2007 年第 4 期
武昌城	湖北省鄂州市鄂城区	吴	湖北省文物考古研究所等：《六朝武昌城试掘简报》，《江汉考古》2003 年第 4 期
孙将军孙述墓	湖北省鄂城县	吴	鄂城县博物馆：《鄂城东吴孙将军墓》，《考古》1978 年第 3 期

续表

名称	地点	主要时代	参考文献
鄂钢饮料厂一号墓	湖北省鄂城县	吴	鄂城博物馆等：《湖北鄂州鄂钢饮料厂一号墓发掘报告》，《考古学报》1998年第1期
武汉黄陂滠口古墓	湖北省武汉市黄陂区	吴	武汉市博物馆：《武汉黄陂滠口古墓清理简报》，《文物》1991年第6期
江夏流芳镇东吴墓	湖北省武汉市江夏区流芳镇	吴	武汉市博物馆等：《江夏流芳东吴墓清理发掘报告》，《江汉考古》1998年第3期
邺城遗址	河北省临漳县和河南省安阳县	曹魏—北齐	俞伟超：《邺城调查记》，《考古》1963年第1期
洛阳城	河南省洛阳市	曹魏—北魏	中国科学院考古研究所洛阳工作队：《汉魏洛阳城初步勘察》，《考古》1973年第4期
峻阳陵墓地	河南省洛阳市蔡庄村	西晋	中国社会科学院考古研究所洛阳汉魏故城工作队：《西晋帝陵勘察记》，《考古》1984年第12期
枕头山墓地	河南省洛阳市后杜楼村	西晋	中国社会科学院考古研究所洛阳汉魏故城工作队：《西晋帝陵勘察记》，《考古》1984年第12期
富贵山东晋大墓	江苏省南京市	东晋	南京博物院：《南京富贵山东晋墓发掘报告》，《考古》1966年第4期
南京大学北园东晋墓	江苏省南京市	东晋	南京大学历史系考古组：《南京大学北园东晋墓》，《文物》1973年第4期
南京汽轮电机厂大墓	江苏省南京市	东晋	南京市博物馆：《南京北郊东晋墓发掘简报》，《考古》1983年第4期
统万城	陕西省靖边县红墩界乡白城子村	东晋	陕西省文管会：《统万城城址勘测记》，《考古》1981年第3期
建业/建康城	江苏省南京市	南朝	王志高：《六朝建康城遗址考古发掘的回顾与展望》，《南京晓庄学院学报》2008年第1期
京口铁瓮城	江苏省镇江市	南朝	镇江古城考古所：《铁瓮城考古发掘记要》，《南方文物》1995年第4期
刘宋孝武帝刘骏景宁陵	江苏省南京市西善桥街道	南朝	南京博物院：《南京西善桥南朝墓及其砖刻壁画》，《文物》1960年第Z1期

续表

名称	地点	主要时代	参考文献
陈宣帝陈顼显宁陵	江苏省南京市西善桥街道	南朝	罗宗真:《南京西善桥油坊村南朝大墓的发掘》,《考古》1963 年第 6 期
齐景帝萧道生陵墓	江苏省丹阳市	南朝	南京博物院:《江苏丹阳胡桥南朝大墓及其砖刻壁画》,《文物》1974 年第 2 期
齐和帝萧宝融恭安陵及废帝萧宝卷陵	江苏省丹阳市	南朝	南京博物院:《江苏丹阳县胡桥、建山两座南朝墓葬》,《文物》1980 年第 2 期
梁南平王萧伟墓	江苏省南京市栖霞区	南朝	南京博物院:《南京尧化门南朝梁墓发掘简报》,《文物》1981 年第 12 期
梁桂阳王萧融夫妇合葬墓	江苏省南京市栖霞山	南朝	阮国林:《南京梁桂阳王肖融夫妇合葬墓》,《文物》1981 年第 12 期
梁安成王萧秀墓	江苏省南京市栖霞山	南朝	南京博物院等:《南京栖霞山甘家巷六朝墓群》,《考古》1976 年第 5 期
梁桂阳王萧象墓	江苏省南京市栖霞山	南朝	南京博物院:《梁朝桂阳王萧象墓》,《文物》1990 年第 8 期
梁临川王萧宏墓	江苏省南京市栖霞山	南朝	南京市博物馆等:《江苏南京市白龙山南朝墓》,《考古》1998 年第 12 期
梁南平王萧伟墓阙遗址	江苏省南京市栖霞山	南朝	南京市文物研究所等:《南京梁南平王萧伟墓阙发掘简报》,《文物》2002 年第 7 期
孝文帝长陵	河南省洛阳市孟津区官庄村	北魏	河南省文化局文物工作队:《洛阳北魏长陵遗址调查》,《考古》1966 年第 3 期
宣武帝景陵	河南省洛阳市邙山乡冢头村	北魏	中国社会科学院考古研究所洛阳汉魏城队等:《北魏宣武帝景陵发掘报告》,《考古》1994 年第 9 期
白灵淖城圐圙北魏古城	内蒙古自治区白灵淖乡	北魏	内蒙古文物工作队等:《内蒙古白灵淖城圐圙北魏古城遗址调查与试掘》,《考古》1984 年第 2 期
平城	山西省大同市	北魏	山西省考古研究所等:《大同操场城北魏建筑遗址发掘报告》,《考古学报》2005 年第 4 期
冯太后永固陵	山西省大同市方山	北魏	大同市博物馆等:《大同方山北魏永固陵》,《文物》1978 年第 7 期

续表

名称	地点	主要时代	参考文献
磁县北朝墓群	河北省磁县	东魏北齐	中国社会科学院考古研究所等:《河北磁县湾漳北朝墓》,《考古》1990年第7期
北周武帝孝陵	陕西省咸阳市渭城区	北周	陕西省考古研究所等:《北周武帝孝陵发掘简报》,《考古与文物》1997年第2期
伏俟城	青海省共和县黑马河乡向科先村	南北朝晚期	黄盛璋等:《吐谷浑故都——伏俟城发现记》,《考古》1962年第8期

附表6　隋唐主要遗址

名称	地点	主要时代	参考文献
隋文帝泰陵	陕西省扶风县	隋代	陕西省考古研究院:《隋文帝泰陵考古调查勘探简报》,《考古与文物》2021年第1期
隋炀帝墓	江苏省扬州市邗江区西湖镇司徒村曹庄	隋唐	南京博物院等:《江苏扬州市曹庄隋炀帝墓》,《考古》2014第7期
唐长安城	陕西省西安市	隋唐	中国科学院考古研究所西安唐城发掘队:《唐代长安城考古纪略》,《考古》1963年第11期
灞桥遗址	陕西省西安市	隋唐	李恭:《隋唐灞桥在中国桥梁史、交通史上的地位》,《考古与文物》2007年《汉唐考古》增刊
隋代洛阳城	河南省洛阳市	隋唐	中国社会科学院考古研究所洛阳唐城工作队:《河南洛阳市隋唐东都应天门遗址2001—2002发掘简报》,《考古》2007年第5期
扬州城	江苏省扬州市	隋唐	中国社会科学院考古研究所等:《扬州城考古工作简报》,《考古》1990年第1期
九华山铜矿	江苏省南京市江宁区汤山镇	唐代	南京市博物馆等:《南京九华山古铜矿遗址调查报告》,《文物》1991年第5期
唐蒲津桥	山西省永济市蒲州古城	唐代	刘永生:《古城古渡古桥——永济黄河蒲津渡遗址考古琐记》,《文物世界》2000年第4期
华清宫	陕西省西安市临潼区	唐代	唐华清宫考古队:《唐华清宫汤池遗址第一期发掘简报》,《文物》1990年第5期;唐华清宫考古队:《唐华清宫汤池遗址第二期发掘简报》,《文物》1991年第9期

续表

名称	地点	主要时代	参考文献
唐高祖献陵	陕西省咸阳市三原县徐木乡	唐代	刘庆柱等:《陕西唐陵调查报告》,《考古学集刊》,中国社会科学出版社 1987 年版
唐太宗昭陵	陕西省礼泉县	唐代	
唐高宗乾陵	陕西省咸阳市乾县	唐代	
唐中宗定陵	陕西省渭南市富平县	唐代	
唐睿宗桥陵	陕西省渭南市蒲城县	唐代	
唐玄宗泰陵	陕西省蒲城县	唐代	
唐肃宗建陵	陕西省礼泉县	唐代	
唐代宗元陵	陕西省富平县	唐代	
唐德宗崇陵	陕西省泾阳县	唐代	
唐顺宗丰陵	陕西省富平县	唐代	
唐宪宗景陵	陕西省蒲城县	唐代	
唐穆宗光陵	陕西省蒲城县	唐代	
唐敬宗庄陵	陕西省三原县里	唐代	
唐文宗章陵	陕西省富平县	唐代	
唐武宗端陵	陕西省三原县	唐代	
唐宣宗贞陵	陕西省泾阳县白王乡崔黄村	唐代	
唐懿宗简陵	陕西省富平县	唐代	
唐僖宗靖陵	陕西省乾县铁佛乡南陵村	唐代	
顺陵武则天之母杨氏墓	陕西省咸阳市	唐代	陕西省考古研究所:《唐顺陵勘查记》,《文物》1964 年第 1 期
兴宁陵唐高祖之父李昞墓	陕西省咸阳市	唐代	咸阳市博物馆:《唐兴宁陵调查记》,《文物》1985 年第 3 期
唐恭陵太子李弘墓	河南省偃师县	唐代	中国社会科学院考古研究所河南第二工作队等:《唐恭陵实测纪要》,《考古》1986 年第 5 期
克亚克库都克烽燧遗址	新疆维吾尔自治区巴音郭楞蒙古自治州尉犁县	唐代初期到中期	新疆维吾尔自治区文物考古研究所:《新疆尉犁县克亚克库都克唐代烽燧遗址》,《考古》2021 年第 8 期

续表

名称	地点	主要时代	参考文献
泉沟一号墓	青海省海西蒙古族藏族自治州乌兰县	吐蕃时期（8 世纪左右）	中国社会科学院考古研究所等:《青海乌兰县泉沟一号墓发掘简报》,《考古》2020 年第 8 期
吐谷浑王族墓葬	甘肃省武威市	武周时期	甘肃省文物考古研究所:《甘肃武周时期吐谷浑喜王慕容智墓发掘简报》,《考古与文物》2021 年第 2 期

后　记

《当代中国考古学》第一版完成于 2013 年,那时我初生牛犊,凭着一腔热血将授课讲义做成了教材。感谢浙江大学对年轻人的鼓励和包容,让我在 30 多岁就能出版教材。当时编写教材的动机很单纯,一是考评需要业绩,二是当时确实觉得国内没有特别适合本科生的入门教材:有些经典教材过于深厚,有些内容过于材料化,有些案例过于本土化,有些翻译教材又不够贴近中国实际。

考古学是有硬知识的,就像英文的基本语法和数学的基本公式,一些知识点是要死记硬背的。考古学也是实践性很强的,案例对于理解理论、指导实践就显得尤为重要。考古学还是有时空特点的,地区特色和时代发展都会影响其内容。因此,一本适合大学本科生的、基于我国实践的、兼具国际视野的、理论联系实际的考古学导论型教材,就是我理想中的本科教材。基于多年的学习和考试经验,参考了许多国内外同类教材,我在《当代中国考古学》中采用了分层描述、术语框等形式,帮助读者对考古学的重点、次重点、非重点知识一目了然。

距离《当代中国考古学》第一版出版已经过去 10 年了,我本来是不打算再写的,因为这 10 年间国内出了好多类似的教材,已基本能满足国内学生的需求。直到三年前,我看到有学生上课拿着网上买来的盗版图书,不少朋友问我哪里还能买到这本书,甚至还有读者写信和我讨论书中内容,我才发现对于初学者来说,这本教材还是有点用的,或许就像有些读者形容的,"这是一本考古学名词解释书",是"学霸必备之书""考研指导用书"。与浙江大学出版社陈佩钰编辑商量之后,我决定对第一版进行修订:更新内容,修订错误,补充材料。在第二版的编写和校对过程中,我比 10 年前更仔细了,学生詹莹、朱鑫海、卢咏茗等人帮忙搜集素材、整理文字、核对文献,出版社编辑老师逐字校对,早已超过三审三校的要求。当然,由于我个人能力有限,书中仍难免有错,一些图片和信息亦未能完全确认,本人在此对可能造成的疏漏表示歉意,如有问题敬请与我联系。

写书和学习一样,有用就好。

陈　虹

2024 年 3 月

于浙江大学西溪校区人文楼